LES ROMANOV

Du même auteur

Réforme et Révolution chez les musulmans de l'Empire russe, Paris, Presses FNSP, 1966.
Le Marxisme et l'Asie (en coll. avec Stuart Schram), Paris, A. Colin, 1966.
L'Union soviétique. De Lénine à Staline, Paris, Richelieu, 1972.
La Politique soviétique au Moyen-Orient, Paris, Presses FNSP, 1976.
L'Empire éclaté, Paris, Flammarion, 1978. (Prix Aujourd'hui.)
Lénine. La révolution et le pouvoir, Paris, Flammarion, 1979.
Staline. L'ordre par la terreur, Paris, Flammarion, 1979.
Le Pouvoir confisqué, Paris, Flammarion, 1980.
Le Grand Frère, Paris, Flammarion, 1983.
La déstalinisation commence, Paris-Bruxelles, Complexe, 1986.
Ni paix ni guerre, Paris, Flammarion, 1986.
Le Grand Défi, Paris, Flammarion, 1987.
Le Malheur russe. Essai sur le meurtre politique, Paris, Fayard, 1988.
La Gloire des nations, Paris, Fayard, 1990.
Victorieuse Russie, Fayard, 1992.
L'URSS, de la Révolution à la mort de Staline (1917-1953), Paris, Seuil, « Points-Histoire », 1993.
The Nationality Question in the Soviet Union and Russia, Oslo, Scandinavian University Press, 1995.
Nicolas II. La transition interrompue, Paris, Fayard, 1996.
Lénine, Paris, Fayard, 1998.
La Russie inachevée, Paris, Fayard, 2000.
Catherine II, Paris, Fayard, 2002.
L'Impératrice et l'Abbé. Un duel littéraire inédit entre Catherine II et l'abbé Chappe d'Auteroche, Paris, Fayard, 2003.
L'Empire d'Eurasie. Une histoire de l'Empire russe de 1552 à nos jours, Paris, Fayard, 2005.
Alexandre II. Le printemps de la Russie, Paris, Fayard, 2008.
La Russie entre deux mondes, Paris, Fayard, 2010.
Des siècles d'immortalité. L'Académie française, 1635-…, Fayard, 2011.

Hélène CARRÈRE D'ENCAUSSE
de l'Académie française

LES ROMANOV

Une dynastie sous le règne du sang

Fayard

Iconographie Josseline Rivière
Carte : Études et cartographie (rabat)
Arbre généalogique © idé (rabat)
Couverture Atelier Didier Thimonier
Icône de Nicolas II et sa famille. Coll. part.

ISBN 978-2-213-67759-0

© Librairie Arthème Fayard, 2013

*Pour Claude Durand, éditeur et ami,
dont les conseils si précieux
m'accompagnent depuis un quart de siècle.*

21 février 1913. Pétersbourg, la capitale sortie des marécages, entourée d'eau, rêvée et bâtie par Pierre le Grand deux siècles plus tôt, retentit de coups de canon. La célébration du troisième centenaire de la dynastie Romanov commence. De grandioses cérémonies vont conduire la famille impériale de la capitale européenne de l'empereur Pierre à la capitale de la vieille Russie, Moscou, qui vit couronner tous les tsars. Puis elle s'en ira à travers son empire, s'arrêtant à Kostroma, la ville construite au bord du grand fleuve russe, la Volga, d'où partit la dynastie dont on fête la longue histoire en cette année de gloire. C'est là qu'un tout jeune homme, Michel Romanov, fut choisi en 1613 par la Douma des boiars pour monter sur le trône de Russie.

La dynastie Romanov, en 1913, c'est cette famille qui avance en tête d'un long cortège et devant laquelle viennent s'incliner les foules massées sur le bord des routes ou des fleuves. Un couple impérial triomphant, quatre belles princesses et, seule ombre au tableau, un enfant de neuf ans, pâle, frêle, porté par un matelot. C'est pourtant le tsarévitch Alexis, l'héritier du trône, l'avenir de la dynastie.

Dans ce périple, la famille impériale peut découvrir ce qu'est son empire, un espace immense dont les dernières frontières, celles qui le séparent de la Perse, viennent tout juste d'être fixées. Une population considérable, cent vingt-cinq millions d'habitants, qui n'a cessé d'augmenter et qui offre de la Russie l'image d'une étonnante diversité. Peuples de toutes origines, de toutes cultures et religions, sédentaires et nomades : pareille mosaïque humaine n'existe nulle part ailleurs.

L'espace immense regorge de richesses naturelles. Il exporte son blé, se couvre d'usines et attire comme un nouvel Eldorado d'innombrables entrepreneurs et épargnants avides de participer à la prospérité de ce pays étrange et fascinant. Cet empire est aussi devenu la grande puissance d'Europe sur laquelle comptent la France, son alliée, et combien d'autres États du continent, pour faire face à l'inquiétant et ambitieux Empire allemand construit par Bismarck.

Ni les foules qui se pressent sur le passage du cortège impérial, ni les États qui admirent la puissance de cet empire ne se doutent de la précarité d'un tel triomphe, n'imaginent que, cinq ans plus tard, le même empire aura été emporté par une révolution, la monarchie balayée, la famille impériale exterminée.

Sur ce voyage si grandiose et heureux planent pourtant de sinistres présages. Et Nicolas II, le souverain qui tient la tête du cortège, si sensible aux signes, les aura peut-être perçus. Dans sa rencontre à Kostroma avec le fantôme de son ancêtre Michel, premier de la dynastie, il aura visité le monastère Ipatiev d'où celui-ci partit pour monter sur le trône ; Nicolas II aura-t-il pressenti que ce nom d'*Ipatiev* allait le poursuivre jusqu'au terme de sa vie ? *Ipatiev* : le nom du monastère où naquit la dynastie, mais aussi le nom de la maison perdue dans l'Oural où lui, chef de la dynastie, et tous les siens allaient être exterminés. Quelle terrible coïncidence !

Ce n'est pas la seule. Son ancêtre, l'ombre légère qui l'accueille à Kostroma, se nomme Michel. Cinq ans plus tard, en une année fatale, Nicolas II, contraint de renoncer au trône, désignera pour héritier son frère, lui aussi Michel. Et celui-ci voudra, pour accepter le trône, le recevoir, comme le premier des Romanov, d'une assemblée représentant le peuple de Russie. La Douma des boiars n'existe plus, mais une Assemblée constituante n'en est-elle pas la forme moderne au début du XXᵉ siècle ? Michel Iᵉʳ ouvre la dynastie, celui qui aurait dû être Michel II la ferme. Autre coïncidence !

Qu'augura Nicolas II de ces signes accumulés, alors que l'avenir s'annonçait encore si heureux ? Qu'en pensa-t-il, à l'heure de l'épreuve où les coïncidences sont devenues réalités ? On sait qu'il conservait pieusement un cahier écrit de la main du grand-père qu'il révérait, Alexandre II, intitulé simplement *Les Romanov*, histoire d'une dynastie qui s'est encore poursuivie après que le tsar libérateur en eut consigné les grands moments. Histoire d'une dynastie jalonnée de tragédies, de meurtres, de malheurs, en dépit des temps de gloire. Et entourée de signes annonciateurs qui ont toujours nourri les peurs aussi bien que les rêves de ce peuple superstitieux qu'a été le peuple russe. Voici cette histoire poussée à son terme fatal, celui qu'avait toujours redouté Nicolas II : l'histoire des Romanov, trois siècles de gloire, de puissance et de sang.

CHAPITRE PREMIER

Aux origines de la Russie
Le pouvoir par le sang

« Le tsar légitime étant mort, le trône resta vide et les troubles commencèrent. »

Auteur de ce propos lapidaire, le grand historien Kostomarov situe fort justement en 1584, à la mort du tsar Ivan le Terrible, le début d'une des périodes les plus tragiques de l'histoire russe : le Temps des troubles – *smutnoe vremia*.

Cette période va couvrir trois décennies pour s'achever en 1613 avec l'avènement d'une nouvelle dynastie, celle des Romanov.

L'histoire de la Russie en ces décennies de troubles et, auparavant, en des siècles tout aussi troublés est avant tout une histoire de conflits meurtriers autour du pouvoir et de sa conquête. C'est une longue histoire de sang.

À ses débuts, il y eut, comme très souvent dans l'histoire des sociétés humaines, un héros, un mythe : Riurik, prince de Novgorod, dont on ne sait à peu près rien, ni les origines, ni les faits et gestes, mais qui donna son nom à la dynastie qui régna sur la Rus' depuis le IXe siècle. En revanche, son parent et successeur transitoire, Oleg, est, lui, bien connu des historiens. Avant de mourir, Riurik avait désigné comme successeur légitime son fils Igor. Mais, celui-ci n'étant encore qu'un enfant, c'est un parent, Oleg, qui va assurer l'intérim.

En l'an 862, Oleg part en campagne, descend le Dniepr, arrive jusqu'à une « petite ville située sur une colline » : ce sera Kiev, berceau de la Rus'. Il arrache le pouvoir à ceux qui s'en sont emparés, Askold et Dir, car ils ne sont pas, leur dira-t-il, de « race princière », et, pour s'en défaire, il les tue sans hésiter. Il est, dès lors, le maître de Kiev, qu'il va proclamer la « mère des villes russes ».

Les années passent, Igor est devenu adulte ; Oleg le reconnaîtra pour successeur de Riurik, lui confiera Kiev et s'en ira combattre les Turcs.

Cet Oleg, appelé le Très-Sage, aura régné trois décennies sur Kiev, même si ce règne fut entrecoupé d'années de guerre. À sa mort en 907, le souverain de Kiev est vraiment Igor, fils de Riurik. Pour la dynastie des Riurikides commence alors l'épopée ; une longue suite de princes en tisse l'histoire.

Mais Kiev est loin d'être une principauté tranquille ; elle est entourée de voisins redoutables qui menacent à tout moment de s'abattre sur elle, de la ravager, de confisquer son indépendance. Khazars, Petchénègues, Polovtsiens venus de la steppe n'en finissent pas de déferler sur la « mère des villes russes ». Et, ultime épreuve, en 1240, les Mongols, conduits par le petit-fils de Gengis Khan, Batu, qui a conquis Riazan, puis Vladimir et Souzdal, fondent sur Kiev. La ville est prise d'assaut, rasée, la population exterminée. C'est le triomphe de la Horde d'Or.

Le drame de l'occupation mongole s'est greffé sur des drames intérieurs : la lutte qui déchire la dynastie, la lutte des clans, la pratique féodale des apanages. À l'origine de tout, il y a le problème de la succession qui va affaiblir le pouvoir des Riurikides et précipiter leur chute. Sans doute le droit byzantin, qui transmettait à l'aîné l'héritage du père, avait-il pénétré à Kiev avec l'adoption du christianisme par Vladimir au IXe siècle. Mais la tradition slave du partage va se révéler plus forte que celle de Byzance. Elle était au demeurant très complexe. D'une part, cette tradition slave affirmait la primauté de l'aîné, prince de Kiev, descendant de Riurik, sur ses frères qui étaient ses vassaux. Mais, en même temps, elle maintenait le principe de la succession entre frères, la mort d'un prince ayant pour conséquence d'attribuer la succession au frère qui le suivait, et non à son fils. Ce système compliqué fut source de rivalités constantes et d'incessantes tueries au sein du clan. Les problèmes successoraux se résolvaient par tradition dans le meurtre.

Pourtant, dans cet univers de conflits sanglants, Kiev connut des moments heureux où d'excellents souverains assurèrent à leurs sujets un temps de paix. C'est d'abord Vladimir après sa conversion au christianisme. Puis son fils, Iaroslav le Sage, un moment rebellé contre son père, mais à qui la mort de Vladimir évite d'être parricide. Parvenu au pouvoir, il exerce une intelligente et paisible autorité, et son œuvre politique, législative, éducative lui vaut d'être reconnu comme le « Charlemagne de la Russie ». Plus tard vient Vladimir « Monomaque », qui n'est pas l'héritier direct de son père, mais qui a été porté au pouvoir par la confiance du peuple, belle exception à la règle de succession. C'est un prince sage, remarquablement cultivé, élaborant un système législatif et défendant des méthodes pacifiques de gouvernement.

Par la suite, Kiev connut une série de princes éphémères se succédant à un rythme infernal, qui, chassés du pouvoir, y revenaient un instant et s'entre-tuaient. Le coup de grâce fut porté à Kiev en 1169 par André de Bogolioubovo, arrière-petit-fils du Monomaque, prince de Souzdal, mais qui voulut aussi devenir prince de Kiev. Il avait rassemblé une confédération de princes pour s'emparer de la ville, qu'il soumit au pillage. Ainsi martyrisée par les siens, Kiev était mûre, à l'aube du XIIIe siècle, pour succomber à l'arrivée de l'occupant.

La domination mongole fut certes une tragédie pour Kiev et pour tous les princes russes issus de Riurik qui régnaient alors dans le pays, mais elle présenta aussi pour eux quelques avantages. Elle les obligea à régler leurs conflits et à progresser sur la voie de l'unité. Les Mongols avaient pour principe d'exercer une domination légère, voire indirecte. Ils percevaient un « tribut », mais, plutôt que de se charger de sa collecte, ce qui supposait d'y installer une administration et de contrôler les peuples assujettis, ils préféraient en confier le soin aux princes locaux. En échange de leur collaboration, ils leur remettaient un document, le *yarlik*, véritable charte reconnaissant l'autorité de ces princes sur leurs sujets. Les Mongols jouaient de ce principe de reconnaissance pour établir une hiérarchie entre les princes, favorisant les plus soumis qui acquéraient ainsi une autorité locale croissante et se transformaient en petits potentats. Ce fut un processus favorable à l'unité russe. En 1317, Iouri, prince de Moscou, dont l'épouse était la sœur du khan Özbek qui dominait alors la Russie, reçut de lui, avec le *yarlik*, le titre de grand-prince de Moscou. Le soutien du khan mongol encouragea Iouri dans son projet d'étendre son autorité à d'autres domaines : c'est le début du « rassemblement des terres russes » autour de sa principauté, qui conférera à Moscou un rôle central dans une Russie engagée de manière encore timide dans la voie du remembrement.

Plus tard, au terme d'autres conflits de succession compliqués, le frère puîné de Iouri, Ivan dit l'Escarcelle – Ivan Kalita –, reçoit lui aussi du khan le titre de grand-prince de Moscou. La primauté de Moscou sur les autres principautés se confirme ainsi, et la ville connaît alors un essor rapide auquel la protection du khan n'est pas étrangère. L'attraction de Moscou est telle que l'Église, qui avait jusqu'alors son siège à Vladimir, décide d'y transférer la capitale religieuse de la Russie. Le modèle byzantin d'un État unifié où la succession obéit à des lois rigoureuses, la pression de l'occupant mongol et son soutien aux princes de Moscou, l'autorité croissante de ceux-ci et leurs efforts pour rassembler les terres russes, enfin l'appui que leur apporte l'Église ont contribué à ce que la Russie unifiée puisse, en 1480, accéder à la souveraineté. Ivan III proclama alors solennellement la fin de la domination mongole.

Ivan III dut à un très long règne (1462-1505) de pouvoir jouer un rôle considérable dans le « rassemblement » de la Russie. Il récupéra des apanages, plaça sous son autorité les principautés les plus indépendantes, Novgorod et Tver, se posa en successeur des princes de Kiev et haussa son statut en épousant Sophie Paléologue, nièce du dernier empereur byzantin, Constantin IX. Ce faisant, il ajouta l'aigle byzantin à deux têtes au saint Georges protecteur de sa dynastie, et prit le titre de *tsar*.

Le progrès politique était considérable, même si Ivan III en revenait parfois au vieil usage du partage. Il avait conquis le pouvoir en se débarrassant de ses frères, qu'il avait jetés en prison ou tués, et dont il avait accaparé les terres. Envers ses propres fils, il se montra plus incertain, leur distribuant des apanages, mais posant en principe intangible qu'ils n'échappaient pas pour autant à l'autorité du grand-prince qui, seul, avait pouvoir diplomatique et financier.

À bien des égards, Ivan III rappelle son contemporain Louis XI. Comme lui, il a brisé la féodalité au sein de sa famille. Comme le roi de France qui mit un terme aux raids anglais, il en finit avec la domination des Mongols. Comme le Français qui mit les lois de son royaume en harmonie avec l'ordre nouveau, il publia un Code des lois – *Oulojénié* – en 1497. Comme Louis XI, enfin, il agit de manière implacable avec tous ceux qui se dressaient en travers de son chemin. Il reviendra à son petit-fils Ivan IV, qui va hériter du trône à l'âge de trois ans, de parachever l'œuvre politique d'unification et d'organisation du pouvoir engagée depuis le début de la dynastie riurikide. Mais, un enfant de trois ans ne pouvant régner, les querelles successorales autour de la régence vont entraîner d'effroyables violences, à commencer par le meurtre de la régente Hélène qui, de son côté, aura d'ailleurs fait assassiner des parents menaçant son autorité, entre combien d'autres importuns. L'enfance du futur Ivan IV se sera déroulée au spectacle des gibets dressés, des yeux crevés, des cadavres déchiquetés, dans les hurlements des hommes soumis à la torture.

Les deux visages d'Ivan IV, dit le Terrible

Faut-il s'étonner que, dès l'âge de treize ans, contemplant ses parents qui se disputent le pouvoir avec une telle violence, Ivan réussisse son premier coup de force ? Il convoque les boiars, les met en accusation et leur annonce qu'il va se venger sur le plus puissant d'entre eux, celui qui détient alors le pouvoir, le prince Chouiski. Sa vengeance est terrible : après l'avoir fait torturer, il le donne à déchiqueter à ses chiens. Encore quatre ans d'attente et, en 1547, il se fait couronner. Il a alors dix-sept ans et revendique le titre de tsar. Moscou n'est plus sous l'autorité d'un grand-prince, mais d'un souverain.

Ivan IV est l'incarnation du destin tragique de la Russie pré-romanovienne et de ses chances manquées. Son véritable règne commence dans le drame : l'incendie qui ravage alors Moscou, les émeutes, la panique. Dans ce climat d'inquiétude populaire et de superstition, les boiars se déchaînent et s'affrontent pour tenter de reprendre le pouvoir. Mais Ivan parvient à rétablir l'ordre, à imposer son autorité, et opte pour la clémence et la paix. S'ouvre le temps des réformes soumises à l'Assemblée de la terre (*Zemski Sobor*) : réformes judiciaire, administrative, militaire ; enfin, relation définie entre l'Église et l'État lors du concile de 1551.

En ses premières années de règne, Ivan IV a réussi à construire l'État russe, à redessiner une société où l'arrogance des grands est brisée, où tous sont au service de l'État, où les talents les plus humbles peuvent s'affirmer. Ivan a aussi assuré la sécurité des frontières. La Russie enfin rassemblée devient un pays d'Europe semblable aux autres. Mais, une fois encore, le destin tragique du pays va se manifester, et des circonstances imprévues sont à l'origine de ce basculement.

En 1560, Anastasia Romanov, l'épouse du tsar, meurt. Ivan est convaincu qu'elle a été assassinée. Toute mort en Russie ne peut-elle être le résultat d'un assassinat ? Il cherche les coupables. Il le fait avec d'autant plus de zèle que, peu d'années auparavant, alors qu'il était gravement malade, il a assisté à la montée des ambitions autour de lui, aux complots qui s'esquissaient, à la désagrégation du système. Miraculeusement guéri, il a déjà perdu confiance en son entourage et la mort d'Anastasia achève de transformer le sage prince en tyran qui va ignorer toute limite.

Dans son exercice dément du pouvoir, trois traits s'imposent, qui détruisent tout le progrès antérieur. D'abord, la division du territoire en deux parties : l'une où les institutions conservent leur place, c'est le domaine commun ; l'autre, l'*opritchnina*, est un domaine séparé où la seule loi qui s'impose est celle du souverain. Dans cette partie de la Russie, aucune autorité traditionnelle ou intermédiaire n'existe, seul subsiste un rapport direct de fidélité au tsar. C'est la préfiguration des États totalitaires du XXe siècle. Deuxième innovation : la terreur totale, le complot ou le soupçon de complot entraînant l'adoption du principe de responsabilité collective qui va permettre à Ivan d'exterminer ses adversaires, mais aussi des familles entières, voire des villes – Novgorod en 1570 –, de s'attaquer à l'Église et d'assassiner le métropolite Philippe, que celle-ci sanctifiera. Le génocide n'appartient pas qu'à l'histoire du XXe siècle, il est déjà caractéristique de la seconde phase du régime d'Ivan le Terrible. Enfin, troisième manifestation de ce pouvoir fou : le 19 novembre 1581, Ivan tue son propre fils, son héritier, le fils d'Anastasia.

Cette seconde partie du règne a été fondée sur une logique, celle de la table rase. C'est la *vieille Russie* avec ses boiars, ses villes aux pratiques parfois démocratiques, comme Novgorod, l'Église, enfin l'héritier en personne, que le tsar ne peut plus tolérer, qu'il va anéantir avec une violence qui ne connaîtra aucune limite, aucune exception. Ivan IV a bien mérité le nom que le peuple lui donne : le Terrible (*Groznyi*, de *groza*, la foudre). Il a voulu façonner un nouveau monde où il détiendrait un pouvoir total sur les hommes et les choses. C'est cette utopie qui aura raison de lui et de l'État russe dont il avait, dans un premier temps, parachevé la construction. Le Temps des troubles va alors commencer. Plusieurs éléments le caractérisent :

D'abord, la question dynastique. Ivan mort, une succession normale était encore possible. Deux de ses fils survivaient, mais ils étaient peu appropriés à la situation. L'aîné, Théodore, fils d'Anastasia, était plus moine que tsar, et l'on pouvait craindre qu'il ne fût soumis à des parents ou à des boiars dont les ambitions s'aiguisaient au constat de son impuissance, certains disaient même de son idiotie. L'autre héritier était Dimitri, le fils de Maria Nagoï, la dernière épouse d'Ivan le Terrible. L'Église n'avait pas béni cet ultime mariage et, à ses yeux comme aux yeux du peuple, Dimitri n'était qu'un bâtard. Il y avait donc, d'un côté, un héritier incapable de régner et de surcroît sans postérité ; de l'autre, un héritier sans légitimité. Théodore fut malgré tout proclamé tsar. Mais, dans cette situation quelque peu confuse, un homme « providentiel » surgit : Boris Godounov, son beau-frère. Un sorcier lui avait prédit qu'il monterait un jour sur le trône pour y rester sept ans. Il s'imposa comme conseiller privilégié du tsar et quasi-régent. Il expédia le jeune Dimitri et les siens à Ouglitch, leur apanage, et écarta tous ses rivaux, mais il ne fit jamais couler le sang.

Deux innovations sont à inscrire à son actif, l'une sociale, l'autre religieuse.

Le problème social est alors considérable. C'est avant tout celui de la paysannerie, qui constitue la majorité de la population russe et dont le statut n'a cessé de se dégrader. La noblesse, qui fait travailler les paysans dans ses domaines, les pressure effroyablement. Écrasés de charges, misérables, ils fuient vers les espaces nouvellement ouverts – nombreux sont ceux qui rallient les cosaques de la steppe, plus ou moins rebelles, et l'État s'inquiète de cette excessive mobilité. Dès 1497, il y avait d'ailleurs mis des limites : les paysans ne pouvaient quitter les domaines auxquels ils étaient attachés que dans les quinze jours entourant la Saint-Georges (saint patron de la Russie), c'est-à-dire le 26 novembre du calendrier julien. Ivan le Terrible décida de suspendre cette tolérance et fit dresser un cadastre pour mieux localiser les fuyards, toujours nombreux. En 1597, il fut décrété que tout paysan qui avait fui avant 1592 (date du recensement de la population) restait libre de ses mouvements, mais que celui qui avait fui ultérieurement devait être rendu à ses maîtres. En 1649, le processus d'immobilisation de la paysannerie sera achevé et le nouveau Code instaurera définitivement le servage.

Boris Godounov a joué ici un rôle considérable. Pour renforcer l'État, son domaine, il a étendu par étapes le servage, moyen utilisé par l'État pour récompenser ses serviteurs et s'assurer leur fidélité. L'évolution russe – le servage consolidé – se déroula ainsi à contretemps de celle de l'Europe occidentale, où la restauration de l'État entraîna la disparition du servage institué au temps où l'État était faible, soumis aux pressions d'un ordre féodal puissant.

La deuxième grande innovation de Boris Godounov fut la fondation d'un patriarcat russe. Constantinople étant dominée par les infidèles, l'Église russe ne pouvait continuer à en dépendre. Elle se proclama autocéphale.

En 1590, tout permet, semble-t-il, d'espérer un temps de paix pour la Russie. Boris Godounov détient le pouvoir, mais il le fait au nom d'un souverain qui est l'héritier légitime ; l'Église russe confirme l'autorité de l'État, et la noblesse est apaisée parce que l'État fixe les paysans dans ses domaines.

Après les Riurikides, la ronde des vrais et faux tsars

Deux événements dynastiques – on voit ici l'importance décisive de ce problème pour la Russie – vont détruire cet équilibre d'un moment. En mai 1591, Dimitri, l'enfant d'Ouglitch, est retrouvé égorgé. Cette mort mystérieuse ouvre la voie à toutes les accusations, à toutes les vengeances.

En 1598, Théodore meurt sans héritier. La lignée des Riurikides est interrompue. Quel souverain donner alors à la Russie ? Certes, il y avait encore des princes issus de Riurik, mais aucun n'avait joué de rôle dans le développement de l'État russe. Et Boris Godounov était là, détenteur du pouvoir, habile politique et fort de la prédiction d'un sorcier. Il imposa sa candidature à l'Assemblée de la terre qu'il avait convoquée à la hâte, candidature soutenue par le patriarche, qui lui devait son statut, par le clergé ainsi que par le peuple appelé à confirmer ce qui ressemblait à un plébiscite. En montant sur le trône avec les apparences de la légitimité – la volonté sociale –, Boris Godounov a brisé la chaîne de l'hérédité dynastique si difficilement instaurée et, d'une certaine façon, le mythe du caractère sacré du souverain. Ce n'est plus la légende – celle de Riurik – ni la continuité, mais la société qui, en dernier ressort, a décidé du choix du souverain.

Cette rupture va ajouter au trouble qui déjà grandit dans le pays. Qui est le vrai tsar, qui est le faux ? Le changement dynastique ne passe pas si aisément, et la rumeur de l'existence d'un *vrai tsar* s'amplifie en même temps que celle de l'*usurpateur*, assassin du tsar pour prendre sa place.

Comme toujours en Russie, le climat social joue un rôle essentiel dans la suite des événements. Les paysans ne supportent pas l'extension du servage, ils continuent à fuir ou s'installent dans un mécontentement proche de la jacquerie. Les récoltes sont mauvaises, les intempéries constantes, les désordres locaux s'accroissent. En 1601, la famine sévit. Le pays est prêt à croire que le *vrai tsar* est là, ressuscité ou faussement égorgé.

En 1601, un *vrai tsar* surgit et proclame qu'il est Dimitri. Il demande l'aide du roi de Pologne pour recouvrer son trône, se constitue une armée composée de cosaques du Don et du Dniepr que rejoignent des bandes de paysans révoltés, et part à la reconquête de son pays. Toutes les régions de Russie s'embrasent : pour ou contre Dimitri, mais plutôt contre Boris Godounov, accusé soudain de tous les maux. Il serait coupable des calamités naturelles, mais surtout d'avoir voulu fonder une dynastie au détriment des héritiers légitimes. On invente même contre lui une postérité à Théodore, ou bien on reconnaît Dimitri. De toute manière, estiment les Russes, le rêve dynastique de Boris Godounov repose sur le meurtre.

Boris Godounov meurt en 1605, sept ans après être monté sur le trône, comme l'avait prédit le sorcier. Avant de mourir, il a obtenu que les représentants de l'autorité, les boiars, le patriarche, le chef de ses armées, prêtent serment à son fils. Mais ce serment, que vaut-il dans le désordre ambiant, l'incertitude qui pèse sur sa légitimité, et avec la marche triomphale sur Moscou de Dimitri, supposé être le *vrai tsar* réchappé du drame d'Ouglitch ? Ceux qui ont prêté serment au fils de Godounov se retournent contre lui sans hésiter et, comme toujours, c'est dans le sang que se règle le conflit dynastique. Boris Godounov était monté sur le trône parce que l'héritier, Dimitri, avait baigné dans le sang.

Le trône revient à Dimitri, miraculeusement réapparu à Ouglitch, dans le sang des Godounov qui sont tous massacrés – l'héritier, la veuve et le reste de la parentèle.

Tout un peuple accueille avec ferveur ce tsar, de son vrai nom Gregori Otrepiev, moine défroqué, dit-on, mais qui, quatorze ans plus tôt, assure-t-on non moins fermement, fut miraculeusement sauvé à Ouglitch. Et la mère de l'enfant d'Ouglitch, Maria Nagoï, le reconnaît solennellement. Ce nouveau tsar, pourtant, comme il déplaît rapidement ! Il est certes cultivé et intelligent, mais physiquement contrefait, affreux de visage, et il ne se soumet guère aux habitudes russes. Tout au contraire, comme Boris Godounov, il est fasciné par l'Occident, où il veut envoyer de jeunes Russes pour les former, il s'entoure d'Allemands, il est favorable aux catholiques et ami des Polonais. Sa femme, d'ailleurs, n'est-elle pas polonaise ? Si la Russie profonde sait peu de chose de ce nouveau tsar, Moscou va vite le haïr, et une coalition hostile rassembler contre lui tous ceux qui l'ont peu auparavant porté au pouvoir. Le 17 mai 1606, la foule envahit le Kremlin, le « tsar Dimitri » est défenestré et égorgé dans la cour. Deux fois égorgé, quel symbole ! Sa mère, Maria Nagoï, enfermée dans un couvent, en est tirée une nouvelle fois pour confirmer que ce Dimitri qu'elle avait reconnu il y a peu n'était qu'un usurpateur, un moine défroqué, et nullement l'enfant d'Ouglitch. Pour empêcher qu'il ne réapparaisse encore une fois, son cadavre est brûlé, comme le sont ceux des sorciers, et ses cendres dispersées par un canon ! Enfin, pour parachever l'exécution – *post mortem* – de ce faux Dimitri, les cendres de l'enfant mort à Ouglitch sont, elles, transportées à Moscou, et l'Église va se charger de le canoniser.

Mais à qui confier le pouvoir ?

C'est alors que surgit un nouvel homme providentiel, le prince Vassili Chouiski. Il avait toujours tenu un rôle dans l'affaire Dimitri. À l'origine, il jura qu'il avait vu le corps de l'enfant égorgé ; puis, lorsque apparut le « tsar » Dimitri, il l'accusa de n'être qu'un imposteur. Dimitri défenestré, il se rua littéralement sur le trône.

Le prince Chouiski appartenait à la lignée de Riurik, même s'il s'agissait d'une branche qui resta toujours éloignée du trône. Il se réclama, pour le conquérir, de la légitimité d'Ivan IV et du *vrai* Dimitri d'Ouglitch, mais, peu confiant dans les boiars, il ne leur laissa pas le loisir de convoquer l'Assemblée de la terre et se fit plébisciter par des partisans hâtivement rassemblés et par une foule désemparée, prête à toutes les aventures. Proclamé tsar dans ces conditions fort douteuses, Vassili tenta ensuite de gagner la faveur des boiars, qu'il avait méprisés, en prenant des engagements pacifiques : plus d'arrestations arbitraires, plus de biens confisqués, une justice sereine. Mais le pouvoir ne relève plus alors de la raison ni des arrangements entre puissants. L'intervention de la société a porté des fruits amers. Le peuple est à l'écoute de toutes les rumeurs. Est-ce vraiment le faux Dimitri qui a été égorgé et brûlé ? De faux Dimitri surgissent de partout, chacun se proclamant le *vrai tsar* et exigeant d'être reconnu comme tel. Le peuple désorienté s'attache tantôt à l'un, tantôt à l'autre. Deux *faux tsars* vont ainsi conduire le pays au désordre intégral, à l'effondrement.

Le premier de ces *faux tsars* fut porté en 1606 par un puissant mouvement insurrectionnel avec à sa tête un prince Chakhovskoï et un ancien esclave prisonnier des Tatars, Ivan Bolotnikov. Ces deux hommes soulèvent le sud de la Russie dans un rassemblement de protestation sociale. Bolotnikov – personnage remarquable – appelle les paysans à se révolter contre l'autorité, contre la propriété, et surtout contre le servage. Faut-il s'étonner qu'il ait attiré des masses de miséreux qu'éblouit la promesse d'un nouvel ordre politique et social ? Du point de vue politique, le mouvement de Chakhovskoï et Bolotnikov est plus confus, puisqu'ils éprouvent de grandes difficultés à nommer le *vrai tsar*. Tantôt ils se réclament de l'enfant d'Ouglitch, tantôt du « tsarévitch Pierre », fils supposé de Théodore, qui n'a jamais existé. Peu importe, d'ailleurs, car, en définitive, c'est la dynastie des Riurikides qui leur tient lieu de drapeau.

Un deuxième tsar surgit, soutenu par un puissant mouvement populaire : ce tsar n'est autre, jurent ses partisans, que le tsarévitch assassiné à Ouglitch. Il se proclame tsar et s'installe dans le village de Touchino, proche de Moscou. Ce nouveau tsar est reconnu tout à la fois par la mère de l'enfant d'Ouglitch, Maria Nagoï, qui avait déjà reconnu le moine défroqué pour son fils, et par Maria Mniczek, la veuve de ce même Dimitri égorgé dans la cour du Kremlin et réduit en cendres.

Ce nouveau Dimitri tient une cour à Touchino, s'entoure d'une administration et attire nombre de ceux qui ont porté au pouvoir le tsar Vassili. Parmi les fidèles du tsar Dimitri de Touchino figure aussi le métropolite Philarète (Feodor Romanov), créé métropolite par le « premier tsar Dimitri ». Le tsar de Touchino surenchérit, lui confère le titre de patriarche, sans trop se soucier des formes et en oubliant qu'à Moscou se trouve un autre patriarche, Hermogène. Dès lors, la confusion est totale. L'État possède deux tsars, Vassili au Kremlin, Dimitri à Touchino ; mais aussi deux patriarches, deux Doumas, deux administrations !

Un peu plus loin de la capitale surgit presque aussitôt un troisième Dimitri. Quel est donc le vrai Dimitri dans cette horde de prétendants au trône ? Si la faveur populaire hésite, oscille, elle se porte toujours vers le *vrai tsar*, l'un de ces Dimitri, tout en rejetant le tsar en place, Vassili. Celui-ci, incapable de défendre son trône, est prié de le quitter. Sans protester, il ira se jeter dans un couvent, celui-là même d'où s'était enfui, dix ans plus tôt, le premier faux Dimitri ! Pour Vassili Chouiski, un trône ne valait pas de risquer sa vie.

Russie perdue, Russie sauvée

C'est, dans l'histoire de la Russie, un moment crucial où elle a failli cesser d'exister. Dans la confusion générale, les regards se tournent alors vers un adolescent de quinze ans, Ladislas, fils du roi de Pologne Sigismond III, et nombreux sont ceux qui imaginent de lui confier le trône pour rétablir l'ordre.

La Russie va-t-elle se livrer à son ennemi traditionnel ? Et quelle autre solution concevoir alors que, de tous côtés, la menace extérieure se mêle aux désordres internes et les renforce ?

Nous sommes en 1610. Moscou prête serment au prince Ladislas, tandis que le tsar de Touchino s'enfuit et sera tué. Mais le roi Sigismond détruit ce bel arrangement. Il refuse que son fils se convertisse à l'orthodoxie – condition essentielle de son installation sur le trône. Au vrai, ce n'est pour lui qu'un prétexte. Sigismond III veut le trône de Russie pour lui-même, et il entre en campagne pour le conquérir les armes à la main. Il menace Moscou.

Dans le même temps, un autre péril surgit par le nord. Le roi de Suède Gustave-Adolphe ne veut pas que la Pologne s'empare du trône de Russie, c'est-à-dire annexe la Russie. Et il y envoie ses troupes, qui progressent rapidement, conquièrent Novgorod. À son tour, la Suède réclame le trône russe pour y installer son propre candidat, le prince Philippe, frère du roi.

Le péril est immense : la Russie sera-t-elle conquise par les Suédois ou par les Polonais ? Du côté russe, il n'existe plus aucun candidat au pouvoir, puisque le tsar Dimitri de Touchino a été assassiné et que le tsar Vassili est en prières dans son couvent. Seule subsiste, croit-on un instant, la solution du tsar étranger.

C'est du sentiment national que vient le sursaut. Le patriarche Hermogène appelle le pays à la résistance contre un pouvoir catholique et contre la décomposition de la Russie. Auprès de lui, un héros de toutes les guerres, le prince Pojarski, et un boucher de Nijni-Novgorod, Minine, constituent une armée, libèrent Moscou au terme d'un siège effroyable où les Polonais retranchés dans la capitale se nourrissent de chair humaine. En novembre 1612, Moscou est conquise par cette armée nationale de fortune aussi hétérogène que l'est alors la Russie. Et la Russie est rendue à elle-même. Après Koulikovo où, en 1380, Dimitri Donskoï vainquit les Mongols, après la prise de Kazan en 1552 sous le règne d'Ivan le Terrible, la reconquête de Moscou en 1612 va s'inscrire dans la mémoire collective comme l'une des étapes décisives de l'histoire nationale.

Comment s'étonner de l'importance que les Russes accordent – deux siècles plus tard exactement – à 1812 et aux défaites de Napoléon ? Comment s'étonner que la Russie libérée du système soviétique ait choisi le 4 novembre pour marquer la fête nationale, même si, dans le contexte plus pacifié du XXIe siècle, célébrer la nation le jour où la Russie a triomphé de la Pologne n'est peut-être pas de nature à effacer les vieilles discordes... Mais ce choix s'inscrit bien dans la vision d'une histoire nationale qui s'est construite par reconquêtes successives contre l'ennemi extérieur, quel qu'il ait été.

Le sursaut national de 1610-1612 a concentré l'attention populaire sur la menace principale, celle d'un pays dont l'indépendance est en jeu. Celle-ci assurée, restait, comme toujours, à régler la question du pouvoir.

La dynastie des Riurikides était épuisée. Celle de Boris Godounov n'avait pas existé. Un changement s'imposait. Le pouvoir est, en Russie, la réponse permanente aux temps d'incertitude nés du chaos. Ce fut le cas en 1613, en 1917, en 1991. Pour les Russes, celui qui assume le pouvoir doit être le père protecteur (*batiouchka*) de tous ses sujets ; la Russie, la terre russe, la patrie est leur mère (*matouchka Rossiia*). Cette vision familiale du trio tsar-terre-peuple, qui fait peu de place à l'État, est très prégnante au XVIIe siècle, et le sera jusqu'en 1917. Mais elle implique, pour ceux qui détiennent le pouvoir, une immense responsabilité : c'est d'ajouter l'État, un État viable, fort, garant des intérêts de tous, à cette conception ternaire qui domine alors la conscience collective et mobilise les fidélités.

Dans un pays ravagé par les désordres, par l'inquiétude des hommes et par d'immenses problèmes sociaux, c'est toujours la question politique qui s'impose : celle du pouvoir. C'est là une constante de l'histoire russe où, périodiquement, de manière cataclysmique, toutes les structures de l'État s'effondrent, et où, chaque fois, affolée, la société veut savoir vers qui se tourner, qui va incarner le pouvoir.

Après le Temps des troubles, 1613 va apporter une réponse à ce problème lancinant : ce sera la dynastie Romanov.

CHAPITRE II

Naissance d'une dynastie
Michel Ier

En 1613, le trône de Russie est vacant, mais de nombreux candidats prétendent s'y installer. Premier d'entre eux – et, considère-t-il, plus légitime que ses concurrents –, le prince Pojarski, vainqueur du siège de Moscou, compte beaucoup de partisans et affiche de grandes ambitions. Le prince Dimitri Troubetskoï mène lui aussi campagne pour le trône, courtisant les cosaques qui tirent leur puissance des victoires qu'ils ont remportées. Il y a encore Philarète Romanov, de son vrai nom Théodore Romanov, fils de Nikita Romanov dont la sœur Anastasia avait été la première épouse d'Ivan le Terrible ; contraint d'entrer en religion, Théodore Romanov avait été élevé à la dignité de métropolite. Sa parenté avec Anastasia, donc indirectement avec Ivan IV, lui conférait une légitimité dynastique confortée par sa réputation religieuse. Mais il était alors prisonnier des Polonais, donc indisponible.

Le choix revenait une fois encore à l'Assemblée de la terre (*Zemski Sobor*) qui, seule, pouvait garantir la légitimité d'un nouveau souverain, tout particulièrement dans la mesure où il fallait changer de dynastie. Le *Sobor* se réunit au début de 1613. Il rassembla entre cinq et sept cents membres, même si sur les registres ne figurent que deux cent soixante-dix-sept signatures. L'Assemblée regroupait les boiars, la noblesse de service, des habitants des villes et des délégués paysans qui n'étaient pas des serfs. Douze paysans signèrent le document final. Si l'on ne dispose pas des procès-verbaux des débats, on sait, par divers témoignages, que le *Sobor* décida d'emblée d'exclure tout candidat étranger et de limiter la liste des candidats à une demi-douzaine. Après de vifs débats, il écarta des candidats puissants et très soutenus pour porter son choix sur un quasi-inconnu, Michel Romanov, fils de Théodore Romanov, le métropolite Philarète.

Michel Romanov était un tout jeune homme de seize ans qui vivait avec sa mère au monastère Ipatiev, à Kostroma, où on alla le chercher. S'il l'emporta finalement, ce fut en raison de préoccupations dynastiques et morales. D'abord, étant par son grand-père Nikita apparenté à Anastasia et à la dynastie éteinte, il pouvait *indirectement* se réclamer de la légitimité des Riurikides et s'inscrire dans la longue durée de l'histoire russe[1]. Mais des raisons morales jouèrent aussi en sa faveur. Grâce à son jeune âge, Michel Romanov était resté à l'écart des intrigues du Temps des troubles, à l'écart également des Polonais, des divers prétendants au trône et des usurpateurs. Le *Sobor* l'ayant choisi, on envoya des émissaires dans toute la Russie pour sonder la population

---

1. La légitimité est celle d'Ivan le Terrible, car les Romanov sont venus en Russie tardivement. Leur premier ancêtre connu se nommait Andreï Ivanovitch Kobyla, arrivé des terres germaniques avec son frère Théodore au XIVe siècle.

sur sa désignation. Il fallut encore convaincre cet adolescent, timide et effacé, d'accepter la couronne qui lui était offerte. Il fallut aussi convaincre sa mère, très réticente à l'idée de voir son fils arraché à la paix du couvent pour affronter un destin dont elle mesurait les dangers.

Michel Romanov fut couronné le 21 juillet 1613 et Platonov écrit : « Le pays, constatant que c'était le choix de Dieu, exulta de joie. » Mais Kostomarov, autre grand historien russe, souligne : « Il est peu d'exemples, dans l'histoire, d'événements qui se soient déroulés dans des conditions aussi tristes que celles où Michel Feodorovitch, encore mineur, fut élu. »

Que son jugement était juste ! Le pays était alors ruiné, le Trésor vide, beaucoup de villes, dont Moscou, avaient été détruites par des incendies, tandis que des bandes de pillards et de révoltés mettaient la campagne en coupe réglée. Hors des frontières, Polonais et Suédois acceptaient mal d'avoir perdu l'espoir de dominer la Russie. Face à leur colère et à leur désir de revanche, la Russie, dont l'armée était désorganisée, était sans défense.

Le jeune tsar était un sage. Conscient de sa faiblesse et de son inexpérience, il décida de s'appuyer sur le *Sobor* et de limiter volontairement son pouvoir. Même si l'on ne dispose à cet égard d'aucun document écrit, on sait, par le témoignage d'un contemporain, qu'il s'est alors engagé à gouverner en restreignant son autorité. Il convoqua souvent le *Sobor*, qui eut à débattre de tous les grands problèmes et, avant tout, à rechercher les moyens de restaurer l'État. Michel sera aussi entouré de membres de sa famille maternelle qui le conseilleront.

Mais, en 1619, la situation change radicalement. Le métropolite Philarète, son père, enfin libéré, rentre de Pologne, est élevé au trône patriarcal et devient, avec son fils, en accord et à égalité avec lui, le premier personnage de l'État. Il reçoit le titre de grand souverain, comme le tsar Michel, et tous les actes de l'État portent dès lors leurs deux signatures. Cette coopération si étroite et heureuse pour la Russie durera jusqu'en 1633, année où Philarète meurt à l'âge, fort respectable pour l'époque, de quatre-vingt-huit ans.

Le choix d'un Romanov en 1613 a donc tenu aux raisons dynastiques déjà évoquées, mais aussi au fait que les Romanov étaient respectés et que le sang n'entachait pas leur nom. Le Temps des troubles, le temps de la Russie dévastée, quasi anéantie, s'était ouvert sur l'égorgement d'un adolescent, sur l'innocence profanée ; il se refermait sur l'avènement pacifique d'un tout jeune tsar, image de l'innocence triomphante. La Russie allait-elle enfin échapper à la malédiction du sang toujours versé pour le pouvoir ?

Un règne de paix

Le jeune tsar Michel eut de la chance. L'autorité morale de son père le patriarche, celle du *Zemski Sobor* qu'il réunit fréquemment, confortaient sa propre autorité. Mais il bénéficia aussi de la réflexion politique élaborée à l'aube de son règne par le chroniqueur Ivan Timofeev, qui entendit donner de solides bases idéologiques au système de pouvoir et à la nouvelle dynastie. Cette réflexion était indispensable, tant la confusion des esprits était grande. Vrais et faux tsars avaient revendiqué le trône durant trois décennies. Trois dynasties éphémères s'étaient combattues et exterminées après les Riurikides : celle de Godounov, celle de ou des Dimitri, celle de Vassili Chouiski. Comment séparer alors le vrai du faux ? Quatre souverains, combien de prétendants, combien de témoignages contradictoires, tels ceux de la mère de Dimitri, Maria Nagoï, reconnaissant d'abord son fils dans le premier Dimitri prétendument ressuscité, puis le reniant pour reconnaître ensuite un autre Dimitri ? On peut y ajouter le désarroi des Dimitri successifs eux-mêmes. Que savaient-ils de leur identité réelle ? de leurs liens avec l'enfant d'Ouglitch ?

Ivan Timofeev posa clairement le problème de la légitimité du prince en partant du principe de son caractère immanent, le dégageant du jugement porté sur ses actes. En effet, Boris Godounov avait été plutôt un bon souverain, même si Timofeev le tenait pour coupable du meurtre de Dimitri, à l'opposé de Vassili Chouiski qui s'était signalé par son incompétence et son irresponsabilité. Pourtant, Godounov, le bon tsar, était un usurpateur. Pour Timofeev, le tsar légitime doit concilier en lui une nature divine, porteuse de légitimité, qui le place au-dessus du jugement des hommes, et une nature humaine, laquelle lui impose des comportements qui le haussent au niveau de sa fonction. Le tsar légitime était désigné par Dieu, mais sa légitimité était aussi attestée par une exigence que l'homme-tsar n'avait pas le droit d'ignorer. Ainsi la conception illimitée du pouvoir tsarien, qui avait été celle d'un Ivan le Terrible, théorisée un siècle plus tôt par Joseph de Volotsk, s'infléchit au nom de l'exigence morale. Cette nouvelle exigence qui oblige le tsar à mettre l'homme en accord avec l'élu de Dieu va guider le premier des Romanov et dessiner les contours d'un règne paisible, en rupture radicale avec les tragédies passées.

La tâche qui s'imposait au tsar Michel était pourtant immense et peu conforme à ses vues pacifiques. Il fallait d'abord mater les rébellions et assurer la sécurité extérieure. Pour briser les premières, trois ans suffirent. Les bandes insoumises furent vaincues sur le terrain ;

les cosaques, toujours mécontents, furent amnistiés, enrôlés dans l'armée régulière, chargés de défaire l'ennemi suédois. Ce fut vite fait : la paix avec la Suède, signée en 1617 à Stolbovo, rendit Novgorod à la Russie, mais laissa aux Suédois une bande de terre sur les rivages du golfe de Finlande, coupant ainsi la Russie de la mer. Les successeurs du tsar Michel hériteront de ce problème lancinant : comment accéder à la mer ? Un an plus tard, la paix fut signée avec la Pologne, qui gardait quelques terres russes, dont Smolensk, mais libérait les prisonniers. C'est ainsi que Michel retrouva son père, le vénéré métropolite Philarète.

Coupée de la Baltique, la Russie de Michel était vulnérable. La solution n'était-elle pas d'aller vers les mers du Sud ? Les cosaques du Don en étaient convaincus et voulurent tenter de conquérir Azov. Mais le souverain, très attaché à la paix, se tourna vers le *Sobor* pour débattre avec lui de leur projet. La paix retrouvée au Nord devait-elle être aussitôt remise en cause pour d'hypothétiques conquêtes au Sud ? Le *Sobor* conclut à l'imprudence d'une telle équipée. La reconstruction de l'État devait passer avant tout. Il reviendra à Pierre le Grand, petit-fils de Michel, de ressusciter ces ambitions.

La primauté de la reconstruction intérieure s'imposait, à commencer par celle des finances. Des impôts furent créés, multipliés, mais, à la fin du règne, la situation n'était pas plus brillante qu'à ses débuts. L'une des raisons de cet échec tient à la dualité des pouvoirs et des intérêts qui s'instaure avec le retour de Philarète. D'un côté, un jeune souverain de bonne volonté, mais de caractère faible. De l'autre, Philarète, nimbé de l'autorité patriarcale, nature puissante, volontaire, ambitieuse, plus tourné vers les bonheurs terrestres que vers la religion. Philarète n'avait pas choisi le froc, il lui avait été imposé, mais il en retira un ascendant considérable.

Du coup, son fils lui concéda volontiers l'essentiel du pouvoir. Il régnait sur d'immenses territoires, des monastères, un domaine patrimonial composé de *votchinas*. Alors que le peuple, celui des villes et des campagnes, est écrasé d'impôts, soumis aux pressions de fonctionnaires corrompus, que l'État s'adjuge le monopole des marchandises exportées, les territoires relevant du patriarche sont exemptés de l'impôt. Par ailleurs, le servage se renforce, les paysans exaspérés continuant à tenter de fuir une terre qui ne les nourrit pas.

Le règne du tsar Michel est aussi celui de l'ouverture au monde extérieur et aux étrangers. Très nombreux sont ceux qu'attire alors cette « barbare Russie » dont tous pressentent la richesse potentielle, ainsi que les possibilités qu'elle peut offrir à ceux qui s'y aventurent. Moscou connaît alors un grand afflux de voyageurs, mais aussi d'« investisseurs » qui construisent des fabriques et y font travailler surtout des ressortissants étrangers qu'ils jugent mieux préparés que les Russes aux tâches techniques. Des négociants venus de Hollande et de Suède profitent aussi de cette ouverture caractéristique du règne du premier Romanov. L'armée russe, que le souverain s'efforce de reconstruire au sortir des guerres, accueille également de nombreux mercenaires suisses et allemands.

Si la Russie n'a pu reprendre Smolensk à la Pologne, ni conquérir Azov en dépit de moyens militaires reconstitués, c'est en Sibérie que le jeune souverain va remporter de francs succès et étendre son territoire. Elle attire les Russes, chasseurs, marchands de fourrures, cosaques et même paysans fuyant leurs maîtres, qui espèrent se perdre dans ses profondeurs. Pendant qu'y avancent ainsi des bataillons d'aventuriers que nul n'a mandatés, l'État progresse à leur suite, construit des fortifications, installe des comptoirs, prélève l'impôt sur des populations locales sans défense. C'est une avancée pacifique que consolident les institutions. En 1621, un premier évêque russe, Cyprien, est nommé à la tête du « diocèse » tout juste créé de Sibérie. En 1632, les Russes s'établissent sur les bords de la Léna et fondent la ville de Iakoutsk. Quatre ans plus tard, les cosaques de Tomsk atteignent les rives du fleuve Amour. Bientôt, l'heure viendra d'ouvrir un dialogue avec le mystérieux Empire chinois.

Dans le bilan de ce premier règne Romanov, la Sibérie pèse lourd. Mais aussi l'organisation de l'État que l'expansion territoriale impose d'améliorer. L'administration a été divisée en *prikaz* (ministères) : il y en a trente-cinq. Les uns couvrent des domaines de compétence particuliers (Finances, Affaires étrangères, Poste...) ; d'autres sont territoriaux, tels les *prikaz* de Kazan ou de Sibérie. Depuis 1625, le tsar a ajouté à son titre celui d'*autocrate*, ce qui indique la volonté d'exercer un réel pouvoir, même si, jusqu'au bout du règne, il le partagera, d'abord avec son père, mais toujours avec le *Sobor* et avec une administration qui va se renforçant.

En 1645, lorsque le tsar Michel meurt, il laisse à son héritier un État reconstruit que Klioutchevski décrira par deux traits significatifs : « plus faible que l'État des derniers Riurikides, mais bien moins isolé en Europe ». Et, conclura-t-on pour être juste, un État pacifié.

La succession ne pose pas de problèmes : il y a un héritier légitime. C'est Alexis, fils aîné du tsar Michel, qui monte sans encombre sur le trône, démontrant ainsi la solidité de la dynastie. Comme son père, Alexis régnera durant trois décennies, le temps de poursuivre un projet politique, de consolider la dynastie et d'étendre à son tour l'espace de la Russie.

CHAPITRE III

Le grand règne troublé d'Alexis le Très-Doux

Le successeur du tsar Michel aura ceint la couronne, comme son père, à l'âge de seize ans. Fils de la troisième épouse du souverain disparu, il a eu pour gouverneur le boiar Boris Morozov, qui sera d'abord et pour des années son conseiller. Alexis, nommé le Très-Doux (*Tichaïchyi*), était loin d'être un héritier indifférent. Dès l'enfance, il avait étonné son entourage par sa précocité, sa curiosité d'esprit qui lui vaudra d'être un souverain très cultivé, grand lecteur, mais aussi, à l'occasion, mémorialiste et passionné de théâtre, nouveauté en Russie. C'était également un homme contradictoire dans son aspect et son comportement. Il était, dans son enfance, vêtu « à l'allemande » ; tsar, il se présenta volontiers dans le lourd vêtement traditionnel que portaient ses prédécesseurs. C'est d'ailleurs l'image courante de lui que retient l'iconographie russe. Mais, en même temps, comme son père, il était attiré par l'Occident et, durant tout son règne, il va tendre vers lui.

Petit-fils du patriarche Philarète, le tsar était très pieux, veillait à respecter tous les rites de l'Église, et nul n'imaginait qu'il fût tenté de bousculer les croyances et les usages. De lui, la Russie attendait un règne paisible. Et pourtant, les trente années de son règne vont être marquées par des crises multiples, des changements politiques considérables, et le grand schisme qui va bouleverser les consciences russes. Le règne du Très-Doux, attentif à observer la loi de Dieu, sera en définitive un règne de contrastes et de tragédies ; mais ce souverain ne fera jamais couler le sang pour combattre des rivaux, il l'aura seulement fait pour défendre ce qu'il tenait pour essentiel à l'intérêt de son pays.

Monté très jeune sur le trône, on l'a dit, Alexis subit l'influence non seulement de son précepteur, mais aussi de son beau-père, Miloslavski ; tous deux pèsent sur les décisions destinées à soulager des finances en situation désastreuse, ce qui va entraîner de profondes crises intérieures. Comme Michel, Alexis est en effet confronté à l'éternel problème d'un Trésor désespérément vide. Comment l'alimenter ? Comment trouver les ressources permettant de faire fonctionner l'État ? Comme toujours, c'est le recours à l'impôt qui va constituer la réponse, et celle-ci mène généralement à des catastrophes.

Deux mesures soulevèrent l'indignation populaire : l'augmentation de l'impôt sur le sel, déjà très élevé, et une taxe établie sur le tabac. Mais, alors que l'Église russe prohibait la consommation de tabac, les conseillers d'Alexis entreprirent de l'encourager pour en retirer des profits fiscaux. La Russie de 1650 vivait dans la tradition de la double autorité de l'Église et du tsar ; l'héritage de Philarète était intact, la piété du souverain bien connue. Comment le peuple pouvait-il comprendre ces dispositions contradictoires : les règles édictées par l'Église, en l'occurrence l'interdit frappant le tabac, et l'encouragement de l'État à en user ? Une seule réponse était possible : le tsar ne pouvait se tromper, Dieu en était garant, mais ses conseillers étaient coupables. De surcroît, la corruption était grande, précisément parmi ces conseillers et au sein de l'administration. Le peuple s'en prit donc à eux.

En 1648, trois ans à peine après le début du règne, les Moscovites se révoltèrent contre les excès fiscaux, contre la corruption et contre les conseillers ; les insurgés envahirent le Kremlin, les maisons du boiar Morozov et d'autres fonctionnaires ; le feu se déclara et se propagea à vive allure dans la capitale, dont les maisons étaient construites en bois. Alexis réussit à sauver Morozov, mais il dut sacrifier des conseillers de moindre importance et les faire exécuter pour apaiser ce que l'on nommera la « révolte du sel ».

Quelques années plus tard, un nouvel épisode fiscal tourna de même à la tragédie. Aucune taxe ne suffisant à remplir les coffres de l'État, Alexis constate que de nouvelles dispositions s'imposent, et il imagine en 1656 de substituer à la monnaie d'argent pur un alliage d'argent et de cuivre. Les conséquences de cette innovation se révèlent désastreuses : inflation, désordre financier accru, et, comme toujours, la révolte populaire s'ensuit. Pour le peuple, une fois encore, ce sont les hommes de l'« entourage », « faux-monnayeurs », qui sont responsables de la dégradation de sa condition, et l'« émeute du cuivre » prend des proportions telles qu'il faut recourir aux *streltsy*[1] pour en venir à bout. La répression est terrible. Les émeutiers capturés sont torturés – bras

---

1. *Strelets* ou *strelitz*, au pluriel *streltsy*, du verbe *streliat'* : tirer. Corps de mousquetaires créé par Ivan le Terrible, armés de mousquets.

et jambes coupés –, fouettés dans les cas les moins graves et, pour ceux qui survécurent, envoyés en Sibérie. Le Très-Doux sait qu'il ne peut céder à la fureur populaire. Il le peut d'autant moins que si ces deux grandes révoltes ont eu la capitale pour théâtre, en arrière-plan, c'est toute la Russie qui est secouée par des troubles sporadiques. Les villes du nord au sud – Novgorod, Pskov, Koursk, Voronej, parmi beaucoup d'autres – connaissent des émeutes comme Moscou, et une répression impitoyable dans la foulée.

Ce climat de turbulence va déboucher en 1670 sur la plus grave crise interne du règne, celle qui évoque un retour au Temps des troubles : la guerre paysanne conduite par Stenka Razine. Depuis le début des années 1660, la région du Don était agitée, paysans et cosaques unis par une même fureur multipliaient les mouvements insurrectionnels locaux. Mais à ces désordres dispersés manqua durant quelques années un élément fédérateur ; Stenka Razine va jouer ce rôle.

Personnage légendaire, Stenka Razine n'est encore, en ces années 1660, que l'un des chefs cosaques du Don. C'est un aventurier qui n'hésite pas à aller jusqu'en Perse et en d'autres pays riverains de la Caspienne ou de la basse Volga pour s'y livrer au pillage. En 1670, il change de registre et se mue en héraut de la révolte sociale. Il remonte la Volga avec ses hommes, attire à lui les paysans, si pauvres et toujours prêts à se soulever, d'autres cosaques ainsi que des tribus allogènes. Et à tous ceux qui le suivent, à tous ceux qu'il croise, il annonce qu'est venu le temps de la « révolte des gueux » : ils ne doivent plus obéissance à un pouvoir qui les écrase. L'armée de Razine, qui finit par compter près de vingt mille hommes, s'empare des villes, massacre les notables, poursuit sa route jusqu'à Simbirsk. Mais l'épreuve de force avec les troupes du tsar, bien équipées et préparées à lutter contre les émeutes, va lui être fatale. Après de durs combats, Stenka Razine est pris, ses fidèles fuient ; il sera exécuté à Moscou, en public, pour l'édification de tous les candidats à la sédition. Une fois encore, le Très-Doux se montre intraitable dès lors que l'État est menacé.

La victoire remportée par Alexis sur le *chef des gueux* ne doit pas dissimuler la gravité et les conséquences de cette crise. Stenka Razine devient un héros quasi surnaturel : la légende populaire le dira mi-homme, mi-sorcier, insensible aux coups, invulnérable aux balles. De là, probablement, le châtiment public destiné à détruire le mythe. Mais, surtout, Stenka Razine va ressusciter le fantôme des vrais et faux tsars. Celui qu'il combat, dit-il, n'est pas le vrai, car Alexis, par ses dispositions contraires à l'ordre voulu par Dieu, a montré qu'il n'était pas le tsar. Le *vrai tsar* est le tsarévitch Alexis, qui marche parmi les gueux le long de la Volga pour aller prendre sur le trône sa place légitime. Or, ce tsarévitch Alexis est mort en 1670 à la veille du soulèvement.

Le mythe du *faux tsar* a le mérite de ne pas mettre en cause la légitimité du souverain – en l'occurrence, le tsarévitch qui n'a pas dérogé à l'ordre divin –, mais il présente l'inconvénient de remettre au premier plan ce personnage qui est toujours au cœur du Temps des troubles, le *faux tsar*. L'avènement des Romanov en 1613, la succession paisible de 1645 suggéraient que ce Temps des troubles était révolu. Le fantôme du tsarévitch Alexis accompagnant la marche forcenée des troupes de Stenka Razine témoigne qu'il n'en est rien. On le verra, il sera le chaînon reliant les *faux tsars* du XVIIIe aux *faux tsars* du XVIe siècle.

Aux révoltes qui scandent l'histoire de ce règne vont s'ajouter deux événements marquants qui vont changer le visage de la Russie dans sa géographie et dans son esprit. L'esprit, d'abord, car c'est encore la nature partiellement divine du tsar qui est ici en cause.

La tradition russe contre la réforme : le Raskol

Tout commence en 1652 avec l'élection d'un nouveau patriarche, Nikon. La situation de l'Église russe est alors tout à la fois prestigieuse et confuse. Prestigieuse puisque, depuis la chute de Byzance, elle prétend incarner la Troisième Rome. Elle est de surcroît matériellement puissante, ses richesses sont considérables, préservées des exigences fiscales du Trésor, et elle exerce un pouvoir temporel partagé avec le souverain. Mais, sur le plan de l'esprit, c'est plutôt une certaine médiocrité qui la caractérise.

L'Église de Russie vit dans un splendide isolement dont les conséquences sur le plan du savoir religieux et du comportement des prélats sont lourdes. Les textes sacrés sont traduits avec une grande fantaisie, le rituel se délite, les clercs font preuve de peu de rigueur dans leur vie privée. Dès le début du XVIe siècle, des moines lettrés s'en inquiètent. Conscient du problème, Michel Romanov avait confié à une commission ecclésiastique le soin d'y réfléchir et de proposer des remèdes. Mais c'est le tsar Alexis qui va décider d'une remise en ordre des textes et des rituels. Le nouveau patriarche doit exécuter ce projet au demeurant fort modeste.

Il s'agit simplement d'en revenir aux usages, annonce le patriarche qui, en bon fils de paysan, d'esprit fort subtil, essaie d'abord de rassurer. Ce qu'il affirme défendre, ce n'est qu'un retour à la tradition. On a mal écrit le nom de *Jésus*, accuse-t-il : erreur de transcription.

Au lieu de *Issous*, il faut en revenir à *Iisous*. Les Russes ont pris l'habitude de se signer avec deux doigts ; il convient, corrige le patriarche, de le faire avec trois. Comment ces modifications si modiques ont-elles pu enflammer la Russie ?

Beaucoup de solennité entoure la réforme du patriarche. Deux conciles sont convoqués en 1654 et 1656 ; on fait appel à des moines savants de Kiev ou du mont Athos pour la soutenir. Mais le double conflit qui va éclater entre le patriarche et le tsar, entre l'Église du patriarche et ceux qui la récusent, est presque sans rapport avec les réformes proposées. Le patriarche, pourtant cajolé par le tsar qui l'a nommé grand souverain – comme Philarète –, le heurte par ses exigences. Il prétend faire reconnaître la primauté du spirituel sur le temporel, donc son autorité sur le tsar. C'est la rupture. Alexis soutient l'Église qu'inquiète ce patriarche autoritaire à l'excès. Deux conciles seront encore convoqués, qui confirmeront les réformes, mais concluront à la nécessité de déposer Nikon. Dans ce qui fut un véritable duel institutionnel, le tsar l'a emporté, le patriarche est désavoué. Mais, face aux tenants de la tradition russe – car chaque camp s'en réclamait –, l'image du souverain sort à jamais brouillée de cette immense épreuve.

L'étendard de la révolte contre la réforme des rites fut levé par un personnage extraordinaire, ô combien représentatif de la Russie : l'archiprêtre Avvakoum. Comme Nikon, il est d'origine paysanne et se veut la voix de la tradition russe, car la Russie, dit-il, c'est d'abord le monde paysan. Comme Nikon, il est doté d'une intense ferveur religieuse tout en étant un homme de pouvoir. Il rejette toutes les interprétations et corrections proposées par le patriarche, fait face sans la moindre peur aux menaces, aux tortures, à l'emprisonnement dans des conditions effroyables qu'il va être condamné à subir durant les quatorze dernières années de sa vie. Il écrit son autobiographie – *La Vie de l'archiprêtre Avvakoum* – dans une langue russe parlée, non convenue, texte littéraire remarquable, le premier du genre en Russie. S'adressant directement au tsar, il l'exhorte à retrouver sa véritable vocation, celle que Dieu lui a confiée : préserver la tradition russe, et « non se conformer à des textes et usages grecs ».

L'appel d'Avvakoum est accueilli avec faveur et ferveur par un nombre considérable de Russes de tous milieux, nobles ou paysans, qui pensent qu'avec les réformes, c'est la tradition russe que l'on rejette. Et ainsi naît le grand schisme, le *Raskol*, qui va opposer les *vieux-croyants* (partisans de la vieille foi – *starovery* – et des vieux rites) à des réformes jugées impies. L'héroïsme des vieux-croyants est extraordinaire et sans issue. Ils n'ont pas de prêtres, pas de structures, ils sont pourchassés, torturés, condamnés à mourir les armes à la main, ou voués au suicide. Mais, pour eux, rassemblés derrière Avvakoum, la vérité est dans leur camp. Le concile qui les a condamnés s'est tenu en 1666 : ces chiffres ne sont-ils pas les symboles de l'Antéchrist ? Les vieux-croyants vont dès lors s'enfermer dans un monde clos, celui de la « vraie foi », récusant l'Église et l'État. Pour eux, le tsar n'est plus tant le faux tsar que l'Antéchrist ou son représentant, ce qui entraîne l'annulation de sa légitimité.

Même pour ceux qui ne se rallient pas à Avvakoum, le doute s'installe. De la légitimité du tsar garantie par l'Église, que subsiste-t-il alors que celle-ci est confrontée au discours d'Avvakoum ? Et l'Église, qui assurait à l'État la fidélité sans faille de toute la société, ne joue plus ce rôle dès lors qu'une partie de la population la rejette. L'unité russe, brisée au Temps des troubles, reconstituée avec l'avènement des Romanov, est à nouveau ébranlée, voire détruite.

On remarquera – et c'est la spécificité de ce schisme si tragique pour la Russie – la différence existant entre le *Raskol* et la Réforme qui a divisé le monde chrétien occidental. La Réforme a été la révolte des hommes de foi contre une autorité ecclésiastique qui voulait ignorer la volonté de changement du peuple chrétien. Le *Raskol*, à l'inverse, est une révolte des fidèles contre les réformes proposées par l'Église. C'est un phénomène proprement russe, étranger même à l'Ukraine qui partage alors le destin politique de la Russie, et ce point vaut aussi la peine d'être souligné.

La Russie s'avance en Europe

L'entrée de l'Ukraine dans la sphère d'autorité de l'État russe a été l'autre événement majeur du règne d'Alexis. La question ukrainienne n'avait cessé de se poser à la Russie. Depuis 1569, l'Ukraine était plus sous contrôle polonais que lituanien, ce qui impliquait une autorité politique polonaise exercée sur la société et, surtout, l'influence de l'Église catholique sur les orthodoxes ukrainiens. En 1596, l'Union de Brest créa l'Église *uniate*, liée à Rome, mais conservant pour les offices le slavon et le rite oriental, ce qui bouleversa la communauté des croyants ukrainiens. Le clergé, surtout sa hiérarchie, se rallia certes en majorité à l'Église uniate, mais les fidèles restaient pour la plupart attachés à l'orthodoxie.

La situation fut encore compliquée par l'intervention des cosaques – éternels fauteurs de troubles – dans le conflit religieux. Les cosaques du Dniepr prirent en général le parti du peuple paysan contre la nouvelle

Église, et contribuèrent à attiser des soulèvements où se mêlaient problèmes sociaux – en Ukraine comme ailleurs, les paysans étaient misérables – et religieux. Violemment réprimées, ces révoltes sporadiques aboutirent en 1648 à un grand mouvement dirigé par l'hetman Bogdan Khmelnitski, soutenu par les Tatars de Crimée.

À chaque soulèvement, les Ukrainiens venaient demander l'aide du « grand frère orthodoxe », la Russie. En 1625, déjà, le tsar Michel, sollicité d'intervenir, s'y était refusé, tant il était attentif à ne pas ranimer un conflit avec la Pologne. Alexis choisit pour sa part d'adopter la même attitude dilatoire après la révolte de 1648. Mais, en 1653, après plusieurs démarches pressantes des Ukrainiens, il consulta le *Zemski Sobor*, qui lui conseilla de prendre sous protection russe les troupes de l'hetman Khmelnitski, ainsi que les villes et territoires se réclamant de lui.

Les Ukrainiens n'avaient pas agi à la légère. La *Rada* convoquée en 1654 à Pereiaslavl débattit pour décider qui, des trois puissances de leur environnement, pourrait le mieux répondre à leurs aspirations. Traiter avec la Pologne impliquait pour eux l'acceptation du catholicisme romain. Avec la Turquie, ce serait l'influence islamique qui s'imposerait. La Russie, elle, incarnait l'orthodoxie souhaitée par la majeure partie de la population. La *Rada* opta pour le ralliement à Moscou, et ses membres prêtèrent serment d'allégeance au tsar.

Ce choix de la *Rada* était naturellement inacceptable pour les Polonais, ce qui entraîna la guerre, d'autant plus redoutable pour la Russie que le roi de Suède, profitant des circonstances, entra à son tour dans le jeu. La Russie n'échappa que de justesse au désastre et conclut en 1667 avec la Pologne le traité d'Androussovo qui, habilement négocié du côté russe, lui fut bien plus favorable que ne le laissait présager la situation militaire. Le Dniepr devenait la frontière séparant la Russie, qui obtenait la partie de l'Ukraine située sur sa rive gauche, de la Pologne, qui recevait les territoires situés sur la rive droite. Kiev, quoique sise sur la rive droite du fleuve, fut placée pour deux ans sous l'autorité de Moscou : la Russie ne pouvait en effet accepter d'être séparée du berceau du christianisme oriental. Par la suite, elle ne devait pas respecter les clauses du traité, mais conserver Kiev à jamais sous son aile. Il en alla de même de Smolensk, où l'autorité russe était reconnue pour neuf ans et qui, comme Kiev, allait rester russe. Un traité russo-polonais signé en 1686 consacrera ces deux conquêtes. Quant au conflit avec la Suède, il perdura jusqu'en 1681.

Ces guerres incessantes épuisaient la Russie, d'autant plus que les Ukrainiens étaient loin d'être unanimes autour du choix fait à Pereiaslavl. Lorsque, en 1657, Bogdan Khmelnitski disparut, ils se divisèrent, remettant en cause la décision de 1654. Mais, pour Moscou, l'inclusion de la « petite Russie » à l'État russe ne pouvait être discutée, et elle allait constituer un élément central de la politique du tsar Alexis.

Les conséquences immédiates et surtout lointaines de cette expansion furent considérables. L'agrandissement ukrainien étendait la Russie à l'ouest et la poussait vers l'Europe qui attirait tant le tsar Alexis. Sans doute l'Ukraine conquise imposait-elle d'importants efforts au pouvoir russe. Pour protéger les nouvelles frontières, pacifier des territoires toujours agités, il fallait des moyens militaires, de l'argent, des fonctionnaires. Mais l'Ukraine offrait aussi au pouvoir russe de remarquables possibilités de progrès. Elle possédait une élite religieuse, militaire et administrative fort occidentalisée, prête à coopérer avec les nouvelles autorités, et que la Russie intégra aisément. L'Église subit aussi l'influence du clergé ukrainien, très lié au grand centre orthodoxe du mont Athos, qui l'ouvrit à une pensée religieuse plus novatrice et occidentalisée. Sans doute l'influence modernisatrice des élites ukrainiennes ne s'exerça-t-elle que sur une fraction réduite de la société russe, alors que le peuple, attaché à ses traditions, plus attiré par le discours rigide des *raskolniki*, regardait avec méfiance, voire hostilité, cette orientation « étrangère ». Mais, dans le bilan du règne d'Alexis, l'apport ukrainien à la Russie constitue un élément décisif.

Dans ce bilan, il convient aussi d'inscrire l'extension de l'espace qui se poursuit continûment sans que l'État ait à la payer au prix fort. Il en va ainsi de l'avancée, à l'est et au nord, des cosaques et des marchands, avancée spontanée que ne soutient aucun effort de l'État, et qui conduit ces aventuriers jusqu'au bord du Pacifique et dans le bassin de l'Amour, où ils font face à des Chinois qui revendiquent leur droit absolu à posséder ces territoires. Escarmouches et négociations se multiplient. Les troupes russes venues en renfort construisent en 1665 la forteresse d'Albazine, que les Chinois détruisent, mais qui sera aussitôt réédifiée. Cette forteresse restera le point d'appui de la présence russe face aux Chinois jusqu'à ce que se règle le conflit par le traité de Nertchinsk, signé après la mort d'Alexis. Mais c'est lui qui aura préparé l'installation de la Russie dans cette région où les Chinois se croyaient maîtres, et qui aura soumis à son autorité de petits peuples qui, jusqu'alors, se considéraient comme chinois.

L'œuvre d'Alexis ne se limite pas à la réduction des révoltes ni aux conquêtes. Ce fut aussi un grand législateur et, sur ce chapitre, le grand historien de la Russie, Waliszewski, le situe sans hésiter « en avant de Colbert et de Louis XIV, puisqu'en France il fallut attendre

1663 pour que l'on élabore un droit français ». Dès 1648, le tout jeune tsar installe une commission présidée par le prince Obolenski, chargée d'opérer un tri dans les textes existants, de s'inspirer des écrits des Pères de l'Église, des lois de Byzance, des décisions des Doumas et des codes anciens de la Russie pour élaborer un droit russe. Trois mois plus tard, le *Zemski Sobor* examine le projet préparé par la commission Obolenski ; le nouveau Code (*Oulojénié*) est adopté en janvier 1649. Il restera en vigueur deux siècles durant.

Ce texte considérable, constitué d'un millier d'articles, vise à répondre à tous les problèmes de la Russie. Notamment, il décrit avec précision le système de gouvernement qui, depuis le Temps des troubles, n'a jamais été vraiment rétabli ; la centralisation de l'État est affirmée, l'organisation de la société et les rapports entre l'État et la société sont soigneusement définis.

Outre cette volonté législative, une autre caractéristique du gouvernement d'Alexis doit être soulignée : la place faite au *Zemski Sobor* dans le système politique du XVIIe siècle. Le *Sobor*, qui rassemblait les trois ordres de la société, se réunissait d'abord par ordres pour débattre des problèmes, puis en assemblée plénière. La domination de la noblesse de service s'y était fait très tôt sentir. Ivan le Terrible le convoquait volontiers. Le premier Romanov avait été choisi par le *Sobor* et il avait pris l'habitude de lui soumettre avec régularité projets et difficultés. Cela explique que, sous le règne d'Alexis, le *Sobor* ait toujours voulu marquer son autorité. Le Code des lois fut ainsi proposé par lui, tout autant que voulu par le tsar. Et, dans l'affaire du rattachement de l'Ukraine, c'est encore le *Sobor* qui vint à bout des hésitations du souverain. Mais le tsar Alexis s'efforça d'affirmer toujours davantage son autorité face à ces États généraux dont le poids n'avait cessé de grandir depuis Ivan le Terrible.

Dans les dernières années de son règne, il manifestera sa propre volonté à maintes reprises et réduira les occasions d'en appeler au *Sobor*, préparant déjà l'évolution future du système vers l'*autocratie*.

Enfin, comment tourner la page consacrée au deuxième Romanov sans souligner une fois encore sa volonté de rapprocher son pays de l'Europe, de l'occidentaliser ? Il a encouragé les rapports commerciaux avec l'ouest du continent, appelé des artistes étrangers à venir exercer leurs talents en Russie et à y apporter leurs techniques. Les Allemands avaient particulièrement sa faveur. Il en fit venir à Moscou, où leur concentration dans un faubourg le fera nommer *Nemetskaia Sloboda*, le « Faubourg allemand », qui ira jusqu'à compter plus de quinze mille habitants à l'heure de sa mort. Il soutint l'ouverture d'un théâtre allemand dirigé par un pasteur protestant, où l'on jouait tantôt des pièces russes, tantôt des pièces du répertoire européen. Il voulait aussi envoyer des jeunes gens étudier à l'étranger ; son fils réalisera son rêve. Et il affichera sa solidarité avec les monarques occidentaux en décrétant le blocus des marchandises anglaises après l'exécution à Londres de Charles Ier.

La Moscovie, celle des villes, a beaucoup évolué lorsque disparaît le Très-Doux. Les barbes, les cheveux longs ont fait place à des visages imberbes, aux cheveux taillés. Les habits européens sont à la mode. On fume, on prise, en dépit des foudres de l'Église. Certes, c'est l'élite urbaine, celle de la capitale surtout, qui adopte ces modes « à l'européenne », au grand dam du petit peuple qui s'effarouche de comportements jugés « hérétiques ». Mais la curiosité, la volonté d'ouverture à l'Ouest ont bien changé les choses et préparé l'avenir.

L'espace russe agrandi, l'État renforcé, la paix civile progressivement installée, le droit défini : le *Tichaïchyi* aura, en trente ans, accompli une œuvre considérable. Certes, l'*Oulojénié* (Code) élaboré au milieu du XVIIe siècle consacre définitivement le servage, situant ainsi la Russie en marge de l'évolution européenne. N'ayant pas alors conscience du destin européen de la Russie, qu'ils voient comme un pays étrange, barbare, les Européens vont s'effaroucher de la consolidation de ce statut spécifique. Les historiens qui observent le règne d'Alexis font pour leur part le compte des progrès qu'il a apportés à son pays et retiennent avant tout, après la longue désagrégation de l'État et en dépit des menaces extérieures toujours présentes, ses réussites et la mobilisation extraordinaire des ressources de tout un peuple pour assurer sa survie et son indépendance.

En définitive, ne peut-on conclure que ces deux règnes furent plutôt heureux ? Que le sang n'y fut versé qu'avec parcimonie ? L'on peut dès lors poser trois questions : les Romanov ont-ils réussi leur entrée dans l'histoire russe ? ont-ils fondé une dynastie capable de durer sans retomber dans les errements passés ? leur légitimité est-elle bien assise ?

La mort d'Alexis ouvre une nouvelle page de l'histoire russe et il va revenir à ses héritiers de répondre à ces questions.

CHAPITRE IV

Pierre le Grand

Deux héritiers pour un trône

Conscients de l'importance de la question successorale, les tsars Michel et Alexis, avant de disparaître, avaient tous deux désigné leur héritier : leur fils aîné, confortant ainsi la règle de primogéniture. Le tsar Alexis s'était marié deux fois. Il avait eu treize enfants de sa première femme, mais seulement deux fils, Théodore et Ivan, tous deux de faible constitution. De son second mariage naquit un fils, Pierre, qui, à l'opposé de ses demi-frères, était un enfant sain, d'une vigueur remarquable. La situation se complique dans la mesure où la descendance du tsar est nombreuse, issue de deux mariages, et où elle comporte aussi des filles bien portantes et de fort caractère, notamment Sophie, sœur aînée de Théodore et d'Ivan, si chétifs et mal venus. Deux mariages et deux clans : les Miloslavski, parents de la première épouse, et les Narychkine, parents de la seconde, chaque clan estimant avoir donné à la dynastie un héritier.

Fidèle à ses principes, le tsar Alexis avait désigné pour héritier son fils aîné, Théodore, qui à sa mort était âgé de quinze ans. L'héritier était un garçon fort instruit, connaissant parfaitement le latin, des langues d'Europe, les mathématiques ; mais, très malade, il était incapable de régner. Les Miloslavski n'en avaient cure : il était l'héritier installé sur le trône et ils se sentaient habilités à gouverner le pays en son nom. Leur domination va durer six ans et s'emploiera avant tout à persécuter le clan adverse, celui des Narychkine, pour écarter toute ambition politique rivale.

Les problèmes habituels vont surgir à la mort de Théodore, qui disparaît en 1682 sans laisser de postérité. Se pose alors la question : qui doit lui succéder ? Deux successeurs éventuels, deux représentants des deux clans ennemis : Ivan, frère cadet de Théodore, aussi malade que lui et, de surcroît, intellectuellement peu développé, ou bien l'enfant de Nathalie Narychkine, le turbulent et vigoureux Pierre ? Mais celui-ci n'a que dix ans. Cette situation incertaine trouble les esprits. Comme toujours, la foule s'en mêle, se masse devant le Kremlin, apeurée.

Le patriarche s'interpose et suggère qu'en l'absence d'une solution évidente on en revienne au choix du peuple, autrement dit que les dignitaires civils et religieux réunis autour de lui s'érigent en *Zemski Sobor* et élisent le tsar. L'instance qu'il rassemble ne constitue pas un vrai *Sobor*, mais le hasard fait que le vrai *Sobor* était alors sur le point d'être réuni, que la plupart de ses représentants étaient déjà sur place, et que le peuple qui en appelle à lui soutient avec force l'idée d'élire le tsar sans tarder. Mais qui élire ? La division s'installe. Le nom de Pierre est acclamé. Il a la faveur du patriarche, mais les partisans d'Ivan pèsent eux aussi, et les filles du souverain disparu, entrant en scène, vont faire basculer la situation.

La plus remarquable, la plus ambitieuse d'entre elles est Sophie, fille du premier mariage d'Alexis, soutenue par le clan Miloslavski. Alors qu'une sorte de plébiscite populaire s'est dessiné en faveur de Pierre – mais tout demeure encore incertain –, Sophie fomente un véritable coup d'État. Prenant la tête du deuil, elle déclare que son frère a été empoisonné. Que les Narychkine aient voulu assassiner le souverain pour s'emparer du trône, cela va de soi ! Et elle organise et finance une révolte des *streltsy* présents à Moscou !

Un tsar empoisonné, les *streltsy* mobilisés : la Russie semble revenir à ses démons, au sang versé sans fin pour accéder au pouvoir. Et le sang va couler, en effet, sans fin. Combien de Narychkine et de leurs partisans sont alors massacrés ! Sous la pression des *streltsy*, la Douma des boiars opte pour une solution de compromis : il y aura deux co-tsars, Ivan et Pierre, et une régente, Sophie, qui se contentera du titre de grande souveraine.

Difficile de porter un jugement équitable sur cette régence. Sans doute Sophie ne fut-elle pas indigne de sa fonction. Mais elle subit l'influence de sa famille, les Miloslavski, qui prétendent tout gouverner et écarter les Narychkine du pouvoir par la violence. Par voie de conséquence, le jeune Pierre doit se contenter d'assister à la défaite et surtout au massacre des siens. Son caractère sera formé par ces dures années d'un véritable exil intérieur. Sophie eut à payer sa dette aux *streltsy* qui, en majorité vieux-croyants, prétendaient imposer le schisme à la société. Une nouvelle fois, elle dut acheter en monnaie sonnante et trébuchante leur neutralité religieuse. Mais elle avait sous-estimé l'ambition de certains de leurs chefs qui, l'ayant portée à la régence, étaient convaincus de pouvoir la soumettre à leur autorité. Ce fut une rude confrontation. Pour échapper à leur pression, Sophie quitta le Kremlin, s'installa avec la Cour à Kolomenskoe, décida de mesures répressives, et l'emporta. Les *streltsy* rebellés firent amende honorable, les meneurs furent exécutés. La Cour revint au Kremlin et Sophie put enfin exercer sa régence.

Sagement, elle s'en remit à ses conseillers. Le plus puissant d'entre eux était le prince Vassili Golitsyne, qui gouverna réellement la Russie durant sept ans. Son grand succès fut en 1686 la signature d'un traité de « paix perpétuelle » avec la Pologne confirmant toutes les acquisitions russes en Ukraine. Mais ce traité provoqua, en retour, un conflit avec les Tatars de Crimée, que soutenait l'Empire ottoman. Les armées russes ne purent leur résister et la défaite allait contribuer à la chute de la régente. Sentant sa position de plus en plus précaire, Sophie décida en effet de se faire couronner avec l'aide du chef des *streltsy*, une fois encore mobilisés en sa faveur. Mais cette nouvelle tentative de coup d'État échoua. Le jeune Pierre, que la société tient pour une solution alternative au pouvoir d'une régente par trop ambitieuse, voire pour l'héritier légitime, n'est-il pas, de droit, co-tsar ? Il entre alors en scène.

Ou, plus exactement, il s'enfuit et se réfugie dans un couvent pour échapper au complot qui s'ébauche et lui rappelle les pires moments, marqués de règlements de compte successoraux, du passé. Tandis qu'il s'abrite au couvent de la Trinité-Saint-Serge, autre symbole de la renaissance russe, les boiars et des *streltsy* qui ont hâtivement changé de camp, appuyés sur des unités militaires régulières, s'accordent pour le proclamer seul héritier. Désemparée, lâchée par la plupart de ses partisans, Sophie se rend à son demi-frère. Il la fait enfermer dans un couvent où, selon la tradition russe, elle finira ses jours.

Peut-on tenir ces années de régence pour peu marquantes dans l'histoire de la Russie ? Sans doute Sophie fut-elle influencée par ses conseillers, et son pouvoir personnel ne fut-il pas considérable. Mais elle a apporté dans la pratique politique russe une innovation qui aura des conséquences importantes au XVIIIe siècle : on lui doit d'avoir permis aux femmes d'accéder au trône. Deux femmes avaient certes régné avant elle : Olga, à Kiev, et l'ambitieuse Hélène Glinska, mère d'Ivan le Terrible, qui avait exercé la régence de 1533 à 1538. Olga avait d'abord manifesté une grande cruauté dans l'exercice du pouvoir, mais, après sa conversion au christianisme, elle s'était montrée plus modérée. La régente Hélène s'inscrivit pour sa part dans l'histoire russe comme la responsable d'un pouvoir toujours meurtrier. Elle fit assassiner tous ceux qu'elle soupçonnait de lui disputer le pouvoir, ses oncles et beaux-frères en premier lieu. À cette fureur destructrice, elle ajouta une vie de débauche qui scandalisait le peuple. Sa régence fut un temps de désastre et, aux yeux de ses contemporains, elle n'était qu'une usurpatrice. Il en alla tout autrement de Sophie. En dépit des coups d'État fomentés, d'un statut de régente qui, reposant sur un compromis sans fondement juridique, conférait à son pouvoir un caractère transitoire toujours contesté, elle aura démontré que les femmes n'étaient pas étrangères à la sphère du pouvoir, et qu'une femme pouvait revendiquer le trône. D'autres de ses pareilles s'inscriront au XVIIIe siècle dans sa lignée, accédant au pouvoir par le moyen dont elle usa : le complot. En un sens, la régence de Sophie fut une ébauche dont s'inspireront Élisabeth Ire et Catherine II un siècle plus tard.

Sophie enfermée dans son couvent, le pouvoir devait en principe revenir à Pierre, l'un des co-tsars, que le peuple, poussé par le patriarche, avait plébiscité. Pourtant, c'est une autre régence qui va commencer.

Les « universités » de Pierre, souverain sans trône

Pierre n'a alors que dix-sept ans. C'est l'âge où Ivan le Terrible a été couronné, celui auquel les deux premiers Romanov sont montés sur le trône. Mais le pouvoir ne l'intéresse pas encore. Peut-être les terribles spectacles qui ont marqué son enfance – il a assisté à l'assassinat de toute la parentèle de sa mère – ont-ils contribué à l'orienter vers d'autres activités. Il se passionne déjà pour la technique et l'art militaire, construit une forteresse à son usage, manœuvre des bateaux sur les pièces d'eau. Curieux de questions scientifiques, il se tourne vers ceux qui lui semblent incarner l'esprit de modernité, et fréquente assidûment le Faubourg allemand. C'est donc à sa mère, Nathalie Narychkine, que va revenir le soin de gouverner en son nom. Ce n'est pas une régence, puisqu'il est tsar, mais un intérim qui va durer cinq ans.

Nathalie Narychkine n'est douée ni d'intelligence ni de réelle volonté, mais elle s'en remet à son frère, Léon Narychkine, et au patriarche Joachim, lesquels vont, durant cette quasi-régence, gouverner la Russie de façon désastreuse. C'est un temps de corruption généralisée et, surtout, de rupture avec l'orientation occidentale que les premiers Romanov avaient tenté d'imprimer au pays et que Sophie avait maintenue.

Le patriarche est xénophobe ; l'Occident est pour lui l'adversaire de l'« ordre russe », voulu par la Providence. Les étrangers vivant en Russie sont tenus en suspicion, leurs correspondances avec le monde extérieur sont contrôlées, les frontières se ferment, les jésuites sont expulsés, les habitants du Faubourg allemand sont placés sous surveillance constante. L'allure extérieure des Russes, leur tenue deviennent matière à débat. La longueur de la barbe désigne à nouveau le bon chrétien, de même que le caftan, vêtement traditionnel.

En 1690, le patriarche meurt. Deux candidats se disputent le trône patriarcal : d'un côté, le métropolite de Pskov, monseigneur Marcel, fin lettré, ouvert au monde européen qu'il connaît parfaitement et dont il pratique la plupart des langues ; de l'autre, le métropolite de Kazan, farouchement conservateur, qui prône la fermeture à l'Occident et le repli sur la tradition russe. Faut-il s'étonner que le second l'emporte alors, en dépit du soutien que le jeune tsar a apporté au premier ?

Révolté contre ce climat étouffant et rétrograde, Pierre vit en marge de la Cour, entouré d'amis débauchés, ivrognes, avec qui il organise des parodies de vie religieuse, rejetant déjà une Église qui s'évertue à enfermer la Russie dans son passé. Mais ces occupations dérisoires ne suffisent pas à sa nature vigoureuse. Tous les contemporains ont insisté sur son extraordinaire puissance physique. Haut de plus de deux mètres, d'une étonnante vitalité, agréable de visage, la figure ronde barrée d'une petite moustache, Pierre souffrira cependant toujours d'un léger handicap, une crispation du côté gauche du visage, tic ou tétanie, qui provoque sa fureur et déconcerte l'interlocuteur. Son caractère inégal prend peut-être racine dans ce menu défaut. Mais il est toujours en mouvement, courant en tous sens, faisant des enjambées immenses qui contraignent celui qui lui parle à courir, essoufflé, à sa suite.

La vitalité, chez lui, est aussi celle de l'esprit. L'intelligence a suppléé une éducation fort relâchée et il a dû acquérir par lui-même des connaissances étendues sur les sujets les plus variés. Comme souvent les autodidactes, il est doté d'une mémoire prodigieuse, il assimile chaque nouvel acquis et témoigne d'une grande aptitude à classer méthodiquement ses connaissances. Après avoir manœuvré des bateaux-jouets sur un lac proche de Moscou, sa passion le tourne vers les réalités de la navigation. Il se rend alors à Arkhangelsk, découvre la mer et sa vraie vocation : la conquérir pour l'ajouter à son espace, car de ses études il a retenu que le malheur de la Russie était l'absence d'accès aux mers libres. Ce qu'il voit aux abords du Cercle polaire, c'est un port bloqué par les glaces. Et déjà se forme dans son esprit un dessein précis : la Russie devra s'étendre vers des mers où les glaces sont inconnues. Ce constat, joint au sentiment d'étouffement dû au climat antioccidental qui prévaut alors en Russie, lui inspire encore une autre volonté : briser cette prison, ouvrir une fenêtre sur l'Europe. Il sort de l'adolescence ; il est à peine un homme, quoique sa mère l'ait marié à l'âge de seize ans et demi à la douce Eudoxie Lopoukhine, à laquelle il ne prête guère attention. Mais dans son esprit grandissent attentes et certitudes. Les jeux militaires et marins ne lui suffisent pas, il doit sans tarder passer au maniement des armes et des vaisseaux. Les événements vont confirmer son intuition.

En 1694, sa mère, Nathalie, meurt : plus rien ne le sépare du pouvoir. Son règne va alors commencer par une guerre. N'y est-il pas préparé par la passion et les jeux de son adolescence ? Il avait le choix entre deux adversaires : la Suède ou l'Empire ottoman. Il se décide pour le second. Souverain chrétien, il peut, en se lançant dans ce qui paraît être une véritable croisade contre l'empire qui a brisé Byzance et la chrétienté d'Orient, rassembler son peuple et gagner le soutien de l'Église à un projet qui la détournerait enfin de son obsession antioccidentale. En choisissant d'affronter l'Empire ottoman et ses alliés tatars, éternellement menaçants pour la Russie, il se place dans la continuité du premier

Romanov, Michel, qui avait dû renoncer à conquérir Azov et dont il allait assurer la revanche. Quel symbole de légitimité dynastique ! Et quelle remarquable perspective qu'une victoire possible sur les Tatars toujours présents en Crimée, avant-poste de la puissance de la Sublime Porte !

Azov était la cible de l'opération. Pierre se lança à son assaut au début de 1695. Mais il lui manquait alors une flotte pour contourner la citadelle par la mer. Les forces terrestres qu'il engagea dans ce conflit ne pouvaient suffire à assurer le succès de l'opération. Après trois mois d'un siège épuisant et des pertes considérables, Pierre dut constater son impuissance et se résigner à la retraite. C'est ici qu'intervint son caractère indomptable : loin de le briser, l'échec réveille toute son énergie. Il décide de préparer plus complètement une nouvelle expédition en tirant la leçon de la défaite subie. Il sait alors que la forteresse, pour être prise, doit être attaquée par mer tout autant que par terre ; et, pour cela, il lui faut une flotte.

Déjà, au temps du tsar Michel, qui lui aussi avait rêvé de conquérir Azov, on avait commencé à construire des bateaux dans les chantiers de Voronej. Pierre lança un véritable programme de construction de galères en copiant un modèle hollandais. Il avait appris que les Hollandais étaient passés maîtres dans la construction de bateaux et décida de mettre à l'avenir leur expérience à profit. Tournant le dos à la politique xénophobe des années précédentes, il fit alors venir de nombreux spécialistes étrangers à Voronej et mobilisa des milliers de paysans qu'il plaça sous leurs ordres, ce qui allait se révéler une initiative malheureuse. Les paysans russes n'étaient pas volontaires pour ce genre de tâche, leur travail était maladroit, souvent ils désertaient les chantiers, ce qui incita Pierre à recruter toujours plus d'ouvriers hors des frontières de son pays. Le résultat n'en est pas moins là : galères, bateaux de transport et même une canonnière sortent des chantiers. En 1696, Pierre est prêt pour une seconde expédition navale.

Cette fois, la forteresse d'Azov subit un double assaut, venu à la fois de la terre et de la mer, et elle ne peut y résister. Pour Pierre, la victoire est totale. Elle efface le souvenir de l'échec subi l'année précédente. Victoire d'une signification considérable, l'éternel ennemi turc est enfin défait par la Russie, par un tout jeune souverain dont l'exploit consacre la légitimité. Au surplus, c'est la victoire du christianisme sur l'islam, la revanche de la Russie sur l'invasion tataro-mongole, qui abolit trois siècles d'histoire russe. Le nom d'Azov va ainsi s'inscrire dans la mémoire collective russe à la suite d'autres noms de victoires : Koulikovo, Astrakhan, Kazan – autant d'étapes de la renaissance russe et de la montée en puissance du pays.

Mais c'est aussi une manière de victoire sur la géographie du pays, qui l'a durablement enfermé dans un espace continental. Comme l'avait rêvé Pierre dès l'enfance, ce pays, accédant à la mer, peut enfin devenir une puissance navale. L'installation de la Russie à Azov commence aussitôt. Trois mille familles y sont établies. Et, dans un extraordinaire élan d'enthousiasme, l'Église, la noblesse, les marchands décident tous de contribuer matériellement au développement de la flotte russe. Au demeurant, cet élan de générosité volontaire ne suffit pas : un impôt spécial sera créé pour financer la construction navale, et des « compagnies » seront fondées dans le même but. Surtout, Pierre ressent le besoin de faire toujours davantage appel à des compétences étrangères. Il invite en Russie des artisans et organise l'envoi de jeunes Russes en Europe pour qu'ils y apprennent les techniques les plus récentes. En 1697, soixante jeunes nobles escortés de soldats partent ainsi en « mission de formation ». Si Pierre entend avoir à sa disposition de bons spécialistes, il veut aussi former une élite de gouvernement à l'occidentale.

Si la Russie s'ouvre soudain au monde extérieur, pour Pierre, ce n'est pas encore assez. L'Occident, il entend le voir par lui-même, et dans des conditions qui lui permettront de se mêler à ce monde rêvé sans que s'élèvent autour de lui les barrières protocolaires liées à sa condition. C'est le sens de la « grande ambassade » dont il prend la tête un beau jour de 1697.

De mémoire de monarque, on n'a jamais rien vu de semblable ! Un souverain, maître d'un grand pays, auréolé d'une victoire remarquable, et qui part dans l'anonymat, sous une fausse identité, à la découverte du monde extérieur. L'ambassade de Pierre Ier est forte de deux cent cinquante personnes. Dans les pays où il se rend, tout le monde sait que ce Pierre Mihailov qui la conduit n'est autre que le tsar Pierre Ier de Russie, mais nul ne s'autorise à le traiter en souverain, à rompre son anonymat, même si, par moments, il va jusqu'à nouer des négociations officielles. Son insolite projet intimide tant qu'on le respecte. Tantôt il se déplace avec tout son entourage, tantôt il s'en écarte, se livrant à des escapades plus solitaires.

Il a quitté un pays désemparé où monte le mécontentement. À la veille même de son départ, des *streltsy* ont formé un projet séditieux dont on soupçonne Sophie, quoique enfermée dans un couvent, d'être l'instigatrice. Le complot découvert, les conjurés exécutés, Pierre s'en va, confiant la sécurité de la capitale à des régiments dirigés par des étrangers. Leur place grandissante en Russie contribue à alimenter le mécontentement ; de même que le manque de cérémonial dont fait montre le souverain. Son départ est mal perçu. Que va donc faire le tsar hors de ses frontières, déguisé en marchand, accoutré de vêtements dits « à l'allemande » ? Il a confié la charge du gouvernement à son oncle, Léon Narychkine, chef du *prikaz* des Ambassadeurs (*Possol'ski prikaz*, le ministère des Affaires étrangères), à charge pour lui de faire régner l'ordre. Et il va passer dix-huit mois à courir ainsi l'Europe, sur les chantiers navals de Hollande et d'Angleterre, mais aussi dans toutes les capitales où les souverains s'efforcent d'accorder son souhait de discrétion et l'intérêt politique.

Un fait mérite d'être noté : Pierre et ses compagnons séjournèrent à Paris, mais la rencontre avec le Roi-Soleil n'eut pas lieu. Celui-ci, dit la chronique, ne comprit pas qui était et ce que représentait cet étrange voyageur. Il s'en désintéressa.

Pierre apprit énormément de son voyage – c'était son but premier. Il recruta aussi énormément de monde pour contribuer au développement de la Russie. Surtout, durant cette équipée, il prit la mesure du retard russe et du fossé existant entre l'Europe et son pays ; il était bien décidé à le combler à tout prix, en dépit de l'immensité de la tâche à accomplir.

Retour du tsar, retour à l'ordre

Alors que Pierre conclut de son expédition qu'il lui faut arracher de force la Russie à son passé, à ses traditions, l'occidentaliser de fond en comble, un mouvement inverse parcourt la société. Le jeune tsar est encore en chemin et s'apprête à se rendre à Venise quand il apprend que les *streltsy*, éternels agités, ont fomenté une rébellion. C'est la fin du voyage, décide-t-il, et il rentre à toute allure. Il a compris que le passé revient en force, se dresse contre lui, que la vieille Russie superstitieuse, engluée dans ses rituels, ne le comprend pas.

Il est vrai que son périple à l'étranger a fait surgir maintes rumeurs propres à susciter les complots. Le bruit se propage que le tsar a été enlevé en Suède, jeté dans un cul-de-basse-fosse. Ou encore que, enfermé dans un tonneau, il a été précipité au fond de la mer, et que celui qui va revenir de l'étranger ne sera, comme toujours, qu'un faux tsar. La thèse de l'usurpateur prend force. Les *streltsy* la diffusent d'autant plus volontiers qu'ils sont les grands vaincus du nouveau règne. Confiant dans leur technicité et leur esprit moderne, Pierre a fait encadrer l'armée par des officiers étrangers. Quel camouflet pour les *streltsy* ! Une fois encore, ils se soulèvent pour, clament-ils, sauver la Russie et la *vraie foi* contre celui en qui ils dénoncent un imposteur.

Pierre se montre sans pitié à leur endroit, même si l'essentiel de la répression s'accomplit avant même qu'il ne soit revenu. À son retour, nombre d'insurgés, déjà écrasés par les troupes régulières, attendent leur châtiment. Pierre participe personnellement aux tortures, dirige les exécutions, et la hache du bourreau n'en finit pas de frapper. Le bilan est terrible : plus d'un millier de *streltsy* exécutés, les survivants et leurs familles expédiés dans les régions les plus inhospitalières de Russie. Les membres du clergé qui avaient soutenu le mouvement – toujours au nom d'une foi non corrompue par l'Occident – sont eux aussi condamnés à mort. Pierre s'acharne à remonter les fils du complot, convaincu qu'une fois encore sa demi-sœur Sophie a tenté de l'éliminer et de s'emparer du trône. Il ne parviendra pas à en obtenir la preuve, mais, persuadé de sa complicité, il la condamne à une réclusion définitive au couvent de Novodevitchi.

La révolte lui fournit aussi l'occasion de se débarrasser de sa femme Eudoxie, qu'il n'a jamais aimée, dont il déplore l'esprit rétrograde et l'attachement à la vieille Russie. Il avait déjà soustrait leur fils à son autorité pour l'empêcher, disait-il, d'en faire un Russe à l'ancienne mode. Pour régler une bonne fois ce problème familial, il enferme Eudoxie, comme il l'a fait pour sa sœur, dans un couvent. La tradition des tsarines répudiées et condamnées à l'état monacal ne se perd pas.

Ce qui caractérise cette répression, c'est d'abord la part personnelle qu'y a prise le tsar. Il associe d'ailleurs ses boiars au spectacle, et même à l'action punitive. Cela reflète un aspect particulier de son caractère. Sans doute la torture fait-elle partie, au XVIe siècle, des moyens de gouvernement, et nombre d'hommes d'État se sont divertis au spectacle de tels sévices, mais celui qui gouverne laisse généralement au bourreau le soin de les exercer. En devenant lui-même bourreau, Pierre abolit la frontière entre les deux fonctions. Comment l'expliquer ? D'abord, à l'évidence, par sa formation, il a vu beaucoup d'hommes torturés dans son enfance. Ensuite, par son histoire – celle d'un règne commencé sous le signe de la révolte des *streltsy*, où ce corps d'élite s'est dressé en permanence contre lui pour l'écarter du pouvoir au nom d'une vision de la Russie qu'il abhorre et entend détruire –, Pierre sait qu'entre les *streltsy* et lui il n'y aura jamais de paix, comme il ne peut y en avoir entre les deux Russies, celle dont il a hérité et celle qu'il rêve de fonder. Sa cruauté, en cette fin d'année 1698, n'est pas la manifestation d'un cerveau malade ; elle est le signe du rejet d'une Russie qui s'obstine dans son étrangeté alors qu'il entend la conduire au progrès.

Le martyre des *streltsy* est le symbole d'une Russie déjà condamnée. À peine l'affaire réglée, Pierre s'emploie à installer de force l'Occident chez ses compatriotes. Les premiers à le constater sont ceux qui viennent joyeusement saluer son retour. À leur grand désarroi, Pierre, sortant un long rasoir de sa manche, entreprend de couper la barbe de tous les assistants, à l'exception de celle du patriarche et d'un parent fort âgé. Quel scandale pour les Russes qui pensent, comme le clergé le leur a enseigné, que la barbe est signe de respect pour le Créateur ! Et Pierre de décréter qu'à l'exception du clergé et des paysans, tous ses sujets devront être rasés, que les fonctionnaires auront pour consigne de couper d'autorité toutes les barbes qu'ils rencontreront, et que ceux qui s'obstineront à la conserver paieront un impôt spécial.

Après la barbe vient le tour de l'habit. Le caftan en usage en Russie est prohibé au profit de l'habit allemand. Lorsqu'il croise un de ses sujets vêtu d'un caftan, Pierre s'empresse de couper l'habit à longueur convenable et d'en arracher les manches. Il ne sort jamais sans rasoir ni ciseaux pour pouvoir réagir aux tenues « attardées ». Il encourage en outre la vente du tabac, toujours prohibé par l'Église. Enfin, il modifie le calendrier auquel ses compatriotes se référaient jusqu'ici. Les Russes étaient habitués à compter le temps depuis la Création supposée du monde et la saison où elle aurait eu lieu. C'est ainsi qu'en 1698 les paysans russes pensaient vivre en 7206 et situaient le début de l'année au 1er septembre, c'est-à-dire aux récoltes. Un nouveau calendrier est imposé le 1er janvier 1700. Cette révolution du calendrier est naturellement comprise par les paysans russes comme une invention du diable.

Enfin, en octobre 1700, Pierre prit dans le domaine religieux une décision qui bouleversa tout l'équilibre du pouvoir instauré à partir du règne des Romanov. Le patriarche Adrien venant à mourir, le souverain décréta qu'il n'aurait pas de successeur ; le métropolite de Riazan serait, pour l'heure, « gardien du trône patriarcal ». Ce prélat modéré, partisan des réformes, incarnait la rupture avec le conservatisme du défunt patriarche. Mais aussi, n'étant que *locum tenens*, il perdait le statut de co-gouvernant de la Russie qui était celui des patriarches sous les Romanov. Certes, depuis le règne du tsar Alexis, leur autorité s'était affaiblie, mais le patriarcat conservait tout son prestige. Avec cette vacance, on s'achemine vers la réforme radicale que décidera le tsar deux décennies plus tard, mais déjà point sa volonté de disposer au patriarcat d'interlocuteurs plus ouverts, et surtout de transformer la relation existant entre l'État et l'Église au bénéfice de l'autorité absolue du premier.

Le tsar victorieux devient empereur

Tout est à réformer en Russie. Pourtant, c'est la guerre qui va d'abord occuper le tsar, la guerre qui, une fois encore, devra donner à la Russie un accès à la mer et la relier aussi à l'Europe. Commencée en 1700, à peine l'ordre intérieur rétabli, la guerre du Nord va conférer son véritable caractère au règne de Pierre le Grand, modifier définitivement la Russie en lui faisant acquérir le statut de grande puissance, et surtout marquer la fin de la Russie moscovite.

À peine le règne de Pierre débute-t-il qu'il s'engage dans une guerre qui va durer près de deux décennies et occuper l'essentiel de son temps. Commençons donc par évoquer ce conflit, le plus long du XVIIIe siècle.

En 1700, le choix de Pierre pour accéder à la mer sera le nord, la Baltique. La prise d'Azov lui a certes ouvert la voie du sud, mais il constate l'impossibilité d'aller au-delà, de s'attaquer au sultan avec quelque chance de succès. Mieux vaut, pour l'heure, traiter avec lui, l'Empire ottoman n'étant pas alors au faîte de sa puissance. Au terme de longues et difficiles négociations, un traité de paix perpétuelle est signé à Constantinople le 14 juillet 1700, qui reconnaît à la Russie la possession définitive d'Azov et de Taganrog. Certes, la Russie n'obtient pas le droit de naviguer en mer Noire, mais la Porte, jalouse de son statut, le refuse à tous les États. Cette paix ainsi que les acquis de la Russie sont de tels succès que toutes les cloches de Moscou, qui compte de si nombreuses églises, sonnent à la volée pour annoncer l'événement au peuple.

Ces cloches annoncent aussi un autre événement, lié à la paix signée avec le sultan : la guerre qui commence au nord le même jour. Cette guerre est favorisée par l'alliance qui rassemble contre la Suède trois États : Russie, Pologne, Danemark. Sans doute la Suède est-elle puissante : elle domine la Baltique et toute la région. Mais le moment pour l'attaquer paraît propice. Celui qui est sur le trône depuis 1697 est un tout jeune roi, Charles XII, âgé de quinze ans, qui semble encore peu expérimenté – du moins ses adversaires le croient-ils. Ils ne savent pas que ce jeune homme est un génie militaire, follement audacieux et néanmoins excellent stratège. Il se lance d'abord dans le conflit contre le Danemark avec une incroyable témérité, écrase les armées danoises qui capitulent presque aussitôt. Le jour même de la défaite danoise, Pierre, qui en ignore encore tout, déclare la guerre à la Suède qui, s'étant débarrassée fort aisément d'un premier ennemi, se porte immédiatement contre le deuxième, la Russie. Charles XII débarque en Livonie et attaque l'armée russe qui a entrepris d'assiéger Narva. De prime abord, les chances de l'emporter sont du côté russe. L'armée russe est très supérieure en nombre aux Suédois, et pourtant le choc tourne pour elle à la déroute : dix mille tués ou prisonniers, des milliers de fuyards. L'armée du tsar Pierre montre dans ce premier affrontement son incompétence, son indiscipline, l'inconstance des officiers étrangers qui n'étaient pas toujours fidèles à leurs engagements.

La leçon qu'en tire Pierre sur-le-champ est qu'il lui faut réorganiser l'armée de fond en comble, et il s'y emploie sans attendre. En moins d'une année, il réussit à mettre sur pied des troupes mieux entraînées, plus nombreuses – on a mobilisé en masse –, et à reconstituer une artillerie moderne. Pour avoir des canons, Pierre décide de faire fondre les cloches des églises. Toute la Russie est contrainte de contribuer à la préparation de la force militaire pour une guerre qui n'en est encore qu'à ses débuts.

La chance de Pierre fut que Charles XII, si doué pour l'art militaire, se montra fort inconséquent au lendemain de ses premières victoires. Au lieu de persévérer et de poursuivre les troupes russes, il préféra s'en prendre à la Pologne, qu'il tenait pour un adversaire plus sérieux, et il laissa le golfe de Finlande sans protection. Pierre, qui avait déjà bien travaillé à reconstituer ses troupes, s'avança vers le golfe et s'y s'installa. Il y fonda Saint-Pétersbourg en 1703, puis Kronstadt en 1704.

Cette période de répit fut de courte durée. Vainqueur des Polonais, Charles XII se retourna à nouveau contre les armées russes. La situation lui parut d'autant plus favorable que le tsar était alors aux prises avec d'autres ennemis issus de ses propres terres. Les *streltsy*, jamais réconciliés avec lui, fomentaient de nouvelles rébellions locales, soutenues par des cosaques toujours tentés par l'aventure, mais aussi par les Bachkirs qui n'acceptaient pas l'autorité russe. Parties d'Astrakan, ces révoltes, successives ou simultanées, ont marqué les années 1705-1711, contraignant le tsar Pierre à multiplier les entreprises de pacification sur le Don et tout le long du bassin de la Volga. À ces mouvements qui bouleversèrent alors la steppe, tout un peuple de mécontents se mêla : les vieux-croyants, les paysans serfs avides de liberté, de petits peuples allogènes. En 1707, la région du Don fut ainsi soulevée et son chef, le cosaque Boulavine, réussit à entraîner derrière lui des dizaines de milliers d'hommes, troupe hétéroclite qui n'est pas sans rappeler les grands mouvements sociaux du siècle précédent.

Mais, une fois encore, la chance sourit au tsar et elle est due, comme auparavant, aux foucades de Charles XII. Comme il l'avait fait en 1703, il différa sa marche sur Moscou et s'en alla en Ukraine, où il comptait recevoir l'appui du puissant hetman cosaque Mazeppa, pour engager ensuite avec lui la bataille décisive contre le tsar Pierre. Mais Mazeppa eut du mal à mobiliser ses cosaques en faveur des Suédois. Il ne put en amener que quelques milliers à rallier Charles XII, dont l'armée, enferrée en Ukraine, loin de ses bases, coupée de la population, se trouva alors en état d'infériorité. La bataille décisive eut lieu à Poltava, le 8 juillet 1709. Les Suédois étaient deux fois moins nombreux que les Russes et deux fois moins bien équipés. Ce fut pour eux une débâcle. Charles XII et Mazeppa durent fuir, se réfugier auprès des Turcs. Pierre avait vaincu ; la voie conduisant à la mer s'ouvrait devant lui.

Mais rien n'est jamais définitivement gagné. Un an à peine après Poltava, le sultan, poussé par le roi de France qu'inquiétait la puissance montante de la Russie, lui déclara à son tour la guerre. Les troupes russes combattaient depuis des années sur tous les fronts ; elles étaient épuisées, incapables de faire face à un nouvel ennemi. Lors d'une rencontre décisive sur les bords du Prout, les troupes du tsar furent encerclées par l'armée ottomane. Pierre échappa de justesse à l'ennemi. Il dut négocier, signer un traité de paix qui lui imposa de restituer Azov et de renoncer à entretenir une flotte au sud. Mais la voie du nord restait ouverte, et c'est à elle qu'il va dès lors consacrer tous ses efforts.

Durant plusieurs années, Pierre va se concentrer sur la Baltique, tandis que de grands pays européens, France et Grande-Bretagne, s'inquiètent de la progression russe vers la mer. En 1717, le tsar se rend en France pour tenter d'obtenir du roi qu'il renonce à soutenir la Suède contre lui. L'année suivante, Charles XII est tué au combat. Pierre perd son principal adversaire, et les Suédois doivent reconnaître leur infériorité. Le traité de Nystadt, signé en 1721, consacre leur défaite. La Russie a enfin ouvert une « fenêtre sur la mer » et sur l'Europe, ce dont Pierre avait si durablement rêvé.

De Poltava au traité de Nystadt, Pierre Ier a réussi à modifier radicalement le statut international de la Russie et l'ordre européen. La Russie accède alors au rang de puissance européenne de premier plan. La Suède, jusqu'alors État militaire majeur qui dominait le nord du continent, perd ce rang au profit de la Russie. Mais la Russie acquiert aussi une position de force dans ses rapports avec la Pologne, son éternelle rivale, et elle peut commencer à intervenir dans les affaires allemandes.

On conçoit que Pierre ait été salué par les siens. Le Sénat décida de lui attribuer les titres de *Grand* et d'*Empereur de toute la Russie*, et la Russie devint Empire. Pour les États d'Europe habitués à tenir ce pays pour un État marginal, un tel changement des équilibres était difficilement acceptable. Si les Pays-Bas et la Prusse reconnurent d'emblée à Pierre ses nouveaux titres – ce qui n'était pas indifférent pour le protocole international –, la Suède ne le fit qu'en 1723, la Grande-Bretagne et l'Autriche qu'en 1742 ; quant à l'Espagne et à la France, elles renâclèrent jusqu'en 1745. Quand ce fut fait, Pierre n'en sut rien : il était mort depuis longtemps.

Chef de guerre durant presque tout son règne, Pierre le Grand fut aussi un remarquable homme d'État qui transforma son pays. Sans doute les historiens ne sont-ils pas toujours d'accord sur la portée de la « révolution pétrovienne », ni sur ses mérites. Aux yeux de Klioutchevski, les guerres, qui constituent le tissu permanent du règne de Pierre, ont déterminé toute sa politique, et ses réformes ont été avant tout un ensemble de mesures destinées à répondre à chaque instant aux exigences de la situation militaire. Pour d'autres historiens, tel l'Américain Marc Raeff, Pierre réalisa une véritable révolution correspondant à une vision générale des besoins de son pays. L'opinion russe, elle, ne sera jamais unanime dans son jugement sur l'œuvre de Pierre le Grand. Soljénitsyne déplorera ainsi une occidentalisation forcenée arrachant la Russie à son génie propre et à ses traditions chrétiennes et communautaires.

Quel que soit le jugement porté sur cette œuvre, on ne peut que constater l'ampleur de la transformation du pays en tous domaines. Ce grand souverain a toujours été hanté par le retard russe et par la nécessité de rattacher son pays au modèle de développement européen par des méthodes fortes, voire violentes. Sur le plan international, par la guerre et par ses victoires, Pierre le Grand aura assuré un nouveau statut à la Russie, celui de grande puissance européenne. Il savait que le maintien de cette puissance était décisif et qu'il y fallait des moyens militaires à la mesure d'une telle ambition. Créer une armée permanente, forte, bien équipée, fut son objectif premier. À sa mort, ce but était atteint : la Russie disposait alors d'une armée de deux cent dix mille hommes, auxquels s'ajoutaient plus de cent mille cosaques et mercenaires étrangers, et vingt-quatre mille marins.

En 1725, l'armée russe était la plus puissante d'Europe. Pour la noblesse, l'obligation de servir existait déjà, et un noble devait y demeurer fidèle jusqu'à la fin de ses jours ; mais le reste de la société – à l'exception du clergé – était soumis à la conscription. Certes, les conscrits restaient dans l'armée à vie, mais cette obligation était compensée par un avantage : elle impliquait, pour le conscrit et ses parents, l'émancipation du statut de serfs. Pour autant, la conscription, qui prélevait un soldat sur soixante-quinze foyers, était très impopulaire, et nombre de jeunes appelés étaient tentés de fuir dans la steppe pour l'éviter. Par là, cette obligation grossissait les rangs des cosaques rebelles.

La grande innovation de Pierre le Grand fut la création d'une marine dont les Britanniques, alors maîtres des mers, considérèrent qu'elle s'était hissée, par la qualité de ses navires, au même niveau que la leur. Pierre le Grand ouvrit des chantiers de construction navale et développa des ports sur les rives de la Baltique. À partir de rien, il légua à ses successeurs une Russie inédite, puissance navale de premier plan, qui leur permettra de donner à l'Empire un nouvel élan.

Un État moderne ?

On bute ici sur l'éternel dilemme russe : la puissance militaire ne peut compenser la situation réelle de la Russie, qui reste un pays pauvre. Comment, dès lors, assurer cette puissance ? Comment la financer ? La réponse allait de soi : c'était tout le pays, son mode de fonctionnement, qu'il fallait réformer pour le mettre en état de soutenir en permanence l'effort requis par la volonté de puissance.

Tout est lié dans le dessein de Pierre le Grand : l'ambition de puissance intérieure et internationale, et le projet de modernisation de l'État. Mais comment financer ce vaste dessein ? Par l'impôt. Tout ce qui était imaginable fut taxé, jusqu'aux barbes, on l'a vu, aux bains, aux pêcheries, aux ruches et même aux cercueils de chêne !

La grande innovation fiscale de Pierre le Grand fut le retour à la pratique que les Mongols avaient, au temps de leur domination, imposée à la Russie : l'impôt par tête, ou *capitation*, qui remplaça le système en vigueur d'impôt par *feu* ou lopin cultivé, qui laissait aux Russes quelque chance d'échapper aux prélèvements. Pour en assurer l'efficacité, le gouvernement organisa un recensement de la population soumise à la capitation. Ce recensement, appelé *révision*, eut une autre conséquence, destinée à éviter la fuite des contribuables : pour quitter le domaine de leurs maîtres, les serfs furent astreints à produire une autorisation écrite ; ce fut le début du système des *passeports* intérieurs, limitant la liberté de circulation, qui allait caractériser l'Empire et, plus tard, le régime soviétique.

Si l'impôt était supporté par les classes inférieures, nul ne devait échapper à l'effort de développement du pays. L'*obligation de service*, qui existait avant le règne de Pierre le Grand, fut étendue et systématisée. Tout membre de la noblesse devait servir l'État de l'âge de seize ans à la fin de ses jours, soit dans l'armée, soit dans le domaine civil. Pour conférer à ce service d'État une réelle efficacité, Pierre procéda à deux réformes d'importance.

L'une touchait à l'éducation, souvent fort négligée dans les familles de la noblesse. Pour y remédier, Pierre créa un réseau d'écoles où les enfants de celle-ci étaient formés pendant les cinq années précédant leur entrée au service de l'État. C'est ainsi que le service, commencé en principe à l'âge de seize ans, mobilisa en réalité les adolescents dès onze ans, ce qui provoqua un fort mécontentement parmi des élites sensibles au poids accru des exigences de l'État.

La seconde réforme donna naissance à la bureaucratie russe, caractéristique de l'organisation de l'Empire jusqu'en 1917. Ce fut le système de la *Table des rangs*. L'origine en fut la volonté de Pierre le Grand de briser le conservatisme et l'esprit de corps de la noblesse russe, qu'il méprisait et dont il constatait avec consternation l'ignorance. Pour fonder une nouvelle élite plus adaptée à son dessein modernisateur, il décida de remplacer les privilèges auxquels s'accrochait cette noblesse par la reconnaissance des mérites. La Table des rangs (*Tchin*) définissait trois catégories de service : militaire, civil, service de Cour, chacune comportant quatorze degrés. Les deux premières catégories avaient des échelles de rang et de promotion qui leur étaient propres : on commençait toujours au bas de l'échelle et la montée se poursuivait selon un ordre rigoureux. Enfin, au service de l'État était lié l'anoblissement à titre personnel, voire à titre héréditaire à partir de certains degrés. Ainsi naquit une nouvelle noblesse. La bureaucratie elle-même changea : mieux éduquée, élargie grâce à l'arrivée de roturiers à qui le service de l'État assurait une promotion dans l'échelle sociale, elle devint un pôle d'attraction pour beaucoup d'ambitieux. Peut-être faut-il imputer à cette mesure le faible nombre de Russes soucieux d'entreprendre ? L'économie n'aurait-elle pas été victime de cette concentration des efforts sur le développement de l'État ?

La Russie étant immense, l'organisation et le contrôle de l'espace furent, pour Pierre le Grand, une préoccupation constante, voire une obsession. Gouverner un tel pays n'était pas simple : il s'attacha donc à préciser le rôle des structures existantes et à en créer de nouvelles.

Les guerres continuelles lui avaient montré qu'un organe de pouvoir devait assurer l'intérim en son absence, solution qui lui parut préférable à la délégation donnée à une seule personne, dont il savait qu'elle nourrit immanquablement des ambitions. En 1711, il institua un *Sénat dirigeant*, instance suprême de l'État destinée à le remplacer durant ses campagnes, mais qui devint ensuite permanente. Formé de dix sénateurs à partir de 1712, le Sénat travaillait avec l'empereur lorsqu'il était en Russie, mais surtout devait, en son absence, appliquer ses instructions. Très tôt, le souverain s'exaspéra du comportement du Sénat, qu'il accusa de perdre du temps et d'« accepter des pots-de-vin, selon les anciennes coutumes ». Pour le contrôler, le rendre plus efficace, il le coiffa en 1715 d'un « réviseur général » qui devait « siéger dans le même lieu que le Sénat, enregistrer les décrets, veiller à leur application, dénoncer les sénateurs négligents ». Les résultats se faisant attendre, toujours aussi mécontent du rendement insuffisant du Sénat et des innombrables prévarications qui accompagnaient ses activités, Pierre le Grand créa en 1722 un nouveau poste, celui de procureur général, qui devait être son représentant personnel au Sénat et, précisa-t-il, « l'œil par lequel je verrai tout ».

Au début, le Sénat était chargé tout à la fois du domaine législatif et de l'exécutif, mais le souverain eut tôt fait de constater les inconvénients de cette confusion des rôles et il décida d'une vaste réforme administrative pour y remédier. Ce fut, en 1718, la création des *collèges*, qui remplacèrent les anciens *prikaz* ; ils furent moins nombreux – seulement neuf –, plus spécialisés, et, initialement, chacun d'eux compta dans ses rangs un expert étranger. L'institution collégiale était alors à la mode en Europe, et Pierre le Grand s'inspira ici du modèle suédois. Cette organisation, qui renforçait le

Sénat, contribua à la centralisation du pays. L'ensemble était placé sous un double contrôle, financier et judiciaire, et le procureur général était aussi compétent en ce domaine. Ainsi disparurent au profit des institutions nouvelles les antiques assemblées de la Russie, Douma des boiars et *Zemski Sobor*, incarnations, aux yeux de Pierre le Grand, d'un passé obscurantiste et de la pression des clans qui s'étaient combattus à mort parce qu'ils tenaient la Russie pour leur fief personnel.

L'œuvre modernisatrice du grand empereur s'est également étendue à l'organisation du territoire qu'il fallait pouvoir mieux administrer et contrôler. En 1708, l'espace fut divisé en *gouvernements* – huit au départ, puis onze –, de toute façon trop vastes pour pouvoir être administrés de manière rationnelle ; en 1719 naquirent les *provinces*, au nombre de cinquante, de proportions déjà beaucoup plus raisonnables et divisées en districts (*uezd*). Les provinces étaient dirigées par des *voievodes*. Les autorités provinciales et locales étaient rémunérées par l'État et disposaient d'une très grande autonomie en matière d'éducation, de santé publique et de développement économique.

En décidant de ces réformes, Pierre avait à l'esprit le modèle suédois, mais il n'avait pas tenu compte des pesanteurs de la Russie, de ses dimensions, qui dispersaient les efforts, du retard intellectuel et surtout du poids du passé. Sans doute l'État central ressemblait-il, par ses structures, aux États européens, mais, loin de la capitale, dans les profondeurs du pays, c'était la tradition de la Moscovie qui l'emportait.

En dépit des efforts acharnés de l'empereur, deux Russies subsisteront ainsi : celle des institutions modernes et celle qui, dans les provinces, perpétua d'anciens usages, d'anciens modes de relation entre le pouvoir et la société. Les réformes administratives telles qu'elles étaient formulées auraient dû assurer à l'Empire une efficacité nouvelle. Mais elles furent sinon paralysées, du moins largement affaiblies par des problèmes de personnes et par des habitudes déplorables. La résistance au changement, à un système largement importé de l'étranger et par là impopulaire, se conjuguait à la corruption, profondément enracinée en Russie. Le service de l'État était d'autant plus considéré comme une source d'enrichissement que les fonctionnaires étaient mal payés. De là la place accordée aux pots-de-vin et à la concussion, tenus par les fonctionnaires comme des moyens naturels d'améliorer l'existence.

Face à ces dérives, Pierre Ier s'exaspérait ; constatant les excès, il châtiait : biens confisqués, torture, voire peine de mort. En 1713, un oukase invita chaque citoyen à dénoncer les abus de ce type en s'adressant directement au souverain. Si leurs accusations étaient avérées, les délateurs devaient recevoir en récompense les biens confisqués aux coupables. Souvent, la dénonciation était anonyme, mais un système pervers s'installa, dominé par la délation. Pierre le Grand y ajouta un degré supplémentaire : la création d'un bureau spécial d'informateurs dénommé *fiscal*, chargé de découvrir et dénoncer au Sénat tous les contrevenants. Ce système, qui regroupait de véritables espions, fut haï par tous les Russes, mais donna une inquiétante dimension policière au pouvoir de Pierre Ier.

Pour autant, la corruption ne fut pas vaincue. Elle venait d'ailleurs de très haut. Le favori de l'empereur, Menchikov, était réputé pour ses innombrables malversations. En dépit des avertissements de son protecteur – qui hésitait, avec lui, entre la colère et l'indulgence –, Menchikov persévéra dans ses habitudes malhonnêtes jusqu'à la fin de la vie de Pierre le Grand.

Le transfert de la capitale de Moscou à Saint-Pétersbourg, que Pierre imposa au pays en 1703, est révélateur de sa vision de la Russie. Les obstacles à cette fondation n'étaient pas seulement matériels, ils touchaient aussi à la sécurité. La Suède, certes affaiblie, restait proche, menaçante pour son dessein. Pierre repoussa toutes les objections et prit les Pays-Bas pour modèle : n'avaient-ils pas construit leur pays en conquérant des terres sur la mer, en dominant cette eau qui toujours l'avait fasciné ? La ville dont il rêvait devait être une nouvelle Amsterdam transposée en Russie. Défiant la nature, il multiplia les projets. Ceux-ci se succédèrent, abandonnés les uns après les autres en raison des obstacles naturels.

Ce sont les îles de la Neva qui serviront de points d'appui à la capitale de Pierre. L'île des Lièvres verra surgir une forteresse de bois – laquelle deviendra un jour la forteresse Saints-Pierre-et-Paul, panthéon de la dynastie Romanov –, puis une petite église et une modeste cabane en bois de sapin, sa première demeure dans la nouvelle cité.

Mais, pour construire, surtout dans de telles conditions, il fallait des armées d'ouvriers. Peu d'hommes étaient volontaires pour s'aventurer dans ces espaces désolés, et Pierre le Grand va réquisitionner de force une main-d'œuvre rétive, souvent assignée à vie à ces constructions. L'édification de Saint-Pétersbourg s'apparente aux travaux forcés, ou encore aux grands chantiers de l'ancienne Égypte. Le knout mobilise les énergies, des surveillants armés veillent à empêcher les désertions. Des étrangers dirigés par l'Italien Trezzini jurent à l'empereur que les travaux entrepris auront en définitive un air occidental. Dès 1707, obligation est faite aux élites d'investir ce qui n'est encore qu'un vaste chantier. La construction navale y commence, et l'Amirauté est dotée de bâtiments neufs. La famille de Pierre le Grand, celles de hauts dignitaires et de riches marchands sont conviées – de façon autoritaire – à quitter Moscou et à venir s'installer dans la nouvelle capitale. Près de trois cents familles nobles se voient ainsi imposer, entre 1708 et 1710, ce qu'elles tiennent pour un effroyable exil.

Puis, un incendie ayant ravagé une fois de plus Moscou – près de cinq mille familles ont alors perdu leurs maisons –, une ordonnance en interdit la reconstruction. Les sinistrés sont appelés à profiter des circonstances pour venir grossir les effectifs de la capitale maritime. En 1713, la nouvelle cité devient capitale officielle de l'Empire, les administrations y sont toutes transférées, sa population augmente bon gré, mal gré. Et pourtant, que d'inconvénients ! Hâtivement construite, la ville connaît incendie sur incendie, alors que le bois manque pour réparer les désastres. Les inondations y sont un fléau permanent. À l'automne, les tempêtes gonflent les eaux de la Neva, qui déborde, envahit tout, mine les pilotis trop vite édifiés. Mais Pierre ne renoncera jamais : Saint-Pétersbourg est pour lui le symbole d'une Russie ouverte sur l'Europe et qui entend s'inscrire dans le paysage européen.

L'Église après l'État. Fin de l'égalité

Il est un autre symbole du passé que Pierre tient à réformer : c'est l'Église qui, tout au long de l'histoire russe, s'est imposée comme force de rassemblement, d'émancipation, et qui, de ce rôle, a tiré la certitude de son importance face à l'État. Divisée par le schisme, l'Église russe, celle que conduit le patriarche, est intolérante à l'égard des autres religions et encourage l'État dans cette voie. Or l'histoire a fait de la Russie une mosaïque de croyances. Si l'islam conquis par Ivan le Terrible est réduit au silence, les chrétiens non orthodoxes, catholiques et protestants, n'ont pas davantage voix au chapitre. La religion orthodoxe est religion d'État.

Pour Pierre le Grand, cette situation est intolérable. Son appel permanent aux étrangers fait vivre en Russie toujours plus de chrétiens d'obédiences différentes ; ils ont donc, pense-t-il, le droit de pratiquer leur culte. Pierre a multiplié les dispositions favorables à leur égard, autorisant les étrangers résidant en Russie à disposer de leurs propres instances religieuses pour régler leurs problèmes d'ordre ecclésiastique sans être soumis au contrôle de l'Église de Russie. Un oukase permit les mariages mixtes entre orthodoxes et fidèles des autres obédiences chrétiennes, à condition que les enfants qui en seraient issus soient élevés dans le culte orthodoxe ; il reconnut aussi la validité des baptêmes catholiques et protestants. Dans les régions baltes conquises sur la Suède, le protestantisme luthérien conserva son statut de religion d'État. Pierre le Grand ne haïssait que les jésuites qui, jusqu'alors, avaient joui d'une certaine liberté en Russie. Il limita leur activité, leur interdisant de célébrer des offices dans l'Église catholique de Saint-Pétersbourg ; il toléra en revanche le maintien des petits ordres religieux. Son hostilité aux jésuites a une explication : il les soupçonnait de représenter en Russie un élément politique étranger, « l'œil de la cour de Vienne », disait-il.

Quant aux vieux-croyants persécutés par son Église, ils bénéficièrent d'abord de toute son indulgence. Pierre le Grand fut impressionné de constater qu'ils étaient souvent plus entreprenants que le reste de leurs compatriotes. Nombre d'entre eux avaient fui en Russie septentrionale, où ils vivaient des ressources naturelles. Ailleurs, les ouvriers adeptes de la *vieille foi* étaient respectés pour leur discipline, contrastant avec la négligence générale, et pour leur ardeur au travail. Quand vint le temps où les besoins de main-d'œuvre se firent cruellement sentir, Pierre le Grand voulut réintégrer de force ces proscrits dans la société. Les vieux-croyants furent alors recensés, soumis à une double imposition, obligés de porter sur le dos un bout de tissu jaune qui les désignait à la vindicte publique. Fidèles à eux-mêmes, dans leur refus de vivre selon des règles qui leur étaient étrangères, ils s'enfoncèrent toujours plus avant dans les forêts. Dès lors, la patience de Pierre le Grand étant épuisée, il les déporta en Sibérie et leur fit payer fort cher la barbe qu'ils refusaient de raser.

Mais c'est l'Église elle-même qui était au centre des préoccupations de Pierre. Il s'indignait de son esprit superstitieux, des croyances qu'elle véhiculait et diffusait au sein de la société, de l'obscurantisme qu'elle entretenait. Il déplorait aussi l'ignorance d'un clergé qu'il eût voulu charger du soin d'éduquer le peuple. Il n'y avait guère d'écoles en Russie, et Pierre le Grand, toujours hanté par les modèles étrangers, eût souhaité que l'Église en ouvrît et concourût au progrès intellectuel des Russes. Mais elle en était bien incapable. Un clergé ignorant et paresseux n'était d'aucune utilité à la société. Le tsar tenta bien d'envoyer quelques clercs se former à Kiev, mais cette expérience se révéla vite décevante. Il espéra que les couvents contribueraient à son effort. Ils étaient nombreux en Russie, et fort riches, car les possédants pensaient racheter leurs méfaits en les couvrant de dons. Mais, là encore, Pierre Ier fut déçu : nul ne semblait, dans les monastères, vouloir participer à son projet éducatif.

C'est donc à l'Église elle-même qu'il s'en prit. On a vu que, à la mort du patriarche Adrien, Pierre avait confié la garde du trône au métropolite de Riazan, Stéphane Iavorski, moine quadragénaire qui eut tôt fait de s'opposer à lui. Les causes de leur antagonisme ne manquaient pas. Le métropolite critiqua vertement l'appel fait par l'État aux ressources de l'Église pour financer ses besoins militaires et civils. Mais surtout, fort de sa fonction, le métropolite se mêla soudain de la vie privée du puissant maître de la Russie. Dans ses sermons, il attaqua « les maris qui enferment leurs épouses au couvent pour pouvoir se remarier », allusion non déguisée à la malheureuse Eudoxie. Et, en d'autres homélies, le saint homme proclama bien haut, en 1712, que la Russie plaçait ses espoirs dans le tsarévitch Alexis, dont on verra plus loin qu'il ne portait guère ceux de son auguste père. Pierre le Grand s'indigna de ces propos, obtint des excuses du métropolite, à qui il interdit pour un temps de prêcher, mais il ne sévit pas davantage. La mort du métropolite allait d'ailleurs mettre fin à leur conflit. Au demeurant peu confiant dans son intelligence, Pierre le Grand avait déjà trouvé un interlocuteur qui allait inspirer sa politique religieuse.

Théophane Prokopovitch, moine ukrainien formé à Kiev où il enseignait, était un clerc d'une grande ouverture d'esprit et d'une érudition remarquable qui contrastait avec la formation limitée du haut clergé russe. Lors de la campagne du Prout, le souverain avait été enchanté par les termes d'un sermon que ce moine avait prononcé devant lui. Convaincu qu'il l'aiderait à réformer l'Église, il l'appela auprès de lui, à Saint-Pétersbourg, en 1716, avant de le nommer évêque de Pskov et de Narva. Contrairement au métropolite en place, qui conservait du passé la certitude que le gouvernement de Dieu devait s'imposer à César, ou à tout le moins que l'Église ne pouvait être subordonnée à l'État, Prokopovitch proclamait que tous les sujets du souverain avaient pour « devoir sacré » d'obéir au pouvoir temporel. Après avoir rénové son administration, Pierre le Grand considéra, en accord avec Prokopovitch, que l'heure était venue de réformer de la même manière l'Église et de le faire à partir d'une conception étatique. En 1718, il lui confia le soin de rédiger un règlement ecclésiastique, dont il relut attentivement chaque variante. Ce règlement, achevé en 1721, entraînait une véritable révolution du statut de l'Église et de l'organisation de ses rapports avec l'État.

Le point le plus important du nouveau règlement était l'abolition du patriarcat, remplacé par le Saint-Synode, véritable ministère des Affaires religieuses œuvrant dans le cadre de l'État. À sa tête fut placé un *haut procureur*, pas obligatoirement issu du clergé – très souvent, il en alla même ainsi. L'égalité existant depuis 1613 entre pouvoir religieux et pouvoir temporel n'était plus de mise. Si le patriarche avait joui durant le règne de Michel Romanov d'une autorité prééminente, quelque peu érodée dès le règne du tsar Alexis, son statut et l'existence même du patriarcat n'avaient jamais, depuis plus d'un siècle, été remis en question. À compter de 1721, seul le pouvoir du monarque est source d'autorité. Le clergé et l'Église doivent s'engager à défendre sans réserve « tous les pouvoirs, droits et prérogatives appartenant à la haute autocratie de Sa Majesté ». En retour, l'État reconnaît à l'orthodoxie le statut de religion d'État dans tout l'Empire. En dépit de ses protestations, le métropolite Stéphane fut nommé haut procureur du Saint-Synode, confirmant par là même que l'Église qu'il avait dirigée acceptait sa dépossession. À sa mort, l'archevêque Théophane Prokopovitch hérita de la fonction.

Le patriarcat disparu, une question restait ouverte : celle de la légitimité du monarque. Depuis des siècles, la réponse avait été apportée par la confusion des pouvoirs spirituel et temporel. Le caractère sacré du pouvoir ne pouvait être discuté. Une fois encore, l'archevêque Prokopovitch sut répondre aux attentes du souverain. Bon théologien, nourri de lectures occidentales – Érasme, Luther, Descartes, Bacon, Machiavel, Hobbes et Locke –, il élabora une théorie légitimant le pouvoir absolu en termes nouveaux. Le pouvoir politique absolu s'était, selon lui, imposé quand l'homme à l'état de nature se trouva confronté à ses semblables. Le souverain n'était autre que le *père de famille*, dont l'autorité morale sur les siens tenait à ce qu'il leur assurait sécurité et progrès. Son autorité était la conséquence du progrès, du passage de l'état de nature à l'état social.

Sous ce jour, la conception du pouvoir absolu dont Pierre le Grand va se réclamer représente une incontestable avancée pour la Russie. Elle est d'inspiration occidentale. Comme les autres monarques européens, le tsar ne s'appuie plus seulement sur la notion de sacré pour revendiquer sa légitimité. Ses rapports avec ses sujets font entrer en ligne de compte sa responsabilité à leur égard, ainsi que son projet modernisateur. Même si la société russe continue à voir son monarque au miroir de ses convictions traditionnelles, l'approche plus rationnelle du pouvoir et de sa légitimité élaborée par Théophane Prokopovitch dessine les contours d'un système politique en voie de transformation.

Ce que Pierre le Grand aura mis en avant par ses réformes, et voulu ancrer dans la conscience politique russe, c'est l'État, le sens de l'État, sa primauté. Il a été le premier souverain russe à lier sa légitimité à celle de l'État et à invoquer, pour les renforcer, l'intérêt général.

La volonté de Pierre le Grand d'en appeler non seulement aux hommes et aux techniques, mais avant tout aux idées d'Occident, apparaît dans ses efforts pour créer un système éducatif moderne. Lors de son premier périple européen, il a visité l'Académie française, que Louis XIV logeait alors au Louvre. Il va s'inspirer de l'institution de Richelieu pour sa propre Académie des sciences. Mais c'est seulement au cours de son second voyage de 1717, officiel celui-là, qu'il décida de « faire une Académie », ainsi qu'il l'écrivit à l'un de ses conseillers. En 1721, il envoya en Europe son bibliothécaire, Schumacher, pour étudier les conditions de cette création et nouer des liens avec les savants européens. Fontenelle fut son interlocuteur privilégié. Sur ses conseils, le souverain invita Euler, les frères Bernoulli, le géographe Delisle à être les premiers hôtes de l'Académie, née en novembre 1725 et qui tint sa première réunion savante le 27 décembre. Sans doute, par la tâche qui lui était confiée, l'Académie russe différa-t-elle quelque peu de sa sœur française, tant le tsar était hanté par la volonté d'éduquer ses sujets : sa première fonction étant de coiffer un réseau d'établissements d'enseignement, elle devint ainsi une véritable et gigantesque université. Mathématiques et sciences naturelles furent les disciplines prioritaires du travail et des enseignements assurés dans le milieu académique.

Là encore, Pierre le Grand tentait de briser les pesanteurs traditionnelles de la Russie. Cette Académie ouverte sur le savoir, orientée vers les sciences, accueillant et écoutant des savants étrangers, n'était guère accordée à l'esprit d'une Russie où l'emprise de l'Église, des clercs peu éduqués, fermés aux préoccupations scientifiques, restait considérable. Mais le tsar fut plus heureux dans ce domaine que dans celui des réformes administratives qu'il avait bien du mal à imposer, tant il manquait d'hommes prêts à y participer, et tant les séculaires habitudes de corruption imprégnaient les comportements. L'Académie des sciences, au contraire, constitua un îlot échappant à de telles pesanteurs. Signalant l'irruption de la pensée scientifique occidentale dans l'ancienne Russie, elle joua parfaitement le rôle que le souverain lui avait assigné et devint le symbole d'une nouvelle Russie.

Le fils immolé

Souverain réformateur acharné à construire cette nouvelle Russie, Pierre le Grand aura aussi incarné à sa manière la vieille Russie qu'il haïssait tant. Comme nombre de ses prédécesseurs, il se heurta à son successeur, et la tragédie qui s'ensuivit marqua son règne d'un sceau indélébile. Pour comprendre le déroulement des faits, il faut en revenir à l'origine du drame : le mariage contracté par le jeune Pierre, au sortir de l'adolescence, avec Eudoxie Lopoukhine. De cette union était né en 1690 le prince héritier Alexis, que Pierre le Grand avait d'abord accueilli avec un grand bonheur. Ensuite, lassé d'Eudoxie qu'il méprisait, il abandonna l'enfant à sa mère, ne se souciant guère de son éducation, limitée pour l'essentiel à la religion et surtout aux aspects les plus traditionnels de l'orthodoxie. Quand le tsarévitch eut huit ans, son père, rentré de la guerre, l'arracha brutalement au giron maternel et entreprit de l'initier aux sciences exactes, aux langues étrangères, à l'art militaire. Mais Alexis était aussi rétif à l'armée que nostalgique du milieu maternel. Il supportait mal la pédagogie paternelle, Pierre le Grand agissant avec lui comme avec la Russie, lui imposant des matières d'étude qui le rebutaient, des méthodes qu'il refusait, mêlant coups et injures pour le former à son goût. Le doux Alexis en souffrit terriblement.

De surcroît, Pierre Ier entendait couronner l'éducation « occidentale » de son fils par un mariage européen afin de l'arracher définitivement à l'emprise russe de sa famille maternelle. Alexis fut contraint d'épouser la princesse Charlotte de Wolfenbüttel, dont la sœur était mariée à l'archiduc Charles d'Autriche. Pierre le Grand était satisfait : la dynastie s'européanisait. De son côté, le tsarévitch avait accepté ce mariage arrangé tout en priant Dieu qu'il lui fût épargné. L'union eut pour suites la naissance, le 12 octobre 1715, d'un héritier que l'on prénomma Pierre, comme son grand-père – et, revers de l'heureux événement, la mort de la jeune mère. Par une étonnante coïncidence, au lendemain de ce jour tout à la fois heureux et fatal, la seconde femme de Pierre le Grand, Catherine, mettait elle aussi au monde un fils appelé, comme son père, Pierre. Le souverain écrivit à l'un de ses familiers : « Dieu m'a envoyé une nouvelle recrue », témoignage irréfutable de ses obsessions militaires ! Le premier Pierre, fils d'Alexis, montera un jour sur le trône sous le nom de Pierre II ; l'autre, Pierre Pétrovitch, fils du tsar et de l'épouse qu'il aimait, contrairement à Eudoxie, mourra à l'âge de trois ans et demi. La « recrue » n'aura pas comblé les espérances paternelles.

Mais, en 1715, la question de la succession ne se pose pas encore. L'héritier est le tsarévitch, fils aîné du souverain. Les règles peuvent donc être respectées. Et Alexis aurait pu être aussi, pour son père, un sujet de fierté. Âgé de vingt-cinq ans, c'était un fort bel homme d'un mètre quatre-vingts, certes moins grand que son père, mais plus que la moyenne à l'époque. Il était intelligent, très cultivé, mais, contrairement aux vœux paternels, ses curiosités le portaient davantage vers la littérature classique, occidentale elle aussi, mais étrangère à la formation prônée par le souverain. Il était surtout fort pieux, attaché au monde moscovite où il tentait de fuir la « Venise du Nord » ; il y trouvait un entourage plus religieux que celui de la capitale, et pétri de tradition russe. Il ne conspirait pas contre son père, mais, aux yeux de Pierre, ce retrait dans la Russie ancienne avait tout de la trahison. Dès lors se posa la question de la succession.

Dans un dramatique échange de lettres, le souverain, ayant menacé son fils, « s'il ne voulait se corriger », de « transmettre le trône à un étranger plutôt qu'à mon propre fils qui s'en rend indigne », reçut d'Alexis, en guise de réponse, la demande d'en être exempté : « Je n'aspire point, après vous, à la succession à la couronne de Russie, quand même je n'aurais pas de frère comme j'en ai un à présent. »

Cet échange manquait cependant de sincérité, au moins du côté d'Alexis. Ce n'était pas seulement un prince pieux, attaché à la religion du passé ; c'était aussi, à sa manière, un bon vivant. L'épouse disparue avait été remplacée avant même d'être morte par une jeune serve, Euphrosine, de peu d'attraits physiques, mais à laquelle Alexis tenait fort. Et par elle, pour elle, il tenait aussi à la couronne, mais selon une conception bien différente de celle de son père. On put le constater au lendemain d'une tragi-comédie qui ne fut pas sans rappeler certains drames du passé.

À la fin de l'année 1715, Pierre le Grand, peut-être épuisé par des réjouissances et des excès liés à la naissance de son propre fils, tomba soudain si malade qu'on lui administra les derniers sacrements. Il lui fallut plusieurs semaines pour s'en remettre et, durant ces jours troublés, il ne vit guère son héritier. La Russie retenait son souffle : la succession n'allait-elle pas s'ouvrir ? On peut s'interroger sur le sens et la gravité de cette maladie. Était-elle aussi sérieuse qu'on le prétendit ? Telle qu'elle justifiât l'extrême-onction ? Ou bien le souverain en tira-t-il profit pour observer les réactions de son entourage, et d'abord de son héritier ? On ne peut s'empêcher d'évoquer ici un incident semblable, aux conséquences politiques non moins lourdes. En mars 1553, Ivan le Terrible, tout glorieux de la prise de Kazan, avait été frappé d'un mal mystérieux qui l'avait conduit aux portes de la mort. Comme Pierre le Grand près de deux siècles plus tard, il reçut l'extrême-onction et les boiars réunis au chevet de l'agonisant commencèrent à se quereller sur la succession. Revenu miraculeusement à la vie, Ivan devait régler ses comptes avec tous les ambitieux qui s'étaient alors démasqués. Guéri comme Ivan, Pierre songea aussitôt à la succession et s'irrita du peu de sollicitude que lui avait montrée Alexis durant sa maladie. Il imagina que si le mal l'avait terrassé, le même Alexis serait monté sur le trône, aurait rétabli la tradition et probablement transféré la capitale à Moscou, anéantissant du coup toute son œuvre d'occidentalisation. Dès lors, il décida de trancher et s'adressa à son héritier en termes comminatoires : ou bien il se pliait à la volonté paternelle d'adopter sans réticences son projet modernisateur et de rompre avec la vision d'une Russie ancrée dans le passé, ou bien il prendrait le froc, renonçant ainsi au monde et, par là même, au trône, laissant la succession à son demi-frère Pierre, qui n'était encore qu'un nourrisson.

Placé devant un choix aussi drastique, Alexis s'effondra. L'humilité de son propos, son refus du trône n'étaient que feintes. Il n'entendait certes pas y renoncer, mais ne voulait pas du trône de Pierre : il rêvait de celui de ses ancêtres, représentants de la véritable Russie. Et il ne voulait pas le tenir de son père par succession directe, car cela eût impliqué qu'il en assumât toute la vision. Il souhaitait accéder au trône par la volonté de ceux qui représentaient l'ancienne Russie et dont Pierre avait supprimé les institutions – la Douma des boiars –, et il était prêt à l'accepter de quelque autre main.

Il convient d'ajouter à ce drame politique celui, personnel, que vit l'héritier : être moine signifiait renoncer à Euphrosine, ce qu'il ne voulait envisager à aucun prix. Dès lors, son choix est fait : il va édifier son destin contre son propre père. Contre lui et sous la protection d'un autre souverain. Il fuit la Russie, profitant de l'absence de Pierre qui prépare alors de nouvelles attaques contre les Suédois en Scanie. Accompagné d'Euphrosine et de quelques serviteurs, il se rend à Vienne auprès de son beau-frère, l'empereur Charles VI, pour lui demander aide et protection contre son géniteur.

L'empereur d'Autriche fut fort embarrassé, car il avait compris l'enjeu de cette fuite. Si le conflit qui avait éclaté entre père et fils débouchait sur une rébellion ou sur une guerre civile – l'histoire passée et présente de la Russie en offrait maints exemples –, que convenait-il de faire ? Comment choisir son camp ? Comment deviner qui remporterait en définitive la victoire ? L'affaire lui parut trop risquée. Il convainquit le tsarévitch d'aller se cacher dans le Tyrol.

Quand Pierre le Grand apprit la fuite de son fils, il soupçonna l'existence d'un vaste complot destiné à l'éliminer du trône et à y porter un prince faible, ennemi de toutes ses innovations. Aussitôt, il dépêcha des émissaires à Vienne et chargea des hommes de main de découvrir la retraite des fuyards. Pierre le Grand détenait le pouvoir, Charles VI ne pouvait que l'écouter et Alexis, retrouvé par les espions, reçut la promesse de la mansuétude paternelle.

Au vrai, durant quelques mois, la fuite d'Alexis avait nourri d'innombrables rumeurs. On disait qu'un complot soigneusement ourdi avait pour but de tuer Pierre, d'empoisonner sa deuxième épouse, Catherine, de libérer Eudoxie, de placer Alexis sur le trône, entouré de sa mère et de toute la parentèle Lopoukhine. Ces rumeurs étaient peut-être exagérées, mais elles témoignaient du trouble qui sévissait en Russie. Du père et du fils absents, l'un à la guerre, l'autre caché, lequel allait sortir vainqueur de cette confrontation ?

Le dernier acte se joua à Naples, où sa fuite éperdue avait fini par conduire le tsarévitch. On lui remit une lettre de son père dans laquelle il put lire : « Je vous assure par la présente et je promets à Dieu et à Son jugement que je ne vous punirai pas et que, si vous vous soumettez à ma volonté en m'obéissant et en revenant, je vous aimerai plus que jamais. »

Alexis était terrorisé, mais pouvait-il résister ? La protection de l'empereur d'Autriche lui faisait défaut et Euphrosine, soudoyée par les envoyés de Pierre le Grand, le trahit. Dans un dernier sursaut de désespoir, il voulut gagner les États du pape pour y trouver refuge. Euphrosine sut le convaincre qu'il était pardonné, qu'il lui fallait rentrer en Russie pour leur salut à tous deux. Il répondit donc à son père qu'il se rendait, en échange de sa clémence et du droit de se retirer à la campagne pour y épouser Euphrosine.

Le retour du tsarévitch fut sinistre. Euphrosine s'attardait à Venise. Les Russes s'interrogeaient : qui était ce revenant ? L'héritier ou un traître ? La réponse leur fut fournie le 3 février 1718 lorsque toute la haute élite politique russe se trouva solennellement réunie en conclave au Kremlin de Moscou, placé sous la protection de trois bataillons de la garde Preobrajenski, mousquets chargés. Scène inédite et grandiose : Pierre le

Grand s'assit sur le trône ; Alexis, désarmé, s'agenouilla devant lui pour implorer son pardon et confesser ses crimes. Sa confession fut lue à voix haute pour que nul n'en ignorât rien. Cette confession fut le premier acte d'une tragédie qui ne faisait encore que commencer. La conséquence en fut la destitution publique de l'héritier et la proclamation d'un nouvel héritier, Pierre Pétrovitch, fils de Catherine, la servante de Livonie, âgé seulement de deux ans.

Ces deux actes étaient inscrits dans le manifeste lu ce jour-là par le vice-chancelier Chafirov. Puis on se rendit en troupe à la cathédrale de l'Assomption pour y prêter serment d'allégeance au nouvel héritier. Le manifeste fut envoyé au Sénat à Saint-Pétersbourg, lu publiquement, et tous les Russes furent invités à prêter serment de fidélité à l'enfant. Les deux Russies, l'ancienne et la nouvelle, participaient ainsi à la destitution d'Alexis, à la fin de son rêve de rendre vie à la Russie de la tradition, au triomphe de Pierre le Grand et de ce qu'il ne cessait d'invoquer depuis toujours : l'intérêt de l'État.

Après cette humiliante cérémonie, Alexis, fort des promesses de pardon de son père, pouvait se croire quitte. Mais il n'en fut rien. Loin de pardonner, Pierre le Grand, sous prétexte de rechercher les « complicités », avait décidé de procéder à un ample nettoyage. Le souverain était convaincu que la fuite d'Alexis dissimulait un véritable complot et que ce qui avait l'allure d'un conflit opposant un fils à son père n'était autre qu'une conspiration politique d'envergure menaçant toute son œuvre. De là l'enquête lancée dans tout le pays et l'ordre donné à Alexis de livrer le nom de ses complices.

Les arrestations se multiplièrent. L'évêque de Rostov, l'un des prélats les plus respectés de Russie, fut traîné devant le tribunal. Et Eudoxie, la première épouse de Pierre, qu'il soupçonnait de vouloir revenir à la Cour auprès de son fils, fut arrachée à son couvent, où elle menait une existence au demeurant peu conforme à son état, pour être reléguée dans un monastère de régime beaucoup plus rigoureux, à l'écart de toute vie civilisée.

Tortures, exécutions, rien ne manqua à cette première phase de l'enquête. De grands seigneurs furent knoutés, langue et nez coupés, soumis au supplice de la roue, voire décapités. Silencieux, Alexis suivait avec attention les événements, escomptant sans doute que son père respecterait les engagements pris. Il se trompait, et c'est là que cette effroyable tragédie revêt toute sa dimension. Pour Pierre le Grand, Alexis était coupable. Vivant, il restait un symbole de rassemblement pour tous ceux qui n'acceptaient pas sa manière de régner et sa conception du destin russe. Le tsar fut servi dans son projet de juger son fils par celle à qui Alexis avait tout sacrifié : Euphrosine. Celle-ci le trahit une nouvelle fois en rapportant aux juges les propos exaspérés et imprudents d'Alexis sur son père, en leur livrant une correspondance personnelle et en accusant pour finir son amant d'avoir en effet fomenté le complot qui le placerait sur le trône. Il n'en fallait pas davantage à Pierre le Grand : il fit venir son fils, le confronta aux accusations portées contre lui par sa maîtresse, et conclut à la réalité d'un complot préparé de concert avec la cour d'Autriche, c'est-à-dire avec un État étranger, contre le souverain légitime.

Accusation terrible ! Alexis fut conduit à la forteresse Saints-Pierre-et-Paul, et deux tribunaux furent convoqués pour le juger. Le premier, religieux, était composé des plus hauts responsables de l'Église russe. Le second, séculier, rassemblait les ministres, sénateurs, gouverneurs, et de nombreux officiers de la Garde. Le 14 juin, le procès s'ouvrit. Il se tint dans la salle du Sénat, à Saint-Pétersbourg. Avant qu'il ne commence, Pierre le

Grand pria avec ostentation l'Esprit saint de lui inspirer une attitude juste. Et il donna à la cour l'ordre de traiter le tsarévitch comme n'importe quel autre accusé, c'est-à-dire en recourant à la torture. Alexis fut impitoyablement knouté ; son dos déchiré par les coups n'était plus qu'une plaie vive. Il fut ensuite condamné à mort et, avant que le souverain ait pu se prononcer sur une mesure de grâce, il succomba soudain. Telle est la version officielle qu'entendit alors la Russie. Mais à peine Alexis avait-il rendu l'âme que la rumeur s'empara du pays. Le tsarévitch aurait été décapité et la hache du bourreau aurait été tenue par son père. Ou encore il aurait été étouffé par des officiers de la Garde indignés de sa trahison. Quelque version que retînt le peuple, la responsabilité personnelle du souverain en faisait partie.

De fait, à l'annonce de la mort de son fils, Pierre manifesta une étonnante indifférence. Le surlendemain, l'anniversaire de la victoire de Poltava fut célébré à la Cour par de grandes réjouissances auxquelles Pierre le Grand participa, de la messe solennelle au bal qui fut donné le soir. Mais – et c'est encore un témoignage des contradictions russes – la dépouille du malheureux tsarévitch reçut, sur instruction de son père, tous les honneurs qui, selon le protocole, lui étaient dus. Mort en criminel, il fut enterré en héritier, en présence des siens et de l'ensemble de la Cour, et inhumé dans la forteresse Saints-Pierre-et-Paul aux côtés des Romanov qui l'avaient précédé dans la tombe.

En dépit de la version officielle, la mort du tsarévitch représente un moment particulièrement significatif du règne de Pierre le Grand. Il n'est guère contestable qu'il mourut des suites des supplices endurés, et que son père, même s'il ne tint pas lui-même la hache du bourreau, les avait ordonnés et y avait par moments assisté.

Il est tentant de rapprocher ici, une fois encore, Pierre le Grand d'Ivan le Terrible, puisque tous deux incarnent la même tragédie : l'assassinat du tsarévitch par son père, son immolation aux idées du souverain. Mais on ne peut pousser trop loin l'analogie : la mort des deux tsarévitch se déroula en effet dans des conditions différentes et, surtout, le sens des deux événements n'est pas le même.

Comme Pierre le Grand, Ivan n'acceptait pas son héritier tel qu'il était, et s'en exaspérait ; mais il le tua dans l'un de ces moments de fureur qui le saisissaient de plus en plus souvent et qui témoignaient d'un état voisin de la démence. Son acte, le brisant, le transforma en quelques heures en grand vieillard et l'écrasa sous un remords qui ne le quitta plus. Quand il mourut sous la défroque d'un moine, il n'était plus le Terrible, mais celui qui avait commis l'irréparable, le meurtre du fils.

Il en va tout autrement de la mort du tsarévitch Alexis. Comme Ivan, Pierre ne pouvait supporter son fils, incarnation à ses yeux de l'ancienne Russie et dont il craignait que, parvenu sur le trône, il ne la ressuscitât, détruisant l'œuvre qu'il avait accomplie. Certes, la personnalité douce et faible d'Alexis ne lui convenait guère. Il voyait en tout, chez lui, une copie ratée de lui-même. La vie privée de son fils lui suggérait aussi un tel jugement. De son côté à lui, Catherine, certes ancienne servante livonienne, mais personnalité puissante, l'avenir le montrera ; du côté d'Alexis, une autre serve, Euphrosine, qui abandonnera et livrera le tsarévitch à ses bourreaux, illustrant les faiblesses de la vieille Russie, servile, lâche jusqu'à la trahison. Pour Pierre, le tsarévitch Alexis n'était pas seulement un homme de peu de caractère, il était son contraire, l'image de la Russie qu'il entendait briser à tout jamais. Verser le sang du tsarévitch était nécessaire pour consommer cette rupture. Le principe dynastique qui faisait de son fils aîné son héritier menaçant son œuvre, il lui fallait aussi casser l'ordre dynastique. En répandant le sang d'Alexis, son propre sang, Pierre croit agir en empereur et non en père ; il agit pour le bien de l'État et de la nation. Aucun signe de remords ou même de tristesse ne se manifesta chez lui. Et, d'une certaine façon, le peuple russe s'inclina devant l'acte fatal de Pierre le Grand, et l'entérina. Le destin posthume du tsarévitch en témoigne : il ne sera l'objet d'aucun culte, ne suscitera pas de légende, nul n'imaginera son retour sous la forme d'un *vrai tsar* réapparaissant pour sauver le pays. Il tomba dans l'oubli.

Désorganisation du droit successoral

Ce meurtre eut aussi une autre conséquence : la désorganisation du principe successoral. Certes, Pierre avait destitué son héritier, désigné à sa place le fils de Catherine, indiquant par là que la succession ne découlait pas d'un principe intangible – le droit du fils aîné à succéder à son père –, mais de la volonté et du libre choix du souverain, autrement dit de l'arbitraire. Les suites ne vont pas tarder à s'en faire sentir.

En 1719, un an à peine après le meurtre du tsarévitch, un autre coup frappe Pierre le Grand. Pierre Pétrovitch, fils de Catherine, qu'il avait désigné pour héritier, meurt. Aucun fils vivant ne lui reste. Un seul héritier mâle subsiste dans sa lignée : Pierre Alexeievitch, le propre fils du tsarévitch immolé, précisément, né à peu près au même moment que l'enfant qui vient de disparaître. Il est le seul Romanov survivant. Le reconnaître pour héritier ? Pierre ne peut s'y résigner, craignant trop qu'il ne reproduise le caractère faible et les tendances conservatrices de son père. Et, surtout, le désigner pour héritier eût impliqué la réintégration d'Alexis dans la lignée successorale, presque la reconnaissance d'une erreur. À quoi aurait-il servi de le sacrifier ?

À qui confier alors la succession ? C'est là que Pierre le Grand opta pour une décision révolutionnaire qui pèsera lourdement après lui sur l'histoire russe. C'est vers Catherine, la servante livonienne, devenue une épouse très proche avec qui il partageait tout, que se tournèrent ses regards. En 1722, Pierre le Grand était occupé de grands projets. La Géorgie, le Caucase étaient alors sous domination perse ; l'empereur pensait à la route de la Soie, il voulait ouvrir un passage vers l'Inde et, pour cela, il lui fallait contrôler les rives de la Caspienne, donc abolir l'autorité perse sur le Caucase. D'où l'expédition lancée au printemps 1722, qui conduisit ses troupes à Derbent et provoqua l'effondrement de l'Empire perse dans la région.

Les projets conquérants de Pierre le Grand étaient encouragés par Catherine, qui l'accompagna au Caucase. Il semble que c'est à ce moment précis qu'il décida de reconnaître le rôle qu'elle jouait auprès de lui, et qu'il prit une décision considérable : l'oukase de février 1722. Ce texte stipulait que les règles successorales en vigueur jusqu'alors n'avaient plus cours. Tout souverain régnant serait libre de choisir son successeur. L'ukase fut soumis à tous les fonctionnaires de l'Empire, qui durent prêter serment de se conformer à l'avenir au choix successoral du souverain. À ces dispositions générales s'ajouta un second oukase, daté de l'année suivante – 15 novembre 1723 –, annonçant le couronnement de l'impératrice. Jusqu'alors, elle était parée de ce titre par courtoisie. Ce couronnement était une innovation de taille. Signifiait-il que Catherine devenait par là même l'héritière désignée du souverain ? Cette décision constituait à maints égards un véritable défi. Une ancienne servante de Livonie pouvait-elle prétendre à titre personnel au trône des Romanov ? Pierre le laissa entendre à son entourage, testant ainsi ses réactions. Il n'en entendit aucune.

Le couronnement eut lieu en 1724. Pierre avait cinquante-deux ans, c'était déjà un homme malade. Tandis que Catherine, impératrice, affirmait son autorité, il s'affaiblissait. Il mourut le 28 janvier 1725. Catherine lui succéda sans encombre.

La décision de Pierre le Grand était à bien des égards étonnante. À défaut de fils, l'empereur avait un petit-fils, le fils d'Alexis, âgé de douze ans, qui aurait dû naturellement monter sur le trône si le droit successoral antérieur à 1722 avait subsisté. Mais la loi de 1722 avait anéanti les droits de l'héritier et laissait la place libre pour Catherine. Contre les droits de cet enfant, les partisans de Catherine plaidèrent que la jeunesse d'Alexis aurait impliqué une régence, système déplorable, l'histoire passée l'avait montré, en raison des pressions et rivalités familiales qui l'avaient toujours accompagné. Et quelle régente imaginer, puisque l'enfant était orphelin ? Les partisans de Catherine ajoutaient que porter sur le trône un enfant dont le père avait péri à l'issue d'un conflit avec Pierre le Grand comportait un grand risque ; que, arrivé à l'âge adulte, il pouvait décider de venger son père, s'engager dans des règlements de compte avec tous ceux qui avaient soutenu Pierre, c'est-à-dire avec la Cour et l'ensemble de l'élite dirigeante. Mieux valait choisir Catherine, aux qualités de jugement incontestables, même si elle était à peu près illettrée. Et nul n'imagina une solution de compromis qui eût placé l'héritier légitime sous la régence de Catherine.

La conséquence principale de ce choix fut de frayer le chemin du trône aux femmes. Sans doute les tenants de la tradition en furent-ils choqués, et nombreux furent les vieux-croyants qui refusèrent, par principe, de prêter serment à une femme, et le payèrent de leur vie.

Ainsi s'achevait un long règne, celui du troisième Romanov, ô combien différent de celui de ses prédécesseurs ! Les jugements contradictoires n'ont pas manqué, qui s'efforcent de peser tout ce que Pierre le Grand apporta à la Russie. L'ouverture sur le monde occidental ? sur l'avenir ? Ou la destruction d'une certaine Russie ? Sur sa vocation de réformateur, même, l'accord est loin d'être total. Soljénitsyne écrit : « Comme serviteur du progrès, Pierre était un esprit ordinaire, pour ne pas dire un sauvage. » Richard Pipes, l'un des meilleurs historiens du passé russe, affirme : « Il était intéressé par le pouvoir politique et non par l'occidentalisation. » Et pour Klioutchevski : « La réforme de Pierre fut marquée par un combat farouche entre le despote et son peuple... Cette fusion du despotisme et de la liberté, de la culture et de l'esclavage, n'est rien de moins que l'équivalent politique de la quadrature du cercle. »

La violence déployée par Pierre le Grand pour imposer sa vision de la Russie à ses sujets, l'immensité de son projet et des moyens mis en œuvre pour y atteindre – guerres incessantes, travail forcé, et, en retour, révoltes incessantes et répressions, exodes vers les terres vierges, famines – ont été payées d'un prix humain considérable. À la fin du XVIIe siècle, au terme des règnes pondérés des premiers Romanov, la Russie, qui avait pansé les pertes dues au Temps des troubles, comptait seize millions d'habitants. À la fin du règne de Pierre le Grand, elle en avait perdu près de trois millions. Est-ce là le prix du progrès politique ? Il est vrai que le pays que Pierre lègue à ses successeurs ne ressemble plus à celui qu'il a reçu de son père, le Très-Doux Alexis. La rupture avec l'ancienne Russie est accomplie. Cette rupture fut-elle l'œuvre de lui seul ? N'avait-il pas déjà trouvé en héritage les orientations dessinées par le tsar Alexis : l'ouverture à l'Europe, confortée par l'annexion de l'Ukraine ?

Une dernière question mérite d'être ici posée : celle de la solidité de l'œuvre de Pierre. S'il fut un réformateur, voire l'auteur d'une véritable révolution historique, il fut aussi celui qui, systématiquement, l'imposa d'*en haut*, par la force, à une société dont la volonté n'allait pas dans la même direction. Ses réformes ont reposé sur les élites qu'il y associait, non sur le peuple à qui il les imposait. Et s'il a modifié les élites, s'il les a modernisées, le peuple, lui, est resté à l'écart des changements qu'il subissait.

C'est ici qu'intervient l'Église. Écartée du pouvoir par Pierre, dépossédée du rôle historique qu'elle avait assumé depuis les débuts de la dynastie, elle fut le témoin muet et désapprobateur des innovations de Pierre. Elle représenta, pour le peuple, l'alternative impossible, mais celle-ci contribua à creuser un fossé entre l'œuvre de réformes et la fidélité populaire. Il n'est guère étonnant que les vieux-croyants, adversaires résolus d'une politique souvent imputée à l'Antéchrist, aient tant attiré sur eux la ferveur populaire.

Deux Russies caractérisent ainsi le règne de Pierre le Grand : celle que, par la volonté et la violence, il s'efforce d'arracher au passé et de façonner ; celle qui, dans le silence et l'amertume, poursuit son chemin – celui du dur labeur quotidien et des solidarités de la campagne –, celle d'une Église assurant au peuple que le triomphe du pouvoir temporel et ses souffrances ne sont qu'apparences au regard de l'éternité.

CHAPITRE V

Au hasard des successions

Après les trois longs règnes des premiers Romanov, qui durèrent plus d'un siècle (1613-1725), la Russie va traverser une période de chaos. Temps court, puisqu'il ne couvre que dix-sept ans ; et pourtant, combien de souverains et d'événements ont alors occupé la scène politique ! On peut résumer ainsi cette période troublée : succession de cinq autocrates, deux femmes, un enfant de douze ans, un enfant en bas âge et un débile mental.

Catherine Ire :
une servante devenue impératrice

Tout commença avec Catherine Ire, que Pierre le Grand avait implicitement désignée pour lui succéder. Il l'avait fait par admiration pour le caractère qu'il lui reconnaissait, mais qui ne se manifestera guère durant son règne très bref (1725-1727), dominé par l'autorité du favori, Menchikov, qui avait déjà été l'amant de Catherine avant que Pierre Ier ne la lui enlève. Si l'ancienne servante livonienne put ensuite monter sur le trône, ce fut grâce aux manœuvres de Menchikov qui, soutenu par l'entourage de l'empereur disparu, sut l'imposer et étouffer dans l'œuf toute tentative contraire. Mais ceux qui avaient ourdi cette succession entendaient bien en être récompensés et ce sont eux, en effet, qui gouvernèrent.

Ce furent deux années agitées, marquées par l'affrontement des ambitions. Après tout, l'accession au trône de Catherine n'allait pas de soi : le nom du fils du défunt tsarévitch, Pierre Alexeievitch, avait été avancé contre le sien, et il avait fallu toute l'énergie de Menchikov pour l'écarter. Menchikov intrigua et fit instituer en 1726 un organe de gouvernement, le Conseil intime suprême, dont la raison d'être officielle était d'équilibrer les diverses factions. Menchikov le domina tout comme il domina le Sénat, dont les attributions furent réduites à néant. Et Catherine, fort satisfaite de régner, laissa faire. Conscient des tensions qui se développaient dans le pays, Menchikov s'efforça d'apaiser le peuple par quelques prudentes mesures : les charges fiscales et les effectifs de l'armée – c'est-à-dire la conscription – furent diminués d'un tiers, et l'on fit grâce aux contribuables des arriérés d'impôt.

Un grave problème restait encore en suspens : celui de la succession. Il était d'autant plus urgent de le résoudre que la santé de l'impératrice s'altérait rapidement. Menchikov adopta alors une position inverse de celle qu'il avait défendue jusqu'alors. En 1725, il avait sans hésiter plaidé pour Catherine contre le seul Romanov vivant, Pierre Alexeievitch. Il s'avisa soudain des mérites de cet héritier, convainquit Catherine qu'elle devrait le désigner comme successeur, et obtint d'elle qu'elle lui imposât pour épouse Marie Menchikov, sa propre fille. Pierre avait alors onze ans ; Marie Menchikov, seize. Voyant Menchikov pousser ainsi son clan vers le trône, ses rivaux, conduits par le vice-chancelier Ostermann, réagirent violemment. Ce fut une période de désordres incessants où la fortune des uns succédait à celle des autres, le jeune Pierre se retrouvant au cœur de tous les complots.

En janvier 1728, Catherine, mourante, désigna enfin pour héritier Pierre II, fils d'Alexis, le tsarévitch immolé. Ce faisant, elle démontrait qu'elle était cette femme intelligente que Pierre le Grand avait saluée. Elle appliquait la décision de 1722 qui lui conférait la maîtrise du choix du successeur, mais elle réconciliait aussi le droit héréditaire avec la pratique voulue par Pierre le Grand. Il est vrai qu'il n'y avait aucun héritier plus proche d'elle. Elle avait mis au monde six fils, tous étaient morts. Restaient ses deux filles, Anne et Élisabeth, à qui elle confia le soin d'assurer conjointement la régence. Ainsi le trône verrait-il accordées et associées les deux lignées issues de Pierre le Grand, le petit-fils de son premier mariage et les filles du second.

Pierre II, souverain éphémère

L'héritier désigné par l'impératrice n'était pas vraiment préparé à régner. Certes, il ne manquait pas de qualités physiques. De son père, il tenait sa taille élevée ; de son grand-père, une force remarquable. Il avait été éduqué par le vice-chancelier Ostermann, mais avait montré peu de goût pour l'étude, son intérêt se portant avant tout sur la chasse et l'équitation. Il était proche de la fille de Pierre le Grand, Élisabeth, âgée de dix-huit ans, qui partageait ses goûts sportifs et, comme lui, aimait courir les bals.

Menchikov avait tenté d'attacher le jeune tsar à son clan par les nœuds du mariage. Il alla même, au début de son règne, jusqu'à le faire enlever et à organiser une cérémonie clandestine. Mais cette passion excessive pour le pouvoir allait perdre le prince sérénissime. Son ambition, son arrogance, qui s'exerçaient même aux dépens du jeune souverain à qui il n'hésitait pas à donner des ordres, dressèrent contre lui une coalition conduite par le clan Dolgorouki. Les conjurés comptaient eux aussi sur un mariage impérial pour assurer leur prépotence. Marie Menchikov fut écartée, son père accusé d'intelligence avec la Suède, arrêté, exilé, et ses biens confisqués. Puis Pierre II fut convié à épouser Catherine Dolgorouki. Le triomphe du clan parut certain.

Mais ce bel édifice s'écroula aussi vite qu'il avait été bâti. À la veille de se marier, Pierre II, à peine âgé de seize ans, mourut de la petite vérole. Son règne avait duré moins de trois ans. Fidèle à son père, il avait délaissé Saint-Pétersbourg, ramené la Cour et les institutions gouvernementales à Moscou. Sa grand-mère Eudoxie Lopoukhine, l'épouse répudiée de Pierre le Grand, était sortie de son couvent et revenue à la Cour, où elle veillait avec un soin jaloux à ce que les traditions héritées du passé et l'orthodoxie soient respectées. Pierre le Grand était bel et bien oublié. La vieille Russie semblait près de renaître de ses cendres. Déjà, ce qui avait été au cœur du programme de Pierre le Grand, le renforcement de l'armée et de la flotte, était en voie d'abandon : trop coûteux, disaient les Dolgorouki qui, après la défaite de Menchikov, s'étaient emparés du pouvoir et pillaient allégrement le Trésor.

La mort de Pierre II fut un événement aux conséquences considérables. Après lui, la branche masculine des Romanov était éteinte. Quel avenir pour la dynastie ? Le problème se posait de manière d'autant plus brutale que le souverain, disparu soudainement, n'avait pu envisager de désigner un successeur. Trop jeune, pas encore marié, il n'avait pas de descendant. À qui incombait-il de se prononcer sur cette question si délicate ?

Le Conseil intime suprême prit l'affaire en main, ou plutôt ceux qui, à ce moment-là, exerçaient en son sein une véritable domination : les Dolgorouki et le prince Golitsyne, qui se partageaient sans scrupule six des huit sièges du Conseil. Cette succession ouverte hors de toute règle, disputée entre clans – on en revenait aux déplorables pratiques de l'ancienne Russie –, donna lieu à une étonnante comédie. Les Dolgorouki, famille de la fiancée qui avait manqué son mariage d'un jour, sortirent de leur manche un pseudo-testament censé avoir été rédigé par le jeune souverain mourant et désignant sa fiancée comme impératrice. Le modèle était naturellement Catherine Ire, investie de la couronne par Pierre le Grand, à cette différence près qu'ils étaient mariés et avaient eu douze enfants. Le faux était grossier ; il ne trompa personne, provoqua un énorme tumulte et un rejet brutal des prétentions des Dolgorouki.

Du coup, la balance pencha en faveur du clan rival, celui des Golitsyne dont le chef de file, le prince Dimitri, proposa au Conseil d'examiner diverses candidatures. La plus naturelle, en l'absence d'un candidat de sexe masculin, eût été celle de la dernière enfant de Pierre le Grand, Élisabeth, qui avait été très proche du défunt souverain. Trop frivole, trop soumise aux influences, rétorquèrent les membres du Conseil. Ils évincèrent de même un petit-fils de Pierre le Grand, âgé de douze ans, rejeton d'une de ses filles, morte comme tous ses autres enfants, à l'exception d'Élisabeth. Du coup, les membres du Conseil, à la suggestion insistante des Golitsyne, décidèrent de changer de lignée et de se tourner vers la descendance du demi-frère de Pierre le Grand, Ivan V, qui avait régné avec Pierre dans les années de la succession tourmentée d'Alexis, quand les deux co-tsars s'efforçaient de contenir les ambitions de la régente Sophie.

Ivan V n'avait jamais été à même de revendiquer ses droits à la couronne, mais, à l'heure où resurgit la question successorale, le Conseil intime suprême se souvient des deux filles qu'il a laissées derrière lui : Catherine et Anne. L'aînée, Catherine, était mariée au duc de Mecklembourg. Certes, le couple était séparé, mais le prince Golitsyne avança d'emblée une objection : si on offrait la couronne à Catherine, on ne pourrait écarter son époux ni lui interdire de venir en Russie pour s'associer au pouvoir. Or nul n'était prêt à voir un prince étranger occuper le trône. Restait la cadette, Anne, qui avait été mariée au duc de Courlande. Par chance, elle était veuve. Mais, depuis son mariage en 1710, elle s'était installée en Courlande et y était demeurée. Éloignée de Russie, elle n'y comptait guère d'amis ni de soutiens. Les membres du Conseil mesurèrent l'aubaine : Anne serait tout entière livrée à leur influence.

L'impératrice Anne : un « règne allemand »

On lui offrit donc le trône, mais cette offre fut assortie de conditions draconiennes. La future impératrice dut s'engager à ne pas se remarier, à ne pas désigner de successeur, à conserver le Conseil intime suprême dans sa composition et la plénitude de ses compétences ; elle ne pourrait déclarer ni la guerre ni la paix sans l'accord du Conseil, ni instaurer de nouveaux impôts, ni procéder à aucune nomination civile ou militaire aux postes moyens ou supérieurs, ni décider seule d'aucune dépense, ni prendre de mesures répressives contre des nobles, ni confisquer leurs biens. Ce catalogue de conditions fut inscrit dans un texte qui devait rester secret, mais qui fut paraphé par tous les membres de Conseil avant d'être soumis à Anne. C'était un document extraordinaire, inspiré du modèle suédois : un parlement y limitait l'autorité du souverain. Il mettait en place une sorte de monarchie constitutionnelle où des clans de la noblesse s'arrogeaient un contrôle total sur le pouvoir du souverain. Quand le texte lui fut soumis à Mitau, où elle résidait, Anne le signa sans barguigner : n'était-ce pas la condition de son accession au trône ? Mais, quelques semaines plus tard, arrivée en Russie, elle se trouva devant une situation inédite. La noblesse qui n'appartenait pas au petit groupe de familles qui dominaient le Conseil intime suprême entra en ébullition contre la confiscation du pouvoir par quelques clans et contre la remise en cause de l'autocratie. Certains membres de l'aristocratie exigèrent que les privilèges politiques que les clans au pouvoir s'étaient arrogés dans le document secret – lequel avait cessé de l'être – fussent étendus à tout leur ordre. La Garde entra dans la danse, proclamant son soutien à l'impératrice qui « devait être, comme ses prédécesseurs, une autocrate ».

Les clans au pouvoir – ou plutôt les comploteurs, car c'est bien d'un authentique complot qu'il s'agit ici – avaient omis de s'assurer deux appuis indispensables : celui de l'Église, et d'abord de l'archevêque Prokopovitch, qui se posait en gardien de la doctrine sur la question de la légitimité ; et celui de la Garde, qui se porta d'emblée au secours du trône dans sa version autocratique. Forte de ces soutiens, Anne déchira le document signé à Mitau, abolit le Conseil intime suprême, et son couronnement fut celui d'une autocrate. Le projet de monarchie constitutionnelle – ou de monarchie contrôlée par une élite réduite – n'avait vécu que quelques semaines ; la Russie revenait à l'autocratie.

Nantie des pleins pouvoirs, l'impératrice Anne était cependant dans l'incapacité de les exercer. En raison de son caractère, d'abord, que l'historien Kostomarov, qui a composé sa biographie, décrit en ces termes : « paresseuse, négligée, lourde d'esprit, hautaine et pleine de morgue ». Le portrait n'est certes pas séduisant. C'est sa lourdeur d'esprit, son goût des farces grossières – ainsi de la maison de glace où elle imposa au prince Mikhaïl Golitsyne, condamné à jouer les bouffons, d'épouser une Kalmouke difforme – qui l'emportent dans les récits consacrés à l'impératrice. Mais il y a plus grave : son règne fut celui des favoris.

Sa sœur aînée avait été écartée du trône parce que ceux qui en décidèrent alors ne voulaient pas voir débarquer en Russie le duc de Mecklembourg et un prince étranger se mêler des affaires russes. Ils n'avaient pas imaginé qu'Anne leur imposerait des favoris tous étrangers, et parfois fort peu honorables. Le principal, qu'elle ramena de Mitau dans sa suite, se nommait Biron – plus exactement Ernst-Johann Büren –, un bellâtre de quarante ans, fils de palefrenier, à qui elle offrira un titre ducal et qui était de longue date son amant. Elle n'eût pu faire plus mauvais choix. Paresseux, grossier, corrompu, obsédé par la volonté de s'enrichir, Biron, bien que doté de tous les pouvoirs par l'impératrice, ne s'intéressait pas aux affaires de l'État. Pour tous ceux qui le croisaient, il ne méritait qu'un seul qualificatif : celui de « canaille ». Mais son statut de favori ouvrit la porte à une véritable invasion allemande : ses amis accoururent en masse et s'emparèrent de tous les postes où l'on pouvait puiser des avantages matériels. Les pots-de-vin sont alors le seul moyen d'obtenir quelque chose dans quelque domaine que ce soit. Certes, la corruption avait toujours sévi en Russie, mais, sous le règne de Biron – la *Bironovchtchina*, appellera-t-on ensuite cette époque noire –, elle prend des proportions inédites.

Biron n'a pas été le seul favori étranger d'Anne, même s'il a bénéficié d'un statut exceptionnel. Ostermann dirigea alors les affaires étrangères, et Münnich coiffa l'armée.

Les dix années du règne d'Anne furent à la fois odieuses et marquées de changements réclamés par la noblesse dans son ensemble. Odieuses, car Biron fit régner une véritable terreur. Les anciennes familles, celles qui s'étaient battues pour accéder au trône ou le contrôler, les Dolgorouki, Golitsyne et autres, furent persécutées, jetées en prison ou exilées. La torture ne perdit naturellement pas ses droits. Mais certaines réformes permirent aussi d'apaiser un grand nombre de nobles. Pierre le Grand avait voulu conférer au chef de famille une autorité totale en matière d'héritage : il lui appartenait de choisir son héritier à sa guise. Décision conforme à celle qui laissait au souverain la liberté de désigner celui qui lui succéderait sur le trône. Anne abolit cette disposition au profit de règles équitables de partage des biens. Elle prit une autre mesure réclamée par la noblesse. Celle-ci disposait de biens héréditaires, *votchina*, mais aussi de biens qui lui étaient concédés en échange de l'obligation de service et dont elle n'avait la propriété que le temps de ce service : le *pomestie*. La transformation du *pomestie* en propriété héréditaire, qui va enrichir considérablement la noblesse de service, va être accueillie avec un grand soulagement. Il en ira de même de la réduction du service militaire obligatoire à vingt-cinq ans, et de la possibilité offerte aux enfants de la noblesse de s'orienter vers des carrières civiles. Jusqu'en 1736, quand cette décision fut prise, toute la vie des nobles était dominée par le service de l'État. En réduisant à vingt-cinq ans cette obligation, l'État leur permit de se consacrer ensuite à leurs domaines, et l'on voit alors monter une classe de nobles propriétaires terriens qui commencent à vivre en marge de l'État. Mais celui-ci alourdit en retour ses exigences fiscales et autorise la noblesse, pour les compenser, à recourir elle aussi à l'impôt prélevé sur les paysans.

Du coup, l'émancipation de la noblesse pèse doublement sur la paysannerie. En s'intéressant à leurs domaines, les nobles se font plus exigeants vis-à-vis de leurs serfs ; en les écrasant d'impôts, ils aggravent leur situation. Le servage est plus lourd qu'il n'a jamais été ; de mauvaises récoltes, entre 1734 et 1736, entraînent des famines ; exaspérés, pressurés, les serfs fuient les domaines, envahissent les grands chemins où il devient dangereux de circuler.

Le règne de l'impératrice Anne comporte aussi un important volet extérieur : il s'agit de la politique définie par Ostermann et conduite sur le terrain par Münnich. Il est bon de rappeler ici que ces deux hommes, contrairement à Biron et à maintes « canailles » qui constituent l'entourage de l'impératrice, ont commencé leurs carrières sous l'autorité de Pierre le Grand. Ils y ont gagné une grande compétence et une influence qu'Anne ne peut leur contester. Ostermann sera, sous son règne, le véritable chef du gouvernement. Les ambitions extérieures de la Russie ne sont pas oubliées, et les États européens cherchent, de leur côté, à peser sur les choix de la grande puissance orientale.

Deux États sont en tête de cette compétition pour s'attirer les faveurs de la Russie : la France et l'Autriche. Leurs représentants à Saint-Pétersbourg couvrent de présents coûteux – c'est l'usage du temps – ministres et diplomates russes pour soutenir leurs intérêts.

C'est d'abord en Pologne que ces pays vont s'affronter, en 1733, après la mort du roi Auguste II le Fort. La lutte pour la succession, qui oppose Stanislas Leszczynski (Stanislas Ier) et l'électeur de Saxe Frédéric-Auguste (futur Auguste III), mobilise tous les grands États. La Russie, qui prend parti pour ce dernier et envoie des troupes combattre pour lui, y laisse des plumes – des milliers d'hommes morts sur le champ de bataille –, mais en retire un énorme bénéfice : elle a fait valoir son droit à intervenir dans les affaires polonaises et à soutenir le candidat de son choix. Cette « protection russe » sur la Pologne, les États européens ne peuvent plus la contester ; c'est une victoire pour Anne, et surtout pour Ostermann et Münnich.

Mais c'est avant tout l'Empire ottoman qui retient l'attention russe, à commencer par les Tatars de Crimée qui, sous protection de la Porte, multiplient les raids en Russie et au Caucase. C'est contre eux que le feld-maréchal Münnich entre en guerre en 1736 et, après des victoires notables, rêve d'entrer dans Constantinople et d'y faire couronner Anne en la cathédrale Sainte-Sophie. Münnich bouscule partout les Tatars et les Turcs, et la Russie de 1737 paraît pouvoir atteindre au statut tant de fois rêvé de puissance de la mer Noire.

Cependant, continuer à accumuler les victoires est difficile, et plus difficile encore de les transformer en avantages politiques. En 1739, Ostermann comprend que le temps est venu de songer à la paix. La guerre a coûté à l'Empire des morts innombrables, au regard desquels la paix signée à Belgrade rapporte des avantages dérisoires. La Russie garde Azov – tant de fois prise et perdue par le passé –, mais sans droit de la fortifier, pas plus qu'elle ne peut faire circuler ses vaisseaux en mer Noire. Seul acquis réel : le territoire des steppes qui s'étend du Bog au Dniepr.

La Russie d'Anne gagne aussi du terrain en Asie. Behring, un Danois qui s'est mis au service de la Russie, relie l'Asie à l'Amérique par le détroit qui portera son nom, et la colonisation russe du Kamtchatka commence. Le Pacifique est pour la Russie – espace immense, dépourvu de frontières naturelles – un objectif pareil aux autres frontières que les empereurs s'efforcent l'un après l'autre d'atteindre et de consolider.

Le bilan du règne est donc contrasté. Ce fut – tous les contemporains l'ont constaté et les historiens l'ont confirmé – le règne de l'arbitraire où la loi et le droit furent oubliés. Certes, l'Empire ne fut jamais un État dominé par un droit explicitement revendiqué. Mais le règne d'Anne, comme celui de certains de ses prédécesseurs, pâtit particulièrement de l'influence et des ambitions des favoris. On a coutume de penser que ce sont les reines ou les impératrices qui, au cours de l'histoire, ont été les grandes pourvoyeuses de favoris, et que la faiblesse supposée des femmes entraîne de tels excès de pouvoir. Il est vrai que les régentes Hélène Glinska, mère d'Ivan le Terrible, et Sophie, puis l'impératrice Catherine Ire, ont lâché la bride à des favoris exigeants qui soumirent la Russie à leur bon vouloir. Mais Ivan le Terrible avait subi l'influence de son conseiller Adachev avant de se retourner contre lui, et Pierre le Grand lui-même toléra les excès de Menchikov, tout en jaugeant sans indulgence ses tares. À la fin du règne, la société constate la nécessité d'en revenir à des règles claires, notamment en matière de succession, car le choix d'Anne va constituer à cet égard un véritable défi.

On ne peut cependant refermer le livre de ce règne impopulaire sans dire que, sur un point symbolique, il renoua avec le rêve de Pierre le Grand et montra que son œuvre n'était pas oubliée. En 1732, Saint-Pétersbourg redevient la capitale de l'Empire, qui tourne ainsi le dos, une fois encore, à l'ancienne Russie. Rien d'étonnant à cela si l'on sait le rôle que jouaient à cette époque les étrangers, collectivement qualifiés d'« Allemands », auprès d'Anne. La Russie de Pierre le Grand leur convient infiniment mieux que celle de ses éphémères successeurs retournés au passé.

L'impératrice Anne meurt le 17 octobre 1740. Elle n'a pas de descendant, mais lègue à son pays des directives successorales étonnamment compliquées, tant les intentions qu'elle a exprimées à ce sujet ont fluctué !

Dès 1733, elle s'était préoccupée du problème, soucieuse de ne pas se conformer au diktat qui lui avait été imposé à Mitau avant son accession au trône. À ses yeux, le soin de désigner l'héritier appartient à l'autocrate et à lui seul. Elle entend privilégier tout à la fois sa famille et un successeur mâle. Le choix n'est pas aisé. Sa famille, c'est sa sœur, Catherine de Mecklembourg, fille aînée d'Ivan V, écartée du trône à son profit pour ne pas « le livrer à des princes étrangers ». Pourtant, qui aurait-elle dû privilégier, sinon sa cousine Élisabeth, fille de Pierre le Grand ?

Une brève régence : Anna Leopoldovna

Mais Élisabeth l'insupporte, et elle entend bien que la couronne ne revienne plus à la postérité du grand souverain. Sa sœur a une fille prénommée Anne, comme elle, qui n'est pas encore mariée – elle ne le sera qu'en 1740, à l'heure de sa mort. La tenant pour son héritière, elle la fait venir dans la capitale, l'installe et cherche à la marier. Son choix tombe sur un prince allemand, cousin de l'empereur Charles VI, le prince de Brunswick, sans que la jeune fiancée ait été pour le moins consultée.

Le mariage ne fut guère heureux, mais un enfant mâle en naquit en 1740 : Ivan Antonovitch. Voilà que la question de la succession trouvait la réponse souhaitée par la régente. Deux mois tout juste avant sa mort, l'impératrice désigna le nouveau-né pour héritier et Biron pour tuteur. L'idée en fut inspirée à la souveraine mourante par un proche de ce dernier, brillant diplomate qui avait commencé lui aussi sa carrière sous Pierre le Grand, le comte Alexis Bestoujev-Rioumine. Il recueillit des signatures de dignitaires pour soutenir cette proposition d'autant plus incongrue que le jeune héritier avait des parents vivant en Russie et que sa mère avait déjà été choisie par l'impératrice pour ouvrir une nouvelle branche dynastique.

Dépossédée de toute autorité par cette décision, Anna Leopoldovna n'est en rien d'accord et se joint au complot qui, en trois semaines à peine, va mettre fin à la régence de Biron. Le complot prend une allure militaire : Münnich le coiffe et la Garde s'en mêle. Le palais d'Été, où se prélasse le régent, est envahi, et Biron arrêté presque sans coup férir, car ceux qui le gardaient se sont ralliés au coup d'État. La réaction ne se fait pas attendre : Biron, condamné à mort, ne sera en définitive qu'exilé ; tout son entourage est éliminé et écarté du pouvoir. Anna Leopoldovna est proclamée régente. La Russie a de nouveau un empereur : un nourrisson, Ivan VI, dont le règne ne durera qu'un an.

Et la régence, guère plus longtemps. Anne diffère en tout de ses devancières. Par la jeunesse, d'abord : elle n'a que vingt-deux ans. Elle est jolie, indolente, pis encore : réputée pour sa paresse, ni préparée ni intéressée aux affaires de l'État. Depuis longtemps son cœur est pris par l'ambassadeur de Pologne, le comte Lynar, qu'elle retrouve à Saint-Pétersbourg au lendemain du coup d'État. Nonchalante, Anna Leopoldovna n'en a pas moins une idée fixe : la régence ne lui suffit pas. Deux impératrices l'ont précédée, elle veut elle aussi porter la couronne, et cette ambition non déguisée va contribuer à sa chute rapide.

Elle a déjà fixé la date de son couronnement : le 25 novembre 1741. Dès lors se met en place le complot qui, une fois encore, va bouleverser les lignes dynastiques.

CHAPITRE VI

Élisabeth Ire
Retour à la lignée de Pierre le Grand

Depuis la mort de Pierre II, la fille de Pierre le Grand, Élisabeth, attend dans l'ombre. L'impératrice Anna Ivanovna, qui se méfiait d'elle, l'avait littéralement placée sous surveillance, bien qu'en 1730 elle n'eût pas fait valoir sa légitimité ni tenté d'encourager quelque complot en sa faveur. En 1741, la situation n'est plus la même. En dépit de son projet de couronnement, la régente paraît politiquement bien faible. L'opinion, la société sont lassées du « règne des Allemands » et ne cessent de le contester. Surtout, un « parti français » s'est formé qui souhaite la venue sur le trône d'Élisabeth.

Qui est, en cette année décisive, Élisabeth Petrovna ? Une jeune femme éclatante de beauté. Elle a trente ans, elle est grande, bien faite, fort élégante, amie de tous les plaisirs. Pierre le Grand, lorsqu'il visita la France, avait imaginé de marier sa fille préférée à l'héritier du trône de France, le futur Louis XV. Le mariage n'eut pas lieu ; à l'époque, Élisabeth n'avait d'ailleurs que douze ans.

Mais ce camouflet – car c'en était un que de refuser l'alliance russe – ne l'empêcha pas de nourrir une très vive curiosité, qui se fit chaleureuse, presque amoureuse, pour tout ce qui était français : la culture, la langue, les usages.

En 1740, sa francophilie est bien connue et le marquis de La Chétardie, ambassadeur du roi de France à la cour de Russie, se fait d'emblée l'avocat de sa cause. Il expose à son gouvernement que la fille de Pierre le Grand est très populaire en Russie et considérée comme la légitime héritière du trône. Déjà, dix ans plus tôt, à l'heure où s'ouvrait la succession de Pierre II, un Français avait tenté de pousser Élisabeth vers le pouvoir suprême : c'était son médecin, Lestocq, qui l'incitait à faire valoir ses droits, mais elle était alors trop jeune et isolée pour se prêter à ce jeu. En 1741, La Chétardie, soutenu par un Lestocq toujours proche d'elle, mais aussi par quelques fidèles, saura la convaincre de sortir de sa réserve. Qu'elle laisse la régente se transformer en impératrice, et son destin sera scellé à jamais. Élisabeth sait aussi que son statut d'héritière potentielle inquiète Anna Leopoldovna. En Russie, le couvent tient lieu de solution à ce genre de problème, et Élisabeth a toujours craint d'y être un jour enfermée, ou encore d'être mariée de force à quelque prince qu'elle n'ait pas choisi.

Cette dernière éventualité la trouble d'autant plus que son cœur n'est pas libre. Au début des années 1730, elle a rencontré, par l'intermédiaire d'une amie, un jeune paysan ukrainien très beau, brun, barbu, élancé, doté d'une voix superbe : Alexis Grigorievitch Razoumovski. C'est le coup de foudre, il ne la quittera plus. En 1741, Élisabeth veut enfin prendre la place qui lui revient et rendre le trône à la lignée de Pierre le Grand. Elle a compris la leçon de l'intervention de l'armée lors de l'investiture de l'impératrice Anne et du conflit d'Anna

Leopoldovna avec Biron. Sans la Garde, point de coup d'État, point de trône.

Méthodiquement, elle prépare son coup d'État en visitant les casernes de la Garde, en s'entretenant avec les officiers et en leur distribuant sans barguigner l'argent dont l'ambassadeur français l'a pourvue. Ses allées et venues auprès des gardes, mais aussi le mécontentement populaire croissant « contre les Allemands », ainsi que la rumeur grandissante, tout concourt à apprendre à la régente qu'une action se prépare, qui menace son couronnement. Une course de vitesse est alors engagée entre les deux femmes, même si elles se livrent à une parodie de réconciliation mêlant les assurances de fidélité et de respect données à sa cousine par Élisabeth et la promesse de la régente de ne pas expédier celle-ci au couvent. Mais, dans le même temps, Ostermann en brandit la menace. C'est en trop : la fille de Pierre le Grand se rend en pleine nuit à la caserne Preobrajenski pour recruter trois cents hommes. Vêtue d'une tenue de garde, elle se présente au Palais, réveille la régente et son époux, et leur annonce que le temps de leur triomphe est passé. Ils doivent quitter sans délai la capitale. Tous les ministres sont arrêtés et expédiés à la forteresse Saints-Pierre-et-Paul.

Le coup d'État s'est déroulé pacifiquement, pas un coup de feu n'a été tiré, personne n'a été molesté. Karamzine écrit à ce propos : « Un médecin français et quelques grenadiers ivres ont porté la fille de Pierre sur le trône du plus grand empire du monde aux cris de : "À bas les étrangers, vivent les Russes !" »

Dans quelle mesure cette passion nationale et cette xénophobie résument-elles la confrontation entre les deux femmes en 1741 ? Certes, par son père, Pierre, Élisabeth était bien russe. Mais sa mère ne l'était nullement. En face d'elle, Anna Leopoldovna était de père allemand, mais sa mère était la fille du frère de Pierre le Grand. Toutes deux étaient donc à demi russes, et toutes deux petites-filles du tsar Alexis. Qui, d'Élisabeth ou d'Anne, était la plus russe ? Sans doute leurs comportements étaient-ils à cet égard différents. Anne s'était entourée d'étrangers ; Élisabeth commencera par les chasser. Son favori, Razoumovski, peut-être secrètement épousé, était russe ou ukrainien. Elle le para du titre de comte, le nomma feld-maréchal. Et elle s'entoura de Russes : ainsi d'Ivan Chouvalov, qui partagera ses faveurs avec Razoumovski et dont tous les parents monteront dans le système de gouvernement.

Le premier problème qu'Élisabeth dut affronter était celui de son statut. Le 28 novembre, elle publia un manifeste où elle abordait la si délicate question de la succession en se fondant sur le testament de l'impératrice Catherine qui avait désigné pour héritiers légitimes ses deux filles : Anna et sa descendance, Élisabeth et ses enfants éventuels. Anna était morte, mais son fils, Pierre de Holstein-Gottorp, était en vie et premier sur la ligne de succession définie dans le testament de Catherine. Élisabeth, elle, n'avait pas de descendant. Sans doute Pierre de Holstein était-il luthérien, ce qui était incompatible avec la couronne de Russie. Mais Élisabeth tourna brillamment la difficulté : elle désigna l'adolescent comme héritier, sa conversion à l'orthodoxie découlant de là, et annonça son installation en Russie. Ce manifeste réglait tout à la fois la question de la succession et celle de sa légitimité. En y ramenant la lignée de Pierre le Grand, Élisabeth justifiait sa propre présence sur le trône.

Elle conforta cette décision en prenant l'engagement de ne pas se marier – le mariage avec Razoumovski, s'il eut lieu, resta toujours secret –, donc de ne pas mettre au monde d'héritier qui troublerait l'ordre successoral ainsi restauré. Les droits de Pierre de Holstein étaient de la sorte jalousement préservés. Et quel symbole que la fille du grand souverain restaurant sa lignée et transmettant le trône à un héritier du même sang ! Par cette décision, Élisabeth avait aussi annulé le testament de l'impératrice Anne qui avait désigné pour héritier Ivan de Brunswick et l'avait fait proclamer empereur. Cet imbroglio contraignit Élisabeth à prendre de sévères mesures empêchant toute revendication de surgir au nom des Brunswick. La régente déchue et les siens furent exilés en des régions inhospitalières au-delà d'Arkhangelsk, et l'empereur Ivan VI enfermé, à l'isolement complet dans la forteresse de Schlusselbourg. Il y sera le célèbre « prisonnier numéro un », coupé du monde, condamné à ne jamais revoir le jour. On le retrouvera plus tard...

L'impératrice s'inquiète encore des complots possibles que fomenteraient, en dépit de la surveillance qui pèse sur eux, les Brunswick ou leurs partisans. On en déjouera certains, parfois ourdis par des diplomates étrangers. Car toutes les cours souhaitaient exercer leur influence sur cette Russie toujours instable.

Francophile, très occidentalisée, fidèle à l'enseignement de Pierre le Grand, Élisabeth était en même temps soucieuse du respect des traditions russes. Son couronnement en témoigne. Il eut lieu le 25 avril 1742 à Moscou en la cathédrale de la Dormition. C'est là que, depuis Vassili III, tous les souverains russes avaient été couronnés. Élisabeth n'a pas voulu déroger à la tradition. Transportant la Cour – c'est-à-dire des milliers de personnes, à Moscou –, elle y résida, y travailla, s'y amusa pendant huit mois. Les cérémonies moscovites ainsi que son long séjour contribuèrent à restaurer l'unité de l'État russe ; Moscou revivait. Ces cérémonies lui permirent aussi de s'imposer, à l'instar de Pierre le Grand, comme la plus haute autorité du pays, coiffant à la fois l'État et l'Église, ce qui, pour une femme, n'allait pas de soi. Elle tint par ailleurs à recevoir l'hommage de son héritier Pierre, ce qui marqua la distance qui les séparait désormais : elle n'était plus là par défaut, en attendant que son successeur prenne sa place sur le trône, mais parce qu'elle était l'impératrice et qu'il n'était, lui, que celui qui lui succéderait.

Le couronnement permit à cette femme que l'on disait frivole, paresseuse, influençable, de restaurer le noyau dur du système politique, celui qui définissait le centre du pouvoir et sa transmission. Après les désordres qui avaient suivi la mort de Pierre le Grand, et dont il portait d'ailleurs la responsabilité puisqu'il avait introduit l'arbitraire dans le système successoral, il revenait à sa fille de rétablir l'ordre légal. Ce n'était pas un mince mérite.

Ayant restauré dans ses droits la lignée de Pierre le Grand, Élisabeth aurait pu gouverner, mais elle ne le fit guère, s'en remettant à l'entourage qu'elle avait choisi. Ses conseillers furent d'abord les Français qui avaient contribué à la porter sur le trône : Lestocq, qui fut fait comte, et La Chétardie qui, croyant la dominer, finit par l'agacer et fut rappelé par son gouvernement. À ces étrangers s'ajoutèrent les deux favoris en titre : Razoumovski, très attaché aux intérêts de l'Église et qui se mêlait peu de politique ; Ivan Chouvalov, de dix-huit ans plus jeune que l'impératrice, qui se signalait par son désintéressement dans une Cour fort corrompue, ainsi que par une grande culture qu'il fit partager à Élisabeth. Puis vint une kyrielle d'amants qui s'allongea avec l'âge, l'impératrice craignant de vieillir et cherchant dans les hommages masculins l'assurance d'une séduction préservée.

Pierre Chouvalov bénéficia de la position de son frère Ivan dans le cœur d'Élisabeth. Contrairement à Ivan, il profita de tous les avantages possibles, accepta le titre de comte qu'Ivan avait décliné, se vit octroyer une autorité considérable sur les affaires économiques et financières de l'Empire, dont il usa au plus mal. Son cynisme était sans limite et il n'hésitait pas à clamer haut et fort qu'à instaurer des taxes sur la vodka on remplirait facilement le Trésor, la misère croissante poussant le peuple à boire. Ou encore il suggérait de diminuer la teneur en métal précieux de la monnaie. Le bilan financier du règne, désastreux, fut largement imputé par les contemporains à son incompétence et à sa malhonnêteté.

Élisabeth était fort dépensière, son train de vie considérable, ses voyages à travers l'Empire continuels, sa garde-robe d'une exceptionnelle richesse, jamais utilisée deux fois ; les fêtes incessantes, les bals, les libéralités accordées aux favoris et aux courtisans contribuaient aussi à vider le Trésor. On peut constater l'ampleur des dégâts dès 1746 : la solde des officiers n'était plus payée, les marchands refusaient de faire crédit à la Cour, la capitation rapportait moins que prévu. Bestoujev, qui avait été nommé chancelier, distribuait les prébendes, mais était un piètre financier.

Si, en ce domaine, Élisabeth laissait faire, s'inquiétant peu des conséquences, elle prit cependant, sur le plan politique, quelques décisions d'importance. La plus remarquable, celle qui sera durablement le symbole de son règne, touche à la peine de mort. Par l'oukase du 23 août 1742, elle abolit la peine capitale pour toute personne âgée de moins de dix-sept ans, et subordonna son application aux adultes à son droit absolu de commuer la sentence. Durant tout son règne, il n'y eut pas d'exécutions en Russie. Certes, la cruauté de châtiments divers subsistait, on torturait ou on exilait en Sibérie. Mais Élisabeth fut tenue pour une grande humaniste. Voltaire se plut à la saluer pour cette décision, qui n'empêcha pas la criminalité de se déployer sur une large échelle. Les prisons étaient pleines, les confins les plus inhospitaliers voyaient affluer les exilés en masse.

S'agissant du système politique, l'impératrice en revint tout naturellement aux choix paternels. Elle rétablit le Sénat dans toutes ses prérogatives gouvernementales et plaça à sa tête, comme procureur général, le prince Troubetskoï. Une Conférence des ministres fut créée en lieu et place du cabinet. Mais, en dépit de ses bonnes intentions, Élisabeth assistait peu aux séances du Sénat et délaissait les questions intérieures.

La politique étrangère présentait en revanche à ses yeux un avantage : elle lui conférait une grande autorité. C'est là aussi que se posait en effet la question de son statut. Quand elle monta sur le trône, Élisabeth fut reconnue comme impératrice par la plupart des Cours. Il en alla différemment de celle de France, et il s'agissait là d'une vieille querelle. Louis XIV avait en général témoigné peu d'empressement envers Pierre le Grand. Louis XV n'était guère enclin à reconnaître à Élisabeth le titre impérial et à lui accorder les égards protocolaires qui en eussent résulté. À la fin de l'année 1743 éclata une crise dont fut cause La Chétardie, l'ancien ami – et peut-être amant – de la souveraine. La police russe avait saisi une correspondance codée du diplomate, lequel s'y exprimait en termes peu flatteurs pour l'impératrice, mettant en cause l'origine douteuse de sa mère, sa vie dévergondée, son caractère faible, sa sottise même. On imagine que, présentant ainsi Élisabeth à son roi, il ne servait pas la cause du titre impérial revendiqué par elle. Indignée par cette duplicité, Élisabeth chassa La Chétardie de Russie. Peu attiré par la France, à laquelle il préférait une alliance russo-austro-anglaise, Bestoujev en profita pour noircir le tableau. La Russie, dit-il, n'avait rien à attendre de Versailles. Le mépris manifesté envers l'Impératrice, le refus de reconnaître son statut en témoignaient. Il alla même, avec ses partisans, jusqu'à accuser les envoyés de la France d'avoir voulu fomenter un complot visant à destituer la souveraine, à ramener Ivan VI dans la capitale et à l'installer sur le trône.

Cet épisode accrut la méfiance d'Élisabeth vis-à-vis de son entourage et de ses subordonnés, mais l'incita aussi à se consacrer toujours plus aux plaisirs et toujours moins aux affaires de l'État. Celles-ci n'étaient pas toujours brillantes : le Trésor était à sec, la plus grande partie de la population vivait mal, et plus encore la paysannerie serve. Les paysans représentent alors 96 % de la population, et ce sont eux qui paient la capitation, qui pèse de plus en plus lourd. Écrasés d'impôts, ils n'ont qu'une issue : la fuite vers les espaces infinis de la Russie. Le phénomène prend une telle ampleur en ces années que le Sénat ordonne un recensement censé permettre de ramener d'autorité les fuyards à leur propriétaire légal. Ce phénomène de fuite évolue en révolte organisée. Les fugitifs se rassemblent par petits groupes, vivent du vagabondage et du pillage, et des régions entières se soulèvent le long des grands fleuves Volga, Oka et Kama.

Peu intéressée par des mouvements intérieurs qu'elle abandonne aux soins de ses collaborateurs, Élisabeth, on l'a dit, préfère se consacrer à la politique internationale. Sa propre curiosité, le rôle joué en ce domaine par le vice-chancelier Bestoujev-Rioumine, ont pour conséquence d'impliquer la Russie dans les conflits des années 1740-1760 et de lui assurer définitivement un statut de puissance européenne.

Longtemps, la politique étrangère russe a été orientée vers ses voisins immédiats : Turquie, Pologne, Suède. Mais Pierre le Grand avait brisé cet environnement, noué des contacts, envoyé des ambassadeurs permanents dans tous les grands États européens. Sa leçon aura été retenue par les deux grands acteurs de la politique étrangère russe, Ostermann et Bestoujev-Rioumine. Quelques constantes peuvent ici être soulignées.

La France fut durablement considérée par la Russie comme son grand adversaire. Tout d'abord parce que les rois de France ne cachaient pas qu'ils la tenaient pour un pays barbare, comptant peu sur l'échiquier européen, et parce qu'ils n'acceptaient pas l'ambition de Pierre le Grand de faire reconnaître son pays comme un « grand » en Europe. Mais aussi en raison de l'orientation fondamentale de la politique extérieure française, à savoir sa rivalité avec l'Autriche. Pour contrer l'Autriche, l'encercler et l'affaiblir, la France misait sur la Turquie, la Pologne et la Suède. Ainsi, les amis de la France étaient justement les pays que la Russie tenait pour ses ennemis. Les intérêts de Paris et de Pétersbourg se trouvèrent pendant de longues périodes opposés sur la scène européenne. Dans le même temps, l'Autriche resta l'alliée privilégiée de la Russie, les deux pays partageant les mêmes adversaires. Leur alliance avait été scellée en 1726 par un traité confirmant leurs intérêts communs et qui perdurera pendant plus d'un siècle.

Un fait nouveau surgit au début du règne d'Élisabeth : la menace prussienne. La Prusse de Frédéric II – Frédéric le Grand, comme on l'appelle en Allemagne – devient alors une puissance qui bouleverse l'équilibre européen. L'un des premiers hommes d'État à entrevoir ce changement fut Bestoujev-Rioumine, qui alerta Élisabeth, s'inquiétant des ambitions de Frédéric dans la Baltique et insistant sur la nécessité de s'appuyer sur les « amis naturels de la Russie », Autriche et Angleterre, contre ce qu'il percevait comme un péril imminent.

En montant sur le trône, Élisabeth avait déjà hérité de la guerre déclenchée peu auparavant par Anne. Elle dut combattre la Suède, soutenue par la France, alors qu'elle-même pouvait compter sur l'Autriche. La Suède, à l'origine de cette guerre, la perdit ; la paix fut signée en 1743 au traité d'Abo, qui confirma les avantages acquis par la Russie de Pierre le Grand au traité de Nystadt de 1721, et lui donna de surcroît une importante portion du territoire finnois.

Mais, devenue une puissance européenne, la Russie va être progressivement impliquée dans des guerres plus éloignées de son territoire et qui ne touchent plus ses intérêts directs. C'est le jeu des alliances qui l'y pousse. De 1746 à 1748, elle se trouve ainsi engagée dans la dernière phase de la guerre de succession d'Autriche, qui l'oppose à la Prusse et à la France. Lorsque cette guerre prend fin, la paix d'Aix-la-Chapelle, conclue en 1748, prive la France des Pays-Bas, l'Autriche de la Silésie, mais, en guise de compensation pour ce pays, l'époux de Marie-Thérèse est élu empereur. Pour sa part, la Russie, qui a engagé des effectifs considérables dans le conflit, est exclue des négociations d'Aix-la-Chapelle et sort de la guerre sans en retirer aucun avantage. Cette « paix blanche », qu'elle reproche à son vice-chancelier, exaspère Élisabeth. Peut-être est-ce pour oublier cette contrariété qu'elle transfère alors pour un temps limité – deux ans – sa capitale à Moscou.

Cette guerre n'avait pourtant pas été inutile pour la Russie : sa force militaire reconnue, elle en tira un grand prestige en Europe. Ce prestige sera encore renforcé par l'aspect le plus remarquable de la politique étrangère et militaire d'Élisabeth : sa participation à la guerre de

Sept Ans (1756-1762). Cette fois, la Russie va se retrouver aux côtés de la France contre la Prusse, alors que, par un retournement d'alliances généralisé, l'Angleterre se sera rapprochée de Frédéric II. Ce basculement des alliances a été préparé à Saint-Pétersbourg par un « parti français » conduit par le vice-chancelier Vorontsov, qui a reçu l'appui de Chouvalov et de son entourage. Bestoujev-Rioumine, le prussophile, est le grand perdant de ce tournant.

Si Élisabeth s'est rendue à l'idée de ce revirement d'alliances, c'est à la fois parce que ses conseillers l'y ont poussée, mais aussi parce qu'elle était naturellement très attirée par tout ce qui était français. N'a-t-elle pas été portée sur le trône par un parti français ? De la France, elle avait introduit la culture, les usages, les modes à la Cour. Et elle éprouvait à l'égard de Louis XV – qui ne lui manifestait pourtant guère de considération – un attrait certain. La « trahison » du gouvernement anglais, qui passa le 19 janvier 1757 un accord avec la Prusse, fut décisive : elle détourna Élisabeth de ses anciens alliés et la convainquit que Bestoujev-Rioumine lui avait fait suivre un chemin politique désavantageux. La réponse à l'accord anglo-prussien fut le traité défensif signé à Versailles le 1er mai 1757 entre la France, la Russie et l'Autriche. Un traité défensif sans doute conclu bien tard, les hostilités étant engagées depuis un an par Frédéric II, qui avait déjà réussi à conquérir la Saxe...

Les armées russes participèrent à toutes les grandes batailles et occupèrent un bref moment Berlin, en octobre 1760. La Prusse est alors acculée, ses pertes sont énormes. Au terme de sept années de guerre, tous les États belligérants sont épuisés. La Russie compte plus de soixante mille hommes tués ou blessés. Quand elle se retire de la guerre, elle n'obtient aucune compensation –

on en verra plus loin la raison. Pourtant, ses armées ont brillé dans les combats. Elles avaient été réorganisées, étaient bien équipées, et s'étaient comportées vaillamment, remportant de grandes victoires. Mais, une fois encore, la guerre n'apporta à la Russie qu'un prestige accru, un rôle européen reconnu, non des acquis territoriaux. En définitive, si la Russie ne gagne rien au sortir de la guerre, les conditions dans lesquelles s'est effectuée la succession d'Élisabeth, qui étaient propres au pays, l'expliquent mieux que les négociations qui ont mis fin au conflit.

Les dernières années de la vie d'Élisabeth furent assombries par des maux multiples, certains liés à un embonpoint excessif, d'autres probablement d'ordre psychique, qui la tenaient souvent à l'écart du pouvoir et perturbaient ses alliés. Elle mourut le 25 décembre 1761, alors que la guerre n'était pas encore terminée – ce qui aura de sérieuses conséquences pour la Russie, mais aussi pour la Prusse si proche de l'effondrement. Sa disparition ne posait pas (pour une fois) de problèmes successoraux, puisque l'héritier avait été désigné de longue date et participait déjà à la vie publique. C'était là un grand acquis de ce règne de vingt ans, marqué dans l'ensemble par son caractère pacifié.

On comprend la consternation et l'inquiétude qui, à l'annonce de sa mort, s'emparèrent de la Russie, où l'impératrice bénéficiait d'une réelle popularité. Inquiétude à la Cour, d'abord, où l'on savait combien un changement de souverain risquait d'entraîner de règlements de compte et de luttes de clans. Le « parti allemand », dominant sous Anna Ivanovna, éliminé par Élisabeth au profit d'un « parti français », n'allait-il pas prendre sa revanche ? Et un parti ou un clan, quel qu'il fût, n'allait-il pas se souvenir qu'un héritier, légitime lui aussi, croupissait en prison depuis vingt ans ? Un héritier qui pourrait servir de drapeau à de nouveaux développements dynastiques... À la mort d'un souverain russe, même si la question de la succession est apparemment réglée, le pays craint toujours de voir resurgir les vieux démons de rivalités et de conflits dynastiques jamais vraiment éteints, dès lors qu'un autre candidat éventuel au trône est resté en vie. Les sages dispositions adoptées par Élisabeth au début de son règne ne pouvaient, à l'heure de sa disparition, dissiper cette crainte traditionnelle. Et tous, en Russie, pressentaient que sa mort annonçait des temps nouveaux.

La consternation était aussi réelle dans les capitales européennes, dont les chancelleries se demandaient si la mort de l'impératrice n'allait pas entraîner de graves changements dans la politique étrangère de la Russie. Leurs inquiétudes étaient justifiées : dès les premiers jours de son règne, le nouveau souverain leur en apportera la démonstration.

Après le long règne d'une femme, c'est un jeune empereur qui monte sur le trône. On peut penser que la parenthèse du « temps des impératrices » se referme et que la Russie en revient pour de bon au pouvoir masculin, d'autant plus que le nouveau titulaire du trône n'est autre que le petit-fils de Pierre le Grand, comme lui prénommé Pierre.

Retour à la tradition ? En réalité, ce retour pacifique à la descendance pétrovienne ne sera qu'une simple parenthèse.

CHAPITRE VII

Pierre III
« Hôte fortuit du trône russe »

Qui est ce Pierre III qui monte sur le trône le 25 décembre 1761 ? L'héritier d'Élisabeth, le successeur naturel au trône de Russie. Mais pas seulement. Sa désignation, déjà, témoigne de la confusion qui caractérise le personnage. Il est aussi l'héritier potentiel de la couronne de Suède, sempiternel adversaire de la Russie. Sa grand-mère paternelle était en effet la fille de Charles XI, sœur de l'ennemi juré de Pierre le Grand, Charles XII, qui n'avait pas eu d'enfant. Pierre est en outre duc de Holstein-Gottorp. Trois couronnes à lui tout seul ! En 1741, à la veille de son installation sur le trône d'Élisabeth, il semblait plutôt promis à la couronne de Suède. C'était en effet la conviction de son père, qui l'imaginait en successeur de Charles XII et qui orienta son éducation en ce sens. Au demeurant, cette éducation fut lacunaire, plus conforme aux fantaisies de l'enfant qu'aux exigences d'une formation royale. Karl Peter de Holstein – c'était là son nom – aimait l'exercice militaire et la chasse. Ses précepteurs, car il en eut, s'efforcèrent de lui inculquer des rudiments de latin, de français, d'histoire, mais aussi de l'initier aux arts d'agrément, le tout sans grand succès. Alors qu'il attend, en se perfectionnant dans l'art militaire, de monter sur le trône suédois, la décision de l'impératrice Élisabeth l'atteint comme la foudre. Il est mandé à Saint-Pétersbourg, proclamé héritier et invité du jour au lendemain à se transformer en jeune Russe. Âgé de quatorze ans, il ne sait rien de la Russie ni de son grand-père maternel, et tout ce qui est russe lui est étranger : la langue, la religion, l'histoire.

Il va découvrir son pays sous son jour le plus traditionnel, le plus russe, puisque, quelques semaines après son arrivée à Saint-Pétersbourg, la ville européenne, il est emmené à Moscou assister au couronnement d'Élisabeth. Si les ors, la magnificence des cérémonies orthodoxes le laissent désemparé, une compensation lui est accordée, qui convient à ses goûts : il est promu lieutenant des gardes Preobrajenski, revêtu de leur uniforme qui devient sa tenue habituelle. Mais, à partir de là, il entre dans un monde qui le déconcerte. Élevé dans la religion luthérienne – fait inconcevable pour un Romanov –, il est converti à l'orthodoxie le 17 novembre 1742, et Karl Peter devient ce jour-là Piotr Feodorovitch.

Il dut faire ensuite l'apprentissage du russe, de la religion orthodoxe, et tenter d'assimiler des éléments de slavon. Il eut autant de mal à acquérir ces connaissances qu'il en avait éprouvé avec toutes les disciplines qu'on avait essayé de lui inculquer auparavant, à l'exception de ce qui touchait à l'art militaire, à la géographie et au dessin, art qui lui était utile pour dresser des plans de bataille ou de fortifications. Il découragea tous les maîtres choisis à son intention par l'impératrice, et son inculture fut toujours relevée par les contemporains.

Si l'immaturité de Pierre troublait la souveraine, sa puberté lui fut aussi un sujet de préoccupation. À peine était-il arrivé en Russie qu'elle mesura la nécessité de le marier. D'abord pour lui assurer une descendance, donc un successeur, car cette question la tourmentait toujours. En 1743, Pierre était tombé si gravement malade qu'on l'avait cru perdu. Faudrait-il déjà lui trouver un successeur ? Il se remit, mais l'alerte avait été chaude et montrait qu'il fallait régler au plus vite ce problème. D'où la réflexion précipitée sur le mariage de Pierre : quelle princesse choisir, qui convînt aux circonstances et pût doter de solidité une généalogie désordonnée où le neveu allait succéder à sa tante ? Généalogie par laquelle on installait sur le trône de Russie un Romanov, certes, mais qui n'était plus russe que pour un quart, qui n'acceptait qu'avec répugnance l'orthodoxie et les usages du pays. Une princesse française était d'emblée exclue parce que catholique, donc trop difficile à convertir. L'idée d'une princesse allemande eut tôt fait de s'imposer. Luthérienne, elle serait plus souple sur les questions religieuses, puis plus acceptable pour Pierre qui, dès son jeune âge, s'était montré fasciné par Frédéric II, son héros, et par la Prusse. Le choix impérial tomba sur une princesse issue d'une modeste famille allemande, Sophie d'Anhalt Zerbst, au demeurant lointaine cousine de l'héritier par sa branche maternelle.

Sophie d'Anhalt-Zerbst arriva à Saint-Pétersbourg en janvier 1744 en compagnie de sa mère, Johanna, qui avait fort intrigué pour voir aboutir ce mariage. La princesse fut convertie à l'orthodoxie le 28 juin, rebaptisée Catherine Alexeievna, et mariée le 21 juin 1745. Entre-temps, elle s'était initiée à la langue russe et à sa nouvelle religion avec un grand zèle et avec de brillants résultats qui la différenciaient fort de Pierre, lequel n'avait guère progressé dans ces mêmes connaissances, ce qui créa d'emblée un fossé entre les jeunes époux. S'y ajouta très vite un problème physique : Pierre n'était pas très beau garçon, ni physiquement très fort, ni bien bâti. À la fin de l'année 1744, il attrapa la petite vérole – Catherine fut tenue prudemment à l'écart – et, lorsqu'il en guérit, son visage en resta marqué à jamais. Catherine écrira dans ses mémoires : « Il était devenu affreux. »

L'union tourna au désastre. Pierre négligeait Catherine, elle le fuyait. Le mariage fut-il consommé ? Les historiens en débattent encore... Mais l'impératrice, soucieuse d'assurer la pérennité du jeune couple et sa descendance, lui conféra le statut de « jeune Cour ».

La vie de cette jeune Cour était à la fois brillante, désorganisée et scandaleuse. Pierre s'entourait de personnages douteux : femmes légères, officiers holsteinois plus soucieux de mauvais coups que de guerres ; tout ce beau monde buvait à l'excès et se livrait à des plaisanteries pendables au détriment de la vraie Cour. Catherine menait pendant ce temps une vie solitaire et studieuse – on y reviendra. Les intrigues se multipliaient autour de ces deux jeunes gens mal appariés, peu conscients des menaces qui pesaient sur eux.

Élisabeth avait pourtant décidé de confier des responsabilités à son neveu et, quand vint pour lui l'heure de monter sur le trône, il n'était pas ignorant de l'art de gouverner. Il faut cependant rappeler que, observant le successeur qu'elle avait choisi, l'impératrice Élisabeth prit, avec les années, conscience de ses faiblesses, et elle s'en désolait, répétant : « Mon maudit neveu m'a déçue plus que je ne puis l'exprimer. » À la fin de sa vie, elle s'interrogeait même sur la pertinence de son choix et sur la possibilité d'en changer, de le reporter sur Paul, enfant d'un mariage mal assorti entre l'héritier et Catherine, et dont l'origine fit l'objet de maintes spéculations. Mais les incertitudes pesant sur Paul, et surtout le temps, interdirent à l'impératrice de passer du doute aux décisions. Pierre III resta l'héritier, et rarement en Russie succession d'un souverain à un autre se révéla plus aisée, ce qui semblait augurer d'un règne heureux.

L'histoire allait apporter la preuve du contraire.

La Russie à l'heure allemande

Héritier d'Élisabeth, Pierre III démontra que l'acharnement de l'impératrice à faire de lui un Romanov, un prince russe, avait été vain. Le nouvel empereur était resté un prince allemand aux yeux rivés sur son modèle, Frédéric II, auquel il allait sacrifier d'emblée les succès remportés par les armées russes dans la guerre de Sept Ans. Quand Pierre III monte sur le trône, la guerre s'achève, la Prusse est en déroute. Conscient de sa faiblesse, Frédéric II, au vu de la prussophilie affichée du nouveau souverain, chercha à traiter avec lui. Il lui proposa de conserver la Prusse orientale, où campaient les armées russes, en échange de certaines compensations. La réponse de Pierre III lui fut une « divine surprise ». Le tsar renonçait à combattre et à transformer les victoires remportées par ses armées en conquêtes définitives, décidant de rendre à « son ami le roi de Prusse » tous les territoires conquis par ses troupes en Prusse orientale. L'armée russe victorieuse en fut indignée, et Pierre paiera vite cette trahison dont le roi de Prusse n'aurait osé rêver.

Ce n'est pourtant pas seulement par amitié pour Frédéric II que Pierre agit de la sorte. C'est aussi le prince de Holstein qu'il n'a jamais cessé d'être qui, chez lui, se manifeste. Frédéric II avait affiché son intention de défendre le Holstein contre une agression danoise et, par là même, de défendre les prétentions de Pierre III sur le Schleswig. Ces dispositions du roi de Prusse entraînèrent Pierre dans un renversement d'alliances spectaculaire. La Russie, qui avait combattu la Prusse en compagnie de l'Autriche dans la guerre de Sept Ans, se retourna soudain contre celle-ci en faisant alliance avec celle-là, son ennemie de la veille. Même s'ils appréciaient le retour à la paix, l'armée et l'ensemble des Russes s'exaspérèrent de ces revirements et de la perspective d'une nouvelle guerre à laquelle la Russie n'était en rien intéressée. Le Holstein était l'affaire de Pierre III, pas celle de son peuple. Les Russes étaient aussi indignés de constater que, mû par une prussophilie injustifiable, leur empereur abandonnait tous les avantages que la Russie aurait pu tirer de la guerre de Sept Ans. « Nous sommes gouvernés par Frédéric II », répétaient-ils alors à l'envi, et ils tenaient déjà leur souverain pour un dément.

Ils le tiennent aussi pour un étranger, non pour un Russe authentique, tant sa prussophilie le conduit en tout domaine à imposer à la Russie le modèle allemand : dans l'armée, qu'il revêt de tenues à la prussienne et soumet à des exercices imités de l'armée de Frédéric II ; à la Cour, où l'étiquette allemande et des usages allemands sont substitués d'autorité au style français qu'Élisabeth y avait importé.

Au regard de ces dispositions qui le rendirent d'emblée impopulaire, Pierre III décida pourtant de mesures politiques qui allaient marquer profondément le pays. De toutes, la plus importante est celle qui est inscrite dans le manifeste du 18 février 1762 et qui tiendra lieu de caractéristique politique de ce règne. Ce texte est en rupture complète avec les conceptions de Pierre le Grand. Il abolit l'obligation de service que celui-ci avait imposée à la noblesse. Il accorde à la noblesse la possibilité de servir l'État, de s'y refuser, voire de servir des gouvernements étrangers. Par là même, il bouleverse l'organisation de l'État et les rapports sociaux. Sans justifier le servage, l'obligation de service l'équilibrait quelque peu. Dès lors que la noblesse en est libérée, les paysans russes vont considérer qu'ils doivent bénéficier d'une semblable émancipation.

Pierre III justifia sa décision en la présentant non comme une rupture avec l'œuvre de Pierre le Grand, mais comme sa conclusion. L'obligation de service avait permis à l'État russe de se doter d'une remarquable élite militaire et d'administrateurs compétents et dévoués à l'intérêt public. L'heure était venue, selon lui, de renoncer à les contraindre, et de laisser à la noblesse, si investie dans les fonctions de l'État, la possibilité de s'y consacrer dans un esprit de liberté qui assurerait un plus grand progrès de la société. Pour certains historiens de la Russie comme Martin Malia, l'abolition de l'obligation de service constitua un premier pas vers une conception libérale de l'autorité de l'État. Pierre III supprima aussi, par un oukase, la chancellerie secrète chargée des crimes politiques.

Au chapitre des décisions « libérales », il convient aussi d'inscrire la renonciation à persécuter les vieux-croyants, autorisés à quitter leurs lieux d'exil et à retrouver leurs terres ou, plus souvent, des terres dont Pierre III proposait de les doter en Sibérie. Cette tolérance à l'égard des vieux-croyants s'accompagna de dispositions hostiles à l'Église orthodoxe, dont Pierre ne s'était jamais senti membre. Il proclama que les icônes étaient l'objet d'un culte idolâtre et exigea qu'elles fussent enlevées des églises, où ne serait conservée que l'image du Christ. Le protestant ici resurgissait ! Il fit fermer toutes les chapelles privées et décréta que les fils de prêtres et de diacres, jusqu'alors épargnés par la conscription, devraient en relever. Et, pour priver l'Église de ses moyens d'existence, il imposa, par l'oukase du 21 mars 1762, la confiscation immédiate des terres qui lui appartenaient. Par sa prussophilie, Pierre s'était aliéné l'armée. Ces mesures antireligieuses dressèrent contre lui l'Église. Il lui restait à soulever contre lui son propre entourage, et il y réussit aussi bien. Les désordres de sa vie privée contribuèrent à tisser le complot qui allait mettre fin à son règne.

Au début de celui-ci, Pierre avait projeté de répudier Catherine et d'épouser sa favorite, Élisabeth Vorontsov. De surcroît, doutant fort de sa paternité, il proclamait alors sa volonté de renier son fils Paul, de l'exclure de la succession et d'aller chercher dans sa prison Ivan VI, éternel sujet de tous les complots, pour en faire son héritier. Il rouvrait ainsi le débat et remettait à l'ordre du jour le complot qui avait marqué les dernières heures d'Élisabeth. Le clan Chouvalov avait alors prétendu écarter Pierre de la succession et lui substituer son fils, placé sous l'autorité d'un Conseil de régence présidé par Catherine. Le chancelier Vorontsov, au contraire, avait défendu Pierre, souhaitant qu'il fût installé sur le trône, mais après avoir répudié sa femme et son fils adultérin. À partir de là, un changement dynastique aurait dû être imaginé, puisque Pierre se trouverait ainsi sans héritier. La thèse du chancelier Vorontsov n'était pas désintéressée : il était l'oncle de la maîtresse de Pierre, Élisabeth Vorontsov ; il les imaginait déjà mariés et désignant pour successeur cet Ivan VI dont le nom resurgissait dans chaque complot. La solution avait alors été imposée par un homme disposant d'une très haute autorité et appelé dans un proche avenir à jouer un grand rôle : le comte Nikita Ivanovitch Panine, précepteur du jeune grand-duc Paul. Il avait invoqué les désordres qui avaient accompagné les successions depuis la mort de Pierre le Grand pour plaider la nécessité de respecter l'ordre successoral existant, celui qu'avait fixé Élisabeth en 1742. Il avait en l'occurrence été soutenu par le Sénat et le Saint-Synode.

Quelques mois plus tard, le conflit renaissait avec les mêmes acteurs. Mais Catherine, menacée de répudiation par son mari, décida de jouer sa partie. Le complot qui va alors mettre fin au règne de Pierre III est parfaitement connu : Catherine, sa grande bénéficiaire, en a parlé ouvertement dans ses mémoires, de même que la princesse Dachkov qui y joua un petit rôle ; quant aux ambassadeurs étrangers qui observaient de près les événements, ils en firent des récits détaillés, notamment à leur gouvernement. Il en fut ainsi de l'ambassadeur de France, ou plutôt du chargé d'affaires, Monsieur de Bérenger, qui a remplacé alors en Russie le marquis de Breteuil.

En juin 1762, le cours des événements annonce le coup d'État qui va avoir raison de Pierre III et que lui-même, par ses décisions désordonnées, aura provoqué. Un grand mécontentement monte en Russie. Des paysans se soulèvent. Alors qu'ils étaient attachés aux domaines du clergé, les réquisitions décidées par Pierre les jettent sur les routes, incertains de leur sort. Le clergé lui-même proteste contre ces confiscations, s'attirant en retour des mesures répressives. Un prêtre est knouté en plein Moscou pour avoir critiqué cette politique. Et Pierre III se livre à des provocations intolérables pour l'armée : pour célébrer « la paix et l'alliance avec la Prusse », il organise un grand banquet au cours duquel il manifeste une « prussophilie » débordante, et même une franche servilité envers Frédéric II, qui dresse contre lui tous les assistants. Dans le même moment, son hostilité à Catherine, présente au banquet, atteint un paroxysme : il l'insulte violemment et menace de la faire arrêter. Pour Catherine, il n'est plus temps d'hésiter : son salut dépend d'une réaction rapide.

Le scénario de 1742 va se répéter. C'est la Garde, en Russie, qui sauve les héritiers menacés et règle le problème de la succession. Depuis la mort de Pierre le Grand, elle a appris son rôle d'arbitre des conflits de pouvoir.

Pierre III ordonne aux régiments de la Garde de partir pour le Holstein. Il n'est pas totalement inconscient de l'hostilité qu'il suscite, et il pense se protéger en écartant de la capitale les régiments séditieux. S'étant ainsi rassuré, Pierre va se reposer dans son palais d'Oranienbaum en compagnie de sa favorite, laissant le champ libre aux conjurés.

Vigilante, Catherine avait entre-temps mobilisé ses soutiens. Elle était populaire, en raison de son attachement à la Russie et à la foi orthodoxe – tout le contraire de Pierre III. Elle s'était assuré des fidélités dans les rangs de la Garde grâce aux frères Orlov (l'un d'eux, Gregoire, est son amant) ; à l'Académie des sciences aussi, dont le président, Kiril Razoumovski, louait bruyamment ses qualités d'esprit ; elle pouvait enfin compter sur l'entier dévouement du comte Panine.

Dans la nuit du 28 juin, tandis que Pierre se repose à Oranienbaum, Catherine, escortée d'Alexis Orlov, se rend auprès du régiment Izmailovski, l'un des fleurons de la Garde, que rejoignent peu à peu d'autres régiments. Tous lui prêtent serment. Le clergé, rallié à sa cause, lui sert de garant. Forte de ces alliés, Catherine va ensuite à la cathédrale Notre-Dame-de-Kazan, où elle s'engage solennellement à protéger l'orthodoxie et les droits de l'Église bafoués par Pierre.

À ce stade, le complot va tourner au vaudeville. Brutalement réveillé, Pierre III apprend que les gardes conduits par Catherine marchent sur Oranienbaum. Pris de panique, il fuit, veut gagner Cronstadt et la mer, n'y réussit pas, revient à Oranienbaum, signe le manifeste qui lui est présenté et qui stipule sa renonciation au trône. Catherine décide de l'envoyer sous bonne escorte à trente kilomètres de la capitale pour l'y interner « dans des conditions très agréables », écrira-t-elle. C'est ici que, du vaudeville, on passe à la tragédie. Pierre s'adresse à Catherine en se disant « son humble serviteur » – quel triomphe pour celle qui, quelques jours plus tôt, était menacée d'être répudiée et expédiée dans un couvent ! – et la prie de le laisser s'exiler à jamais en Allemagne en compagnie de sa favorite. Mais la pièce est pratiquement terminée. Pierre mourra quatre jours plus tard : il aura succombé à une crise d'hémorroïdes, annoncera la nouvelle impératrice, ce qui provoquera les quolibets de Voltaire, pourtant son grand admirateur. Orlov, lui, fournit une autre explication : Pierre III aurait été tué au cours d'une bataille d'ivrognes à laquelle participaient ses gardiens et lui-même.

On a voulu voir dans cette mort un meurtre commandité par Catherine, mais la mort accidentelle est tout aussi – et probablement plus – plausible. C'est celle que retiennent nombre d'historiens qui en ont cherché les causes dans les archives. Cependant, pour la légende qui traverse les siècles – après avoir été entretenue par les ambassadeurs étrangers –, c'est Catherine qui aura fait assassiner son mari par son propre amant.

En tout état de cause, la mort de Pierre III arrangeait bien les choses. Elle libérait la place pour Catherine et assurait sa sécurité. Pourtant, sa situation était pour le moins étrange. Si des femmes avaient jusqu'alors régné en Russie, elles étaient toutes issues de la dynastie Romanov. Catherine n'avait aucun lien avec les Romanov, hormis ceux du mariage avec celui qu'elle venait de chasser du pouvoir. On reviendra plus loin sur ce problème de légitimité. Reste un constat : le règne extrêmement court de Pierre III. Klioutchevski portera sur ce souverain insolite et impopulaire un jugement méprisant, le traitant d'« hôte fortuit du trône russe... dont chacun se demandait comment il y était venu ». Inversement, le même Klioutchevski se montrera fort indulgent pour le coup d'État de Catherine, qu'il qualifiera de « révolution de dames », « la plus élégante et la plus joyeuse qu'il nous ait été donné de connaître, effectuée sans que la moindre goutte de sang eût été versée ». Pour ce qui est du sang de Pierre III, visiblement, aux yeux de Klioutchevski, il n'a pas à figurer dans les livres d'histoire.

Ainsi se termina ce règne dont Catherine Dachkov dira qu'il suscita « un mépris général ».

CHAPITRE VIII

L'héritière de Pierre le Grand

Catherine II, qui, comme Élisabeth, monte sur le trône à l'issue d'un coup d'État, ne peut invoquer, pour s'y installer, la même légitimité que la fille de Pierre le Grand. Elle n'a eu aucun lien avec les Romanov, sinon son mariage avec celui qu'elle vient d'éliminer du trône ; elle n'a pas non plus une goutte de sang russe. Princesse étrangère venue au demeurant d'une cour modeste, elle n'eût pu, en principe, prétendre qu'à la régence en tant que mère du tsarévitch. Mais elle ne voulait pas être régente : elle voulait régner. La régence n'a d'ailleurs pas bonne presse en Russie, et la plupart des régentes ont mal fini. D'emblée, elle se situe par là dans la lignée politique de Pierre le Grand, qui confia le trône à sa femme Catherine Ire, étrangère comme son homonyme à la famille Romanov et à la Russie. Celle-ci ne monta sur le trône que parce qu'elle était la veuve de Pierre le Grand ; Catherine II y monta parce qu'elle s'était substituée à Pierre III. Dans la conception russe de la légitimité successorale, être l'épouse d'un souverain ne donne pas droit à accéder au trône. Mais, si les deux Catherine n'avaient pas de légitimité pour y prétendre, elles ne s'en soucièrent guère.

Pierre III ne s'était pas fait couronner ; Catherine s'empressa de le faire, et de grandioses cérémonies furent organisées à Moscou. À peine débarrassée de son époux, elle publia en effet un manifeste, le 8 juillet 1762, annonçant que le couronnement aurait lieu au mois de septembre et précisant qu'elle répondait ainsi « au désir ardent de Nos fidèles sujets de Nous voir occuper le trône ».

Si la légitimité de Catherine est douteuse, sa capacité à occuper le trône ne l'est guère. Capacité intellectuelle, d'abord : elle est certainement, à trente-sept ans, lorsqu'elle devient impératrice, la plus cultivée de tous les titulaires passés et à venir du trône de Russie. De son adolescence, elle a gardé la passion de la lecture. À son arrivée en Russie, à quinze ans, elle avait déjà pour habitude de toujours tenir un livre à la main. Passionnée de culture française, elle avait, à peine eut-elle mis les pieds sur le sol de sa nouvelle patrie, appris le russe, si bien qu'elle pouvait non seulement s'exprimer, mais écrire aisément des textes politiques et littéraires dans cette langue. Elle se familiarisa aussi avec grand sérieux – comme tout ce qu'elle faisait sur le plan intellectuel – avec la culture et le destin russes. Toujours grâce à ses lectures, elle avait des connaissances approfondies en histoire et en philosophie. C'est ainsi qu'elle avait lu de la première à la dernière ligne le *Dictionnaire historique et critique* de Pierre Bayle, et qu'aucun écrit des philosophes français, dont la gloire gagna toute l'Europe au milieu du XVIIIe siècle, ne lui échappa.

À ces qualités de l'esprit s'ajoute très tôt un goût réel pour la politique, en particulier les affaires étrangères. La jeune princesse héritière, qui se morfond en Russie aux côtés d'un époux qui l'ennuie, aurait bien voulu être associée aux problèmes politiques de l'heure, mais l'impératrice Élisabeth ne l'entend pas de cette oreille. Si elle condescend à confier la responsabilité de quelques sujets politiques – tels ceux qui touchent au Holstein – à son neveu et héritier, elle ne concède rien à la jeune princesse, qu'elle n'aime pas vraiment et dont elle va très tôt se méfier. Catherine va en revanche séduire des interlocuteurs russes et étrangers qui s'inquiètent de la santé dégradée de l'impératrice, des distances qu'elle prend avec le pouvoir, des lendemains incertains de la Russie, et qui voient dans la jeune grande-duchesse une possible alliée pour leurs intérêts et les manipulations qu'ils ourdissent. Il en aura ainsi été du chancelier Bestoujev-Rioumine, dont le crédit auprès d'Élisabeth avait faibli et qui, craignant d'avoir plus tard affaire à Pierre, trop prussophile à son goût, chercha à attirer Catherine dans d'obscures combinaisons politiques. Il en aura de même été de l'envoyé de la cour d'Angleterre, Sir Charles Hanbury Williams.

Dans les dernières années du règne d'Élisabeth, un sourd conflit oppose, à la Cour, les partisans d'une alliance avec l'Angleterre, dont Bestoujev-Rioumine est l'inspirateur, et un clan pro-français dominé par les favoris de l'impératrice, Ivan Chouvalov et Michel Vorontsov. Catherine se range alors dans le premier camp ; elle assure même la liaison entre le chancelier et l'envoyé de Londres. Cette implication dans les affaires de l'État – imprudente, compte tenu de la discrétion que lui imposait l'impératrice – tient, outre son désir de jouer un rôle, à deux raisons. En premier lieu, les subsides qu'elle reçoit de l'envoyé anglais : sa bourse est toujours vide, et les dons reçus de sir Charles Hanbury Williams, sous des prétextes divers, sont les bienvenus. Il est juste de dire que ce sont là les usages du temps ;

Londres investit dans l'avenir en entretenant assez largement les héritiers du trône de Russie, et Pierre III bénéficie de semblables largesses. L'autre raison qui conduit Catherine à comploter est déjà liée à des préoccupations successorales : Bestoujev-Rioumine cherche la meilleure solution pour l'après-Élisabeth, et le chancelier d'imaginer que la jeune grande-duchesse, qu'il croit tenir sous son influence, pourrait succéder à l'impératrice, l'heure venue, au détriment de Pierre. Il esquisse un projet qui partagerait le pouvoir entre Catherine et Paul, et tente même, à un moment donné, profitant de l'épuisement de l'impératrice, de lui faire parapher un texte réglant la succession au bénéfice de la seule Catherine. C'en est trop pour Élisabeth, qui se reprend et conçoit de ce qu'elle tient pour un véritable complot un ressentiment accru envers Catherine.

Au complot successoral s'est ajouté, à cette époque qui est celle des débuts de la guerre de Sept Ans, un complot militaire. La coalition qui réunit alors Élisabeth, Marie-Thérèse d'Autriche et Louis XV contre les armées de Frédéric II est victorieuse en Prusse orientale. Or le grand vainqueur des combats, le feld-maréchal russe Apraxine, se retire pourtant de la Prusse si brillamment conquise. Les alliés crient à la trahison et cherchent les coupables. Ce sont, en Russie, le vice-chancelier Bestoujev, proche du feld-maréchal « félon », et, par voie de conséquence, Catherine, dont on apprend qu'elle a correspondu avec le chef militaire. Le marquis de L'Hôpital, ambassadeur de France à Saint-Pétersbourg, répète à qui veut l'entendre que Catherine a été « achetée par l'Angleterre » pour défendre ses intérêts et ceux de la Prusse. N'est-elle pas allemande ? Et Frédéric II n'a-t-il pas été, jusqu'à un certain point, l'inspirateur de son mariage avec le grand-duc Pierre ? Soudain rétablie, l'impératrice sévit. Bestoujev-Rioumine est d'abord emprisonné, puis exilé loin de la capitale.

Déjà, l'année précédente, Catherine avait été privée d'un autre de ses soutiens : son amant, le comte Stanislas Auguste Poniatowski, arrivé à Saint-Pétersbourg en 1755 dans la suite de Sir Charles Hanbury Williams. En 1757, exaspérée par les rumeurs touchant à la liaison de Catherine avec Poniatowski, ainsi que par les intrigues politiques qui l'entourent, Élisabeth a exigé le rappel du comte, au grand désespoir de la grande-duchesse.

Après la crise suscitée par le complot « anglo-prussien », Catherine se retrouve seule, suspectée, désespérée. Elle a certes réussi à convaincre l'impératrice qu'elle n'avait pas trahi, tout juste commis quelques imprudences verbales, mais elle reste sous surveillance. Et elle va s'abstenir, dans les dernières années du règne d'Élisabeth, de trop se mêler de politique. Il est vrai que son destin bascule alors : en apparence, l'épisode concerne le seul domaine du sentiment, mais c'est en réalité son avenir de souveraine qui se joue.

C'est en effet dans cette phase de désarroi que Catherine rencontre celui qui va la porter sur le trône. Il se nomme Grégoire Orlov. C'est un bel officier qui appartient à une fratrie – ils sont quatre frères – dont la Garde est la seconde famille. Grégoire est particulièrement réputé pour son courage ; il vient de s'illustrer à la bataille de Zorndorf. Catherine en tombe amoureuse aussitôt. On le conçoit d'autant plus aisément que, séparée de Poniatowski, cernée par la suspicion, elle était alors on ne peut plus malheureuse. Mais on la mésestimerait en ne donnant à la liaison qui s'amorce qu'une dimension sentimentale. Catherine sait que la fin de l'impératrice est proche. Ayant bien étudié le passé russe, elle n'ignore pas le rôle joué par la Garde dans la solution de crises successorales. Élisabeth n'est-elle pas là pour lui servir d'exemple ? En s'attachant Orlov, elle trouve dans la Garde un appui d'autant plus solide que, avec ses frères, il va constituer pour elle un véritable groupe de protection.

Cette liaison, amour véritable, profond, qui durera dix ans et dont naîtront des enfants – le premier, en 1762, sera Alexis Bobrinski –, est aussi, chez Catherine, le résultat de la peur et de l'ambition mêlées. Lorsqu'elle rencontre Orlov, elle craint pour son statut et même pour sa liberté. Elle sait que Pierre la hait, qu'il entend la répudier et épouser sa favorite, Élisabeth Vorontsov. Elle sait aussi qu'en Russie la répudiation conduit l'épouse au couvent, solution inacceptable pour une princesse allemande élevée librement et fort éduquée. Mais sa famille est loin et ne soucie guère d'elle ; Bestoujev en disgrâce, elle n'a plus de défenseur en Russie. La succession peut s'ouvrir à tout instant, et Pierre sera alors maître de son destin. En se jetant dans les bras d'Orlov, c'est une véritable assurance qu'elle prend contre un avenir qui, pour elle, s'annonce fort sombre. Et qui sait si ces gardes qu'elle choisit pour défenseurs ne sauront pas, après l'avoir protégée, la porter sur le trône, comme d'autres l'ont fait, deux décennies plus tôt, pour la fille de Pierre le Grand ? Si les précédentes liaisons de Catherine – Saltykov, peut-être père de son fils Paul (c'est du moins l'accusation que répète à l'envi le futur Pierre III), et le charmant Poniatowski – furent réellement des choix du cœur, dans le cas de Grégoire Orlov, la raison et l'ambition ont aussi tenu leur place.

Et, du côté de Grégoire Orlov, qui peut jurer que l'ambition ait été étrangère à la passion ? Tout autant que Catherine, il connaît l'histoire russe et celle des coups d'État qui ont créé des impératrices. L'avenir montrera combien il a souhaité passer du statut de favori à celui d'époux, combien il aspirait à jouer un rôle politique et combien il crut possible que son fils Alexis fût substitué à l'héritier Paul. Pierre III éliminé, de quel poids pouvait peser son fils aux origines incertaines, de surcroît mal aimé par sa mère qui n'avait pas eu le loisir de l'élever puisque, dès sa naissance, il avait été soustrait à ses soins par l'impératrice Élisabeth ? La distance, la mésentente qui s'établirent dès le début entre mère et fils auront de tragiques conséquences sur la suite de l'histoire de la dynastie des Romanov.

Voilà donc la préhistoire du règne de Catherine, commencé en 1762, qui dessine le portrait d'une princesse intellectuellement remarquable – Voltaire se chargera d'en dire les mérites –, passionnée par la politique (à la différence d'Élisabeth, que ces questions intéressaient moins que les divertissements), rongée d'impatience de pouvoir exercer ses dons, et qui, montant sur le trône, est en définitive bien préparée aux tâches qui l'attendent.

À cela, il convient d'ajouter que, pour illégitime qu'elle soit en ce mois de juin 1762, Catherine jouit de la faveur du peuple russe. Elle le répète dans ses premiers manifestes, justifiant son accession au trône par la volonté populaire, ce qui est naturellement faux, mais elle ne ment pas sur ce point décisif : elle est très populaire. Si le peuple avait eu à se prononcer, il aurait sans doute rejeté Pierre III et plébiscité Catherine. Pierre III, en effet, était haï pour sa prussophilie démonstrative, son mépris de tout ce qui était russe et, plus encore, de l'orthodoxie. Peu cultivé, ivrogne, brutal, il avait de surcroît une déplorable réputation. À l'opposé, Catherine avait séduit la Russie par son attachement profond à tout ce qui était russe : la langue, qu'elle s'était acharnée à dominer, la culture, la connaissance du passé, les usages. Si elle était très attirée par la France et ses penseurs, elle ne substituait pas un univers français à l'univers russe auquel elle proclamera toujours sa fidélité. Et son respect de la religion orthodoxe touchait les cœurs.

En montant sur le trône, c'est le visage d'une impératrice russe qu'elle offre à la société. Dès lors, qui va se préoccuper vraiment de ses origines étrangères ?

Reste la question du successeur légitime d'Élisabeth. Deux héritiers auraient pu être choisis. D'abord, Paul, qui est – officiellement du moins – du sang de Pierre le Grand, donc des Romanov. Au vrai, il n'en a plus qu'un huitième, ce qui est peu : on s'éloigne des origines. Mais sa légitimité est soutenue par ceux qui se proclament « légitimistes », tels la princesse Dachkov, qui s'attribue dans ses mémoires un rôle exagéré dans le coup d'État de juin 1762, et surtout le général Pierre Panine, frère de Nikita. Ce groupe redoute tout à la fois l'effet déplorable sur le monde extérieur de l'arrivée sur le trône d'une épouse qui a éliminé son mari et souverain, et surtout l'influence des favoris sur une impératrice dont la vie sentimentale agitée est bien connue. Or l'histoire russe témoigne que le « règne des favoris » n'est pas une menace négligeable. La princesse Dachkov insistera alors sur l'influence que Grégoire Orlov exerce déjà sur Catherine.

L'autre prétendant possible était le malheureux prisonnier de Schlusselbourg, Ivan VI, un véritable Romanov celui-ci, petit-fils du tsar Ivan V. C'est vers lui que se tournent les derniers fidèles de Pierre III, qui envisagent même un nouveau coup d'État pour le porter sur le trône. Ils sont insensibles aux arguments de leurs adversaires, qui leur objectent que l'esprit du pauvre « prisonnier numéro un » enfermé depuis de longues années dans une terrible solitude en a été affecté, et qu'il n'est plus en état de gouverner. Peu importe : les rumeurs sont nombreuses et fantaisistes. Ainsi celle que rapporte à la cour de France son envoyé, Monsieur de Bérenger : il assure dans une dépêche adressée au roi que la nouvelle impératrice envisage « d'épouser Ivan VI, de partager le trône avec lui, tout en sachant que, compte tenu de son état mental, elle seule régnera ». Si l'information est pure affabulation, Catherine peut cependant s'inquiéter : les rumeurs de complot sont si insistantes qu'elle ordonne des arrestations et des interrogatoires assortis de torture – quel drame, pour la disciple des philosophes, mais aussi quel témoignage de ses angoisses !

Aussi longtemps qu'Ivan VI vivra, il continuera à représenter une alternative au règne de Catherine, car nul ne saurait contester sa légitimité. C'est ce qui explique la tragédie qui met fin, le 5 juillet 1764, à l'existence d'Ivan et à la menace qui pesait jusque-là sur la tête de Catherine.

Ce jour-là, Vassili Mirovitch, un lieutenant de la Garde, car c'est toujours la Garde qui se trouve au cœur des complots, tente de libérer Ivan VI. La tentative échoue. Pendant son déroulement, Ivan VI est tué par ses gardiens, qui invoqueront les instructions données par Pierre III, confirmées ensuite par Catherine en personne, de « ne pas le remettre vivant entre les mains de quiconque ».

Arrêté et jugé, Mirovitch assurera toujours avoir agi seul, de son propre chef. Il sera exécuté. Même si les circonstances du drame n'ont jamais été totalement élucidées, on peut admettre qu'il a pu s'agir d'une initiative isolée, courageuse, certes, mais vouée à l'échec. Après ce drame, Catherine commenta : « Ayant ceint la couronne selon le vœu de tous nos sujets, nous avions résolu d'alléger le sort du prince Johann, fils d'Antoine de Brunswick et d'Anna de Mecklembourg, qui fut un court moment couronné contre toute légitimité. » Commentaire étonnant, car la légitimité d'Ivan VI ne pouvait être contestée, notamment par Catherine ! Mais il est exact qu'elle avait cherché, un temps, une solution plus humaine que l'enfermement de Schlusselbourg pour le malheureux Ivan VI : elle lui avait proposé le destin qui était, en Russie, celui des tsarines répudiées. Elle avait en effet tenté de le convaincre, par divers interlocuteurs, de sa vocation monastique, sans y réussir. Ivan VI avait déclaré préférer la forteresse au couvent. Eût-il accepté cette solution, qui impliquait une renonciation implicite mais peu contestable à ses droits au trône, qu'il eût survécu. La rejetant, vivant toujours à Schlusselbourg, il faisait peser sur Catherine une menace d'autant plus réelle qu'elle ne pouvait lui opposer sa propre légitimité. Cette menace avait aussi pesé sur Élisabeth, mais celle-ci était fille de Pierre le Grand : ses droits au trône étaient indiscutables.

On comprend que la disparition d'Ivan ait suscité, chez l'impératrice, un réel soulagement. Pour autant, rien ne permet d'affirmer – comme le firent des historiens non sans légèreté – qu'elle ait été à l'origine de cette mort si bienvenue pour elle. Elle se trouvait de surcroît loin de la capitale – à Riga – lorsque le drame survint. Et elle fit preuve d'une extrême rigueur à l'encontre de son auteur : il fut décapité en place publique le 15 septembre 1764, et sa tête présentée à la foule par le bourreau. L'impression laissée fut désastreuse : Élisabeth avait aboli la peine de mort, et durant vingt-deux ans la Russie n'avait pas connu d'exécution capitale ; ce saut en arrière dans la barbarie consterna le pays. L'élimination de Pierre III, la mort quelque peu mystérieuse d'Ivan VI, cette exécution enfin, n'arrangèrent guère la réputation de l'impératrice, surtout à l'étranger. Mais, au regard de la réprobation encourue, que le coup d'État avait renforcée, Catherine II pouvait considérer avec bonheur le résultat des événements : elle régnait, et nul – hormis son fils – ne pouvait plus contester son pouvoir. Elle publia un manifeste le 17 août 1764 pour mettre fin à l'affaire Ivan VI. La page était bel et bien tournée ; elle devait à présent s'employer à régner pour de bon.

Des premiers pas prudents

Le 28 juin 1762, Catherine avait déjà exposé dans un manifeste ses vues sur l'avenir de son pays. Ce document avait probablement été rédigé avec le concours de Nikita Panine ; il prenait très adroitement le contre-pied des idées politiques prônées par Pierre III. Si ce dernier tenait sa fonction pour un privilège personnel qui n'avait pas à prendre en compte les intérêts du peuple, ni même ceux de la Russie, Catherine affirmait tout au contraire que le pouvoir devait répondre aux besoins de la société, défendre l'intérêt national, veiller au respect de la loi et de la justice. Gouverner dans l'intérêt du pays et du peuple : nulle déclaration d'intentions n'était plus éloignée des propos tenus par Pierre durant son règne. Panine, qui se voyait bien en conseiller privilégié, voire en quasi-régent, espérait profiter de l'inexpérience de Catherine pour limiter son pouvoir par la mise en place d'institutions appropriées. Le projet Panine prévoyait l'instauration d'un Conseil impérial qui eût encadré les pouvoirs de la souveraine. Mais Catherine, pour novice qu'elle fût en politique, estima que toute restriction à son autorité était intolérable. Elle avait déclaré d'emblée qu'elle n'accepterait pas qu'on ranime le Conseil intime suprême imposé dans le passé à l'impératrice Anne. Le Conseil impérial lui parut être une variante déguisée de ce Conseil intime. Elle fit d'abord mine d'écouter son conseiller, le laissa présenter son projet, puis en fit de la charpie.

Mais, ne voulant pas rompre avec Panine qu'elle respectait et savait dévoué à ses intérêts, elle décréta que c'était au Sénat rénové et complété qu'il reviendrait de jouer ce rôle.

Dans un premier temps, elle reconnut beaucoup d'autorité au Sénat avant d'introduire des réformes dans son organisation. Elle le divisa en *départements*, ce qui bureaucratisa l'institution et l'affaiblit. C'était probablement le but qu'elle avait souhaité atteindre.

En 1763, quand cette réforme fut mise en œuvre, nul ne croyait encore, dans l'élite russe, que Catherine pourrait gouverner seule, et l'on s'interrogeait sur les influences qu'elle subissait. Deux hommes dominent alors la scène politique, l'un et l'autre spécialistes de politique étrangère tout autant que des problèmes de gouvernement, mais chacun défendant une orientation différente pour la Russie. L'un, le plus influent à cette époque, est Bestoujev-Rioumine, tombé en disgrâce à la fin du règne d'Élisabeth, mais qui a alors la confiance de Catherine. Il est d'autant plus en faveur qu'il joue la carte du cœur : il soutient Grégoire Orlov, pousse Catherine à l'épouser, ce qu'elle est tentée de faire en ces premiers temps de leur amour, et défend en politique étrangère l'alliance traditionnelle avec l'Autriche et l'Angleterre. En face de lui, Panine est certes très écouté, mais, comme il s'oppose fermement à l'idée d'un mariage avec Grégoire Orlov, craignant que l'ambition manifeste de celui-ci n'en fasse un véritable souverain, il voit son autorité sapée par le favori. Son plaidoyer pour que soit maintenue l'orientation pro-prussienne si chère à Pierre III ne correspond pas non plus aux idées du jour. Catherine ne peut envisager de se séparer de cet homme influent, mais, déjà experte dans l'art de gouverner, elle l'écarte des problèmes intérieurs en lui confiant la responsabilité du collège des Affaires étrangères. Pour de longues années, Panine en sera l'architecte et partagera avec Catherine II les succès remportés en ce domaine.

Dès les débuts de son règne, Catherine entend s'inspirer de la pensée de ceux qu'elle a tant lus et étudiés, les philosophes français ; fidèle à leur enseignement, elle veut conduire une politique de progrès. Et d'abord dans le domaine social, où une question la hante : celle du servage. Que faire pour y remédier ? Des mesures limitées s'imposent à elle d'emblée. L'oukase du 8 août 1762 interdit ainsi aux propriétaires d'usines et de mines d'acheter des paysans serfs. Il précise que les ouvriers doivent être des hommes libres, salariés, dont les conditions de travail seront définies par contrat. Mais ces dispositions généreuses ne furent pas même comprises par les serfs concernés. Les uns, à la lecture de l'oukase, détruisirent les installations et les outils de travail ; d'autres appelèrent à la grève générale ; d'autres enfin, se dressant contre les rebelles, furent victimes de violentes représailles. Le désordre s'installa et, surtout, beaucoup de ces ouvriers serfs, libérés sans bien comprendre ce qui leur arrivait, se dispersèrent à travers le pays, accroissant le nombre déjà très élevé de vagabonds incontrôlables. Quant aux propriétaires d'usines ou de mines, ils renâclèrent à employer ceux qu'ils tenaient pour des agitateurs qui avaient dégradé leur outil de travail. Les anciens serfs envahirent aussi la campagne, où l'agitation paysanne trouve un nouvel aliment dans l'espoir que les mesures de libération s'étendront à l'ensemble de la population serve. Espoir déjà nourri, on l'a vu, par la réforme de Pierre abolissant l'obligation de service. Mais Catherine sait d'ores et déjà que le servage, qu'elle abhorre, ne pourra cependant être aboli d'un trait de plume. Il lui faut chercher d'autres solutions.

À la question paysanne s'est ajoutée dès les débuts du règne la question des biens ecclésiastiques, qui va perturber les relations, au départ excellentes, de l'impératrice avec l'Église. Pierre III avait sécularisé les terres de l'Église ; Catherine souhaitait faire la paix avec elle, mais elle dut constater que la sécularisation s'imposait dans l'intérêt non seulement de l'État, mais de l'Église elle-même. Le manifeste du 26 février 1764 proclame cette sécularisation et organise la vie de l'Église conformément à des normes fixées par l'État. Tous ceux qui relèvent de la religion seront pris en charge et payés par l'État ; près d'un million de paysans asservis par l'Église sont dans le même temps rendus à la liberté. Par cette réforme, Catherine parachève l'œuvre de Pierre le Grand en assurant à l'État le contrôle absolu de tous ceux qui relèvent de la religion. Mais elle provoque la fureur d'une partie de l'Église et la condamnation véhémente d'un de ses plus hauts dignitaires, le métropolite de Rostov, Arsène Matseievitch. Le prélat se déchaîne contre l'impératrice, lance un anathème contre elle, la compare à Julien l'Apostat, et va jusqu'à l'accuser d'avoir usurpé le trône.

Certes, l'impératrice l'emporte dans ce duel d'un nouveau genre. Elle fait condamner le métropolite par le Saint-Synode, le fait réduire à l'état laïc et emprisonner. Mais, à sa mort, le métropolite Arsène n'en aura pas moins acquis une réputation de sainteté. Le récit de ses miracles se propagera, et il servira de drapeau à l'agitation paysanne qui se développe. L'idylle entre Catherine et l'Église orthodoxe est alors bel et bien achevée.

Pourtant, l'impératrice va s'employer à convaincre l'Église des bénéfices qu'elle peut tirer de la réforme. Pour élever avant tout le niveau intellectuel des clercs et, par là, contribuer à l'éducation en Russie, ce qui ajouterait à son prestige. Avec les vieux-croyants, ces éternels persécutés, elle va aussi chercher à faire la paix, leur promettant la fin des persécutions, leur offrant de rentrer dans leurs foyers sans que leur sécurité soit plus jamais menacée.

Forte de ces premières dispositions marquées au sceau de la tolérance, Catherine décide de s'en aller visiter son empire ; elle fait en 1764 le tour des provinces baltes, et l'accueil chaleureux de la population la convainc de sa popularité. Tout l'encourage alors à passer des mesures éparses à l'élaboration d'une réforme de grande ampleur.

La Grande Instruction

En 1649, le tsar Alexis avait élaboré le *Code des lois*. Plus d'un siècle avait passé et le système avait vieilli. D'année en année, depuis Pierre le Grand, des commissions nommées à cet effet débattaient de la modernisation législative de la Russie. Catherine se saisit du problème.

Lectrice attentive des philosophes, mais aussi douée pour la réflexion et l'écriture, c'est elle qui rédigea la *Grande Instruction* (le *Nakaz*), texte immense et inspiré qui allait guider l'entreprise de réforme. Ceux qui n'ont pas fréquenté les archives russes se sont plu à moquer la « législomanie » de Catherine. Ils auraient moins triomphé s'ils avaient lu attentivement les diverses versions du *Nakaz*, qui attestent l'importance de la documentation assemblée par elle, sa connaissance de toute la littérature philosophique et politique du passé et de son temps, un effort de réflexion d'une profondeur incomparable. Quelque peu atténué d'une version à l'autre, cet ouvrage a été perçu par les contemporains comme un texte explosif : « Il peut renverser des murailles », commenta Panine. En France, pays de progrès, modèle pour sa réflexion, le *Nakaz* fut tout simplement interdit, car jugé trop subversif.

C'est nantie de ce texte que se réunit la Grande Commission législative. Celle-ci devait jouer le même rôle que le *Zemski Sobor* qui avait entériné le *Code des lois* d'Alexis. La Commission, qui commença à siéger à l'été 1767, comptait cinq cent soixante-quatre députés, dont vingt-huit nommés, tous les autres étant élus par différents collèges – noblesse terrienne, citadins, paysans d'État, cosaques et même minorités nationales.

Cette Grande Commission pesa d'un grand poids sur l'évolution politique du pouvoir russe. Tout d'abord parce qu'elle fournit à l'impératrice une connaissance de la société, de sa démographie, de sa diversité nationale, qu'elle n'avait pas imaginée. Mais aussi en raison des espoirs et des demandes formulés par la société. Car les délégués vinrent à l'assemblée munis de cahiers de doléances, de revendications et de propositions que reflètent les débats. Les propositions émises en séance étaient parfois des plus hardies : ainsi certains délégués posèrent-ils la question – taboue – du maintien du servage. Jusqu'où aurait pu aller ce débat sur la nature de l'organisation sociale russe, sur ses excès, sur ses violences et ses illégalités ? Difficile de le dire, car l'assemblée législative vit ses travaux interrompus, en juillet 1768, par le début de la première guerre russo-turque. Les délégués s'en allèrent combattre ou retournèrent dans leurs foyers, et, à la fin de la guerre, ils ne furent pas invités à reprendre la discussion. La grande assemblée avait vécu. Ses effets se feront néanmoins longtemps sentir.

Les divers ordres de la société russe ont pris conscience de ce qui les caractérisait et les différenciait des autres. Les doléances exprimées par les délégués montraient l'existence d'un pays réel qui n'avait jamais été pris en compte par les gouvernants.

Souvent raillée par des historiens en général peu indulgents pour la spécificité du développement russe, l'expérience de la Commission législative mérite considération. L'historien Kizevetter, que Lénine expulsera d'URSS en 1922, comparera les cahiers de doléances (ou *Nakazy*[1]) des délégués à la Grande Commission aux cahiers de doléances français de 1789. Comme leurs homologues français – à vingt ans de distance –, les *Nakazy* exprimaient avant tout une réflexion des gens sur leur condition. Si Choiseul interdit le *Nakaz*, dont il jugeait le contenu par trop subversif, l'Académie de Berlin – haut lieu de la réflexion philosophique de ce temps – décida aussitôt d'inviter Catherine II à rejoindre ses rangs.

Montée sur le trône en 1762, ayant déjoué quelques complots visant à limiter son pouvoir ou à l'en priver, ayant contourné quelques embûches, Catherine pouvait, contemplant ses initiatives d'un septennat, estimer qu'elle avait déjà démontré ses capacités et que son activité – réformes et surtout effort législatif – avait imposé sa légitimité. Comment, dès lors, ne pas céder à l'attrait de la politique étrangère où Pierre le Grand, son modèle, avait si remarquablement réussi ? L'heure de penser à affirmer l'autorité russe dans le monde extérieur était venue pour elle.

La puissance russe au programme

Quand Catherine monte sur le trône, la scène internationale est dominée par trois grands souverains :

---

1. Le terme *Nakaz* s'est appliqué en 1768-1769 aussi bien au texte de Catherine qu'aux « instructions » présentées à la Commission par les délégués.

Frédéric II, qui l'a un temps protégée, qui est comme elle un disciple des Lumières, mais qui est avant tout attaché à la puissance de son pays, et méprise la Russie ; Marie-Thérèse d'Autriche, qui, déconcertée par la réputation douteuse de Catherine – usurpatrice menant une vie privée agitée –, apprécie cependant qu'elle ait choisi de mettre fin à l'axe russo-prussien ; et surtout Louis XV, qui a toujours regardé la Russie de haut et refuse de voir ce pays se hisser au rang de grande puissance européenne. Autour de ces grands monarques, maîtres de l'équilibre européen, le roi de Pologne, Auguste III, celui de Suède, Adolphe-Frédéric, et enfin le sultan ottoman, sur qui le roi de France a l'habitude de s'appuyer pour contenir les ambitions russes, sont autant de souverains représentant des intérêts politiques avec lesquels Catherine doit compter pour définir ses propres projets.

En montant sur le trône, celle-ci a tenu à entendre tous ceux qui, en Russie, avaient une vision de la politique étrangère : Bestoujev-Rioumine, Vorontsov, mais surtout Nikita Panine, qu'elle va prendre pour principal conseiller. Il est nommé président du collège des Affaires étrangères, mais non pas chancelier, l'équivalent d'un Premier ministre, car l'impératrice n'en aura pas de tout son règne.

Dès son installation à la tête du pays, Catherine est confrontée à la question du statut de la Russie, traditionnel sujet de conflit avec la France. Le baron de Breteuil l'informe, en août 1762, que la France ne lui reconnaîtra le titre d'impératrice que si elle accepte l'ordre de préséance et le protocole en usage entre les cours, qui, depuis Louis XIV, donnent notamment la préséance à la France. Catherine va se battre bec et ongles pour que soit reconnue à la Russie une place en accord avec ses progrès sur la scène européenne. Elle finira par l'emporter, en 1772, lorsque le duc d'Aiguillon, remplaçant Choiseul, suggérera au roi de reconnaître son titre à l'impératrice sans plus y mettre de conditions. Simplement, pour faire accepter cette concession à Louis XV, son ministre proposera que le titre de Catherine soit formulé en latin. Bonne latiniste, Catherine donnera son accord...

Son attention, il faut l'admettre, se portait plus loin que la France et les conflits de préséance. En définissant les intérêts de la Russie, Catherine, comme Panine, a fait le constat que les territoires de l'Empire étaient déjà fort étendus et que la Russie n'avait nul besoin d'effectuer de nouvelles conquêtes. Elle devait préserver ses intérêts et sa sécurité, et son intérêt premier était de s'assurer, dans le concert des nations, une place à sa mesure. En 1763, Panine a défendu devant Catherine l'idée d'une politique appelée *système du Nord*, alliance regroupant les États du nord de l'Europe, destinée à contrebalancer la puissance de l'Autriche, de la France et de l'Espagne. Mais Catherine en revient vite à une vision plus traditionnelle, concentrée sur les voisins immédiats de la Russie : Suède, Pologne et Empire ottoman. Pierre le Grand avait eu raison de la Suède. Se plaçant dans le sillage du grand empereur dont elle revendique l'héritage, Catherine va régler le problème posé à la Russie par ses deux autres voisins. Deux périodes – 1768-1774 et 1787-1795 – seront marquées d'abord par une première guerre russo-turque et le premier partage de la Pologne, puis par une seconde guerre avec la Turquie, les deuxième et troisième partages de la Pologne et, de surcroît, une nouvelle guerre contre la Suède, jamais totalement réconciliée avec la Russie.

La Pologne s'était imposée la première, dès 1763, à l'attention de l'impératrice, avec la mort du roi Auguste III. Les grands États d'Europe avaient la fâcheuse habitude de considérer que les affaires polonaises les concernaient au premier chef et que la désignation du souverain leur incombait. La Pologne avait grand mal à se défendre de ces immixtions, car la monarchie était élective ; la Diète censée élire le roi était paralysée par le principe du *liberum veto* qui permettait à chacun de ses membres de s'opposer à tout projet ou toute décision. Du coup, toutes les puissances prétendaient faire entendre leur voix dans la succession, chacune défendant un candidat. Catherine réussit à neutraliser les autres monarques et à faire élire par la Diète Stanislas-Auguste Poniatowski qui, des années plus tôt, avait été son amant. Et, convaincue de disposer d'un souverain à sa dévotion, elle proclama joyeusement : « Nous avons fait un roi ! » Elle n'imaginait pas alors que l'ancien amant pourrait souhaiter être monarque de plein exercice, fidèle aux seuls intérêts de son pays.

Le 13 février 1768, Catherine réussit à faire signer au roi de Pologne un traité stipulant qu'aucun changement constitutionnel ne pourrait y avoir lieu sans l'assentiment russe. La Russie devenait garante des institutions polonaises et inscrivait ce pays dans le « système du Nord ». Cette situation ne convenait guère à Frédéric II qui, dès 1768, lance l'idée d'un partage de la Pologne. Le traité signé le 25 juillet 1772 à Saint-Pétersbourg entre trois grands États – Prusse, Autriche, Russie – avides de se partager ce pays organise des transferts de territoires et de populations à leur profit. La Pologne y perd le tiers de sa superficie et de ses habitants. La Diète polonaise ne peut qu'entériner ce dépeçage, et seuls deux rois en Europe vont s'en indigner : celui d'Espagne, qui ne bouge pas, et Louis XV, dont le ministre, le comte de Broglie, inventeur du « secret du roi », le convainc que l'heure est plutôt au réchauffement des relations avec la Russie afin de tenter d'apaiser ses ambitions croissantes.

Cette catastrophe incite les Polonais à se réformer afin de mieux pouvoir défendre ce qui leur reste d'indépendance. Commencées en 1773, les réformes atteindront leur apogée avec la Constitution du 3 mai 1791 : la monarchie devenue héréditaire, le pouvoir exécutif est alors confié au roi, le pouvoir législatif à la Diète bicamérale débarrassée du *liberum veto* au profit de la règle du vote à la majorité.

Du point de vue russe, c'est là un coup d'État qui ignore les dispositions du traité de 1768 : cette Constitution de 1791 est donc jugée inacceptable. En Pologne même, Catherine a des alliés, un vrai *parti russe* impliquant une grande partie de l'armée polonaise, nombre de nobles, la police et des dissidents religieux. Ce parti russe va élaborer le 27 avril 1792 un « acte de confédération » afin d'abolir la Constitution du 3 mai. Le roi Stanislas Poniatowski tente de sauver la situation en proposant à Catherine une union dynastique entre les deux pays, mais elle rejette cette offre et envoie ses troupes, que viennent renforcer les Prussiens, soucieux de ne pas laisser à la seule Russie les bénéfices de l'opération. Ce fut le deuxième partage de la Pologne, qui profita à la Russie et à la Prusse, tandis que l'Autriche était cette fois laissée de côté. Mais la part russe en Lituanie et en Ukraine était considérable : trois millions d'habitants.

Kosciuszko rassembla les Polonais, en mars 1794, dans un ample élan national destiné à sauver l'intégrité de la Pologne. Mais que pouvait-il contre les armées russes conduites par Souvorov et par leurs alliés prussiens, auxquels l'Autriche se joignit pour n'être pas exclue du nouveau partage, en octobre 1795 ? Cette fois, la Pologne n'existait plus. Son roi abdiqua : sur quel pays eût-il pu régner ?

Catherine peut triompher. La Russie est considérablement agrandie. La Pologne, vieil État ennemi, a disparu. De surcroît, en 1795, l'esprit révolutionnaire venu de France l'inquiète d'autant plus que les insurgés polonais en sont à ses yeux les porteurs. La destruction de la Pologne lui semble être un moyen de repousser ce péril qui a gagné les frontières russes. Que les partages de la Pologne aient fait triompher la force sur le droit ne la trouble guère. Pas plus que l'alourdissement du servage qui va en découler dans l'Empire, du fait qu'elle distribue cent dix mille serfs à ceux qui l'ont servie dans les territoires annexés. En 1795, Catherine est ainsi quelque peu oublieuse des idées philosophiques qu'elle cultivait au début de son règne. Il est vrai que la Révolution française est passée par là, indignant l'impératrice au point de rompre alors avec l'héritage intellectuel de ses chers philosophes.

Les succès russes en Pologne ont, d'une certaine manière, poussé Catherine vers la mer Noire plus vite peut-être qu'elle ne l'avait escompté. Ces succès ont inquiété la France et l'Autriche, leur suggérant – vieille stratégie française – de pousser le sultan ottoman à intervenir. Choiseul écrit en 1768 : « Le nord de l'Europe se soumet toujours plus à l'impératrice de Russie… Le meilleur moyen de contrecarrer ce projet est peut-être de chasser l'impératrice du trône qu'elle a usurpé ou de provoquer une grande guerre contre elle ; seuls les Turcs peuvent nous rendre ce service. » Et le comte de Vergennes, envoyé à Constantinople, réussit, fort de ces instructions, à provoquer un incident qui entraîne la guerre souhaitée par la France.

Cette guerre déçut néanmoins les espoirs français. Ce fut une guerre totale, se déroulant à la fois sur terre et sur mer, et sur trois fronts. Une armée russe pénétra dans les Balkans, appelant les chrétiens dominés par les

Turcs à se soulever et remportant victoire sur victoire. Une seconde armée envahit la Crimée et battit l'armée turco-tatare. Enfin, partie de la Baltique, la flotte russe commandée par Alexis Orlov – frère de Grégoire – arriva dans les eaux turques, coula la flotte ottomane à Tchesme, le 6 juillet 1770, mais n'osa s'engager dans les Détroits. Les Turcs demandèrent la paix, qui fut signée à Kutchuk Kainardji le 21 juillet 1774. C'était tout à la fois la victoire de Catherine et la revanche de Pierre le Grand. La Crimée devenait indépendante. La Russie reçut les ports d'Azov et Kertch, les territoires de la Kabarda, au Caucase, et ceux de la steppe entre le Boug et le Dniepr. Elle obtenait le droit de circulation en mer Noire et l'accès à la mer Égée par les Détroits. Elle devenait, par traité, protectrice des chrétiens de l'Empire ottoman.

Non seulement Catherine avait gagné ce que Pierre le Grand n'avait pu obtenir, mais elle avait arraché à l'Empire ottoman une partie de son espace. Sa victoire consacrait aussi l'échec de la politique française. Louis XVI allait en tenir compte en révisant ses relations avec la Russie. Il commencerait à le faire en félicitant Catherine II des acquis du traité de Kutchuk Kainardji : une véritable révolution dans la politique étrangère de la France !

Victorieuse au terme de cette guerre, Catherine n'avait pourtant pas atteint tous ses objectifs. Une partie du littoral de la mer Noire restait aux mains des Turcs, et la Russie pouvait craindre la volonté de revanche des Ottomans en même temps qu'une certaine instabilité en Crimée. Catherine rêvait donc de parfaire ses victoires, et elle y réussit dans un second temps.

À commencer par la Crimée, qu'elle décida d'annexer. Les troupes russes y pénétrèrent en 1783. La

Turquie s'inclina. La convention russo-turque signée le 9 janvier 1784 reprenait les dispositions du traité de Kutchuk Kainardji, mais en abrogeant les articles garantissant l'indépendance de la Crimée. Cette annexion fut aussi peu coûteuse pour la Russie que ses avantages se révélaient considérables.

Dans le même temps, la Russie, qui progressait au Caucase, construisait une flotte sur la mer Noire, basée à Sébastopol. Dès lors, Catherine et son favori du moment, Potemkine, commencèrent à nourrir des rêves grandioses : battre définitivement les Ottomans, s'emparer de tous les territoires contrôlés par la Porte en Europe, restaurer un vaste empire chrétien dont le centre serait Constantinople. C'était le *Projet grec*.

La Turquie ne pouvait le laisser se développer sans réagir. Elle déclara la guerre à la Russie en 1787 après l'avoir sommée d'évacuer la Crimée. La Russie ayant rejeté l'ultimatum, l'affrontement était inévitable. La seconde guerre russo-turque fut, contrairement à la première, limitée à des combats sur terre. Les troupes russes commandées par Souvorov et Koutouzov – futur vainqueur de 1812 – remportèrent de brillantes victoires et, lorsque la paix fut signée à Jassy, le 29 décembre 1791, elles marchaient encore sur Constantinople. Cette paix rapporta à la Russie bien plus d'avantages que Catherine n'eût jamais osé en rêver : la Crimée et la présence russe en mer Noire, le littoral de celle-ci, la mer d'Azov et la région comprise entre elle et le Kouban, la Géorgie placée sous protectorat russe. Enfin, sur l'emplacement de la forteresse turque de Hadji Bey, conquise en 1789, Catherine édifia la ville d'Odessa où allaient s'installer de nombreux Grecs, dernier vestige du *Projet grec*. Ce port deviendra une des perles de la Couronne impériale.

La guerre contre la Turquie fut compliquée en 1788 par l'irruption de la Suède dans le conflit. Le souverain scandinave se souvint fort opportunément qu'un traité d'alliance le liait à la Porte. Convaincu que la Russie n'était pas capable de lutter sur deux fronts, Gustave III lui déclara la guerre. Le 2 juillet, les troupes suédoises envahirent la Finlande et avancèrent en direction de Pétersbourg. Lorsque Pierre le Grand avait déserté Moscou pour installer la capitale si près de la Suède, ses proches lui avaient remontré que jamais la nouvelle capitale ne serait en sûreté. En 1788, Catherine eut tout loisir de s'interroger sur la sagesse d'une telle décision, car de son palais elle entendait tonner les canons suédois. Ce qui la sauva fut moins la force des armes que le caractère de Gustave III et ses propres difficultés intérieures. Enivré à l'idée de ses succès futurs, Gustave III perdit du temps en discours, exigea que la Finlande lui soit cédée et que la Russie désarme. À l'intérieur, force lui fut de constater que la noblesse finlandaise voulait pour sa part un accord avec la Russie.

La guerre prit par moments un tour dangereux pour la Russie, car d'autres États s'y mêlèrent. La Prusse et l'Angleterre, inquiètes de voir la Russie dominer la Suède, envoyèrent des troupes à son secours, et Pétersbourg se trouva de nouveau menacée. Mais la flotte russe intervint.

Les pertes étaient considérables des deux côtés. Gustave III demanda la paix et le respect du *statu quo* territorial. Catherine II dut renoncer à garantir la Constitution suédoise – garantie qui avait coûté aux Polonais leur indépendance et que la Russie avait alors presque arrachée à son adversaire.

La paix de Wärälä, signée le 14 août 1790, était, pour la Russie, une paix blanche ; elle ne retirait aucun avantage territorial ou politique d'une guerre qui avait perturbé ses opérations sur le front turc. Mais elle était débarrassée de la menace suédoise et de l'obligation, pour ses troupes, de se battre sur deux fronts. Gardant les mains libres face à l'Empire ottoman, elle put se consacrer à le vaincre.

Chef de guerre, Catherine pouvait se flatter d'avoir aussi bien et même mieux réussi que celui dont elle se réclamait, Pierre le Grand. Certes, elle avait dû faire, comme lui, quelques guerres, mais qui étaient loin d'avoir occupé l'essentiel de son règne. Elle ne connut pas de défaites irréparables, et son empire s'agrandit de manière spectaculaire, s'étendant là où ses prédécesseurs avaient rêvé d'avancer : la mer Noire. La population russe reflète cette expansion : en 1762, quand Catherine monte sur le trône, la Russie comptait dix-neuf millions d'habitants ; en 1796, quand elle disparaît, elle laisse à son successeur un empire peuplé de trente-six millions d'habitants. Klioutchevski dira de son bilan : « La politique extérieure est l'aspect le plus remarquable de l'œuvre politique de Catherine. » Nul historien n'a vraiment osé le contredire. Karamzine résuma d'une formule saisissante l'œuvre comparée de Pierre le Grand et de Catherine : « Pierre le Grand étonna par ses victoires ; Catherine II en fit une habitude. »

La steppe révoltée et le retour des imposteurs

L'année 1771 commença, pour Catherine, sous d'heureux auspices. Elle avait élargi son empire en Pologne et ses armées étaient engagées en Crimée dans ce qui ressemblait à une marche triomphale. Pourtant, ce fut là le préambule à une époque terrible.

D'abord, la peste fit son apparition à Moscou, y causant d'énormes ravages. Le peuple terrifié oscilla, comme toujours, entre la dévotion et la révolte. C'est la révolte qui l'emporta. Le Kremlin fut envahi ; l'archevêque Ambroise, qui tentait d'apaiser les manifestants, fut tué, et son palais saccagé.

L'homme qui sut rétablir l'ordre et prendre les mesures sanitaires nécessaires pour limiter les conséquences de la peste fut Grégoire Orlov, celui-là même qui avait porté Catherine sur le trône, qui avait rêvé de l'épouser et de partager avec elle le pouvoir, tout au moins d'y participer. L'intraitable souveraine était restée sourde à toutes ses demandes, mais, durant dix ans, Grégoire était demeuré à ses côtés et, en 1771, il joua un rôle décisif à Moscou, ignorant les dangers de la contagion, partout présent et rassurant par sa présence.

Après l'épreuve de la peste, la Russie va être secouée par l'une des plus importantes et dangereuses révoltes de son histoire, où se mêlent mécontentement social, conflits ethniques et nationaux, et surtout où resurgissent, comme à chaque crise, les superstitions, les vieux mythes à demi oubliés, les faux tsars et les imposteurs en tous genres.

La mort toujours mal expliquée de Pierre III avait ouvert la porte aux nostalgies d'un peuple misérable, accablé de charges, et, par là même, aux imposteurs. Entre 1764 et 1772, pas moins de neuf faux Pierre III se manifestèrent à travers la Russie, s'appuyant en général sur des sectes. C'est ainsi que l'un de ces Pierre III se réclamait d'une branche de la secte des flagellants, les *skoptsy* (ou castrats) ; en réalité, Selivanov était un ancien serf. Il fut arrêté avec ses partisans, tous knoutés et déportés en Sibérie. Au printemps 1772, un autre Pierre III apparut sur les bords de la Volga ; serf en fuite, lui aussi, il se nommait Théodore Bogomolov. Il attira quelque temps des fidèles convaincus de voir en lui le tsar destitué. Comme Selivanov et d'autres prétendants à la couronne, il fut arrêté et expédié en Sibérie, mais les mauvais traitements eurent raison de lui et il mourut en chemin. Le gouvernement fit une large publicité aux sanctions prises contre ces imposteurs, qu'il essayait à chaque fois de ridiculiser sans soupçonner que, à agir ainsi, il accréditait l'idée que Pierre III était peut-être encore en vie et pouvait à tout moment tenter de reprendre son trône.

C'est dans ce climat d'expectative et d'espoir que surgit Pougatchev, dont le mouvement prit une ampleur inattendue et menaça, un temps, d'emporter le pouvoir en place. Comme toujours, la révolte vint de la steppe, des confins mal pacifiés de l'Empire où cohabitaient les cosaques à l'esprit indépendant, les serfs fuyards et les peuples allogènes, Tatars et Bachkirs, jamais réconciliés avec la domination russe. Les cosaques étaient alors particulièrement agités, car ils savaient que le gouvernement entendait réduire leurs franchises, imposer le produit de leur pêche et le sel, et surtout faire appel aux hommes pour renforcer son armée, la guerre avec la Turquie le contraignant à de telles exigences. Or, l'indépendance avait toujours été le maître mot du monde cosaque. L'irruption de Pougatchev dans ce contexte de mécontentement était prévisible. Elle fut favorisée par la guerre contre la Turquie, qui avait conduit le gouvernement à dégarnir de troupes la zone orientale du pays pour les envoyer au front.

Pougatchev était un simple cosaque du Don qui avait pris part à plusieurs guerres, puis avait déserté, s'était réfugié chez les vieux-croyants, où il se proclama Pierre III et appela les cosaques à le rejoindre. Le 17 septembre 1773, un manifeste fut lu à tous les cosaques accourus vers lui ; il était signé du nom de Pierre Feodorovitch, « empereur autocrate de toutes les Russies qui appelle les cosaques à constituer l'armée de la révolte autour du souverain légitime ».

Fort de ses troupes qui ne cessaient de grossir, le mouvement s'étendit le long du fleuve Oural et dans le bassin de la Volga. Pougatchev installa sa « cour » et son gouvernement – une chancellerie, le collège de la Cour – à proximité d'Orenbourg, dans la petite ville de Berda qui devint capitale politique. Le mouvement prit alors une ampleur inquiétante pour le pouvoir en place. Le petit groupe des débuts avait été rejoint par des milliers de cosaques, mais aussi de Bachkirs, de Tchouvaches et de Kalmouks, ainsi que par des ouvriers serfs qui avaient quitté leurs usines, et des paysans fuyant leurs propriétaires. La révolte de Pougatchev revêtait par là une dimension à la fois nationale et sociale.

Pougatchev revendiquait le trône et soulevait les populations en promettant à grands coups de manifestes et d'oukases de libérer les paysans et de leur accorder les terres. Il ordonnait aussi d'exterminer les fonctionnaires et les propriétaires fonciers, et s'engageait à abolir définitivement le servage, les impôts et le service militaire. Comment n'aurait-il pas séduit ?

L'ampleur du mouvement, la menace qui pesait sur Moscou où Pougatchev clamait qu'il irait se faire couronner, la crainte qu'il ne soit soutenu par le sultan, finirent par convaincre Catherine qu'il lui fallait absolument briser ce mouvement, tâche difficile en un temps où la guerre avec la Turquie requérait toute son attention et la concentration de ses forces militaires. En juillet 1774, elle confia au général Pierre Panine le soin de réduire la rébellion. La défaite de Pougatchev fut due à la détermination des troupes de Panine, mais aussi à des défections dans ses rangs. Il fut livré aux troupes gouvernementales, attaché à son cheval, les bras liés. Si ses fidèles cosaques avaient ainsi abandonné leur « empereur », c'est notamment parce qu'ils étaient excédés par ses actes de cruauté. Ramené à Moscou dans une cage, enchaîné, il sera jugé et condamné à être écartelé, les membres dispersés aux quatre vents.

Catherine avait voulu ce procès et ces sanctions exemplaires, mais elle demanda la clémence pour la plupart des complices, et souhaita que Pougatchev fût mis à mort avant le supplice de l'écartèlement. Ce qu'elle désirait, c'était convaincre les foules venues assister à l'exécution que Pougatchev était un imposteur, qu'il ne pouvait y avoir de Pierre III, parce que Pierre III était bel et bien décédé dix ans auparavant.

Dans l'enquête minutieuse ordonnée par Catherine II, consciente du danger auquel le pays venait d'échapper, rien ne fut tu des causes de la révolte : le mécontentement paysan, la rancœur des allogènes, mais aussi – il fallut bien en faire le constat – l'opposition entre la *vieille foi*, à laquelle adhéraient la majorité des cosaques, celle, considéraient-ils, de la « vraie Russie », et la nouvelle Russie, moderne, occidentalisée, voulue par Pierre le Grand et incarnée par Catherine. C'est au nom de cette « vraie Russie » que les cosaques s'étaient soulevés, et ce soulèvement soulignait cruellement la distance qui séparait les idéaux inspirant Catherine II et les aspirations populaires. Dans cette révolte, deux Russies s'étaient à nouveau trouvées face à face.

Réformer l'État et la société

Au début de l'année 1775, l'impératrice a pu se réjouir et songer à revenir aux problèmes d'organisation de la Russie. Ayant vaincu les ennemis extérieurs et Pougatchev, l'heure est venue pour elle de réformer, de moderniser. Le manifeste du 17 mars 1775 traduit cette ambition.

Première décision : réformer les *gouvernements*. La révolte de Pougatchev avait montré que l'immense territoire russe était incontrôlable. Les *Institutions des gouvernements*, texte signé par Catherine en 1775, engagent une vaste réforme administrative. Les gouvernements couvraient jusqu'alors des espaces où vivaient entre trois et quatre cent mille habitants ; il fallait avant tout en modifier les dimensions. Le nombre de gouvernements est plus que doublé : il passe alors de vingt à cinquante, et ces nouvelles entités sont divisées en districts (*ouezd*). Pour que ce système corresponde à l'état de la société, Catherine défend le principe de son organisation en ordres ou états : la noblesse, les marchands groupés au sein des guildes, les citadins et les paysans libres. La réforme accorde une prééminence aux membres de la noblesse.

Dans le domaine judiciaire, la réforme crée des « tribunaux de conscience » (*sovestnoi soud*), appelés à juger les conflits mineurs entre particuliers en se référant à la conscience du juge et au principe d'équité, et non pas aux lois en vigueur. Ce système fut organisé sur la base de la division en ordres, chacun réglant ses problèmes au sein d'instances propres.

En 1785, deux réformes complétèrent celle de 1775 : la *Charte de la noblesse*, promulguée le 21 avril, confirma l'exemption de service édictée par Pierre III et insista sur le principe d'hérédité ; la *Charte des villes*, promulguée le même jour – date anniversaire de la naissance de l'impératrice –, définit les citadins comme un *tiers état* et confia le gouvernement des villes à une Douma et à un exécutif tous deux élus.

L'éducation du peuple fut une autre préoccupation de Catherine II. Pierre le Grand s'y était attaqué, mais, à sa mort, nombre de ses idées avaient été oubliées. Catherine reprit le flambeau. Guidée par Montaigne,

Rousseau, Locke, elle croyait fermement aux vertus de l'éducation pour transformer l'homme. Une première et très remarquable création fut celle des *maisons d'éducation* ou hospices-écoles pour enfants abandonnés, qui y furent pris en charge par l'État, instruits et dotés, au sortir des études, de la liberté civique. La réforme scolaire de 1782 mit en place un système unifié, destiné essentiellement au milieu urbain. Ce système était largement emprunté à celui qui existait dans l'empire des Habsbourg. Le nombre des écoles crut de façon spectaculaire, et une *école normale* visant à former les maîtres fut fondée à Pétersbourg pour compléter l'ensemble. L'effort pédagogique fourni par l'État incita l'Église à améliorer ses propres établissements scolaires et à rapprocher leurs programmes de ceux qui avaient cours dans le réseau étatique. À la fin du règne de Catherine II, le progrès accompli en ce domaine était bien réel.

Une réforme inaboutie s'impose néanmoins à l'attention, car elle porte sur un problème fondamental en Russie : celui de la succession au trône. Ce problème a préoccupé Catherine durant de longues années.

Le 20 septembre 1772, son fils et héritier Paul avait atteint l'âge de sa majorité légale, dix-huit ans. Autour de l'impératrice, une sourde agitation se développa : ne serait-il pas temps qu'elle partage le pouvoir avec l'héritier ? Ce fut notamment l'espoir de Nikita Panine qui, ayant mis tous ses soins à former le grand-duc, espérait que Catherine II commencerait à l'associer aux affaires de l'État. Mais elle ne l'entendait pas ainsi et fut encouragée dans son refus par l'indifférence manifeste de Paul à la chose publique.

Catherine n'avait d'ailleurs pas tort de considérer son fils comme un dangereux rival. Les sentiments de Paul envers sa mère avaient toujours été ambigus. Il avait compris que les décisions de 1762, jusqu'au couronnement de Catherine, avaient été prises à son détriment. Par la suite, il avait toujours craint que sa mère ne l'écarte de la succession au profit d'Alexis Bobrinski, fils de Grégoire Orlov. En fait, si, pour Catherine, Paul était un rival, aux yeux de Paul, Catherine était une usurpatrice.

Soucieuse de l'écarter de la vie publique après sa majorité, Catherine décida de le marier et choisit pour lui une princesse de Hesse-Darmstadt, Wilhelmine, rebaptisée Nathalie. Le mariage eut lieu alors que la Russie était aux prises avec la révolte de Pougatchev et en guerre avec la Turquie. Il donna pourtant lieu à des festivités extraordinaires. Mais ce mariage ne tourna pas bien : la jeune grande-duchesse s'intéressera de si près au meilleur ami du grand-duc Paul, Alexis Razoumovski, que, lorsqu'elle donna naissance à leur premier enfant, les plus grands doutes pesèrent sur ses origines. De surcroît, l'autopsie pratiquée sur la grande-duchesse alors qu'elle venait de mourir, comme l'enfant qu'elle avait mis au monde, montra qu'elle n'aurait plus pu enfanter, du moins d'un enfant normal.

Déçue par cette brève union, Catherine se mit aussitôt en quête d'une remplaçante, sans même respecter un délai de décence. Elle craignait toujours que son fils, veuf éploré, n'allât compenser son malheur en se tournant vers la politique. Le choix de l'impératrice se porta sur Sophie-Dorothée de Wurtemberg. Neuf enfants, tous viables – ce qui, en ce temps, était exceptionnel –, naquirent de cette union. La succession était bien assurée. Catherine s'inquiéta d'autant plus des conclusions ou des ambitions que Paul pourrait tirer de cette situation qu'il avait sous les yeux un exemple contraire à celui de sa mère : depuis le milieu des années 1760, l'impératrice d'Autriche, Marie-Thérèse, partageait en effet le pouvoir avec son fils Joseph II, et celui-ci empiétait toujours plus sur l'autorité de sa mère. Pour éviter que Paul ne s'inspire de ce précédent, Catherine imagina d'envoyer le couple grand-ducal visiter l'Europe sous l'identité de « comte et comtesse du Nord ». Ce fut un voyage triomphal ; toutes les cours se disputèrent les visiteurs russes. Ce succès apaisa un bref moment les relations entre mère et fils. Mais, mêlé à la question successorale, un grave motif de dissentiment grandissait entre eux deux. Quand naquirent successivement deux fils, prénommés Alexandre et Constantin – prénoms faisant écho aux victoires remportées sur l'Empire ottoman –, Catherine agit avec le couple grand-ducal comme Élisabeth avait agi avec elle : elle lui confisqua le soin d'éduquer les jeunes princes. Par-delà la blessure sentimentale qu'il en éprouva, Paul put à bon droit s'interroger sur l'intention qui sous-tendait cette décision : l'impératrice n'allait-elle pas lui substituer son fils comme héritier ? Ce fut pour lui une inquiétude permanente.

Catherine réfléchit alors au problème de la succession en préparant plusieurs variantes d'un texte qui ne verra jamais le jour. Toutes ces variantes témoignent de son désir d'instaurer un système clair : une succession s'effectuant par lignée masculine, où le souverain garde le droit de désigner son héritier à condition qu'il soit de son sang, le Sénat devant être garant de l'ensemble de la procédure. Dans ses ébauches, Catherine posa la question de l'héritier mineur et conclut qu'il revenait au Sénat de décider de l'attribution de la régence. Enfin – c'en est l'aspect le plus intéressant –, ces réflexions portent aussi sur le pouvoir du monarque. Catherine, qui a beaucoup lu sur le sujet, en vient à définir en ces termes l'essence même de ce pouvoir : « Le monarque n'est monarque que pour autant qu'il agit pour le bien public. Dans le cas contraire, il est un despote qui se place hors du droit et de la loi. »

En écrivant ces lignes, Catherine est bien la fille des philosophes des Lumières. Le pouvoir impérial tel qu'elle le décrit n'est plus d'essence divine, mais il émane de la loi. C'est d'ailleurs le Sénat qui, dans son projet, proclame le souverain, et c'est au Sénat que celui-ci prête serment. Sans doute ce texte restera-t-il dans un tiroir, mais il témoigne de l'adhésion de Catherine à la conception du pouvoir qui s'est développée en France sous l'impulsion des philosophes. Elle la léguera à ses successeurs et Alexandre Ier, son petit-fils, la fera sienne.

On retiendra de ces réformes et de ces projets que Catherine ne se préoccupait pas seulement d'étendre son empire, mais que, toujours à la suite de Pierre le Grand, elle avait le souci d'en transformer les institutions et la société pour qu'il soit enfin reconnu de l'Europe comme l'un de ses membres.

Pour comprendre ce que fut l'action de Catherine, ses préoccupations, l'extraordinaire énergie qu'elle mit à prendre le pouvoir, à le garder et à l'exercer, il faut enfin évoquer celle qui fut l'une des plus fortes personnalités de l'Empire russe, mais aussi de l'Europe du XVIIIe siècle.

Catherine le Grand

La mode, au XVIIIe siècle, était pour chaque souverain d'entretenir une relation privilégiée avec un philosophe. Frédéric II avait attiré Voltaire à sa cour. Catherine voulut suivre son exemple. Elle y convia d'Alembert pour éduquer l'héritier Paul. Le philosophe se récusa. Elle invita Bernardin de Saint-Pierre, mais surtout Diderot, qui fut un temps – du moins le crut-on – son conseiller, et principalement Voltaire, qui se refusa à venir en Russie, mais avec qui elle échangea une correspondance ininterrompue. Il en alla de même avec Grimm. Diderot fut son hôte en 1773-1774, puis elle le subventionna, rachetant sa bibliothèque, lui servant une pension comme « conservateur » de celle-ci, dont elle lui laissait l'usage jusqu'à sa mort.

Même si elle ne réussit pas, comme l'avait fait Frédéric II, à s'en attacher un durablement, les philosophes furent ses correspondants, ses conseillers… et ses garants. Ses relations avec eux assurèrent sa réputation d'« amie des philosophes ». L'idylle dura jusqu'en 1791 quand, horrifiée par la Révolution française, le défi à l'ordre monarchique que représentait l'exécution d'un roi, elle se convainquit du danger de leurs écrits, auxquels elle ferma dès lors l'accès à la Russie. Mais ce revirement se produisit alors que son règne approchait de sa fin, tandis que, durant près de trente ans, les philosophes avaient été les guides et les références de son action, et n'avaient pas cessé d'inspirer ses réflexions.

Sa passion de la culture française, sa connaissance subtile de la langue française la poussèrent à écrire en français *L'Antidote*, puissant ouvrage polémique destiné à combattre le tableau de la Russie que l'abbé Chappe d'Auteroche avait dressé pour ses compatriotes, à la grande satisfaction de Louis XV, commanditaire de l'expédition de l'abbé en Russie. Cette passion française n'empêcha pas Catherine d'être aussi la protectrice des lettres russes. Elle allait être d'ailleurs qualifiée de *Grande* par le plus illustre poète de son règne, Derjavine, tout comme elle le serait hors de Russie par Voltaire. Elle encouragea les écrivains, la traduction en russe d'œuvres étrangères, mais également la création de revues littéraires et de journaux, dont ceux qui se vouaient à la satire. En cela aussi, elle prolongeait Pierre le Grand, qui avait souhaité développer le journalisme en Russie. Mais celui-ci était alors resté sous le contrôle de l'État ;

Catherine, elle, l'en affranchit en allégeant la censure. Elle était elle-même femme de lettres, consacrant des ouvrages à la politique – *L'Antidote*, les *Mémoires* –, mais aussi auteur de contes, de comédies de mœurs, de livrets d'opéra. Traductrice, même, elle s'attela avec ses amis à la traduction du *Bélisaire* de Marmontel, ouvrage condamné par l'Église et par là même interdit en France. Voltaire le défendit et l'intervention de Catherine lui assura une large diffusion dans toute l'Europe.

La vie personnelle de Catherine II a fait l'objet d'assez d'ouvrages, parfois injurieux, voire calomnieux, pour qu'il soit permis d'en passer les détails sous silence. Ce qui compte ici, c'est ce qui interfère avec sa vie publique. On a souvent dressé d'elle le portrait d'une Messaline, d'une nymphomane obsédée par les hommes et le sexe. Sans doute certains hommes ont-ils traversé son règne en y occupant une place plus ou moins affirmée. Premier d'entre eux – après ceux qui marquèrent sa vie solitaire de grande-duchesse –, Grégoire Orlov, qui la porta sur le trône et la soutint durant une décennie. Mais elle refusa toujours de l'épouser, et l'insistance du favori à vouloir participer au pouvoir finit par la lasser. De surcroît, il était volage, et elle ne pouvait tolérer ses infidélités. Surtout, son entourage craignait que ce favori installé depuis dix ans dans sa vie ne finisse par atteindre son but, ou n'acquière par trop d'influence. Une véritable campagne anti-Orlov s'organisa pour l'éliminer en 1772, alors que Catherine l'avait envoyé négocier avec les Turcs. Il fut alors discrédité aux yeux de la souveraine – on évoqua ses « conquêtes » – et évincé au profit d'un remplaçant qu'on poussa auprès d'elle : un jeune officier de belle figure, Vassiltchikov, qui fut nommé aide de camp et devint à son tour le favori d'un moment. Chassé, Grégoire Orlov ne partit pas les mains vides : il reçut le titre de prince, un capital, une rente mensuelle et six mille paysans.

Son remplaçant, Vassiltchikov, connut une fortune éphémère : il ennuyait Catherine. Surtout apparut bientôt dans la vie de l'impératrice celui qui, après Orlov, allait être son second véritable amour : Potemkine. Pour Catherine, qui recherchait avant tout la beauté chez les hommes, le choix de Potemkine pouvait étonner : il avait une énorme tête au front bosselé et était borgne ! Peu soigné de sa personne, se rongeant les ongles, glouton, buveur à l'excès alors que la sobriété de l'impératrice était légendaire, il était exubérant, démesuré, aussi peu européen que possible, presque la caricature du Russe traditionnel. Elle l'appelle parfois « le Moscovite Pougatchev », ou « le Barbare », ou encore « le Tatar ». Potemkine se montre très exigeant, il veut tout obtenir de Catherine : l'argent, les décorations et, surtout, le pouvoir. Elle lui accorde tout sans barguigner – sauf le pouvoir. Il est vraisemblable qu'elle l'a épousé en secret. Ce favori si exigeant aura été doté de nombreux titres et fonctions : prince du Saint-Empire en 1776, vice-ministre de la Guerre, et ministre de fait. Mais, quant à partager le pouvoir, il n'en sera jamais question. Après deux ans d'une liaison passionnée, cette relation entre dans une phase nouvelle qui va durer treize ans, jusqu'à la mort de Potemkine. Pendant ces années-là, le favori devient un quasi-second personnage de l'Empire, mais toujours à l'écart du trône, guerroyant au Sud, où il contribue aux succès militaires et aux conquêtes. Catherine II lui a offert là un véritable royaume : les steppes désertiques de la Nouvelle-Russie et la Crimée. Vice-roi de fait, il est doté des pleins pouvoirs et porte le *Projet grec*.

Peu importe à Catherine que son fils, qui hait Potemkine, et Panine lui remontrent que la Russie n'a nul besoin de la Crimée ni de la Nouvelle-Russie, que les dépenses faramineuses que Potemkine y engage ne servent à rien : elle n'écoute personne et lui abandonne cette quasi-vice-royauté. Elle lui a toujours témoigné un profond attachement, quand bien même d'autres hommes le remplaçaient dans sa vie. C'est lui qui organisera encore en 1787 l'équipée grandiose qui la conduira – escortée d'une caravane de près de deux mille sommités européennes – aux confins de son empire, autrement dit là où s'étendait le royaume de Potemkine.

Après lui, la vie de Catherine fut caractérisée par une succession rapide de favoris dont la plupart durèrent peu, mais qui, une fois chassés, furent pourvus de très confortables pensions. Ces caprices coûtèrent fort cher au Trésor. Deux liaisons marquant les dernières années de sa vie méritent néanmoins une mention particulière. D'abord Lanskoï, bel officier de trente ans plus jeune qu'elle, qui reste son favori pendant quatre ans. Sa mort subite va mettre fin à leur liaison et plonger l'impératrice dans le désespoir. Elle écrit alors à Grimm : « J'espérais qu'il serait l'appui de ma vieillesse. » Tel était en effet le drame de cette femme vieillissante, cherchant à oublier le temps qui passe auprès d'hommes de plus en plus jeunes. Andreï Makine, romancier russe de langue française, a, dans un roman consacré pour partie à la vie débauchée de Catherine, placé dans la bouche d'un de ses héros l'hypothèse la plus plausible : elle voulait être aimée. Son dernier amant, Platon Zoubov, voulut lui aussi être un conquérant, aller jusqu'en Perse pour y étendre l'Empire russe ; s'il échoua dans ce projet, il eut le privilège de fermer les yeux de l'impératrice.

Cette vie sentimentale agitée abrita une constante : l'attention passionnée qu'elle porta à ses petits-enfants. Elle obtint de La Harpe – à défaut de d'Alembert, qui s'était dérobé des années auparavant – qu'il prît en charge l'éducation de l'aîné, Alexandre. Paul, son héritier, n'avait pas tort de s'inquiéter et de craindre qu'elle ne l'évince au profit de son fils aîné, car c'est bien sur cette intention que s'ouvre le chapitre final de ce long règne.

Au début des années 1790, Catherine est épuisée, mais entend consolider la dynastie par des mariages. Princesse allemande, elle se tourne toujours vers les cours allemandes, imposant aux deux fils aînés de Paul des fiancées de son choix sur lesquelles ni les jeunes princes ni leurs parents ne sont consultés. À Alexandre, l'aîné, âgé d'à peine quinze ans, échut la princesse Louise de Bade ; à Constantin, une princesse de Saxe-Cobourg. Catherine avait apparemment oublié le désastre de son propre mariage qui avait uni deux adolescents. Puis elle se mit en tête d'allier l'aînée de ses petites-filles, Alexandra, à peine âgée de treize ans, au prince héritier de Suède. L'affaire échoua, la cour de Suède lui préférant une autre princesse, malgré des pourparlers avancés, et ce camouflet dégrada une fois de plus les relations russo-suédoises en voie de normalisation.

Ces arrangements matrimoniaux manqués contrarièrent fort l'impératrice et concoururent à la détérioration de son état de santé et de son humeur. Après tant de succès en tous domaines, elle avait l'impression – justifiée – de perdre la main. Ces échecs contribuèrent aussi à aigrir davantage ses relations avec Paul. En ces années qui suivent la Révolution française, qu'il considérait avec horreur, celui-ci se réfugie par contrecoup dans une passion prussienne. Catherine s'en émeut fort, craignant qu'après elle son fils, comme Pierre III dont il s'inspire, ne transforme la Russie en satellite de Berlin. De surcroît, son petit-fils préféré, Alexandre, fils aîné de Paul, se rapproche alors de son père et semble succomber, lui aussi, au charme de la Prusse.

Une véritable conjuration se noua alors contre Paul. Catherine souhaitait l'écarter de la succession et désigner Alexandre, mais elle ne savait comment mettre son petit-fils dans son jeu, alors que sa complicité s'imposait. Elle fit préparer un acte de renonciation au trône que Paul était censé signer. Alexandre était évasif. Ces démarches ne pouvaient rester secrètes. La rumeur s'en propagea dans la capitale. Paul ne pouvait ignorer les intentions de sa mère. Sa réaction rapide et décisive, à la mort de l'impératrice, en témoigne.

Le 5 novembre 1796, Catherine s'effondra, victime d'une attaque foudroyante. On l'étendit sur un matelas et, autour d'elle, les dignitaires de l'Empire, que le favori avait rejoints, débattirent de la situation en attendant Paul, que l'on avait envoyé quérir dans son domaine de Gatchina. En l'absence de dispositions écrites et de temps pour agir, ne fallait-il pas respecter l'ordre de succession ? Arrivé en hâte, Paul ne leur laissa pas le loisir de discuter, ordonna que l'on préparât le manifeste annonçant le nouveau règne, et s'en fut tranquillement déjeuner dans la pièce voisine de celle où sa mère agonisait, toujours étendue sur son matelas. Puis il se consacra à la fouille systématique des papiers de l'impératrice : il subtilisa le projet de succession qu'elle avait préparé et qui désignait Alexandre pour successeur, et le détruisit.

Catherine II mit trente-six heures à mourir, abandonnée sur son matelas au milieu d'un incessant va-et-vient de courtisans, et ignorée par son fils. Quel trépas dérisoire au terme d'un destin si glorieux ! Ses dernières volontés détruites, Paul organisa son entrée dans l'éternité de manière à la bafouer. Mais ici s'ouvre un autre chapitre ; laissons à Diderot le mot de la fin de celui-ci : « Les derniers jours des grands monarques sont souvent bien différents de leurs débuts brillants. »

CHAPITRE IX

Paul Ier
Hamlet sur le trône ?

Paul Ier, qui monte sur le trône le 17 novembre 1796, incarne un ordre dynastique retrouvé. Il est l'arrière-petit-fils de Pierre le Grand, c'est donc un Romanov. En succédant à sa mère, il semble aussi rétablir l'ordre successoral, Catherine l'ayant désigné trente-quatre ans auparavant. Pierre le Grand avait posé pour principe que le souverain est libre du choix de son successeur ; l'arrivée de Paul sur le trône réconcilie le principe de l'hérédité et la loi qu'il a édictée. Sans doute Catherine, à la fin de sa vie, a-t-elle cherché à l'éliminer, mais Paul, par sa réaction rapide, a balayé cet éventuel problème. Son règne commence donc bien, et de manière tout à fait légitime.

L'homme qui accède au trône en 1796 l'aura attendu longtemps. Il a déjà quarante-deux ans, est marié pour la seconde fois et père de neuf enfants, quatre fils, Alexandre, Constantin, Nicolas, Michel, dont les noms vont par la suite retentir dans l'Histoire, et cinq filles. Physiquement, il n'est guère séduisant, mais rappelle fort son père légitime, Pierre III, dont il a le corps carré et surtout le nez camus. La rumeur lui a pourtant prêté d'autres géniteurs. Mais il ne s'en est guère soucié, vivant dans le souvenir et le culte de ce père écarté du pouvoir, peut-être assassiné, auquel, par maints traits, il s'identifie toujours.

Intellectuellement, il ne prête pas à critique. Il a reçu une éducation très soignée. D'Alembert s'étant récusé, l'impératrice l'a confié à Nikita Panine, son ministre des Affaires étrangères, dont elle respecte l'immense culture et la rigueur de jugement. Et rien n'a été négligé dans la formation de l'héritier, rompu aux études tant littéraires que mathématiques et scientifiques, bon latiniste, parlant parfaitement le français, le russe et l'allemand, passionné d'histoire et de géographie. Toute sa vie, Paul a énormément lu et connaît toutes les grandes œuvres de la littérature européenne.

Son caractère laisse cependant à désirer, tous ceux qui l'ont rencontré en ont témoigné. S'il sait se montrer charmant – sous le pseudonyme de comte du Nord, il a, durant son périple, séduit toute l'Europe –, il est aussi très susceptible, colérique, violent, rancunier, soupçonneux et, par-dessus tout, follement vaniteux. L'Histoire lui prête un propos que nul ne démentira jamais : « La personne la plus importante en Russie est, après moi, celle à qui je parle au moment où je lui parle. »

Écarté du pouvoir par Catherine II, Paul a néanmoins beaucoup réfléchi à la politique et nourri des idées et projets qui lui sont propres, souvent en opposition avec ceux de sa mère. Il a d'abord manifesté très tôt un penchant pro-prussien, peut-être en songeant à son père. Il aime porter l'uniforme prussien, voue un véritable culte à Frédéric II et écrit à Frédéric-Guillaume II, alors que la Russie s'apprête à se lancer dans une guerre contre son pays : « Mon attachement au système qui me lie au roi de Prusse reste inchangé. » Il s'intéresse aussi à la franc-maçonnerie, dont l'influence est alors grandissante en Russie, mais dont Catherine II se défie : en 1786, elle aura fait fermer les loges maçonniques à Moscou. Adolescent, il a découvert par ses lectures l'ordre de Malte, qui le fera toujours rêver et dont il se préoccupera plus étroitement durant son bref règne. Mais il est aussi intéressé par l'organisation politique de son pays. En 1788, prince héritier encore bien éloigné du trône, il a rédigé un texte exposant ses conceptions. Pour lui, l'ordre politique souhaitable, harmonieux, propre à réconcilier le pouvoir et la société au bénéfice du bien commun, est l'« autocratie », dont il dit qu'« il n'est pas de meilleur modèle ». Sa principale illustration, c'est en Prusse qu'il la trouve. Quant aux intérêts internationaux de la Russie, Paul les définit de manière fort modeste : il estime que son pays, déjà très étendu, n'a guère besoin de nouvelles acquisitions, et il désapprouve tout particulièrement les partages de la Pologne et les bénéfices que la Russie en a retirés.

Paul aura voulu être couronné avec un faste d'autant plus grand que Pierre III n'en avait pas connu. Il entend ainsi rendre justice à ce père dont la mémoire le hante, non seulement par cette cérémonie, mais surtout par la mise en scène qu'il imagine pour les obsèques de l'impératrice, sa mère détestée. Mise en scène macabre, insultante pour la défunte, ô combien révélatrice des obsessions du nouveau souverain !

Alors que Catherine II est embaumée, Paul Ier ordonne que la tombe de Pierre III soit ouverte et son cercueil déposé dans l'église de l'Annonciation, tandis que celui de Catherine est installé au palais d'Hiver. Dans la capitale, nul ne comprend la signification de cette double cérémonie funèbre, car sur les deux cercueils du couple infernal, séparé par la mort en 1762, se succèdent des offices solennels. Puis les deux cercueils sont réunis au palais d'Hiver et la Russie, stupéfaite, apprend qu'un double enterrement des époux impériaux va avoir lieu. Sur le cercueil de Pierre III sera posée par son fils la couronne impériale qu'il n'avait pas eu le temps de ceindre. Le cortège funèbre est précédé par tous les dignitaires de l'Empire, en tête desquels il a placé les survivants du coup d'État de 1762, dont Alexis Orlov. Pierre et Catherine sont ensevelis côte à côte, aussi inséparables dans la mort qu'ils furent opposés dans la vie, dans la nécropole impériale de Saints-Pierre-et-Paul. Sur les tombes, Paul a fait inscrire leurs dates de naissance et la date de leur commun enterrement, effaçant ainsi, pour l'Histoire, le coup d'État de 1762 et le long règne de Catherine.

Mais cette macabre cérémonie ne suffit pas à assouvir sa soif de vengeance. L'un des actes les plus significatifs témoignant de sa haine à l'encontre de sa mère fut la décision du 5 avril 1797 abolissant les dispositions prises par Pierre le Grand en 1722 et établissant clairement, pour la première fois, un droit successoral. La succession est désormais fondée sur la primogéniture et exclut les femmes du trône. En cas d'extinction de la lignée masculine, la succession doit être reportée sur la lignée féminine, mais ne peut porter au pouvoir qu'un homme. Cette réforme constitue une condamnation posthume du pouvoir accaparé par Catherine en 1762, mais elle offre l'avantage de libérer la vie politique russe des querelles ou des doutes entourant le choix de l'héritier. Paul a quatre fils : cette décision ne menace donc pas l'avenir. Mais, à peine un siècle plus tard, elle sera lourde de conséquences pour la dynastie des Romanov...

À cette décision politique fondamentale, Paul ajoute une série de remises en cause des choix maternels.

Inquiète de la montée du mouvement révolutionnaire inspiré par les événements français, Catherine avait jeté en prison deux hommes dont l'influence intellectuelle grandissait : Novikov, qui contribua notablement aux progrès de la franc-maçonnerie en Russie, et Radichtchev, auteur d'un brûlot condamnant son règne, *Le Voyage de Saint-Pétersbourg à Moscou*. Sitôt sur le trône, Paul les fit libérer, de même que des dirigeants de la résistance polonaise, dont Kosciuszko. Mais ces gestes généreux ne l'empêcheront pas, par la suite, d'emprisonner ou d'exiler tous ceux qui s'opposeront à lui ou lui déplairont. Et il va multiplier les dispositions attentant à la liberté.

Voulant barrer la route à l'« esprit de la Révolution française », il prend une série d'oukases. D'ordre vestimentaire, d'abord, par quoi il interdit tout vêtement ou accessoire évocateur du jacobinisme : chapeaux ronds, fracs, gilets, larges cravates. Le vocabulaire lui-même est épuré de mots à connotation révolutionnaire, tels *société* ou *citoyen*, qui avaient pénétré en Russie. Même le mot *magasin* est interdit au profit du mot russe *lavka*. La censure frappe les livres, le théâtre, et jusqu'à la musique dans certains cas. Les règles de la censure deviennent si contraignantes que maintes publications ferment leurs portes et que le nombre global de journaux, revues et ouvrages, élevé sous le règne de Catherine II, s'effondre. Les Russes qui voyageaient à l'étranger furent instamment priés de rentrer, et les Français qui souhaitaient pénétrer en Russie durent présenter un passeport signé des Bourbons !

Paul Ier ne se contenta pas d'interdire : il prescrivit le retour à certains usages périmés – sur le passage des voitures, les piétons devaient s'agenouiller – et, surtout, il favorisa l'imitation des us et coutumes de Prusse. Tout le monde était convié – autoritairement – à revêtir l'habit prussien, surtout dans l'armée. Souvorov protesta vigoureusement contre la « prussianisation » du vêtement militaire, peu adaptée aux rigueurs du climat russe : « Nous ne sommes pas des Allemands, mais des Russes ! » Rien n'y fit : il dut accepter que les manœuvres de l'armée russe soient réorganisées conformément au modèle prussien.

Il convient de souligner à ce propos que Paul, bon connaisseur du passé russe, éprouvait une grande méfiance envers la Garde, la soupçonnant toujours de songer à quelque coup d'État. Il s'efforça donc de placer les régiments d'élite sous un contrôle strict et, souvent, de les subordonner à des unités de moindre prestige. L'armée conçut un vif mécontentement devant les changements qui lui étaient imposés, et Paul fut vite impopulaire dans le milieu militaire, qu'il tenait pourtant pour la colonne vertébrale de son pouvoir.

Son impopularité grandit au fur et à mesure de la multiplication des décisions révélatrices d'un tempérament aussi tatillon que mesquin. En moins de cinq années de règne, Paul Ier aura promulgué deux mille cent soixante-dix-neuf textes – manifestes, oukases, actes législatifs divers –, alors que, dans les trente-quatre ans du règne de Catherine II, on en recense tout juste le double. Ces excès réglementaires de Paul Ier n'auront pas peu contribué à sa désastreuse réputation.

Il faut ajouter qu'il choqua l'Église par son arrogance à son endroit et par ses gestes de bienveillance à l'égard des catholiques. Face à l'Église, Paul adopte une attitude de supériorité jugée intolérable par tous ses dignitaires. Il se pose en chef suprême de l'Église et, le jour de son couronnement, se donne lui-même la communion. Mais, envers les catholiques, que d'empathie il manifeste ! Il approuve la création d'une paroisse catholique dans la capitale et d'un séminaire catholique à

Vilnius. Sans doute est-il, sur ce point, davantage dans la ligne de sa mère : Catherine avait accueilli les jésuites lorsque, leur ordre ayant été condamné par le pape, ils avaient dû quitter la France. À l'heure du triomphe jacobin, Paul se fit le défenseur des « papistes » persécutés et les accueillit chaleureusement en Russie.

Tout, pourtant, était loin d'être dénué de bon sens dans les décisions de Paul. Conscient des excès de l'organisation sociale, il s'emploie à restreindre les privilèges de la noblesse et à adoucir le sort des paysans. Catherine II avait supprimé les châtiments corporels pour les nobles ; Paul les rétablit. Et, pour améliorer les conditions de la vie paysanne, mais aussi pour limiter les privilèges de cette noblesse qu'il n'aime décidément pas, il institue des règles protégeant les serfs et réduisant leurs obligations vis-à-vis de leurs maîtres. Un texte de 1797 stipule ainsi que les serfs doivent travailler trois jours par semaine pour leurs maîtres, puis disposent de trois jours pour eux-mêmes, avant de se reposer le dimanche. Cette loi, qui ne fut pas appliquée, n'en représentait pas moins un tournant dans l'attitude du gouvernement russe à l'égard de la paysannerie. La limitation, voire l'abolition du servage devenait une des préoccupations majeures de l'État qui, un jour, l'imposera. Cette attention prêtée au sort des paysans n'empêcha pas pour autant Paul Ier, comme ses prédécesseurs, de distribuer des terres et des serfs à ses fidèles et, par là même, d'aggraver le servage.

Autre mesure sage, mais, comme d'autres, peu appliquée en raison de la versatilité du souverain, la décision de rapprocher la société du pouvoir en créant un bureau des réclamations et suppliques installé sur les marches du Palais, où tout un chacun pouvait déposer sa requête pour qu'elle fût remise directement à Paul Ier. Mais, passé le moment où l'empereur, enchanté de son initiative, prit intérêt aux doléances de ses sujets, il s'effraya de leur nombre, de l'administration qu'il eût fallu mobiliser pour y répondre et traiter les problèmes évoqués. Son caractère méfiant lui fit souvent considérer ces humbles démarches comme des manifestations de mécontentement, voire d'hostilité ; il décida finalement de les ignorer et d'abandonner ce système.

De même, constatant la situation désastreuse du Trésor, grevé par de nombreuses guerres, il voulut y remédier. Sous Catherine II, la planche à billets avait fonctionné de manière excessive ; Paul décida d'en suspendre momentanément l'usage. Il fit brûler publiquement six millions de roubles-papier et aligna la valeur des billets sur celle du rouble-argent, espérant relever par ce biais le cours de la monnaie russe, qui s'était fortement dépréciée. L'opération se solda par un éphémère succès qu'il eût fallu soutenir par d'autres méthodes. À cette fin, Paul décréta l'augmentation des droits de douane sur les marchandises importées, et fit fondre de la vaisselle d'or et d'argent appartenant aux gouvernements des régions. Mais, dans le même temps, il dépensa sans compter pour embellir ses résidences ou en construire de nouvelles.

Les dispositions prises, les dépenses qui les annulaient ne provoquèrent que des mécontentements. Les marchands s'indignaient des droits de douane qui freinaient leurs activités, et les gouverneurs privés de leur vaisselle précieuse se sentaient atteints dans leur statut. Leurs récriminations, ajoutées à celles de la noblesse, engendrèrent un climat délétère. Les échos en parvenaient à Paul Ier qui, y voyant les prémices de complots, décida d'en rechercher les auteurs et de les réprimer. De toute part monta alors une rumeur : le souverain n'était pas sain d'esprit.

Après son accession au trône, Paul, qui s'était toujours intéressé à la politique étrangère, s'y consacra beaucoup ; il tint là aussi à apporter d'amples transformations, et le fit à sa manière, volontariste et désordonnée, ce qui n'améliora guère son image.

En 1796, toujours pour marquer la différence avec sa mère, il avait annoncé son intention de conduire une politique de paix. Il voulut réduire les effectifs militaires et informa toutes les puissances que, après quarante années de guerre, la Russie entendait se conformer à une ligne pacifique et ne prendrait aucune part à la coalition contre la France révolutionnaire, à laquelle Catherine II avait envisagé de se joindre. Mais cette intention fut de courte durée. Pas plus que Catherine, Paul n'appréciait la Révolution ni l'évolution de la France, et la Russie entra dans la deuxième coalition unissant contre elle la Grande-Bretagne, l'Autriche, le royaume de Naples, le Portugal et la Turquie.

Paul Ier prit même une part déterminante à l'organisation de cette coalition, qui eut des conséquences très favorables pour son pays. La flotte russe, conduite par l'amiral Ouchakov, franchit les Détroits, s'empara des îles Ioniennes, en chassa les Français et y installa une république contrôlée par la Russie, mais sous protectorat ottoman.

On a déjà évoqué ici la fascination de Paul Ier pour l'ordre de Saint-Jean de Jérusalem. La coalition va servir cette passion « maltaise » de l'empereur grâce à la prise de Malte. Le chapitre de l'Ordre émigre alors en Russie ; Paul Ier s'en proclame grand maître, sans se soucier du fait que, pour les chevaliers, c'est le pape qui est chef de l'Église. Néanmoins, l'île de Malte a aussi une importance stratégique, et la domination que la Russie y exerce va entraîner Paul Ier dans de sérieuses difficultés internationales. Les remarquables victoires maritimes de l'amiral Ouchakov, qui ont installé la Russie en Méditerranée avec l'agrément de l'Empire ottoman – une première dans l'histoire tourmentée des relations entre les deux pays –, sont éclipsées par les succès russes remportés sur le continent. Les Français ayant occupé l'Italie du Nord, l'empereur d'Autriche appelle Paul à la rescousse et demande que Souvorov, le plus prestigieux des chefs militaires russes, dirige l'expédition. L'armée russe pénètre en Italie au printemps 1799 et, avançant à marches forcées, va de succès en succès. Le 16 avril, elle prend Milan ; le 27 mai, Turin. Puis, ayant occupé Novi, elle pénètre dans Rome le 30 septembre. Les Italiens acclament ces Russes qui les débarrassent des Français, mais les victoires russes finissent soudain par inquiéter l'Autriche, qui n'en souhaitait pas tant, ainsi que l'Angleterre. Pour elles, Paul est devenu un allié encombrant, trop ambitieux. Ces réticences austro-anglaises contraignent la Russie à quitter le terrain.

Les troupes russes franchissent les Alpes suisses ; leur retraite, remarquablement conduite, est considérée comme un des grands exploits de l'histoire militaire. Souvorov prétend alors obliquer jusqu'à Paris. Il en est empêché par Paul Ier, qui change subitement d'objectif ou plutôt d'alliance. L'empereur est mécontent de ses alliés, qui n'ont pas assez soutenu ses troupes. Il a compris que les succès russes en Méditerranée les insupportent et que la coalition se trouve ébranlée par les craintes que leur inspire la puissance militaire russe. Par ailleurs, la situation en France l'incite soudain à changer de camp : le coup d'État du 18 Brumaire, la nomination de Bonaparte comme Premier Consul lui paraissent annoncer la fin de la période révolutionnaire. Déjà, Bonaparte le séduit et il commente : « Je suis plein de respect pour le Premier Consul ; c'est un homme avec qui on pourra faire affaire. » Il se retire de la coalition après avoir salué les exploits de Souvorov, qu'il nomme généralissime.

Il se rapproche alors de la France et rompt ses liens avec l'Angleterre, devenue son ennemie : n'a-t-elle pas eu l'arrogance de lui enlever Malte ? En réalité, c'est aux Français que les Anglais confisquent Malte, mais Paul s'en considère comme le souverain. Il s'attaque aux navires de commerce britanniques qui mouillent dans les ports russes ; il ordonne de les placer sous séquestre et fait arrêter leurs équipages.

Ce revirement porte vite ses fruits : à la fin de décembre 1800, le Premier Consul écrit à Paul Ier pour lui proposer une alliance, que celui-ci accepte aussitôt. Et, comme premier geste d'amitié envers ce nouvel allié, hier encore son ennemi, il expulse de Russie tous les émigrés qui y avaient cherché refuge contre les révolutionnaires, à commencer par le premier d'entre eux, le comte de Provence, futur Louis XVIII.

Paul Ier ne lésine pas sur les manifestations d'amitié adressées au Premier Consul. Sur ses instructions, les émissaires qu'il envoie à Paris exposent à Bonaparte qu'il devrait se proclamer empereur et fonder lui-même une dynastie, propos qui conviennent fort bien au futur Napoléon Ier, rejoignant ceux que lui tiennent certains de ses proches ou qu'il leur inspire.

Ainsi naît une alliance qui s'oppose à ce qui reste de la coalition antifrançaise. Cette alliance prend corps avec le « Grand Dessein » de Paul Ier, qui imagine d'arracher l'Inde à l'Angleterre, devenue l'ennemie commune de Pétersbourg et de Paris. La France disposait déjà d'une base – l'Égypte – propre à favoriser ce projet. Paul envoya des régiments de cosaques au Caucase et en Asie centrale, avec mission de marcher sur l'Inde. La position anglaise devenait inconfortable.

Cette politique étrangère qui paraît faite de coups de tête et de déclarations ostentatoires mérite-t-elle pour autant le mépris ? Paul Ier s'inscrit dans la ligne de ses prédécesseurs. Hostile au pouvoir issu de la révolution de 1789, il a malgré tout tenté de renouer les relations entre son pays et la France, convaincu que les intérêts des deux États convergeaient. Il y échoua dans un premier temps, le Directoire étant resté sourd à sa demande de ne plus soutenir les émigrés polonais opposés à la Russie, ce qui le poussa à rejoindre la coalition antifrançaise. La France était encore, à cette époque, fidèle à sa position traditionnelle consistant à encourager le sultan à se dresser contre la Russie. Si cette politique tourna à l'échec, c'est que les Turcs, effrayés par l'ambition dévorante de Bonaparte, décidèrent que le plus sûr était de chercher un appui contre lui auprès des Russes. C'est alors que, gêné par ses alliés de la coalition, constatant l'évolution de Bonaparte, toujours plus éloigné de l'extrémisme révolutionnaire, Paul Ier put enfin se rapprocher de la France.

Certes, ce rapprochement fut par moments contrarié par tel ou tel épisode malheureux, notamment les prétentions de Paul Ier sur Malte et sur l'Ordre. Paul Ier était un souverain orthodoxe, l'Ordre était catholique. L'île fut d'abord occupée par les Français, avant de tomber aux mains des Anglais. On peut considérer que Paul Ier s'était fourvoyé en revendiquant une autorité et sur l'Ordre et sur l'île. Mais on peut aussi admettre que l'île était un remarquable point d'appui en Méditerranée, avantage toujours recherché par la géostratégie russe. De surcroît, après l'éviction des Français par les Anglais, la Russie et la France avaient un même intérêt à tenter d'établir leur contrôle sur l'île, et leur rapprochement s'en trouva facilité.

Mais le revirement antianglais de Paul Ier était loin de faire l'unanimité parmi l'élite politique russe. Tandis qu'il rêve de conquérir l'Inde avec son nouvel allié Bonaparte, son entourage tisse les fils du complot qui va l'empêcher de mener ce projet à bien. Paul est déjà condamné alors qu'il croit pouvoir s'engager dans un ample dessein d'expansion.

Dans un premier temps, son entourage réfléchit aux moyens d'écarter du pouvoir suprême celui qu'il tient pour un esprit dérangé. Nikita Panine, alors encore l'une des grandes autorités politiques de Russie, s'interroge : peut-on enlever la couronne à Paul Ier au motif que son état mental ne lui permet pas d'exercer le pouvoir ? Et comment faire ? Il imagine un processus conduit sous l'autorité du Sénat, lequel instaurerait une régence confiée au fils aîné de l'empereur, Alexandre. Une telle idée paraît d'autant moins scandaleuse qu'elle peut faire référence à des précédents étrangers. En Angleterre, George III, malade à plusieurs reprises, a été remplacé dans ses fonctions par le prince de Galles. Au Danemark, lorsque le roi Christian VII est tombé malade, une régence a été instaurée, en 1784, et confiée au futur roi Frédéric VI.

La solution de la régence, dont Nikita Panine est un ardent partisan, présente le double avantage de ne pas troubler l'ordre public – elle est parfaitement légale et pacifique – et de ne pas perturber la succession puisque, comme dans les exemples étrangers, la régence serait confiée au successeur, héritier de la couronne. Mais deux obstacles condamnaient ce projet. En premier lieu, la conviction de la majorité des politiques que le processus ne pourrait être pacifique : Paul Ier, personnage versatile, contradictoire, mais d'une grande ténacité, n'accepterait pas d'être mis à l'écart et défendrait chèrement sa couronne, ce qui impliquerait en dernier ressort le recours à la violence et, en cas d'échec, de redoutables représailles de la part d'un empereur déjà méfiant de nature et connu pour être rancunier. En second lieu, les réticences du Sénat, dont les membres n'étaient guère enclins à se lancer dans une aventure qu'ils estimaient risquée. Confrontés à ces obstacles, ceux qui dénient à Paul Ier la capacité à demeurer sur le trône concluent qu'il ne reste qu'une seule voie, ô combien traditionnelle en Russie : le complot qui éliminera par la force un souverain jugé dément, ou plus simplement insupportable.

Là encore s'impose une solution parfaitement connue, celle qui a donné le trône, près de quatre décennies plus tôt, à Catherine II. Mais, entre les deux complots, il existe une grande différence. En 1762, le complot était largement improvisé, et son succès loin d'être assuré. Des officiers de la Garde, fidèles de la jeune grande-duchesse, prenant part à l'entreprise, réussirent à y entraîner des régiments et à imposer son autorité. En 1801, tout au contraire, le complot est soigneusement préparé et son bénéficiaire, le futur Alexandre Ier, n'y prend aucune part : il n'entre en scène que lorsque tout est achevé. En apparence étranger à la conspiration, il n'accepte la couronne que parce qu'il en est prié. Le déroulement des opérations témoigne d'une préparation et d'une organisation remarquables.

Hanté par le destin de son père, Paul Ier avait toujours craint qu'il ne se réédite avec lui. Il se méfiait de tout et de tous, évoquait souvent avec ses proches – ceux-là même qui seront les instigateurs et les exécutants de son assassinat – les complots qui se tramaient dans l'ombre pour l'éliminer. Et, pour s'en protéger, il avait pris l'habitude de s'enfermer dans sa chambre. Dans la nuit du 11 au 12 mars 1801, il se trouvait comme à l'habitude cloîtré dans ses appartements du château

Michel, sous la garde d'un régiment d'élite, le régiment Semionovski. Pourtant, un petit groupe d'hommes força les barrages aux alentours de minuit et, parvenu jusqu'à lui, lui présenta un acte d'abdication, qu'il rejeta. Comme l'avaient prévu les conjurés au temps où ils imaginaient encore une solution paisible, Paul tenta de fuir, se débattit, une lampe tomba et, dans la semi-obscurité et la confusion, frappé de tous côtés, Paul s'effondra.

Maints récits, maints témoignages donnent des versions contradictoires de cette nuit terrible. Seule certitude : l'empereur fut tué. Comment ? Étranglé, étouffé sous un oreiller, la tête fracassée par une tabatière ? Tous ces scénarios ont été avancés. Mais qui étaient les assassins ? Il faut ici revenir sur l'élaboration du complot pour mieux distribuer les rôles.

Deux « penseurs » ont tout conçu et organisé : le comte Nikita Panine et le comte Pierre Pahlen, alors gouverneur de Saint-Pétersbourg, sur qui Paul Ier comptait pour déjouer les complots fomentés contre lui ! Les exécuteurs des basses œuvres des deux instigateurs, qui ne nièrent jamais avoir été présents dans la chambre du meurtre, même si le rôle de chacun d'eux demeure confus, étaient quatre. D'abord le général Bennigsen, Hanovrais d'origine, mais qui conquit ses galons dans l'armée russe et dont Napoléon dira à Sainte-Hélène : « C'est lui qui a porté le coup fatal. Il marcha sur le corps. » Rien n'est venu confirmer la seconde phrase du propos napoléonien, mais on sait que c'est Bennigsen qui conduisit les conjurés dans le palais jusqu'à la chambre de l'empereur. Puis viennent les deux frères Zoubov. L'un d'eux, Platon, avait été le dernier favori de Catherine II. Indigné des frasques de sa mère, Paul Ier avait exilé non seulement ce favori, mais tous ses frères, dont Nikolaï, qui se trouva auprès de lui au château Michel, la nuit du meurtre. Peu avant sa mort, Paul Ier, conscient que les mesures sévères qu'il avait prises contre ceux que Catherine II avait favorisés accroissaient le nombre déjà considérable de ses ennemis, les avait amnistiés, mais trop tard : autorisés à revenir dans la capitale, les frères Zoubov, ingrats, se sont tout naturellement rapprochés de ceux qui cherchaient à éliminer l'empereur. Enfin le prince Iachvili, issu d'une grande famille géorgienne, qui détestait Paul Ier et avait pour cela une excellente raison : le 5 août 1783, Catherine II régnant, la Géorgie avait été placée, par le traité de Saint-Georges, sous protectorat de la Russie ; mais protectorat ne signifiait pas annexion. Or c'est ce que fit Paul Ier, dont le manifeste de janvier 1801 incluait la Géorgie dans l'Empire russe. Pour les Géorgiens qui avaient cherché la protection d'un souverain chrétien contre les pressions de leurs voisins musulmans, cette trahison était impardonnable. On comprend le propos du prince Iachvili dans une lettre adressée à Alexandre Ier : « Du jour où le malheureux dément, votre père, monta sur le trône, je résolus de faire le sacrifice de ma vie, s'il le fallait, pour le bien de la Russie qui, depuis Pierre le Grand, était devenue le jouet de favoris, pour devenir enfin victime de la démence. Devant le souverain, je suis le sauveur de la patrie ; devant le fils, je suis le meurtrier du père. »

Qui, de ces quatre hommes présents dans la chambre de Paul Ier, lui porta les coups mortels ? Nul ne le sait, mais leur responsabilité collective est indéniable, tandis que l'on sait parfaitement que les deux têtes pensantes du complot s'arrangèrent pour ne pas y prendre une part directe : Panine était hors du palais et Pahlen se trouvait pendant le meurtre dans la galerie attenante à la chambre, à contempler les tableaux.

Les meurtriers – inspirateurs ou exécuteurs – étaient convaincus de sauver la Russie de la folie du souverain. Pour Panine, si longtemps attaché à trouver une issue légale à la crise qui sévissait au sommet de l'État, son rejet de Paul Ier tenait avant tout aux revirements internationaux de l'empereur. Il faut rappeler ici que, pour Nikita Petrovitch Panine, la politique étrangère était une préoccupation fondamentale. Il était le fils du général Pierre Panine, qui avait réprimé la révolte de Pougatchev et sauvé l'unité de l'État russe, alors si menacée. Il était surtout le neveu de Nikita Ivanovitch, ministre de Catherine II, qui, durant plus de dix ans, avait dirigé sa diplomatie après avoir été chargé de l'éducation du grand-duc héritier Paul Ier. Pour les Panine oncle et neveu, le comportement erratique de Paul Ier, la trahison de l'alliance anglaise, à laquelle ils étaient tous deux viscéralement attachés, constituaient une offense personnelle et une faute politique intolérable. On a dit fort souvent – les historiens s'en sont fait volontiers l'écho – que la mort de Paul Ier n'a pas seulement été organisée dans la capitale russe, mais aussi dans le secret du cabinet de Sa Majesté britannique, et que Panine aurait également agi en tenant compte des intérêts anglais, voire en partie en accord avec eux.

Mais l'essentiel est ailleurs : c'est le régicide qui, une fois encore, ensanglante la Russie. C'est de surcroît le second – deux coup sur coup, frappant le fils après le père. Mais le second est beaucoup plus tragique que le premier. La raison en est que le premier fut plus ou moins accidentel. Le scénario initial du meurtre qui débarrassa Catherine de son encombrant époux était celui que Panine va tenter d'imposer en 1801 : un coup d'État, une abdication forcée, puis un éloignement qui, certes, en 1762, s'était achevé tragiquement. Mais, en 1762, le complot avait pour but de sauver non pas un héritier légitime, mais une candidate au trône qui se trouvait menacée et que soutenaient des partisans désireux de porter au pouvoir une prétendante qui, par la suite, les protégerait et les récompenserait : c'est ce qui s'appelle une intrigue politique. En 1801, le meurtre de Paul Ier constitue véritablement un régicide politique, le seul de l'histoire russe. Il s'agit alors de porter au pouvoir l'héritier légitime protégé par la loi de succession instituée par Paul Ier, mais de l'y porter prématurément en éliminant celui qui s'y trouve de manière non moins légitime. Ce régicide est dicté par des raisons politiques ; il est le fruit d'un choix politique fait par des hommes responsables, non par des intrigants.

Ce qui est propre aussi au régicide de 1801 et lui confère un caractère particulièrement dramatique, c'est qu'il introduit dans l'histoire sanglante des successions russes un nouveau modèle. Celui qui prévalait jusque-là était le meurtre du fils par le père. Avec l'assassinat de Paul Ier, c'est l'héritier du trône qui est impliqué dans le régicide, dont la victime n'est plus le tsarévitch, mais le tsar immolé.

Paul Ier connut une mort tragique conforme à ses pires craintes, conforme aussi à l'image que nombre de ses contemporains avaient de lui. C'est Hamlet qu'ils évoquaient souvent à sa vue. Mozart a rapporté à son père que, lors du séjour triomphal à Vienne de Paul, l'héritier, baptisé pour la circonstance comte du Nord, on voulut lui proposer une représentation de *Hamlet*, mais on se ravisa : « L'acteur qui devait tenir le rôle déclara qu'il serait déplacé de jouer le *Hamlet* de Shakespeare en présence du Hamlet russe. Joseph II le récompensa pour sa présence d'esprit. » Quelle prescience, en effet, du destin de Paul Ier !

Si la mort de Paul Ier ne provoqua pas de réaction populaire – inquiétude ou indignation –, c'est qu'en moins de cinq ans de règne il avait réussi à dresser toute la société contre lui. C'est à l'héritier que va d'emblée l'attention générale, c'est lui qui suscite l'espoir.

Mais il n'est pas indifférent de constater que ce tsar impopulaire commence à s'inscrire dans l'histoire russe à une place bien particulière : celle des souverains immolés et, par là, martyrs. À l'origine de cette perception, il y avait eu Boris et Gleb au XIe siècle. Ces deux princes, Boris, prince de Rostov, et Gleb, prince de Mourom, enfants préférés de Vladimir – qui baptisa la Russie –, furent assassinés par Sviatopolk, appelé fort justement le Maudit. Fils adoptif de Vladimir, il avait entrepris de supprimer par le meurtre tous ses successeurs. Les deux jeunes princes, victimes de cette ambition sanguinaire, symboles de la jeunesse et de l'innocence, furent canonisés par l'Église en 1072 alors qu'ils étaient déjà inscrits comme saints martyrs dans la conscience populaire. Dimitri d'Ouglitch, autre victime expiatoire des luttes pour le pouvoir, victime du meurtre pour le trône, devait être lui aussi canonisé. Après la fin du système communiste, l'Église canonisera de même la famille impériale assassinée en 1918. Il n'est pas indifférent de constater que, dans la chapelle de Gatchina, partiellement rendue au culte, trône le portrait de Paul Ier avec la mention : *empereur martyr*. Ne serait-il pas candidat à la canonisation, non pour ses vertus propres, mais, à l'instar d'autres tsarévitchs immolés, pour avoir payé le tribut du sang à la lutte pour le trône ?

CHAPITRE X

Alexandre Ier
Le Sphinx

Après Hamlet, le Sphinx. Alexandre Ier suscite d'emblée une question qui va encadrer un règne éblouissant. À l'aube de son règne, qui est-il : un parricide ? une victime expiatoire ? À la fin du règne : qui est le mort de Taganrog ? qui gît dans la nécropole impériale sous le nom d'Alexandre Ier ?

Fils de l'héritier Paul et de sa seconde épouse, la grande-duchesse Maria Fiodorovna, Alexandre Ier est né le 12 décembre 1777. Il fut presque aussitôt enlevé à ses parents par Catherine II pour être éduqué selon ses principes et ses méthodes. Il a été baptisé Alexandre en l'honneur d'Alexandre Nevski, mais, très tôt, on évoque à son propos Alexandre le Grand – les victoires russes en Orient y incitent. Dès son plus jeune âge aussi, il se signale par une grande précocité et un goût immodéré pour la lecture, qui enchante Catherine. Rien d'étonnant à ce qu'il ait été son petit-enfant préféré, ni à ce qu'elle ait mobilisé La Harpe pour le former. Celui-ci voulut en faire, comme il l'exposa à l'impératrice, « un homme honnête et un citoyen *éclairé* » : « Nous nous faisons gloire de dire que nous sommes créés pour servir nos peuples. » La Harpe initia son impérial élève aux idées des philosophes français.

On a souvent écrit que, écartelé entre Catherine et son père le grand-duc Paul, le jeune Alexandre usait d'un double langage. Les archives montrent qu'il n'en était rien. Lorsqu'il était à Gatchina auprès d'un père aimant, il participait volontiers à ses activités, notamment aux exercices militaires que l'héritier aimait pratiquer. Avec sa grand-mère, il partageait des préoccupations intellectuelles, le goût des discussions, une curiosité infinie pour les idées des Lumières.

Les mystères d'une succession

La relation entre père et fils fut troublée par le projet de Catherine II d'écarter son propre fils du trône au profit d'Alexandre. Elle confia ses intentions à La Harpe et lui demanda son soutien. Encore fallait-il, pour réussir ce changement de successeur, l'accord d'Alexandre. En dépit de son intimité avec sa grand-mère, il refusa de s'engager dans cette voie et resta vague sur ses intentions. Mais la mort brutale de Catherine II et l'absence de dispositions officielles permirent à Paul de monter sur le trône ; Alexandre devint alors l'héritier légitime.

Du vivant de son père, réfléchissant à son gouvernement, Alexandre s'en fit souvent le critique. L'élève de La Harpe constatait les excès du règne, le malheur des humbles, l'autocratie si contraire à l'éducation qu'il avait reçue, et il nota pour lui-même : « Si vient un jour mon tour de régner, je ferai incomparablement mieux. Je me consacrerai à la tâche de donner au pays la liberté et je ne permettrai pas qu'il soit un jouet aux mains de quelques êtres privés de raison. » Par « liberté », Alexandre avait ici à l'esprit une idée précise : *constitution*.

Dans les dernières années de la vie de son père, Alexandre avait été entouré d'un groupe d'amis dont les idées libérales confortaient l'influence de La Harpe. Le premier d'entre eux était le prince Czartoryski, jeune aristocrate polonais, de quelques années plus âgé qu'Alexandre, que sa mère avait envoyé à la cour de Russie, en otage, dans l'espoir de récupérer ses terres. Auprès d'eux, le comte Paul Stroganov, Nicolas Novosiltsev et le comte Paul Kotchoubey. Ce groupe de « jeunes amis », comme ils se désignaient eux-mêmes, débattait à l'infini des réformes nécessaires à la Russie.

Alexandre pria Czartoryski de rédiger un projet de manifeste pour le jour où il accéderait au trône. Par la suite, Czartoryski traitera le texte présenté à Alexandre avec une certaine ironie ; toujours est-il que le grand-duc en fut enchanté. Czartoryski y exposait « les inconvénients du système existant en Russie et les bienfaits de celui qu'Alexandre se disposait à mettre en œuvre, ainsi que la nécessité de la liberté et de la justice ». L'affaire vint aux oreilles de Paul Ier, qui décida d'éloigner de son fils ces esprits séditieux. Sa première victime fut Czartoryski, qu'il écarta de Russie – non sans élégance, craignant les réactions d'Alexandre – en le nommant ambassadeur en Sardaigne. Des mesures semblables frappèrent les autres compagnons du grand-duc.

Comment ne pas évoquer ici une histoire – vraie ou fausse, peu importe, car elle connut un succès durable – qui éclaire les rapports ambigus d'Alexandre avec son père ? Un jour, l'empereur trouva son fils plongé dans la lecture de la tragédie de Voltaire, *Brutus*, qui s'achève sur ces vers :

> *Il n'est plus* [il s'agit de César],
> *Rome est libre, il suffit.*
> *Rendons grâces aux dieux.*

Le lendemain, Paul fit parvenir à son fils l'oukase de Pierre le Grand portant condamnation du tsarévitch Alexis. Cela, sans commentaire ! Cette anecdote complète le tableau des rapports entre père et fils, et annonce bien la tragédie du 11 mars 1801.

Il faut donc en revenir à la question de la responsabilité du grand-duc dans le complot. L'un des conjurés, Bennigsen, raconta dans ses mémoires que, sollicité d'y prendre part, il interrogea son interlocuteur, Zoubov : « Qui est à la tête ? », et il ajouta : « Quand on m'a répondu, sans citer nommément Alexandre, mais le doute n'était pas possible, car c'est de lui qu'il était question, j'ai adhéré sans hésiter à la conspiration. »

La réaction d'Alexandre, lorsqu'on vint l'avertir de la mort de son père, frappa les assistants. Le soin en revint à un tout jeune officier du régiment Semionovski, de garde au Palais cette nuit-là, qui le trouva à demi vêtu, effondré dans son fauteuil. Il s'adressa à lui en le nommant « Votre Majesté Impériale ». Aussitôt Alexandre bondit, hurla (tel est le récit de Poltoratski) : « Comment osez-vous ? Je n'ai jamais rien demandé ni autorisé de tel ! », et il tomba évanoui. Pahlen et Bennigsen, qui venaient d'entrer dans la pièce, le ranimèrent, et Pahlen lui tint ce propos souvent rapporté : « Votre Majesté, il est trop tard, allez régner ! Quarante-deux millions d'hommes dépendent de Votre pouvoir. » Ainsi tancé, convié autoritairement par Bennigsen à apparaître devant la Garde, Alexandre passa instantanément du désarroi et de l'abattement à la posture impériale. Aux troupes qui l'acclamaient, il offrit la version officielle des événements :

« Mon père est mort à la suite d'une attaque d'apoplexie. Tout sera durant mon règne comme ce fut durant celui de ma grand-mère bien-aimée, l'impératrice Catherine. » Tout ici est dit. Paul est décédé de mort naturelle, mais son règne doit être oublié. Catherine II, reniée par son fils, sera le modèle de son petit-fils. D'un régicide à l'autre, le fil est noué.

Alexandre Ier fit preuve de clémence envers les assassins de son père. Pourtant, La Harpe, à qui il avait écrit pour dire son trouble, lui adressa, le 30 octobre 1801, un véritable mémoire le conseillant sur l'attitude à adopter à l'égard des conjurés : « Votre Majesté, y écrit-il, a dû consentir, après une longue résistance, pour le bien de son pays, ce qu'on avait exécuté légitimement et avec succès ailleurs. » La Harpe se montrait du reste tout aussi ambigu qu'Alexandre, suggérant que les consignes avaient peut-être été dépassées. En toute hypothèse, « il fallait, concluait-il, un châtiment exemplaire pour faire cesser en Russie le scandale des régicides constamment impunis, souvent même récompensés ». Mais Alexandre, s'il sévit comme le demandait La Harpe, le fit avec modération. Les deux têtes pensantes du complot, Panine et Pahlen, furent bannies à jamais de la capitale ; les exécutants se retirèrent sur leurs terres. Quant à Bennigsen, il ne fut proscrit de Saint-Pétersbourg qu'un bref moment ; il reprit bientôt sa place dans l'armée et pourra ainsi jouer un rôle considérable dans les guerres napoléoniennes.

En dépit des circonstances qui entouraient son accession au trône, le nouvel empereur fut salué avec joie par toute la société. Il était l'héritier légitime, sa participation au régicide n'était pas prouvée et ne préoccupait personne : l'impopularité de Paul Ier était telle que sa disparition était tenue pour un don du Ciel. La société estimait que le tout nouveau souverain souhaitait réformer afin de rompre avec son prédécesseur. C'est ce qui correspondait aux vœux de la Russie.

L'inspiration libérale

Le début du règne fut marqué par des mesures d'amnistie spectaculaires, annoncées par l'oukase du 15 mars 1801 libérant les prisonniers politiques. Ceux-ci étaient nombreux. Plus de cinq cents détenus bénéficièrent de ces dispositions ; parmi eux, un condamné célèbre : Radichtchev[1]. Par la suite, près de douze mille officiers et fonctionnaires condamnés durant le règne de Paul Ier furent amnistiés.

Le 2 avril, la police secrète de l'empereur (dite *expédition secrète*) est supprimée. Les Russes réfugiés à l'étranger sont autorisés à rentrer, et la liberté de circulation entre l'Empire et le monde extérieur est rétablie. La torture est proscrite en toute circonstance, la liberté d'imprimer et d'ouvrir des imprimeries restaurée, de même que l'importation d'ouvrages étrangers. Alexandre ne cesse de dire qu'il entend substituer la légalité à l'arbitraire.

Ces réformes touchent aussi le gouvernement. Le Sénat est réformé pour recouvrer son autorité, ou plutôt acquérir plus d'autorité qu'il n'en a jamais eu. Il devient l'instance judiciaire et administrative suprême de l'Empire et ses décisions auront le même poids que celles du souverain, qui garde cependant le pouvoir de les contester. Les collèges datant de Pierre le Grand deviennent des ministères ; on en comptera huit.

Mais le jeune empereur rêve de transformer son pays en profondeur et, pour réaliser ce projet, il en revient à sa

---

1. Grâcié par Paul Ier en 1797, Radichtchev n'était pas autorisé à revenir dans la capitale. Alexandre Ier leva son exil.

vieille méthode de réflexion en petit groupe. Il rappelle auprès de lui ses anciens interlocuteurs – Czartoryski, Kotchoubey, Novosiltsev et Stroganov –, qui vont former à ses côtés le *Comité intime* qu'il nommera parfois, avec humour, son *Comité de salut public*. Autour de ce petit groupe qui se réunit régulièrement chez l'empereur, on jase et certains esprits envieux ou simplement inquiets le qualifient de « coterie jacobine ». Les jeunes gens sont unis par des idées libérales et Alexandre Ier est personnellement préoccupé – comme l'était sa « grand-mère bien-aimée » – par la question paysanne et l'horreur qu'il éprouve vis-à-vis du servage.

En 1801, il pensait vraiment pouvoir abolir les deux symboles de la Russie attardée que La Harpe lui avait toujours décrits comme les freins à l'européanisation du pays : l'autocratie et le servage. Les notes que Stroganov prenait lors des discussions du Comité intime témoignent de la volonté d'Alexandre d'avancer dans cette voie. Mais, en peu de temps, il dut constater qu'il lui était impossible de toucher à l'autocratie. Par quoi la remplacer, et comment faire des réformes qui nécessitaient une grande autorité, s'il commençait par limiter son propre pouvoir ? La Harpe, avec qui il correspondait avec assiduité, puisqu'il l'invita à revenir en Russie, lui déconseilla d'y toucher. Il suggéra en revanche que le mal principal dont souffrait la Russie était le manque d'instruction de la société, et que l'effort de réforme devrait porter en priorité sur ce point.

En dépit de ces conseils, c'est le domaine social qui retient d'abord l'attention de l'empereur. Il est convaincu que ses sujets libres aspirent à plus de liberté, ainsi qu'à la propriété de la terre, accordée aux nobles servant le pouvoir, mais dont étaient exclues diverses autres catégories sociales. L'oukase du 12 décembre 1801 octroie aux marchands, bourgeois et autres sujets libres le droit d'acquérir des terres non cultivées. Mais cette réforme ne touche pas à l'essentiel : le servage. Et les débats du Comité intime vont montrer la distance séparant les bons sentiments des solutions pratiques.

Tous les compagnons d'Alexandre Ier font chorus avec lui pour dénoncer l'horreur du servage, son caractère intolérable, la nécessité d'y mettre fin. À partir de là surgit une interrogation : comment faire accepter une telle réforme aux propriétaires de serfs ? Si tous s'accordent à dire que renoncer à la propriété des serfs serait possible, tous pensent aussi que distribuer la terre aux serfs émancipés ne l'est pas. Pourquoi un propriétaire se dépouillerait-il de son bien ?

Le problème est encore aggravé par la perception qu'ont les serfs de leur rapport à la terre. Ils considèrent que, en dépit de leur statut de serfs, la terre qu'ils cultivent de génération en génération est leur bien. Comment les émanciper sans qu'ils se soulèvent pour exiger la terre avec leur liberté ? Le souverain finit par se laisser convaincre qu'une réforme globale – liberté et terre aux paysans – est impossible. Et il n'ose pas opter pour une solution moyenne : l'émancipation des serfs sans terre, craignant que, dépourvus des moyens de survivre, les serfs émancipés ne versent dans une révolte dont l'histoire russe a montré maintes fois qu'elle pouvait conduire à la destruction de l'État.

Il se décide donc pour une loi minimale, adoptée le 20 février 1803, dite loi des « agriculteurs libres », qui prévoit que des propriétaires de serfs peuvent les émanciper volontairement, mais en leur donnant de la terre. Les paysans ainsi affranchis deviendront des agriculteurs libres ; leur statut sera pour l'essentiel analogue à celui des paysans d'État, mais ils seront exemptés de certaines obligations. Et ces nouveaux propriétaires seront d'autant mieux protégés que des tribunaux sont créés pour veiller à la bonne application de la réforme.

Cependant, les propriétaires de serfs désireux d'accomplir un tel sacrifice ne furent pas très nombreux. On estimait à la fin du règne d'Alexandre Ier que près de cinquante mille familles paysannes avaient bénéficié de ce nouveau statut. La grande réforme restait à l'état de rêve et il reviendra au neveu d'Alexandre Ier, Alexandre II, de transformer ce rêve en actes et d'émanciper pour de bon la paysannerie.

Sitôt ces décisions prises, l'empereur est requis par des préoccupations extérieures qui vont le conduire loin : on y reviendra. Mais, dès ce moment, force est de constater que les travaux du Comité intime l'ont déçu. Il le réunit de moins en moins et, au bout de quatre ans, l'instance aura cessé d'exister.

Ce n'est qu'en 1807 que la question des réformes revient à l'ordre du jour, et s'ouvre alors une période d'intense activité dans les domaines de l'éducation et surtout des institutions, qu'inspirent des hommes nouveaux. Le principal conseiller d'Alexandre Ier pour cette seconde période de changement est Alexandre Speranski, ô combien différent à tous égards des amis rassemblés au sein du Comité intime ! Il n'est pas, comme ces jeunes gens enthousiastes, le produit de l'aristocratie ; fils d'un simple prêtre de campagne, il a d'abord étudié au séminaire. Mais Speranski se distingue par son intelligence, ses qualités d'administrateur et son ardeur au travail. Et, en raison de ses origines villageoises, il connaît beaucoup mieux les profondeurs de la société russe que les brillants compagnons d'Alexandre Ier. Il a d'ailleurs été remarqué par un des membres du Comité intime, le comte Kotchoubey, qui l'a recommandé au ministre de l'Intérieur. Alexandre Ier l'a rencontré en 1808, alors qu'il se rendait à Erfurt. Impressionné par sa maîtrise de la langue française et par sa connaissance des institutions françaises, il l'emmena avec lui. Rentré en Russie, Speranski fut nommé adjoint au ministre de la Justice et chargé d'élaborer pour lui un projet de réforme de l'État.

Les historiens ont beaucoup débattu des idées de Speranski et souvent conclu que son idéal était d'instaurer en Russie un pouvoir monarchique fort, appuyé sur le droit, éliminant l'arbitraire et la corruption, ne s'inspirant ni du libéralisme ni du radicalisme. On ne peut porter un jugement aussi net sans considérer la critique de l'État russe qui est alors soumise à Alexandre Ier par l'amiral Mordvinov et Speranski lui-même, et qui servira de base à l'élaboration du projet de ce dernier. L'amiral dresse le tableau sans indulgence de ce qu'il nomme un « État délabré », où les petits peuples de Crimée, de l'Oural, les juifs, les ouvriers des usines métallurgiques, sont tous en passe de se soulever ou de soutenir des ennemis de la Russie, tels les fanatiques Tatars de Crimée, prêts à se rallier aux Turcs. « La famine, écrit-il, guette le pays. L'armée est désorganisée, faute d'un commandement expérimenté, et les Affaires étrangères sont dirigées par un étranger [Czartoryski] qui n'a pas le sens de l'intérêt russe ; le clergé, enfin, est méprisé de la population. » Speranski commente pour sa part : « Nos lois sont écrites à Athènes ou en Angleterre, mais notre système d'administration est emprunté à la Turquie. »

Ce que prône Speranski est la création d'un État de droit, avec à sa tête un monarque constitutionnel au pouvoir restreint par la Loi fondamentale. Ses propositions, compliquées dans leur application, soulevèrent tant de critiques que l'empereur s'en désintéressa. Speranski tomba en disgrâce, et son projet dans l'oubli.

La disgrâce de Speranski ne tenait pas seulement à l'hostilité qu'il suscitait parmi la noblesse, à cause de diverses mesures financières qu'il avait proposées, mais aussi à sa réputation de francophile passionné. Or la menace napoléonienne va condamner tous ceux qui plaident pour un modèle français. De ce projet oublié restera cependant une grande innovation : la création, en 1810, du Conseil d'État, imité de celui de Napoléon, chargé d'assister l'empereur dans son activité de législateur, et qui met en avant la légalité et la régularité des procédures, ce qui constitue un grand progrès pour la Russie.

Speranski réussit également, avant d'être congédié, à réorganiser les ministères et à créer deux instances dépendant du gouvernement : l'une pour contrôler les finances de l'État, l'autre pour développer les transports, impératif majeur au regard de l'immensité russe. Un budget annuel fut aussi mis en place grâce à lui. Enfin, il introduisit dans l'administration un examen d'entrée qui favorisa la prise en compte du mérite, indispensable contrepoids à une corruption endémique.

Lorsqu'il devint empereur, Alexandre Ier était inspiré par les principes libéraux que lui avait inculqués La Harpe. De là sa volonté de s'attaquer aux problèmes fondamentaux de la Russie. Si les deux périodes de réformes intérieures – 1801-1803 et 1807-1812 – n'aboutirent qu'à des décisions partielles, peu appliquées, cela tient aux pesanteurs internes que subissait Alexandre Ier : d'abord l'opposition de la noblesse à toute véritable réforme du servage, puis le conservatisme de la bureaucratie, enfin la corruption qui freinait la réforme de l'État. Cela tient aussi au caractère de l'empereur, intelligent et généreux, mais faible devant l'obstacle et versatile.

La politique étrangère, l'obsession napoléonienne

S'il était difficile, pour ne pas dire presque impossible, de faire bouger l'énorme Russie, le rôle et la place de l'Empire dans le monde vont être d'emblée les champs privilégiés de l'activité d'Alexandre. La politique étrangère a exercé sur lui un attrait irrésistible et, dans ce domaine, son caractère – « mélange de charme et de fourberie », écrira Albert Sorel – le servait. Sans doute, dans son action internationale, retrouve-t-on par moments la versatilité qui préside à son action intérieure, et un penchant à subir maintes influences. Mais, à sa façon, il aura continué l'œuvre de ses prédécesseurs et agrandi, lui aussi, l'espace de l'Empire sur les rives de la Baltique et de la mer Noire, tout en trouvant une solution inédite au problème polonais.

Sitôt sur le trône, il s'empressa de mettre un terme aux extravagances de son père en abandonnant le projet fou de conquête de l'Inde et en réévaluant une orientation prussophile exagérée. Très tôt, il supprima les uniformes « à la prussienne » et les manœuvres empruntées à la Prusse, pour rendre à son armée ses tenues et ses usages. Paul Ier avait rompu avec l'Angleterre et promis aux Turcs son concours, en connivence avec la France ; il fallait dénouer cet imbroglio. Alexandre Ier commença par envoyer un message de paix à l'Angleterre, ce qui lui permit de signer un accord avec Londres en 1801. Dans le même temps, il expédiait un émissaire à Paris qui négocia là aussi un accord, signé le 10 octobre 1801, donnant à la Russie des apaisements en Méditerranée.

Mais, au-delà de ces dispositions d'urgence, il fallait définir une politique générale, choisir entre les diverses orientations possibles pour la Russie. D'un côté, Alexandre Ier subit les pressions des partisans d'une politique dite des « mains libres », impliquant le rejet de toute alliance avec l'Angleterre, la France, la Prusse, l'Autriche, au profit d'une politique active de relations commerciales avec tous les pays sans exception. En face se dressent les partisans d'une alliance avec l'Angleterre, conduits par les deux frères Vorontsov : Semion, longtemps ambassadeur de Russie à Londres, et Alexandre, qui va devenir ministre des Affaires étrangères en 1802. Tous deux plaident pour une guerre qui arrêtera Napoléon dans la poursuite de ses ambitions. Enfin, l'impératrice mère soutient activement les partisans d'une alliance avec la Prusse.

Comment négliger ici le fait que les alliances matrimoniales ont entraîné une entrée en force de princesses allemandes à la cour de Russie ? Catherine II, déjà, était allemande. La mère de l'empereur, veuve de Paul Ier, est princesse de Hesse-Darmstadt. Son épouse est princesse de Bade, et toutes ses sœurs ont intégré des familles princières allemandes ou autrichiennes. Si cela ne suffit certes pas à créer un climat de paix entre la Russie et les principautés germaniques, cela nourrit néanmoins des liens permanents, des intérêts communs et une hostilité partagée à la France napoléonienne.

C'est Adam Czartoryski, l'ami et le confident de longues années, qui sera l'inspirateur de cette volonté de réviser les engagements russes. En 1802, le collège des Affaires étrangères est devenu ministère ; Alexandre Ier nomme à sa tête le comte Alexandre Vorontsov et lui donne pour adjoint Czartoryski. Mais Vorontsov est déjà considéré comme un vieillard – il a à peine soixante ans ! – et sa santé est chancelante. Dès le début, le ministère va être dominé par le brillant prince polonais. L'entourage du souverain s'interroge : un Polonais peut-il être un défenseur sincère des intérêts russes ? Joseph de Maistre, qui observe attentivement la scène politique pétersbourgeoise, répond sans ambages : « Je doute qu'un Polonais puisse devenir un bon Russe. » Peu importent ces critiques à Alexandre : Czartoryski a toute sa confiance et deviendra en 1804 ministre des Affaires étrangères.

En 1803, alors qu'il n'est encore qu'adjoint, il présente à l'empereur un texte remarquable intitulé *Sur le système politique que devrait suivre la Russie*. Czartoryski assure : « Il n'y a pas de puissance qui ait moins à craindre qui que ce soit que la Russie, et elle n'a pas besoin d'acquérir aux dépens d'autrui. Son territoire n'est déjà que trop grand. » De cette puissance qu'il souligne sans relâche, il déduit que la Russie peut et doit jouer en Europe un rôle décisif, en définissant clairement sa position et ses intérêts. Mais ce n'est pas une puissance agressive ; elle n'en a, vu ce qu'elle est, nul besoin. En Europe, considère l'auteur du mémorandum, le danger réel pour la Russie vient de l'Angleterre. Il faut donc que la Russie lui trouve des contrepoids pour contenir sa puissance, en mettant sur pied une marine digne de ce nom et en se cherchant des alliés parmi les États maritimes indépendants ou rivaux de l'Angleterre. Mais, dans le même temps qu'il met l'empereur en garde contre la puissance anglaise, Czartoryski conclut : « Il est important de caresser une puissance où les principes libéraux, chassés du continent, ont pris depuis quelque temps leur refuge, et on les retrouvera si l'on veut les prendre pour bases des relations internationales. C'est surtout le cas depuis que la France ne peut faire parade de rien de libéral dans sa politique, sous aucun point de vue. »

Ce passage du mémorandum éclaire toute la vision de Czartoryski : en dépit du danger que représente l'Angleterre pour la Russie, il affirme que, si les deux pays arrivaient à s'entendre, ils pourraient imposer leur loi à tout le continent.

Avec la France, les rapports de la Russie se sont fort modifiés. Traditionnellement, rappelle Czartoryski, les rois de France ont utilisé les voisins de la Russie – Suède, Pologne, Turquie – pour l'affaiblir. Mais ce jeu n'est plus possible, la Pologne ayant disparu et la Russie ayant dominé les deux autres alliés traditionnels de la France. Le problème est désormais posé par Napoléon, par ses ambitions. Les nations européennes doivent s'allier pour empêcher qu'il ne fasse de nouvelles conquêtes. Czartoryski suggère de mobiliser le libéralisme contre l'esprit de la Révolution française et contre celui qu'il nomme « le Dictateur », Napoléon.

Mais comment Czartoryski oublierait-il la Pologne dans cette réflexion sur l'Europe et ses équilibres ? Le partage de ce pays a été, écrit-il, un désastre pour la Russie qui, « au lieu d'un voisin faible, en a acquis deux forts ». Sans compter que, dans ce partage, la Russie a été la moins favorisée. La conséquence en est qu'elle a grand intérêt au rétablissement de la Pologne. Celle-ci, ainsi restaurée, devrait former une union avec la Russie. Le grand-duc Constantin, frère de l'empereur, placé sur le trône, incarnerait l'indispensable union des deux grands États slaves, et la Russie se trouverait ainsi séparée des deux grandes puissances germaniques, toujours menaçantes.

Quant à l'Empire ottoman qui, pour Czartoryski, est en état de décomposition avancée, il propose, pour empêcher que quelque puissance n'en profite pour s'assurer le contrôle des Détroits et dominer les décombres, que la Russie favorise l'émergence d'un royaume grec et soutienne les États balkaniques.

Pour apaiser les susceptibilités anglaises devant un projet renforçant la Russie, et contrer les oppositions russes à l'idée d'une restauration de la Pologne, Czartoryski ajoute une proposition remarquable, même si elle ne prendra corps sous d'autres formes qu'un siècle plus tard. Il présente dans ce texte un véritable code de droit international destiné à prévenir les guerres et à organiser de manière pacifique la communauté des

États. N'est-ce pas ce que Wilson tentera de mettre sur pied avec la Société des Nations après la terrible tuerie de 1914-1918 ?

Dans la pratique, Czartoryski décida, en accord avec l'empereur, de tenter sur-le-champ de s'assurer la sympathie ou la neutralité anglaise. Novosiltsev fut dépêché à Londres pour négocier. Son interlocuteur, Pitt, se montra fort réservé, voire ironique. Du projet de fédération slave, il dit : « Il y a beaucoup d'exemples de protectorats qui se terminent par une annexion. » Et il balaya l'idée d'adhérer à un droit international avec ce commentaire : « L'Angleterre préfère périr dans la gloire que d'abandonner son droit naturel. »

Pitt ne s'opposa cependant pas au principe d'une Pologne reconstituée, unie par la couronne à la Russie. Le projet enchanta l'empereur, mais il n'eut pas le temps de le mettre en application, car la politique européenne allait rapidement être dominée par la guerre entre la Russie et la France de Napoléon.

En 1804, ce dernier ne semblait guère modérer ses ambitions, comme l'avait espéré Alexandre Ier en 1801. Deux événements mirent alors le feu aux poudres. D'abord, l'enlèvement du duc d'Enghien sur le territoire de Bade, dont l'empereur, pour des raisons dynastiques, se considérait comme le protecteur. Pis : la Russie protestant contre cet enlèvement, Talleyrand répondit avec insolence : « La plainte que la Russie élève aujourd'hui conduit à se demander si, lorsque l'Angleterre médita l'assassinat de Paul Ier, on eût eu connaissance que les auteurs du complot se trouvaient à une lieue des frontières, on n'eût pas été empressé de les faire saisir. »

D'autre part, toute la France, était au demeurant intolérable à la Russie. À commencer par la proclamation de l'Empire et le sacre de Napoléon par le pape, dans un déploiement de faste qui semblait lancer un défi aux monarchies traditionnelles. La Russie des Romanov, si attachée à l'ordre de l'Histoire, qui se souvenait avec quelle morgue elle avait été traitée par Louis XIV et Louis XV, contestant à ses souverains le titre impérial, pouvait-elle s'accommoder d'un « empereur parvenu » ? Alexandre Ier, pour sa part, ne le pensait pas ; il était en accord avec tout son entourage, convaincu de la nécessité de donner un coup d'arrêt à la « mégalomanie » napoléonienne.

Le temps des coalitions changeantes

Ce sera la guerre de la troisième coalition. L'Autriche, la Russie et la Suède, soutenues par la Grande-Bretagne, vont constituer un front puissant contre la France et son alliée l'Espagne. Mais l'absence de la Prusse dans cette coalition va poser un délicat problème : comment affronter Napoléon sans passer par la Prusse ? Le roi de Prusse espère tirer avantage de sa neutralité et obtenir l'aide de la France pour s'emparer du Hanovre, vieux rêve prussien. Il interdit son territoire aux armées russes, ce qui n'empêchera pas Bernadotte d'y pénétrer à la tête de troupes suédoises. Alexandre profitera du désarroi prussien pour proposer au roi en difficulté un accord par lequel il lui promettait, dans un article secret, son concours pour faire triompher ses prétentions sur le Hanovre. Ce faisant, Alexandre violait l'accord passé peu auparavant avec l'Angleterre, et devra le payer ultérieurement. Si l'incident est évoqué ici, c'est qu'il témoigne d'une certaine légèreté d'Alexandre, dans la conduite de la politique étrangère, qui se manifestera à maintes reprises sans pour autant effacer le brio de ses intuitions.

L'empereur a rejoint son armée et impose ses vues à Koutouzov. La grande confrontation a lieu à Austerlitz, où les troupes austro-russes dominent en nombre l'armée française. Pourtant, c'est cette dernière qui l'emporte. L'empereur d'Autriche signe le 5 mai un armistice avec Napoléon, stipulant que les troupes russes devront quitter sans délai le territoire autrichien. Koutouzov va conduire leur retraite. La Russie laisse vingt-cinq mille morts sur le champ de bataille. Alexandre en est accablé.

La troisième coalition est morte à Austerlitz, mais Napoléon n'oublie rien de ses ambitions, et l'empereur russe a tôt fait de comprendre qu'il lui faut envisager la suite, se préparer à une autre guerre, s'il ne veut pas que l'Europe entière tombe sous la coupe du *Parvenu*.

Czartoryski sait qu'il n'est plus écouté par l'empereur. Il lui adresse en 1806 une note où il dresse le bilan de son action et explique les raisons de la supériorité de Napoléon : « Bonaparte a vaincu l'Autriche, la Prusse et la Russie parce qu'il sait mettre à profit l'instant présent… Cela double, triple la force de ses armées. » Il est remplacé par le baron Boudberg, un Balte plutôt prussophile. L'impératrice mère, qui s'est toujours méfiée de Czartoryski, applaudit à son départ, mais s'inquiète des sympathies prussiennes de son fils. Elle n'a pas tort.

La Prusse, qui, en se tournant vers Napoléon, a obtenu le Hanovre, se retourne contre lui, convaincue qu'elle a les moyens de le défier. Une quatrième coalition se forme, à laquelle manquent beaucoup d'alliés. L'Angleterre n'en est pas, parce qu'elle ne pardonne pas à la Prusse de s'être emparée du Hanovre ; ni la Suède, parce qu'elle est l'alliée de l'Angleterre ; ni l'Autriche, écrasée l'année précédente. Restent la Prusse et la Russie.

La décision d'Alexandre Ier de se lancer dans cette guerre est combattue par Czartoryski, par sa mère, par une part non négligeable de son entourage. Les victoires de Napoléon sur les armées prussiennes vont montrer la justesse de l'analyse de Czartoryski. À Iéna, puis Auerstedt, les troupes prussiennes sont écrasées et Napoléon entre dans Berlin le 27 octobre 1806.

Pourtant, Alexandre Ier, qui n'a pas encore engagé ses troupes, s'obstine. Une fois encore, il va rejoindre l'armée. Il a signé avec la Prusse un traité qui stipule sa reconstruction et le retour de la France dans ses frontières, et Alexandre attend avec impatience le moment de faire entrer ses troupes sur le champ de bataille. Mais les défaites se succèdent : Eylau d'abord, et surtout, en juin 1807, l'affrontement décisif qui a lieu à Friedland. L'armée russe y perd plus du tiers de ses effectifs et, devant cette déroute, Alexandre doit céder aux pressions de ses proches. Tous plaident qu'il faut s'incliner et traiter avec la France.

À ce désastre militaire s'ajoutent les difficultés du Trésor russe. Alexandre ne peut obtenir de l'Angleterre qu'elle lui accorde un nouveau crédit de six millions de livres : Londres n'oublie pas l'injure infligée au sujet du Hanovre. Alexandre paie alors le prix de ses choix. Avant même d'être défait sur le terrain, il s'interroge et écoute ce que chuchotent ses proches, dont Czartoryski : plutôt que de combattre vainement le Corse, ne vaut-il pas mieux s'entendre avec lui et participer à ses gains ?

Dès lors la machine de paix, succédant à la machine de guerre, va s'emballer. Quelques jours à peine après la défaite de Friedland, Alexandre, qui a envoyé un émissaire à Napoléon pour lui faire part de ses intentions, est informé de l'accueil chaleureux réservé à ses propositions. Napoléon souhaite le rencontrer et c'est le moment si remarquable où, sur le Niémen, à bord d'un radeau, les deux hommes qui se sont tant combattus vont faire assaut de séduction l'un vis-à-vis de l'autre, et de propositions dont d'autres États feront naturellement les frais. En l'occurrence, l'ennemi commun, à cette heure, devient l'Angleterre. Ce sera Tilsit et la signature de deux documents : le traité d'alliance et d'amitié, comportant des dispositions secrètes, et le traité d'alliance offensive et défensive.

Le traité de Tilsit, qui scelle l'alliance entre la France et la Russie, constitue, pour cette dernière, un revirement complet de ses orientations. Il implique d'abord la division de l'Europe en zones d'influence : à la France, l'Europe occidentale ; à la Russie, l'Europe orientale. Mais Alexandre obtient que soit préservée l'indépendance de la Prusse, à qui la France enlève cependant la région de Bialystok. Le rêve de Czartoryski de restaurer la Pologne revit sous la forme du grand-duché de Varsovie, attribué au roi de Saxe. Ce n'est pas encore une Pologne reconstituée, mais un embryon qui repousse à plus tard la solution complète du problème polonais. Alexandre doit par ailleurs accepter de céder les îles Ioniennes à la France, ce qui signifie qu'il doit oublier son grand projet méditerranéen.

La paix se fait sur le dos de l'Angleterre. Si elle persiste dans son hostilité à la France, il est convenu que la Russie se joindra au blocus continental. Alexandre est soulagé : son pays avait besoin de cette paix, et Napoléon a aussi reconnu par traité la puissance de la Russie et sa place en Europe. Peu importe à Alexandre qu'il ait, à Tilsit, traité dans des termes qui trahissent l'accord passé peu auparavant à Londres par Novosiltsev. Dans cet accord, l'Angleterre et la Russie se partageaient l'Europe ; à Tilsit, c'est aussi un partage de l'Europe qui est négocié, mais les protagonistes en sont la Russie et la France.

Pour satisfait qu'il soit du traité de Tilsit, Alexandre Ier n'est pas dupe des bonnes paroles échangées. Il est

1. Médaille du tricentenaire représentant le premier Romanov, Michel Ier, et le dernier, Nicolas II.

2. Nicolas II entouré de sa femme, de ses quatre filles et du tsarévitch.

Les dates indiquées sont celles des règnes.

3. Michel Ier (1613-1645).

4. Alexis Ier (1645-1676).

5. Pierre Ier (Pierre le Grand, 1682-1725).

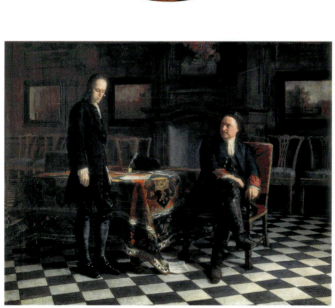

6. Pierre le Grand interrogeant le tsarévitch Alexis.

7. Catherine Ire (1725-1727).

8. Pierre II (1727-1730).

9. Élisabeth 1re (1741-1762).

10. Pierre III (1762).

11. Catherine II (1762-1796).

12. Emelian Pougatchev enchaîné (dessin d'époque).

13. Paul Ier (1796-1801).

14. Alexandre 1er (1801-1825).

15. Feodor Kouzmitch.

16. Nicolas Ier (1825-1855).

17. Alexandre II (1855-1881).

18. Alexandre III (1881-1894).

19. Nicolas II (1894-1917).

20. Installation de la première Douma en 1906 au palais d'Hiver.

21. Caricature d'époque représentant Raspoutine et le couple impérial.

Deux géants de la littérature russe

22. Alexandre Sergueievitch Pouchkine (1799-1837).

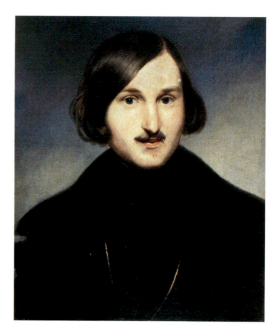

23. Nicolaï Vassilievitch Gogol (1809-1852).

convaincu qu'il lui faudra surveiller son nouvel allié et que les motifs de discorde – Turquie, Baltique, Pologne – sont toujours là. Il sait que Napoléon craint la puissance russe et n'a accepté de traiter avec elle que pour gagner du temps.

La paix établie avec la France permet aussi à Alexandre Ier de reporter son attention sur une autre partie du monde où les intérêts russes sont considérables : avant tout le Caucase. Paul Ier avait annexé la Géorgie. Cette appropriation indigna la Perse, qui engagea une guerre contre la Russie. Celle-ci dura jusqu'en 1813 et se termina par la victoire russe et le traité de Gulistan, reconnaissant la souveraineté russe sur la Géorgie et une partie du Nord-Caucase, dont le Daghestan.

La Turquie s'émut à son tour de l'annexion de la Géorgie et déclencha elle aussi une guerre contre la Russie, qui dura de 1806 à 1812. Les troupes russes conduites par Koutouzov remportèrent victoire sur victoire.

Face à la Turquie comme face à la Perse, Alexandre profitait largement de la paix assurée en Europe par le traité de Tilsit. Mais, quand cette paix vint à être remise en cause, il lui fallut signer en hâte le traité de paix de Bucarest pour se débarrasser du front turc et être prêt à faire face de nouveau à la France. Cette paix de Bucarest élargissait le territoire russe en Bessarabie et lui donnait le contrôle de la Moldavie et de la Valachie.

Enfin, un troisième front s'ouvrit durant cette période de paix avec la France : ce fut la guerre avec la Suède, qui dura plus d'un an (1808-1809) et apporta à la Russie la Finlande, érigée en grand-duché autonome de l'Empire. Alexandre Ier prit alors le titre de grand-duc de Finlande.

Les progrès russes, au cours de cette période remarquable, s'étendent même au sol américain : la Russie, qui s'était établie à la fin du siècle en Alaska, y construit des forts et progresse jusqu'en Californie, où s'installent des colons russes. Fort Ross, qui deviendra plus tard San Francisco, est édifié en 1812.

Alexandre peut s'estimer satisfait : la paix signée à Tilsit lui a permis, en l'espace de cinq années, d'étendre son empire de manière à parachever les tentatives d'expansion de ses prédécesseurs. Mais l'empereur de Russie est sans illusion sur la durée et la sincérité de l'accord conclu avec Napoléon, qu'il qualifie d'« ajournement des haines ». Conscient de la nécessité de se préparer à des lendemains guerriers, il expédie dans toutes les capitales européennes des agents qui seront ses informateurs, voire, et souvent, des provocateurs pour la diffusion d'idées et d'intrigues antifrançaises. Les motifs d'aigreur, puis de rupture, ne vont pas manquer.

Quand il divorce d'avec Joséphine, Napoléon charge Talleyrand de sonder le tsar : sa sœur, Catherine, ne ferait-elle pas une belle impératrice des Français ? Sans se laisser décourager par les rebuffades de Saint-Pétersbourg, Napoléon reporte ses vues sur une autre sœur d'Alexandre, Anne, une jeune fille de quinze ans. Il lui est répondu qu'elle n'est pas nubile, mais la réponse implique que l'empereur, quadragénaire, ne saurait pas mieux lui convenir qu'à sa sœur aînée. Napoléon en sera d'autant plus marri que la grande-duchesse Catherine, qui lui avait été refusée, sera mariée peu après à un prince allemand, et que les fastueuses cérémonies nuptiales donneront à Alexandre Ier l'occasion d'accueillir de manière démonstrative le roi et la reine de Prusse.

Autre phase délicate de cette précaire alliance avec la France : la guerre austro-française, engagée en 1809 par l'Autriche, convaincue d'avoir choisi le moment opportun. L'empereur se trouve alors en difficulté avec le pape et en Espagne, mais il n'a rien perdu de ses moyens militaires. L'Autriche a également espéré que la Russie demeurerait neutre dans ce conflit, mais l'alliance de Tilsit pèse dans la décision d'Alexandre. Tandis que Napoléon écrase les armées autrichiennes et pénètre dans Vienne, Alexandre doit se résigner à franchir le Bug et à combattre les Autrichiens. La bataille de Wagram met fin à ce conflit.

Les Polonais s'étant ralliés à la France, le grand-duché de Varsovie sera agrandi par le traité de Vienne (octobre 1809) de Cracovie et de la Galicie occidentale. Alexandre ne pourra s'en réjouir, car cet agrandissement, qui est le fait de la France, va placer le grand-duché de Pologne sous protectorat français. Quelle humiliation pour la Russie, qui voit là se reconstituer l'alliance traditionnelle entre la Pologne et la France, laquelle l'a toujours utilisée contre les Russes !

Dans la guerre contre l'Autriche, Alexandre s'est engagé on ne peut plus mollement aux côtés de son allié. Napoléon le lui fit payer cher, même s'il assure à « son ami russe » qu'il est prêt à ne plus utiliser le mot « Pologne ». Et l'empereur français d'infliger alors un autre camouflet à son allié. Sans doute ses prétentions à épouser une grande-duchesse avaient-elles été découragées, mais il ne s'était pas agi d'une franche fin de non-recevoir. La jeunesse de la grande-duchesse Anne alors invoquée laissait entrevoir que la question pourrait se poser plus tard. Ces manœuvres dilatoires avaient été fort bien perçues par Napoléon, et sa riposte fut vive : il annonça soudain qu'il allait épouser Marie-Louise d'Autriche, laissant froidement tomber le projet russe avant d'avoir essuyé un véritable refus.

Enfin, Napoléon avait annexé, entre autres territoires, le duché d'Oldenbourg, dont le prince régnant, le duc d'Oldenbourg, avait épousé Catherine, sœur d'Alexandre Ier, qu'il avait un moment convoitée.

L'empereur russe dut constater que son allié ne montrait guère de respect pour les engagements souscrits à Tilsit et qu'il veillait à agrandir avec constance son territoire.

L'hostilité à la France devient aussi, en ces années 1810-1812, caractéristique de l'opinion publique russe. À la Cour se développe un véritable complot anti-français qui aura raison de Speranski, ministre réformateur apprécié d'Alexandre et qui tentait désespérément de moderniser la Russie. Mais celui-ci était impopulaire, parce que considéré comme pro-français et porteur d'idées françaises. Sous la pression de son entourage, Alexandre rappelle à ses côtés le général Araktcheiev, que Joseph de Maistre qualifia d'« épouvantail » ou de « chien de garde ». Cet Araktcheiev n'était pas non plus un personnage de tout repos. Jeune lieutenant, il avait séduit Paul Ier et avait, sur ses ordres, « prussianisé » les troupes de Gatchina, puis fait de même avec la Garde à Pétersbourg. Et il avait gagné la confiance d'Alexandre, encore héritier du trône, en organisant pour lui des exercices militaires à Gatchina. En 1810, Alexandre le charge de mettre sur pied des *colonies militaires* et, plus généralement, de préparer l'armée à la guerre qu'il estime de nouveau inévitable avec la France.

Quand il se sépare de Speranski, Alexandre laisse le champ libre à tous ceux qui plaident pour une rupture avec la France en profitant du moment où celle-ci se trouve empêtrée en Espagne. Aux partisans de cette rupture s'ajoute Talleyrand, déjà prêt à la trahison, qui communique aux Russes des informations sur l'humeur antinapoléonienne grandissante en France et sur les faiblesses françaises. Il est vrai qu'il espère combler ses besoins criants d'argent à Pétersbourg : l'empereur de Russie est réputé pour sa richesse et ses largesses.

L'an 1812 voit se mettre en place tout un système de relations nouvelles entre États qui déjà préparent la guerre en défaisant l'alliance de 1807. Alexandre cajole l'empereur d'Autriche, en dépit du mariage de Napoléon avec Marie-Louise, et lui assure que rien ne pourra entamer l'amitié russe pour son pays. Il en fait autant avec la Prusse, pourtant entièrement soumise à la France, mais bien contre son gré. En Suède, Bernadotte lui prodigue des conseils sur la meilleure manière d'affronter les armées de Napoléon. Enfin, il se rapproche de l'Angleterre, avec qui il signera le traité de Stockholm en juin 1812. Oublié, le grand renversement d'alliance de 1807 ! Alexandre, souvent changeant, a mis une remarquable opiniâtreté à préparer le conflit. Il sait, tout comme son adversaire, que l'antagonisme entre leurs deux pays est fondamental, que l'enjeu en est l'avenir du continent. Et, de même qu'Alexandre, Napoléon se prépare à ce qui va être leur grande explication.

Vainqueur de Napoléon

En juin de cette année 1812 qui sera si coûteuse pour les deux pays, Napoléon, fin prêt, pénètre avec ses troupes sur le territoire russe. De part et d'autre, on s'est assuré des alliés. La France a mis de son côté de nombreux pays européens, dont l'Autriche et la Prusse. La Russie a mis du sien l'Angleterre et la Suède, et a neutralisé la Turquie. Les armées françaises qui franchissent la frontière sont immenses : quatre cent vingt mille hommes qui, avec les renforts, sont portés à six cent mille. En face, Alexandre ne peut en aligner que cent vingt mille, répartis entre deux armées, l'une commandée par le prince Barclay de Tolly, l'autre par le prince Bagration. À première vue, le succès semble promis aux Français, tant ils sont servis par une supériorité numérique écrasante, le génie militaire de Napoléon et sa réputation d'invincibilité. De quoi décourager n'importe quel ennemi ! Pourtant, Alexandre n'a pas perdu d'avance. Pour nombreuse qu'elle soit, l'armée napoléonienne a aussi ses faiblesses. Elle possède peu de vétérans expérimentés, car les guerres qui se suivent exigent un renouvellement permanent des troupes. Elle compte aussi énormément d'étrangers, parmi lesquels seuls les Polonais, qui pensent se battre pour la Pologne, manifestent une énergie sans faille. Enfin, les lignes de communication françaises sont interminables ; les protéger exige d'amples effectifs, et la supériorité numérique des Français va s'en trouver affectée.

Tout comme Charles XII un siècle plus tôt, Napoléon choisit l'itinéraire Vilno-Vitebsk-Smolensk. Tout va bien pour lui jusqu'à Smolensk, bataille encore remportée, où les deux armées russes ont fait leur jonction. Sous la pression de son opinion publique, exaspérée par l'annonce de la progression française et des défaites subies, Alexandre Ier nomme Koutouzov à la tête de l'armée. C'est un vétéran (il a soixante-sept ans), mais c'est un chef militaire incomparable. Comme Barclay de Tolly, il entend faire retraite – en fait, attirer Napoléon dans un piège où il tombera –, mais non sans livrer une bataille décisive. Ce fut Borodino, à cent vingt kilomètres de Moscou, un des plus terribles affrontements de l'histoire militaire. Les Russes y perdent quarante-deux mille combattants sur cent vingt mille ; les Français, cinquante-huit mille sur cent trente mille. Dans l'effroyable bilan des pertes figure un nombre considérable de généraux et d'officiers. Le prince Bagration y laisse la vie.

Koutouzov décide alors de rompre le combat et de se retirer au sud-ouest de Moscou, laissant la voie libre à Napoléon, qui fait le 14 septembre une entrée triomphale au Kremlin.

L'empereur français pensait avoir gagné une bataille décisive qui conduirait à la paix. Erreur ! C'était sans compter avec la volonté désespérée de son adversaire de ne pas lui laisser la victoire, en l'enfermant dans une guerre longue – Alexandre Ier et Barclay de Tolly avaient tablé sur un conflit de quelque deux ans –, alors que le génie napoléonien se déployait dans des guerres rapides où il savait surprendre et écraser l'adversaire.

Napoléon allait aussi se retrouver dans des conditions logistiques déplorables, alors que les Russes avaient mieux réglé au préalable ces problèmes. Si les guerres modernes du XXe siècle ont dépendu largement des blindés et de l'aviation, au XIXe siècle le cheval jouait le même rôle et la supériorité de la cavalerie russe fut ici décisive dans la défaite de Napoléon. Elle harcela l'armée française dans sa retraite, tandis que Napoléon y perdait non seulement ses hommes, mais aussi presque tous ses chevaux. Enfin, pour la Russie, cette guerre était, Alexandre l'avait proclamé, une guerre nationale, patriotique, et il était sûr du soutien de tout son peuple.

Entré à Moscou, Napoléon croyait que l'effet de cette victoire allait briser l'ennemi russe. Il fit alors des avances à Alexandre qui, par son silence, l'encouragea à rester sur place. Il y demeura six semaines, fatale erreur qui lui fit perdre beaucoup de temps et rendit sa retraite d'autant plus périlleuse que l'hiver russe, particulièrement rigoureux, allait l'accompagner. En s'attardant à Moscou, Napoléon avait espéré un geste de paix d'Alexandre, un sursaut des élites russes en faveur de la paix, voire une révolte des cosaques. Il avait ignoré la ferveur nationale qui soudait les Russes, et les plans de campagne préparés par leur chef pour l'épuiser dans une guerre en territoire russe, avant de progresser en Europe à la faveur d'une coalition qui se serait formée contre lui.

Sans doute Alexandre fut-il déçu dans son espoir que Napoléon serait fait prisonnier au passage de la Berezina. Il échappa aux Russes et rentra à Paris, mais le retour de ses troupes se fit dans d'effroyables conditions. Affamées, pourchassées, elles laissèrent dans les déserts glacés de l'hiver russe des jonchées de cadavres. Terrible tragédie !

Sitôt Napoléon rentré en France, et ses troupes refluant, nombre de généraux russes, dont Koutouzov, considèrent que la guerre peut prendre fin. Le mythe de Napoléon, l'éternel vainqueur, s'est abîmé en Russie. Mais Alexandre n'est pas de cet avis. Il n'entend pas seulement vaincre Napoléon, il veut éliminer la France napoléonienne d'Europe, construire une Europe sur des principes généreux, sans frontières, où dominerait le bonheur universel. Cette utopie, que Napoléon avait lui aussi nourrie pour son propre compte, va faire place aux guerres destinées à l'imposer.

Pourchassant l'ennemi, les armées russes atteignent à la fin de 1813 les bords du Rhin. En mars 1814, Alexandre Ier défile à la tête de ses troupes dans Paris. Entre-temps, que de combats, de sang versé, de territoires dévastés ! Mais Alexandre Ier a gagné son pari : il va débarrasser l'Europe de Napoléon. Celui-ci abdique et doit partir pour l'île d'Elbe. Les Bourbons peuvent reprendre leur trône, et l'Europe des rois légitimes se reconstituer. Certes, il y aura encore quelques épisodes contraires : le retour de l'île d'Elbe, les Cent-Jours. Mais ils ne suffisent pas à remettre en cause le triomphe d'Alexandre Ier. L'Empire de Napoléon n'existe plus, et le congrès de Vienne va dessiner la carte du continent, partager le butin, définir ce que doit être l'Europe postnapoléonienne.

Le vainqueur de Napoléon était incontestablement Alexandre Ier, mais ses alliés se méfient de lui ; ils n'acceptent pas qu'il profite de sa victoire pour imposer seul ses vues. Afin de limiter ses ambitions, l'Angleterre et l'Autriche ont très tôt cherché à signer la paix, mais la volonté d'Alexandre l'a emporté et tous auront dû poursuivre la guerre jusqu'à la victoire finale. Reste à organiser la paix.

Le congrès des vainqueurs dure près de neuf mois – de septembre 1814 à juin 1815. Alexandre Ier y représente la Russie, Metternich l'Autriche, Castlereagh l'Angleterre, Hardenberg la Prusse, et Talleyrand y est à la fin le porte-parole de la France.

Alexandre Ier déclare au congrès de Vienne qu'il ne demande rien pour la Russie, en dehors du grand-duché de Varsovie que ses armées ont conquis. Il entend faire revivre la Pologne. Son projet rencontre l'opposition de Talleyrand, qui refuse un tel agrandissement de la puissance russe : « L'équilibre des puissances, écrit-il, et le principe sacré de la légitimité ne peuvent s'accommoder de l'inféodation totale de la Pologne à la Russie. » Talleyrand est, en l'occurrence, soutenu par l'Autriche et l'Angleterre. L'acte final du congrès n'en érige pas moins le duché de Varsovie en royaume de Pologne placé sous le sceptre russe. Alexandre Ier devient ainsi roi d'une Pologne liée à perpétuité à l'Empire russe. L'Autriche et la Prusse reçoivent des dédommagements et Cracovie devient « ville libre ».

La partie la plus remarquable des dispositions de cette paix retrouvée est le *pacte de la Sainte Alliance*, signé en 1815 par la Russie, la Prusse et l'Autriche avant qu'y adhèrent la France, l'Espagne, la Suède, les royaumes de Naples et de Sardaigne. L'Angleterre reste à l'écart, ainsi que le sultan ottoman, qui ne saurait se joindre à un système placé « sous le signe de la Croix »... Ce projet de Sainte Alliance est né des rêves d'Alexandre Ier et des influences qu'il subit, la principale étant celle de Madame de Krüdener[1]. Plus pragmatique à cet égard que son allié, François Ier d'Autriche commenta : « Si c'est un document religieux, il relève de mon confesseur ; s'il s'agit d'un texte politique, c'est l'affaire de Metternich. »

Pour Alexandre Ier, ce texte est censé assurer la paix en Europe, mais aussi, comme le soulignera Capo d'Istria, « la Sainte Alliance était l'unique système capable de sauver l'humanité ». Devenu en 1815 le véritable ministre des Affaires étrangères d'Alexandre Ier, et jusqu'à un certain point son ami, Capo d'Istria avait participé à l'élaboration du projet de Sainte Alliance, lequel était cependant pour l'essentiel l'œuvre de l'empereur et rend compte de l'esprit messianique qui l'anime. Le traité est établi « au nom de la sainte et indivisible Trinité » et « fonde les rapports mutuels des souverains sur les vérités sublimes enseignées par l'éternelle religion du Dieu sauveur ». François Ier n'avait pas tort de penser qu'un tel texte – qui fut raillé, sitôt rendu public – avait peu à voir avec les relations entre États.

Alexandre Ier ne fut pas vraiment compris, et l'on dira qu'il avait porté une politique réactionnaire dissimulée sous un discours humaniste. Jugement injuste : Alexandre Ier était profondément libéral, son esprit était pénétré des idées que La Harpe lui avait inculquées. Mais libéralisme et mysticisme vont se mêler en lui de plus en plus étroitement à partir de 1815. Il imagine alors une croisade d'un genre inédit, où il serait le mandataire de l'Europe pour construire un monde de paix. Durant plusieurs années, il se concentra sur le développement de ce projet. La Sainte Alliance tint des congrès

---

1. Cf. *infra* p. 244.

annuels, et il n'en manqua aucun : il se rendit à Aix-la-Chapelle en 1818, à Troppau en 1820, à Laybach en 1821, à Vérone en 1822. Partout, il défendit l'idée d'une politique fondée sur l'Évangile. Au congrès d'Aix-la-Chapelle, particulièrement brillant, il condamna avec véhémence la traite des esclaves noirs, sans jamais mentionner la situation des serfs en Russie...

Les développements politiques en Europe vont mettre la Sainte Alliance à l'épreuve du réel. En 1820, la révolution espagnole impose à Ferdinand VII de restaurer la Constitution de 1812, un moment abolie. Dans le royaume des Deux-Siciles, les Carbonari déclenchent des insurrections et contraignent Ferdinand Ier à doter Naples d'une constitution. Ces revendications, qui modifient le paysage politique de l'Europe du Sud, ont pour mots d'ordre « unité nationale » et « constitution ». Comment réagit la Sainte Alliance ? Elle se veut l'incarnation de l'ordre européen et, pour cette raison, débattant des révolutions au congrès de Troppau, elle décrète qu'un État qui succomberait à la révolution s'exclurait par là même de la Sainte Alliance, et surtout que, si des révolutions venaient à menacer d'autres pays, la Sainte Alliance aurait le devoir d'intervenir pour rétablir l'ordre européen. C'était là l'esquisse d'un « droit d'ingérence » qui connaîtra, près de deux siècles plus tard, une remarquable fortune. Le congrès de Laybach précisera les conditions d'exercice de ce droit d'ingérence et les limites dans lesquelles des révolutions pouvaient être tolérées par la Sainte Alliance : pour cela, il fallait que les changements qu'elles apportaient soient « nécessaires et utiles ». Or seuls pouvaient en juger ceux à qui Dieu avait confié le pouvoir...

Après les révolutions du sud de l'Europe, la Sainte Alliance fut confrontée au soulèvement grec contre l'Empire ottoman. Pour Alexandre Ier, ce fut un déchirement. D'un côté, un peuple chrétien se soulevait au nom du droit à l'indépendance contre ceux qu'il tenait pour des oppresseurs. De l'autre, il y avait un souverain légitime, le sultan. Alexandre Ier conclut, au terme d'une réflexion dramatique, que le pouvoir légitime, celui de l'Empire ottoman, incarnait le droit. Le congrès de Vérone fut le théâtre de cette décision si contraire à la tradition politique russe. La Sainte Alliance fut au demeurant paralysée par l'opposition constante de l'Angleterre à toute intervention dans les affaires intérieures d'États souverains.

En 1823, la doctrine Monroe, qui prévenait contre toute intervention extérieure en Amérique, sonna comme un avertissement. Alexandre Ier n'avait-il pas condamné la traite des Noirs à Aix-la-Chapelle ? N'avait-il pas aussi proposé à la Sainte Alliance la création d'une armée internationale permanente pour garantir les frontières des États, mais aussi l'application des principes défendus par la Sainte Alliance ? Il avait même offert d'y apporter ses propres troupes. L'opposition anglaise et autrichienne fit échouer ce projet.

Alexandre Ier proposa aussi, sans plus de succès, des mesures de désarmement. Faut-il en conclure que la Sainte Alliance fut un épisode sans conséquences, la manifestation d'un esprit naïf et mystique, comme l'ont écrit un certain nombre d'historiens ? Probablement faut-il, contre les jugements malveillants et rapides, reconnaître des qualités concrètes, ainsi qu'une certaine « vision », à l'alliance conçue par Alexandre Ier. Il a mis en place une institution qui, par moments, a su sortir du cadre des relations diplomatiques traditionnelles pour débattre avec sérieux des problèmes qui se posaient aux États européens. L'Alliance s'est voulue organe représentatif et conscience de l'Europe. Sans doute n'a-t-elle pas été à la hauteur des espérances d'Alexandre Ier et n'a-t-elle pas non plus été l'amorce d'une fédération européenne, pas plus qu'elle n'a réussi à préserver l'harmonie en Europe. Mais l'Europe née au mitan du XXe siècle, après deux guerres mondiales qui ont ravagé le continent, aura sûrement dû une part de son inspiration à ce lointain précédent historique. Dans la généalogie des pères fondateurs de l'Europe, il serait injuste d'oublier Alexandre Ier.

Après les victoires, un règne inégal

Vainqueur de Napoléon, inventeur d'un ordre européen, on eût pu attendre d'Alexandre Ier qu'il profite de ce temps de gloire pour mettre à l'œuvre dans son pays ses rêves de jeunesse. Or cette seconde partie du règne, si elle n'est pas dénuée d'initiatives, va cependant être moins marquée par l'esprit libéral que la première, quand Alexandre Ier s'enthousiasmait de grands projets avec ses amis du Comité intime.

En 1815, Alexandre Ier avait doté la Pologne d'une constitution qui devait entrer en vigueur en 1818. Ce texte avait été élaboré par Czartoryski, et en 1818, s'adressant à la Diète, Alexandre Ier en fit l'éloge. On aurait pu alors imaginer que l'ami fidèle, Czartoryski, deviendrait vice-roi de Pologne, représentant d'Alexandre Ier sur place, et qu'il guiderait l'expérience constitutionnelle, test pour son application future à la Russie. Il n'en fut rien, et l'on peut voir là une manifestation du caractère irrésolu et versatile d'Alexandre Ier. Certes, il a toujours été attaché aux idées libérales et à ceux qui, dans son entourage, les incarnaient, mais c'est comme s'il était soudain effrayé par ces hommes qui lui étaient proches par l'esprit : il les rejeta et s'entoura de nouveaux visages, étrangers à tout ce qui l'inspirait. De même qu'il avait rejeté Speranski, il va rejeter Czartoryski en 1818, au profit d'un terne personnage, le général Zaiontchek, qui avait laissé, il est vrai, une jambe dans les guerres contre Napoléon ; il ne va donner en guise de compensation à l'ami déçu que la présidence du Sénat. Ce sera la fin d'une belle amitié.

En 1820, Novosiltsev, autre membre du Comité intime, présente à l'empereur une charte constitutionnelle inspirée de l'expérience polonaise et qu'Alexandre l'a prié de préparer. Il propose d'instaurer en Russie une monarchie constitutionnelle. Les libertés publiques, les droits des personnes sont minutieusement précisés dans ce texte, mais il ne sera pas rendu public et sera oublié dans les archives, tout en témoignant pourtant de la persévérance d'Alexandre Ier à poursuivre un rêve libéral.

Si Novosiltsev n'incarne nullement cette phase finale du règne, il en va tout autrement d'Araktcheiev, longtemps perçu comme la face sombre, l'ange noir d'Alexandre Ier. Son nom est associé aux colonies militaires qui prendront forme lorsque l'oukase de juillet 1817 en aura annoncé la mise en place et défini les modalités. Ces colonies étaient inspirées de modèles ottomans, français, voire de l'expérience de gestion de son propre domaine par Araktcheiev. Le principe de ces colonies, fort simple, était lié à la volonté de mettre en commun le service militaire et l'agriculture afin de réduire les frais d'entretien de l'armée et de ne pas arracher les conscrits à leur milieu et à leurs familles. Araktcheiev avait proposé un scénario : le *soldat-agriculteur* ou l'*agriculteur-soldat* vivant dans des villages modèles placés sous protection de l'État. Dans ces villages ou colonies, tout était réglementé : vêtements, hygiène, alimentation, exercices militaires, temps de travail aux champs, et jusqu'à l'aspect des maisons. Les normes définies pour tous les domaines de la vie s'appliquaient non seulement au conscrit, mais aussi au futur conscrit, puisqu'elles visaient les enfants dès l'âge de sept ans. Ces colonies vont subsister jusqu'à la fin du règne. Elles seront si impopulaires que des révoltes y éclateront de temps à autre, en dépit de la surveillance pesant sur elles.

L'éducation fut aussi une préoccupation de cette fin de règne. Elle a échappé à l'autorité d'Araktcheiev pour relever d'un homme que l'empereur estimait fort : le prince Alexandre Golitsyne. Président de la Société biblique de Russie, très attiré par les courants mystiques alors en vogue, Golitsyne n'était pas un modernisateur, et il laissa une totale liberté d'action à des personnalités obscurantistes qui purent contrôler l'université à leur guise. Le personnage alors le plus malfaisant fut Mikhaïl Magnitsky. D'abord chargé d'un rapport sur l'université de Kazan, il élabora des propositions qu'il voulut étendre à l'ensemble des universités : épurer les bibliothèques de tous les ouvrages « rationalistes » ou séditieux, et les remplacer par des bibles ; créer un système d'espionnage des étudiants et des professeurs afin d'évincer tous les « libres penseurs ». Ces excès inquiétaient certes l'empereur, mais il s'interrogeait alors sur l'essor des sociétés secrètes en Russie, en particulier sur les projets de la franc-maçonnerie. Que fallait-il tolérer ? Quelle place laisser dans l'université et la vie intellectuelle aux idées libérales ? Voire au rationalisme ? Ces hésitations témoignent du trouble profond qu'il éprouve en ces dernières années de règne. Ses conseillers le poussent à interdire la franc-maçonnerie – ce qu'il fera en 1822 – et à rétablir la censure. Il se désespère : « Comment puis-je condamner tout ce qui m'a inspiré dans ma jeunesse ? » Cependant, l'élève de La Harpe, l'ami de Czartoryski a sans nul doute beaucoup changé : il a basculé dans une forme de religiosité, voire de mysticisme. Pour le mieux comprendre, il faut s'intéresser à l'homme et à ses relations avec les femmes qui eurent, pour certaines, une grande influence sur lui.

Comme en toute chose, Alexandre Ier a montré dans sa vie privée des comportements contradictoires. Marié très jeune à la princesse Louise de Bade, il demeura toujours attentif à son égard, écoutant ses conseils, tout en cherchant à lui dissimuler ses écarts. Ses passions, certaines éphémères, d'autres plus longues, furent nombreuses. Celle qui le lia à Marie Narychkine fut relativement durable, mais jamais il ne permit à ses maîtresses d'exercer quelque pouvoir sur lui ou de s'imposer à la Cour, et il fut toujours respectueux de l'impératrice et de sa place privilégiée auprès de lui.

En 1815, il rencontre la baronne de Krüdener. Julie de Krüdener n'était pas une aristocrate qui brillait à la Cour comme ses conquêtes précédentes, c'était une femme d'esprit prétendant porter la parole de Dieu. La cinquantaine bien sonnée, elle était plutôt peu séduisante quand l'empereur fait sa connaissance. Mais sa réputation d'esprit la précédait. Elle avait été l'interlocutrice de Chateaubriand, de Benjamin Constant, de Madame de Staël, de Bernardin de Saint-Pierre ; elle avait couru toute l'Europe, conversé avec la reine Hortense et publié un roman intitulé *Valérie*. En 1815, la mondaine bien connue des salons parisiens s'était passionnée pour les problèmes religieux et s'était persuadée d'avoir pour mission de propager la Parole divine. Elle va convaincre Alexandre Ier qu'il doit s'inspirer du Christ pour gouverner. Les idées de la Sainte Alliance lui doivent beaucoup. Madame de Krüdener répétait à l'empereur qu'il était l'élu de Dieu, qu'il devait constamment se référer à la Volonté divine pour exercer son pouvoir.

L'influence du prince Golitsyne profite de ces propos fort exaltés de la baronne de Krüdener. L'empereur encourage la fondation de la Société biblique russe et se montre tolérant envers le développement des sectes. Celles-ci avaient toujours existé en Russie et souvent inquiété les souverains, qui cherchaient plutôt à contenir leurs manifestations. Vers 1820, elles connaissent un extraordinaire regain de popularité. Les *skoptsy* (castrats), les *doukhobor* (qui récusent toute forme de vie ecclésiale et n'ont pour tout culte que celui de la Bible), les *molokane* (buveurs de lait) trouvent de nombreux disciples à la Cour et parmi l'élite intellectuelle. Sans parler des vieux-croyants, qui bénéficient eux aussi de l'indulgence du tsar. Tous ceux qui se piquent de théosophie sont bienvenus dans son entourage.

Peu à peu, cet entourage s'enrichit. Un moine ascète s'y introduit : Photius. Doté d'une éloquence extraordinaire, brandissant à tout bout de champ la Bible, évoquant l'apocalypse, Photius prend un grand ascendant sur le souverain. Il contribuera à faire interdire la franc-maçonnerie et à placer Araktcheiev à la tête du Saint-Synode. Ainsi touché par la grâce, accablé de chagrins personnels (Sophie Narychkine, l'aînée des enfants qu'il a eus avec Marie Narychkine, meurt en juin 1824 ; c'était sa préférée), Alexandre Ier se réfugie auprès de l'impératrice, avec qui, au demeurant, il partageait aussi des moments d'exaltation religieuse.

Tout le ramène à Dieu – du moins interprète-t-il ainsi tout événement. Le 7 novembre 1824, une crue de la Neva, la plus importante depuis un demi-siècle, cause des désastres considérables : plus de cinq cents noyés, des centaines de maisons détruites, les ponts, les attelages, les animaux emportés par les flots. Alexandre en est bouleversé et, comme toujours, s'interroge sur sa responsabilité personnelle : en quoi a-t-il attiré le divin courroux ? Comment ne pas penser que le souvenir du parricide ait nourri ses réflexions anxieuses ? Il était las du pouvoir, hanté par l'idée de l'abandonner. Sa succession était assurée. Son attention fut appelée sur l'impératrice, dont la santé se détériorait. On lui conseilla d'aller chercher le soleil dans un pays chaud : l'Italie, par exemple. Mais, l'impératrice ne voulant pas quitter la Russie, son choix se porta sur une bourgade pourtant peu attrayante, nullement un lieu de repos réputé : Taganrog, au bord de la mer d'Azov.

Les mystères d'une mort ?

C'est là que va s'achever le voyage terrestre de l'empereur Alexandre Ier. Le couple impérial quitte la capitale le 1er septembre 1825, arrive deux semaines plus tard à Taganrog, où il s'installe dans une demeure relativement modeste, mais où, aux dires de ceux qui en sont les témoins, il effectue un séjour particulièrement heureux dans une intimité peu courante. Un mois plus tard, Alexandre Ier se rend en Crimée pour une tournée d'inspection. C'est au cours de cette équipée, dont il a accepté l'idée avec plaisir, qu'il tombe malade ; il est ramené en piteux état à Taganrog. Tous les soins qu'il y reçoit n'y peuvent rien, pas plus que les secours de la religion qu'il accueille avec résignation. De toute évidence, la mort ne lui fait pas peur. Il s'éteint le 19 novembre 1825. Il allait avoir quarante-huit ans.

Comment traiter le corps d'un souverain si loin de la capitale ? C'était là une situation inédite en Russie. De surcroît, Taganrog était une bourgade provinciale où les progrès de la médecine étaient peu connus. Il fallut pourtant procéder à l'autopsie, qui ne révéla aucun signe de mort suspecte, puis à l'embaumement, pour lequel il fut difficile de trouver des mains expertes.

Le caractère si inhabituel de cette mort, ajouté aux événements révolutionnaires qui bouleversent au même moment la capitale et sur lesquels on reviendra, explique le temps si long – plus d'un mois – durant lequel la dépouille de l'empereur défunt reste à Taganrog. Le cercueil est exposé dans une église et le mort accompagné en permanence de prières, selon l'usage orthodoxe. Ce n'est qu'à la fin du mois de décembre que le cortège funèbre part pour la capitale, s'arrêtant chaque nuit dans une ville ou un village dont l'église accueille le cercueil. Sur la route, les paysans viennent de loin saluer leur tsar et lui rendre les honneurs, c'est-à-dire prier. Deux mois durant, celui qui a vaincu Napoléon traverse ainsi son pays pour un ultime voyage. Arrivé à Pétersbourg, installé dans l'église de Tsarskoïe Selo, le cercueil est ouvert pour que les proches et familiers du souverain puissent le voir et s'incliner une dernière fois devant lui. L'empereur était mort depuis plus de trois mois : sans doute était-il embaumé, mais ceux qui venaient l'embrasser reconnurent-ils dans cette momie l'Alexandre qu'ils avaient connu ?

Puis ce sont les funérailles en la cathédrale de Kazan, au cœur de la capitale. Des foules immenses, des souverains étrangers, le corps diplomatique, la Cour, tous sont là. Mais, en dépit de la tradition, nul ne verra plus l'empereur : le cercueil reste fermé. Alexandre Ier est ensuite inhumé, auprès de tous les Romanov qui l'ont précédé, dans la cathédrale de la forteresse Saints-Pierre-et-Paul.

L'impératrice Élisabeth, qui ne doit rentrer à Pétersbourg qu'au mois de mai – son état de santé l'ayant empêchée de suivre le cortège funèbre –, n'arrivera pas vivante dans la capitale : elle aussi s'éteindra dans une petite ville des profondeurs de la Russie. Son cœur n'a pas résisté au chagrin et à l'épuisement. On est le 3 mai 1826. Encore un mois et demi de périple d'église en église, et son cercueil va rejoindre celui de l'homme qu'elle a tant aimé. Comme Catherine II et Pierre III, Alexandre et Louise, devenue Élisabeth, reposent côte à côte. Mais, à la différence de leurs prédécesseurs qui se sont tant haïs, ils voisinent dans la mort aussi paisiblement qu'ils ont vécu.

Ici s'achève l'aventure terrestre d'Alexandre Ier. Commence le mystère posthume d'Alexandre, plus conforme à son destin et au tragique passé russe que la fin paisible qui vient d'être contée.

Le tsar mort, le temps des rumeurs s'ouvre. Le bruit court dans la capitale et dans les campagnes que le mort si solennellement enterré n'est pas Alexandre Ier ! Le *vrai tsar* – car l'idée de *vrai tsar* resurgit aussitôt – n'était plus à Taganrog. On lui prête plusieurs destinées. Pour les uns, les cosaques l'ont enlevé : le *vrai Tsar* réapparaîtra, comme ce fut déjà le cas, au sein du monde cosaque ; les cosaques l'escorteront, le feront reconnaître par le peuple et le raccompagneront jusque dans son palais. D'autres assurent que le *vrai Tsar* s'est fait pèlerin pour aller sur les pas du Christ en Palestine : n'est-ce pas une destinée plus conforme à un souverain si pieux ? On attend donc son retour des Lieux saints.

Ces rumeurs sont aisées à comprendre, tant sont mystérieux les faits qui ont accompagné la mort d'Alexandre Ier. Ce décès si loin de la capitale, cet interminable trajet à travers la Russie, le cercueil fermé, le visage du souverain dont nul n'a pu, dans la mort, contempler les traits apaisés : tout cela fait rêver. A-t-on jamais vu mort d'un *vrai tsar* se produire dans de telles circonstances ? Puis les rumeurs s'épuisent ; le sujet aussi, peut-on penser...

Dix ans plus tard, le *vrai tsar* réapparaît. Dans la province de Perm, un homme a surgi de nulle part, puisqu'il n'a pas de papiers et dit ne pas savoir qui il est. Il se nomme – ou plutôt on le nomme – Feodor Kouzmitch. L'homme est d'âge moyen, de belle prestance. Son regard clair, son visage fin, régulier, ses manières délicates, tout en impose aux paysans qui l'entourent ; il est vêtu comme eux-mêmes le sont, mais ils sentent en lui une dignité, une aisance, un maintien qui suggèrent l'habitude de tout autres vêtements. Peut-être l'uniforme militaire ?

Plus que par l'aspect extérieur, Feodor Kouzmitch impressionne par sa piété, sa connaissance des Écritures, la sagesse de ses propos, celle des conseils qu'il prodigue volontiers à ceux qui viennent à lui. Et aussi par sa culture. Il sait apparemment tout ce qui s'est passé en Russie, ce que furent les guerres du début de siècle. Il parle du défilé des troupes russes à Paris comme s'il y avait assisté.

Ceux qui le voient pensent que c'est un saint. Mais très vite court le bruit que sous l'humble tenue de l'ermite se cache un haut personnage. La rumeur se répand. L'aura de sainteté qui entoure Feodor Kouzmitch attire les évêques de Sibérie. Sa réputation de grand personnage aurait fait venir auprès de lui le futur Alexandre II, alors héritier du trône, telle est du moins la légende. Une révélation éclate alors : c'est le *vrai tsar* ! Celui qui a été embaumé à Taganrog n'était qu'un simple soldat ; il fallait bien donner le change... Feodor Kouzmitch démentira fermement ce propos, mais ajoutera qu'il était bien incapable de dire exactement qui il était.

En 1864, Feodor Kouzmitch meurt. On lui attribue l'âge de quatre-vingt-sept ans. Il sera enterré au couvent Saint-Alexis de Tomsk. Tout a été organisé par un négociant de cette ville qui, depuis près de dix ans, convaincu de voir en Feodor Kouzmitch un saint ermite, ou peut-être même le *vrai tsar*, l'a entouré de ses soins. Ce protecteur du mystérieux *staretz* ira même à la capitale porter ses reliques à Alexandre II et, plus tard, à Alexandre III. À Tomsk même, la tombe du saint ermite – ou du tsar – devient un lieu de pèlerinage, tandis qu'un portrait d'Alexandre Ier sera accroché au mur de la maison où il a vécu.

En Sibérie, puisque c'est là qu'apparut Feodor Kouzmitch, puis en Russie, la légende grandit. Feodor Kouzmitch était le *vrai tsar* Alexandre Ier, qui a souhaité finir ses jours loin du pouvoir, au service des plus humbles et dans la prière. Des biographies lui ont été consacrées. Depuis la fin du XIXe siècle, partisans et adversaires du *vrai tsar* dissimulé sous l'habit de Feodor Kouzmitch se disputent sans que, d'un côté ou de l'autre, aient été apportées des preuves irréfutables de l'identité réelle de l'ermite de Tomsk. La querelle n'a pas même épargné la famille impériale.

Ce qui était impossible au XIXe siècle est devenu possible au XXIe. L'ADN de Feodor Kouzmitch ou celui du mort inhumé dans la crypte de la forteresse Saints-Pierre-et-Paul pourrait apporter une réponse à cette question qui taraude encore les historiens. Que Feodor Kouzmitch ait été un avatar d'Alexandre Ier ou un saint homme, on n'en sait toujours rien. Mais il n'a pas été un imposteur, ayant constamment rejeté son identification avec le tsar défunt.

CHAPITRE XI

Nicolas Ier
L'apogée de l'autocratie ?

Le règne de Nicolas Ier commença par une crise de succession – une de plus ! – entraînant une révolution, celle des *décembristes*, qui ébranla le pouvoir et marqua la conscience politique des Russes.

Alexandre Ier n'avait pas d'enfant mâle ; la succession revenait à son frère, le grand-duc Constantin, qu'un mariage non royal écartait du trône. Préférant sa vie privée au trône, il écrivit en 1822 à l'empereur pour lui confirmer sa décision de renoncer à lui succéder. Alexandre Ier en tira les conséquences et rédigea un manifeste désignant son frère Nicolas pour successeur, qu'il signa et déposa dans les archives patriarcales pour être tenu secret.

La révolution décembriste

La mort d'Alexandre Ier ouvrit un temps d'interrègne. Constantin se trouvait à Varsovie ; son frère Nicolas assura l'intérim, mais le secret entourant le manifeste créa la confusion. Le grand-duc Nicolas, qui ignorait l'existence de ce manifeste ou ne savait quelle attitude adopter, décida de prêter serment à son frère aîné et invita son entourage à faire de même. Tous s'exécutèrent. Mais, à Varsovie, Constantin, qui sait avoir renoncé au trône, agit symétriquement et prête serment à son frère Nicolas ! Une fois encore, c'est un problème de succession qui sème le trouble. La Russie se trouvait en puissance de deux empereurs, puisqu'il avait été prêté serment à tous deux.

Nicolas hésita, attendant confirmation de son frère pour se réclamer du manifeste. Il le devait d'autant plus que le comte Miloradovitch, gouverneur de Pétersbourg, avait déclaré : « Les lois de l'Empire n'autorisent personne à disposer du trône par testament. » Ayant enfin reçu un message de son frère confirmant son refus de monter sur le trône, Nicolas comprit que le moment était venu de mettre fin à un interrègne qui favorisait l'agitation. Des informations de multiples sources l'avaient alerté : un mouvement insurrectionnel était sur le point d'éclater et il fallait clarifier au plus tôt la situation politique.

Le 14 décembre 1825, Nicolas Ier rendit public le manifeste et annonça qu'allait se tenir la cérémonie de prestation de serment. Deux semaines plus tôt, il avait exhorté les troupes à prêter serment à son frère, ce qu'elles avaient fait ; la cérémonie allait se reproduire, les troupes devaient à nouveau prêter serment, mais, cette fois, au second frère de l'empereur défunt. Qui pouvait s'y reconnaître, alors que commençait à circuler une fois encore la rumeur qu'un usurpateur allait s'installer sur le trône ?

La place du Sénat va être le cadre de la confrontation opposant d'un côté les régiments pour lesquels le successeur légitime est Constantin, de l'autre les troupes fidèles à Nicolas. Les premières acclament l'« empereur Constantin » et crient « Vive la Constitution ! », convaincus que *Constitution* n'est autre que le nom de la nouvelle impératrice, l'épouse de Constantin...

Le face à face dure plusieurs heures. Les émeutiers – car c'est bien une émeute qui est fomentée – ne savent trop comment agir. Ils n'ont pas de plan concerté et, surtout, pas de chefs pour guider leur action. En face d'eux, les troupes fidèles à Nicolas sont modérées par l'empereur. Celui-ci est impatient d'en finir, mais guère désireux d'inaugurer son règne par un massacre.

La situation s'éternise et prend un tour dramatique. Le comte Miloradovitch, qui s'efforce d'installer un dialogue entre les deux camps, est tué, et les gardes à cheval fidèles à Nicolas, qui ont tenté d'arrêter les émeutiers, sont repoussés. Nicolas Ier décide alors d'en finir : l'artillerie est appelée en renfort, le canon tonne sur la place du Sénat et les insurgés sont dispersés, laissant près de soixante-dix morts sur le terrain.

C'est ensuite la répression, les arrestations et les procès devant une Haute Cour de justice composée de membres du Conseil d'Empire, du Sénat et du Saint-Synode. Si le nombre des personnes arrêtées est très élevé, celui des « meneurs » déférés devant la Cour l'est moins : ils ne sont que cent vingt et un. Trois chefs d'accusation sont opposés aux prévenus : tentative de régicide, révolte et mutinerie. Cinq prévenus sont condamnés à l'écartèlement (cette peine ayant été abolie depuis longtemps en Russie, on y substituera la pendaison) ; vingt-cinq, au bagne à vie ; soixante-deux, à des peines de travaux forcés de durée variable ; vingt-neuf, enfin, sont envoyés en relégation ou dégradés. Près de trois cents soldats qui avaient suivi les émeutiers subiront la peine du knout ou seront envoyés au Caucase, théâtre d'une guerre meurtrière.

On a souvent accusé Nicolas Ier d'avoir rétabli la peine de mort abolie par l'impératrice Élisabeth. Ce jugement n'est pas pleinement équitable. Sans doute la peine capitale avait-elle été officiellement supprimée. Mais le Code (*Oulojénié*) du tsar Alexis était resté en vigueur, et la peine de mort châtiant plus de soixante types de crimes y était inscrite. Les dispositions de Pierre le Grand prévoyant cette peine pour un grand nombre de crimes et délits n'avaient pas davantage disparu. Elle avait d'ailleurs été appliquée entre le règne de l'impératrice Élisabeth et le complot des décembristes : en 1764 à Mirovitch, qui avait pris sur lui la responsabilité du meurtre d'Ivan VI, de même qu'à Pougatchev et à nombre de ses fidèles. De surcroît, les châtiments corporels largement infligés avaient souvent pour conséquence la mort de ceux qui y étaient soumis.

L'échec du complot et les châtiments subis par les décembristes bouleversèrent l'opinion russe, surtout celle des élites. Les meneurs du mouvement étaient de jeunes nobles représentant la fraction la plus éduquée du pays. Leurs pères avaient vaincu Napoléon sur les champs de bataille ; dix ans plus tard, les fils étaient traînés devant les tribunaux pour avoir voulu défendre les idées que ces pères avaient découvertes en France à l'issue de leur victoire. Deux jugements contradictoires témoignent du trouble des esprits en 1825 : « En général, écrit le comte Rostopchine, ce sont les savetiers qui veulent devenir des seigneurs. Ici, ce sont nos seigneurs qui ont voulu se transformer en savetiers. » Et Klioutchevski : « Leurs pères étaient des Russes que l'éducation avait transformés en Français. Les fils étaient par leur éducation des Français qui voulurent passionnément devenir russes » ; pour lui, ce mouvement, le dernier conduit par des nobles et des militaires, « a mis fin au rôle politique de la noblesse ».

Les origines du mouvement des décembristes méritent d'autant plus d'être expliquées qu'elles éclairent à la fois l'insurrection et le contexte de l'ensemble du règne de Nicolas Ier. La noblesse a été, comme y insiste Klioutchevski, le véritable acteur de la tragédie de 1825. Émancipée par Pierre III de l'obligation de servir, mais conservant la propriété de la paysannerie serve – compensation, par le passé, de l'obligation de service –, elle était devenue un groupe parasite au sein de la société. Elle était consciente de cette contradiction sociale scandaleuse : son statut privilégié face au servage maintenu. Au début du XIXe siècle, l'Europe s'en indigne et la noblesse russe elle-même en est bouleversée. Elle a été imprégnée des idées des Lumières, elle s'en est nourrie durant sa chevauchée triomphale en France en 1815. On ne saurait sous-estimer son malaise et les conclusions qu'elle en tire. Émancipée par l'État, elle songe à se substituer à lui puisqu'il a été incapable d'assurer le progrès de *toute* la société pour conduire la Russie dans la voie de la modernisation, et payer elle-même ainsi sa dette à la paysannerie asservie.

Des sociétés secrètes se créent, rassemblant la noblesse désemparée par les privilèges exorbitants dont elle jouit au détriment de la plus grande partie de la société. Au sein de ces sociétés qui se multiplient après 1815, on débat des problèmes de la Russie et des solutions à y apporter. L'Union pour le salut des fils loyaux de la patrie, créée en 1817 par des officiers revenus de France, demande une Constitution et un Parlement. Elle est remplacée par l'Union du bien public, puis, après maintes dissensions – caractéristiques de tous les groupements politiques russes au XIXe et au début du XXe siècle –, par l'Union du Nord et l'Union du Sud.

La première, dirigée par Nikita Mouraviev, prône la transformation de la Russie en monarchie constitutionnelle ; la seconde, dirigée par Nicolas Tourgueniev, place tous ses espoirs dans l'émancipation des paysans.

Mais la personnalité la plus remarquable et influente issue de ces courants, et qui en effectue la synthèse, est Paul Pestel, officier de haut rang ; intelligent et cultivé, il défend son programme au sein d'une organisation appelée Justice russe (Rousskaïa Pravda). Plus radical que ses prédécesseurs ou émules, Pestel veut transformer la Russie en république. Le servage, qu'il qualifie d'esclavage, doit être supprimé, et la noblesse se fondre dans le reste de la société. Opposé au schéma fédéral défendu par Mouraviev, Pestel veut une Russie centralisée, unie, où la diversité des peuples de l'Empire s'effacerait au bénéfice de l'uniformité : un Empire, un peuple.

Ce projet effraie car, pour Pestel, la transformation de la Russie nécessitera une longue période de dictature. Ses amis eux-mêmes s'inquiètent de l'extrémisme de l'aspirant dictateur.

Pestel sera pendu à l'issue du procès des décembristes. On conçoit que ses idées et son rôle dans le complot aient convaincu Nicolas Ier que la Russie était menacée par de dangereux mouvements révolutionnaires et qu'il lui fallait les combattre.

Un État policier ?

Le nouveau souverain s'est taillé dans l'histoire la réputation d'un despote-né, l'opposé en tout de son frère Alexandre Ier. Sa personnalité et ses goûts confortent cette réputation.

Né en 1796, année de la mort de Catherine II et de l'avènement de Paul Ier, il a reçu une éducation très différente de celle d'Alexandre, de dix-neuf ans son aîné. Le climat politique en Russie ayant alors changé, ce n'est certes pas l'intérêt pour les Lumières qui l'entoure, mais une hostilité envers la France révolutionnaire que les guerres napoléoniennes n'ont en rien émoussée.

Marié à une princesse prussienne, fille du roi Frédéric-Guillaume III et sœur de Frédéric-Guillaume IV, Nicolas Ier se sent proche de la Prusse. Ses inclinations personnelles, comme celles de Paul Ier, son père, l'y portent. Comme son père, il montre un attachement profond à tout ce qui est militaire. Il s'intéresse aux hommes, à leur formation et même à leurs tenues, faisant modifier les uniformes et allant jusqu'à en choisir les boutons ! Il se passionne pour les exercices militaires, et plus encore pour le génie. Dès l'enfance, il joue à construire des édifices militaires. Adulte, membre du corps des ingénieurs militaires sous le règne d'Alexandre Ier – il en est d'ailleurs le chef –, il se spécialise dans l'édification de forteresses. Son physique puissant est à l'image de son caractère : ne pliant jamais, obstiné, il est d'une volonté de fer, doté d'une force de travail exceptionnelle. Il entend être partout, voir tout par lui-même, tout organiser et tout commander.

La doctrine de son règne est élaborée par son ministre de l'Instruction publique, le comte Ouvarov, qui définit en 1833 les trois principes de la doctrine dite de la *nationalité* – orthodoxie, autocratie, génie national (*narodnost*). Si les deux premiers termes de la triade sont aisés à comprendre et appartiennent de longue date à l'idéologie implicite du pouvoir russe, le troisième, *narodnost*, est plus flou et donnera prise à mainte interprétation. On le confondra avec la *slavité*, et les slavophiles ne s'en priveront pas. Mais ce terme a aussi été expliqué par Ouvarov lui-même comme une définition du peuple russe, partisan passionné de la dynastie et du gouvernement. Fidélité aux Romanov, à leur manière d'exercer le pouvoir, le propos n'était guère exaltant. Heureusement pour l'auteur de cette définition, elle a trouvé des propagandistes talentueux : l'historien Mikhaïl Pogodine et le slavophile Stefan Chevyrev, qui conférèrent à la théorie de la nationalité une tonalité romantique. Pour ces deux défenseurs de la *narodnost*, le concept propose à la Russie et aux Slaves un avenir triomphant fondé sur leur génie propre et le sentiment d'une profonde solidarité de destin.

Au regard de cette ambitieuse définition idéologique de l'Empire Romanov, l'action politique de Nicolas Ier peut paraître quelque peu terre à terre. Elle a cependant été portée par une idée qui marqua son règne et que le complot des décembristes a renforcée : le refus des révolutions et la volonté de les combattre. Par peur de la révolution, Nicolas Ier se méfia de tous ceux qu'il soupçonnait de nourrir des idées subversives : la noblesse, pour la part qu'elle avait prise aux événements de décembre 1825, mais aussi diverses autres catégories sociales, écrivains, professeurs et étudiants, dont l'esprit d'indépendance l'inquiéta toujours. Soldat dans l'âme, il passa sa vie revêtu de l'uniforme et s'entoura avant tout de militaires, avec qui il se sentait en confiance.

À la fin de son règne, Nicolas Ier n'était plus entouré que d'hommes de guerre, qu'il utilisait – surtout les généraux – comme véritables *missi dominici*, envoyés pour le représenter ou l'informer dans tout l'Empire, hors toute hiérarchie et toute structure gouvernementale. Les réformes administratives décidées au début de son règne relevèrent de la même obsession : maintenir l'ordre, barrer la route à toute tentative de subversion.

Les procédures étatiques traditionnelles, les grandes instances de l'autorité – Conseil des ministres, Conseil d'État, Sénat – ne lui inspiraient qu'une confiance très limitée. Il les trouvait lourdes et lentes, insuffisamment soumises à sa volonté. Il en usait le moins possible, leur préférant des comités *ad hoc* qu'il composait à sa guise et qui ne relevaient que de lui. Cette méthode de gouvernement surchargea l'appareil d'État et contribua à assurer à la Russie de Nicolas Ier la réputation d'un régime bureaucratique. « Bureaucratico-militaire » serait au demeurant une définition plus juste, car cette administration proliférante fut imprégnée de l'esprit militaire et dominée par des militaires.

L'instance centrale du système politique des années 1825-1855 fut la Chancellerie impériale. Au sein de celle-ci, la *troisième section*, créée par un oukase du 3 juillet 1826, était responsable de toutes les affaires de police : surveillance des personnes ou mouvements suspects, sectes, personnes placées sous contrôle policier, étrangers résidant en Russie, fabricants de fausse monnaie, de faux documents... La liste détaillée des compétences de la troisième section s'achevait sur cette précision : « et rapport sur tous les événements sans exception ». Chargée de surveiller la littérature, elle fournit ainsi l'empereur en rapports étonnants sur Pouchkine, mais elle produisit aussi des matériaux de propagande pour défendre le régime. Elle approvisionnait le souverain en informations sur la vie des familles, les transactions financières et commerciales, les conflits de personnes, voire les individus enfermés dans des couvents contre leur gré et qui s'en évadaient ! Ces compétences si étendues étaient soutenues par un réseau d'espions, par les délations et les plaintes, toutes faisant l'objet d'une enquête. Un *corps de gendarmes* complétait cette police politique qui, pour de nombreux Russes, symboliserait bientôt le règne de Nicolas Ier.

Le général Alexandre Benckendorf fut le premier chef de la troisième section et du corps de gendarmes. Il s'était signalé à Nicolas Ier par sa fidélité lors du coup d'État du 14 décembre 1825, mais son prestige militaire remontait aux guerres napoléoniennes. Il avait fréquenté un temps la franc-maçonnerie, où il avait croisé Pestel, héros du décembrisme. Mais l'essentiel de sa réputation tenait à un exceptionnel degré d'inculture : il ne savait, disait-on, ni lire ni écrire ; il s'exprimait dans un français sommaire, parce qu'il ne pouvait le faire dans un russe même approximatif, escomptant que le français qu'il prétendait parler serait inconnu de son interlocuteur. Et il s'autorisait à tancer Pouchkine, à lui prodiguer des conseils, ce qui allait suffire à lui assurer à jamais le mépris de l'élite.

Pour affirmer l'efficacité du contrôle policier sur la Russie, le territoire fut divisé en *districts* de gendarmerie – cinq à l'origine, commandés par des généraux –, eux-mêmes découpés en vingt-six *sections* ayant à leur tête des colonels. La Pologne y avait d'abord échappé ; lorsqu'elle se souleva, en 1830, l'explication de son insoumission fut immédiatement trouvée : l'absence dans ce pays de la gendarmerie y avait favorisé le développement des activités subversives. Dix ans après la création de ce système, deux nouveaux districts virent le jour : l'un pour le Caucase, l'autre pour la Sibérie, et l'organisation existante fut étendue à la Pologne.

Il est juste de rappeler que, en créant la troisième section, Nicolas Ier lui avait donné pour fonction officielle de « protéger la veuve et l'orphelin », ce qui fut consacré par son symbole : un mouchoir pour sécher les larmes ! Que la destination réelle de la troisième section ait été la lutte contre la subversion n'en est pas moins une réalité qui la rattache aux diverses instances de ce genre qui avaient existé auparavant en Russie. Pierre le Grand avait créé dans la même intention le *Preobrajenski Prikaz*, que Pierre III et Catherine II avaient ensuite démantelé. De surcroît, Catherine et son petit-fils Alexandre Ier n'étaient pas favorables à l'espionnage policier. En 1811, celui-ci avait mis en place un ministère de la Police, qu'il supprima huit ans plus tard. C'est ce qui explique que, après le coup d'État de décembre, Nicolas Ier ait ressenti la nécessité de revoir du tout au tout l'organisation de la sécurité du pays.

La Chancellerie impériale comportait en 1826 trois autres sections : la première préparait les textes pour l'empereur et veillait à l'exécution des lois ; la deuxième devait traiter de la législation ; la quatrième couvrait les institutions charitables et les institutions d'enseignement patronnées par l'impératrice douairière, Marie. En 1834, une cinquième section fut fondée pour s'occuper des paysans d'État, avant de devenir « section des Domaines de l'État ». En 1843, enfin, une sixième section fut mise en place pour doter d'une administration la Transcaucasie.

Les domaines couverts par la Chancellerie privée montrent l'étendue des interventions de Nicolas Ier : il voulait tout conserver sous son autorité propre.

Une autre de ses décisions contribua à caractériser ce règne : la censure. Après le 14 décembre, Nicolas Ier, ayant attentivement suivi les procès, en conclut que l'origine du coup d'État résidait dans le développement d'idées subversives qu'il convenait d'éliminer de Russie. Un préjugé courant était qu'en Russie aucun Russe n'avait alors jamais accès à des publications, pas plus qu'il ne pouvait publier ce qui lui convenait. Ce préjugé, véhiculé par maints voyageurs, était peu conforme à la réalité. Jusqu'au XVIIIe siècle, seuls le gouvernement et l'Église possédaient les moyens d'imprimer des ouvrages ou des revues, dont les lecteurs étaient au demeurant peu nombreux, peu de Russes sachant lire. De surcroît, au XVIIe siècle, les livres sacrés des vieux-croyants avaient été brûlés. Mais, avec Catherine II, les progrès de la connaissance furent remarquables, favorisés par une impératrice qui encourageait le journalisme et l'édition, et chacun put désormais lire ce qu'il voulait. L'Académie des sciences avait la responsabilité d'une hypothétique censure qu'elle exerçait sans aucun zèle. Ce n'est qu'en 1790, après le scandale causé par le livre de Radichtchev, *Le Voyage de Saint-Pétersbourg à Moscou*, que la situation se gâta ; l'auteur fut emprisonné, l'ouvrage brûlé, et la censure recouvra toute son autorité.

Paul Ier s'acharna pour sa part à fermer les frontières russes à la littérature étrangère, mais la brièveté de son règne l'empêcha de mettre sur pied un système de censure cohérent ; sous celui de son fils Alexandre Ier, hostile à ce genre de contrôle, la censure cessa pratiquement d'exister.

Une fois encore, les événements de Décembre eurent sur Nicolas Ier un effet déplorable. Il entendit barrer la route aux idées nocives et leur ferma les frontières. Le Code de la censure fut adopté en 1826 : il soumettait toute publication à un Comité de censure chargé de lui donner ou refuser son *imprimatur*. Importer des publications de l'étranger devint alors très ardu. Ce type de mesures était d'autant plus absurde que, dans le même temps, le gouvernement encourageait l'envoi d'étudiants à l'étranger, où nul ne contrôlait les cours qu'ils choisissaient de suivre ni les lectures auxquelles ils s'adonnaient.

L'obsession de l'ordre et de la sécurité a toujours été inscrite au passif de ce règne ; mais comment oublier la volonté de Nicolas Ier de revoir et moderniser le Code russe ? L'artisan de cette réforme d'importance fut l'un des proches collaborateurs d'Alexandre Ier, Speranski, alors conseiller d'État. Chargé de cette mission en 1826, il proposa une triple refonte du Code : établissement d'un recueil des lois russes incluant les textes fondamentaux du passé ; confection d'un recueil des lois en vigueur ; préparation d'un *Oulojénié* modernisé où les lois suivraient l'évolution politique et sociale du pays. Nicolas Ier ne retint que les deux premières propositions, craignant qu'un Code « évolutif » ne conduisît à une déstabilisation du pays. Le *Recueil des lois*, en quarante-cinq volumes, parut en 1830. En 1832 suivit le *Code des lois*. Speranski fut aussi chargé de rédiger un Code criminel, mais il ne put l'achever : l'épuisement l'emporta. La rédaction en fut reprise par le comte Bloudov, qui en présenta en 1845 une version définitive à l'empereur, laquelle fut agréée.

Passionné par l'organisation de l'État, Nicolas Ier était troublé – et le restera tout au long de son règne – par la question paysanne. À maintes reprises, il a admis que « le servage tel qu'il existe aujourd'hui dans notre pays est un mal évident pour tous », mais il ajoutait : « Y toucher pourrait conduire à un mal plus redoutable encore », et il évoquait aussitôt Pougatchev, dont la révolte avait montré jusqu'où pouvait se déchaîner la fureur populaire. Nicolas Ier a souvent décrit l'alternative à laquelle il était confronté : s'il émancipait les paysans, la noblesse privée de ses serfs exigerait du pouvoir une Constitution, extrémité politique qu'il se refusait à envisager ; par ailleurs, l'émancipation des serfs, à laquelle il aspirait, risquerait de déclencher un ébranlement de l'ordre social tel que la paysannerie, désorientée, se soulèverait comme elle l'avait fait si souvent par le passé, allant jusqu'à menacer, voire abattre, le système politique existant.

Pourtant, l'empereur n'hésita pas à multiplier les instances chargées de réfléchir au problème du servage et aux moyens d'y mettre fin. En 1837, il confia au comte Paul Kisselev, placé à la tête du tout nouveau ministère des Domaines de l'État, une étude portant sur la réforme du servage. Esprit brillant, Kisselev conclut qu'une réforme n'accordant pas la terre aux paysans en même temps que la liberté serait vouée à l'échec. La question avait été maintes fois débattue sous les règnes précédents et tous les efforts en la matière avaient précisément achoppé sur le problème de la terre.

Avant même d'être placé à la tête du nouveau ministère, Kisselev, alors responsable de la cinquième section de la Chancellerie, avait commencé à vouloir réviser le statut des serfs en proposant de les fondre avec les paysans d'État. S'il avait été entériné, ce projet aurait interdit aux propriétaires terriens de disposer à leur gré de leurs serfs. La fronde des propriétaires – plus généralement celle de la noblesse – empêcha son adoption.

En 1837, Kisselev remplaça l'impôt par tête par un impôt foncier, mit en place un système de dotations de terres supplémentaires pour les paysans pauvres et autorisa une certaine auto-administration paysanne. Quoique limitées, pour ne pas exacerber l'inquiétude des propriétaires, ces réformes préparaient dans une certaine mesure les esprits à un changement plus radical. Un quart de siècle plus tard, Alexandre II pourra lancer sa grande révolution en s'appuyant sur les décisions de Kisselev.

La formation intellectuelle des Russes a été une autre préoccupation de Nicolas Ier, qui tout à la fois souhaitait développer une élite bien formée et craignait que l'éducation ne favorise la propagation d'idées subversives. Cette préoccupation et ses aspects contradictoires expliquent les contraintes pesant sur la formation universitaire et l'accent mis de préférence sur les formations techniques et professionnelles, qui contribueront au progrès russe à la fin du siècle. Au terme du règne d'Alexandre Ier, les universités avaient souffert des obsessions religieuses, voire bigotes, du souverain et de son entourage. À cet égard, Nicolas Ier n'améliora pas leur situation. Le statut de 1835 réduisit l'autonomie des universités ; l'enseignement de la philosophie y fut interdit, le nombre d'étudiants fut limité dans les facultés de lettres, dont toutes les disciplines étaient soupçonnées de véhiculer des idées séditieuses, et les mesures de contrôle y furent multipliées. La discipline y refléta l'esprit militaire du règne. Mais cette volonté de censurer l'université se révéla souvent vaine : les étudiants se pressaient dans les amphithéâtres où enseignaient des professeurs libéraux. Les cours du professeur Granovski, ceux d'un Pogodine, pourtant attachés à l'esprit national, mais aussi à la liberté des idées, étaient de hauts lieux d'expression d'une pensée indépendante.

Comme son lointain prédécesseur Pierre le Grand, Nicolas Ier a cherché à « professionnaliser » l'élite russe. La médecine, la chirurgie, le droit, les techniques devaient être enseignés à un nombre croissant d'étudiants dans des instituts créés à cet effet. Dans le même temps, les écoles secondaires (*gimnazia*) inspirées du modèle allemand se multiplièrent en Russie. Dans ce domaine-là aussi, les Russes ne suffisant plus à la tâche, Nicolas Ier aura dû faire appel à des étrangers.

Ces étrangers – pour beaucoup des Allemands – étaient surtout présents dans l'administration au sommet du système, parfois aussi à des niveaux intermédiaires. Allemands ou Baltes, ils avaient la faveur de Nicolas Ier, d'abord pour leur efficacité, puis du fait d'un « tropisme allemand » hérité de Pierre le Grand et Paul Ier, enfin parce que la noblesse russe ne lui inspirait aucune confiance. Ne disait-il pas : « Les Russes servent la Russie ; les Allemands me servent, moi » ? Cette présence visible, parfois pesante, des Allemands dans l'appareil d'État exaspéra les élites russes.

Le triomphe de l'esprit

Décrit le plus souvent comme une ère de despotisme et d'immobilité, le règne de Nicolas Ier fut aussi un temps éblouissant pour les idées et la création. Et, d'abord, comment oublier les deux écrivains qui dominent cette première partie du XIXe siècle ? Pouchkine, le grand seigneur, tué prématurément en duel en 1837 : ami des décembristes, il représente une Russie aristocratique, hantée tout à la fois par la gloire impériale et par la volonté de voir le pays devenir européen. En face de lui se dresse Gogol, qui dépeint admirablement, dans *Les Âmes mortes* parues en 1842, la Russie profonde, celle des serfs, des humbles, la province et la corruption bureaucratique. Ces deux géants incarnent deux Russies : celle d'*en haut*, que Pouchkine voit juchée sur le *Cavalier de bronze*, et celle d'*en bas*, que décrit Gogol.

Pouchkine appartient au monde de ceux qui se sont soulevés en décembre 1825. Gogol annonce ceux qui, bientôt, mettront tout le système en cause ; il incarne déjà l'intelligentsia au sein de laquelle se pressent les élites montantes issues de toute la société (*raznotchintsy*). Marc Raeff a écrit pertinemment que les contraintes pesant sur la vie de l'esprit, sous le règne de Nicolas Ier, ont peut-être favorisé la création, l'imagination intellectuelle et artistique, et poussé à un âge d'or de la littérature russe.

Le grand débat intellectuel et moral des années 1840-1850 témoigne de la justesse de ce propos à première vue paradoxal. Pour ceux qui débattent, le servage est la caractéristique première, la faute absolue, ineffaçable, de la Russie. Face à la paysannerie, tous les autres groupes sociaux sont privilégiés. À cause de cela, un profond sentiment de culpabilité s'est emparé d'eux. Radichtchev a écrit que le servage est le péché originel de la Russie, et tous les Russes éduqués en sont, comme lui, hantés. Quand l'intelligentsia réfléchit aux voies que doit suivre le pays, elle bute sur la question du servage, sur sa culpabilité et sur le rachat nécessaire.

L'évolution intellectuelle de la Russie, pourtant si contrôlée durant le règne de Nicolas Ier, est certes due à l'influence des grands écrivains – Pouchkine, Gogol, Lermontov, Griboïedov, Joukovski, Krylov, entre combien d'autres –, mais aussi à la montée de l'intelligentsia, phénomène caractéristique de cette époque. Celle-ci n'était pas une classe sociale, mais un *état d'esprit*, une forme de curiosité collective, ainsi qu'une communauté liée par un sentiment de culpabilité envers la paysannerie. Les contrôles pesant sur cette intelligentsia ont aidé, de manière paradoxale, à la faire vivre. Puisqu'il était impossible de se réunir pour manifester, se réunir pour parler devint un impératif. Mais où le faire ? Les universités, quelques salons jouèrent en partie ce rôle, mais surtout des cercles restreints (*kroujki*[1]) accueillant des groupes réduits de personnes. Ces cercles, dont les réunions étaient tenues secrètes, favorisèrent les échanges d'idées les plus libres et les propos parfois extrémistes.

---

1. *Kroujok* : petit cercle ; pluriel *kroujki*.

Au sein de ces cercles, mais aussi dans les universités, l'élite russe découvre la philosophie allemande, qui va nourrir sa réflexion. D'abord Schelling, le romantisme et la pensée idéaliste allemande : le poète Tioutchev, qui a exprimé l'étrangeté russe et l'impossibilité de comprendre la Russie par l'exercice de la raison, s'en inspirera. De même le prince Odoievski qui, dans les *Nuits russes*, prophétisera le déclin de l'Occident et l'élection d'une Russie innocente des crimes du monde occidental. La voie est ainsi ouverte pour la pensée *slavophile*.

C'est à Hegel, découvert lui aussi en Russie vers 1840, que les *occidentalistes* devront leur inspiration. Le grand débat opposant slavophiles et occidentalistes sur le choix que doit faire la Russie entre son génie, son innocence, et le modèle de l'Occident, auquel Pierre le Grand avait déjà emprunté, va occuper l'élite durant ces années de plomb.

C'est bien là, en définitive, le caractère contradictoire du règne de Nicolas Ier, que Marc Raeff a si bien mis en lumière. Pendant les années 1825-1855, la Russie a été gouvernée d'une main de fer. Le souverain se méfiait de tous ceux qui prétendaient penser en dehors du cadre idéologique fixé par Ouvarov. Mais, dans le même temps, il a favorisé l'éducation et, par là même, la réflexion et le développement d'une élite dissidente. Tous ceux qui veulent alors penser par eux-mêmes et s'exprimer le font, en dépit des contrôles et des interdits. Les *kroujki* qui échappent aux contrôles prolifèrent et, parce qu'ils sont fermés, clandestins, la réflexion la plus libre s'y donne libre cours et tend à se radicaliser.

Herzen illustre parfaitement cette évolution. Modéré à l'origine, il assiste à la fermeture de son *kroujok*, est arrêté puis exilé en province, et là commence une évolution politique. Il quitte son pays et n'imagine son retour que dans une patrie transformée par la révolution. Son influence politique se révélera considérable. Qu'elles soient celles des philosophes allemands ou inspirées de l'esprit révolutionnaire renaissant en Europe entre 1830 et 1848, les idées nouvelles trouvent là un terreau exceptionnel. C'est bien ce qui rend si complexe le gouvernement de Nicolas Ier : une atmosphère politique étouffante, faite d'interdits, de contrôles tatillons, destinés à enfermer la société dans une idéologie d'État soigneusement élaborée, et, simultanément, une efflorescence littéraire et intellectuelle, et un débat d'idées ininterrompu.

Le gendarme de l'Europe

Quand Metternich apprit la mort d'Alexandre Ier, il s'écria : « Enfin le roman est fini, l'histoire commence ! » Finis, en effet, pensa le grand chancelier, les songeries romantiques, les rêves généreux, les inspirations mystiques qui avaient marqué le règne d'Alexandre Ier. Metternich comprit que la personnalité du jeune frère du vainqueur de Napoléon était tout autre, qu'elle annonçait un règne plus paisible, moins heurté, dès lors qu'il s'agissait des relations de la Russie avec le monde extérieur.

Nicolas Ier n'était pas un diplomate ; il ne s'estimait pas capable de s'orienter seul dans les arcanes de la vie internationale, contrairement à son frère aîné, Alexandre Ier, élève de Catherine II, passionnée par la politique étrangère et qui avait souhaité y initier son petit-fils. Nicolas Ier, lui, n'avait reçu en ce domaine qu'une formation sommaire. Militaire avant tout, il croyait plus à la force des armes qu'aux discours et aux négociations, et il comprit d'emblée qu'il lui faudrait s'entourer sur ce plan de conseillers habiles.

Il se tourna vers celui qui avait été le dernier conseiller d'Alexandre Ier en 1822, remplaçant auprès de lui Capo d'Istria : le comte de Nesselrode. Allemand d'origine, Nesselrode grossit la cohorte germanique des collaborateurs préférés de Nicolas Ier, contribuant à ce titre à exaspérer l'opinion russe. Promu vice-chancelier en 1827, il allait conduire la politique étrangère de Nicolas Ier tout au long de son règne.

À défaut d'une ample vision internationale, Nicolas Ier chérissait deux idées. Partisan de l'ordre en Russie – ordre rétabli après décembre 1825 –, il étendait cette volonté à l'Europe entière et, conscient de sa force et de ses moyens, il se considérait comme le garant du maintien de l'ordre européen. La révolution qui avait, à ses yeux, dévasté l'Europe à la fin du XVIIIe siècle, brisant les liens de Catherine II avec le monde des Lumières, était, il en était convaincu, toujours prête à renaître. 1825 l'avait montré en Russie ; 1830 et 1848 en témoignaient dans le reste de l'Europe. De même qu'il avait placé la Russie sous contrôle policier, il aura voulu être le *gendarme de l'Europe*. À cette fin, il aura trouvé en Nesselrode le collaborateur compréhensif et compétent, prêt à traduire ses certitudes dans les faits. De cette étroite collaboration découle une politique extérieure qui va d'abord se concentrer sur les intérêts russes. Puis, après un temps où les priorités russes sont ajustées à la situation internationale, va sonner l'heure d'une politique extérieure de type *idéologique*, conséquence des révolutions de 1848, qui conduira à un conflit continental et au désastre de la guerre de Crimée.

Si la Russie ne nourrissait plus d'ambitions ni d'inquiétudes du côté de la Baltique, dont elle avait la maîtrise, elle acceptait mal la situation polonaise.

Certes, la Pologne était reconstituée, mais le résultat ne convenait ni aux Polonais ni aux Russes, comme l'insurrection de 1830 l'aura montré. Au sud de l'Europe, un sempiternel problème hantait les responsables russes : celui de la mer Noire et, plus largement, la question d'Orient.

C'est sur ce front oriental que surgissent les premières difficultés, sitôt Alexandre Ier disparu. Au demeurant, cette crise découle du coup d'État de Décembre, l'Empire perse souhaitant mettre à profit l'agitation qu'il croit percevoir en Russie et ce qu'il espère être une période de faiblesse et de désarroi.

En juillet 1826, l'armée perse franchit la frontière russe. L'opération vise à reprendre les khanats caucasiens cédés à la Russie aux termes du traité de Gulistan signé sous le règne d'Alexandre Ier. Deux dures campagnes opposent les armées russe et perse en 1826 et 1827, toutes deux couronnées par des victoires des troupes russes conduites par le général Paskievitch. Par le traité de Tourkmantchai, la Russie y gagne les khanats de Nakhitchevan et d'Erevan, soit une bonne partie de l'Arménie. Elle obtient aussi le droit d'avoir une marine sur la mer Caspienne, des facilités commerciales et une imposante indemnité pour dommages de guerre. Dans la Perse ébranlée par la défaite, une tentative révolutionnaire ayant pour but de déposer le shah prend alors corps. Mais Nicolas Ier refuse de soutenir ce projet. La Perse ne compte guère pour lui ; c'est l'Empire ottoman qui, comme toujours, retient son attention.

« Nous devons ériger en principe fondamental de notre politique qu'il nous faut inspirer le respect à la Porte, faute de quoi il nous sera impossible d'assurer le bien-être de nos territoires méridionaux », écrivit Nesselrode, en 1826, dans une dépêche adressée à toutes les puissances. L'*homme malade de l'Europe*, ainsi que l'empereur appelle l'Empire ottoman, menace en effet les intérêts russes ainsi que les progrès de la Russie en Grèce et dans les principautés danubiennes.

En avril 1828, la Russie pense devoir entrer en guerre contre l'*homme malade*. Convaincu de la faiblesse de l'adversaire, Nicolas Ier compte le vaincre rapidement. Il se trompe : il faut deux longues campagnes et un extraordinaire déploiement de forces pour contraindre le sultan à négocier. L'État russe a subi de lourdes pertes, mais le traité d'Andrinople, signé le 14 septembre 1829, lui vaut de grandes compensations : il ouvre aux vaisseaux russes le passage par les Détroits, apporte à la Russie les bouches du Danube, des territoires étendus au Caucase, et lui confie le protectorat des principautés de Moldavie et de Valachie.

Nicolas Ier n'entend cependant pas mettre à bas l'Empire ottoman, qu'il estime indispensable à l'équilibre européen. Une Turquie préservée, mais favorable à la Russie, gardienne des intérêts russes : telle est plutôt la doctrine de l'empereur. Pour en convaincre le sultan, il adoucit dans les faits les conditions du traité, abandonnant une part de la contribution exigée de la Turquie en 1830 et évacuant les principautés danubiennes cinq ans avant la date fixée. Cette modération va porter ses fruits : lorsque, en 1832, le sultan sera confronté en Égypte au soulèvement de Mehmet Ali, il appellera à l'aide la Russie. Ce problème réglé, les deux empires signeront en juillet 1833 le traité d'Unkiar-Skelessi, qui « transforme la mer Noire en lac russe », commentera Guizot.

Mais, entre-temps, c'est en Europe que le ciel s'obscurcit. La révolution de juillet 1830, de même que l'humeur révolutionnaire des Belges aux Pays-Bas, indignent Nicolas Ier. Une fois encore, c'est la légitimité des gouvernements établis qui est mise en cause. Il va mettre plusieurs mois à reconnaître le gouvernement du roi Louis-Philippe et pensera même envoyer des troupes pour soumettre les insurgés belges. Mais, dans ce dernier cas, il était bien seul en Europe, et la crise qui éclate au même moment en Pologne le détourne de toute action aux Pays-Bas. Il ne souhaitait pourtant pas intervenir en Pologne et il fallut, pour l'y décider, constater que le soulèvement de Varsovie s'étendait à tout le pays, que son frère Constantin était débordé, et que la Pologne menaçait de quitter l'orbite russe.

Ce fut donc la guerre : les troupes russes commandées par Paskievitch durent combattre de longs mois l'armée polonaise ralliée à l'insurrection. Les Polonais étaient certes moins nombreux et moins bien armés que les Russes, mais ils défendaient une fois de plus, avec l'acharnement du désespoir, leur existence nationale.

Finalement, ils succombèrent et la défaite leur coûta les acquis de 1815. Aux termes du *statut organique* imposé en 1832, la Pologne devenait « partie inaliénable » de l'Empire russe, même si elle conservait son administration, ses libertés et sa langue. Ce statut définissait un cadre théorique ; la pratique, telle que l'entendit Paskievitch, devenu vice-roi de Pologne, fut tout autre. Elle aura été caractérisée par la brutalité et la volonté d'intégrer complètement la Pologne à la Russie. Intégration institutionnelle : le Conseil d'État disparaîtra en 1841, les barrières douanières en 1850 ; russification linguistique ; censure implacable sur toutes les publications polonaises pour extirper le sentiment national des consciences. Trente ans plus tard, le successeur de Nicolas Ier pourra se convaincre de la justesse du propos lancé jadis par Rousseau à Catherine II : « La Pologne ne sera jamais digérée par quelque État qui prétendrait l'avaler. »

La précarité de la situation et l'agitation révolutionnaire latente en Europe incitèrent Nicolas Ier à chercher des appuis pour l'aider à y préserver l'ordre politique établi. Mais les succès russes en Orient n'avaient pas fait que des heureux parmi les puissances. L'Angleterre s'était inquiétée de l'influence que la Russie pourrait exercer en Perse, son domaine réservé, et des facilités de progression vers les mers chaudes que lui assurait le traité d'Unkiar-Skelessi. L'Autriche, pour sa part, regardait avec méfiance les acquisitions russes dans l'espace balkanique.

À qui Nicolas Ier pouvait-il donc faire appel pour défendre à ses côtés l'ordre européen ? Certainement pas à la France, où s'étaient réfugiés tant de révolutionnaires et dont l'équilibre, après le bouleversement de 1830, lui semblait précaire. En outre, le côté roi bourgeois de Louis-Philippe n'était nullement conforme à sa propre conception de la monarchie.

C'est vers la Prusse et l'Autriche, puissances conservatrices comme la Russie, que Nicolas Ier va se tourner. Le 15 octobre 1833, les trois États signent à Berlin un accord de coalition pour défendre leurs intérêts, mais qui leur confie surtout la responsabilité de répondre à toute demande d'aide d'un gouvernement légitime contre une menace extérieure et intérieure. La *gendarmerie de l'Europe* se met ainsi en place. Et elle va entrer en action : en 1846, les armées russes répriment le soulèvement de Cracovie et Nicolas Ier insiste auprès de son collègue autrichien pour que l'empire des Habsbourg rattache à son territoire le dernier lambeau de l'infortunée Pologne.

Puis survient 1848, qui témoigne d'un nouvel élan révolutionnaire en France. Sans doute Nicolas Ier est-il enchanté de la chute du roi de France, qu'il méprise et tient pour un usurpateur. Pour autant, la révolution triomphante lui est inacceptable. Elle l'est d'autant plus qu'elle gagne alors presque toute l'Europe. Metternich, l'« homme fort » du continent, est emporté par la vague révolutionnaire.

Nicolas Ier s'interroge : comment jouer désormais son rôle de garant de l'ordre européen ? Il n'est pas question de verser le sang des soldats russes pour « ces misérables Français », comme il les désigne. Il se contente, s'agissant de la France, de rompre les relations diplomatiques et de masser des troupes aux frontières occidentales pour intimider les révolutionnaires. En revanche, il porte toute son attention sur l'Europe centrale, qui s'embrase elle aussi et où ses alliés autrichiens l'appellent à l'aide en vertu de l'accord de 1833. Il envoie ses troupes en Hongrie combattre les rebelles, soutenus par des Polonais venus à leur secours. Les Hongrois sont écrasés par les troupes russes, et ne l'oublieront jamais.

Nicolas Ier met aussi en garde l'Angleterre contre toute tentation d'aider les États italiens prêts à se soulever contre l'Autriche, à laquelle il apporte un important soutien financier. Mais il doit aussi affronter les insurrections qui secouent au même moment les provinces danubiennes, en particulier la Roumanie.

En cette période agitée, les révolutionnaires d'Europe occidentale encouragent les soulèvements nationaux au centre de l'Europe et dans les Balkans. Tout se conjugue alors pour déstabiliser l'ordre européen dont Nicolas Ier s'est voulu le gardien.

Après le temps des succès révolutionnaires de 1848-1849 viendra celui des échecs, souvent pour des raisons internes propres à chaque pays, mais aussi du fait de l'action de l'empereur de Russie, qui s'est employé assidûment à faire triompher le seul ordre qu'il concevait pour l'équilibre européen : celui des monarchies conservatrices. En 1850, c'est lui qui peut se prévaloir d'avoir réussi à maintenir l'ordre en Europe. Le prestige de la Russie est alors considérable. Comment imaginer que cinq ans plus tard viendra le désastre de la guerre de Crimée, qui mettra la Russie triomphante à genoux ?

Le crépuscule de Nicolas Ier : la guerre de Crimée

La guerre de Crimée est un chapitre de la guerre d'Orient. Comme toujours, il s'agit alors de l'héritage de l'*homme malade*. La Russie n'a cessé de se poser en principale puissance dans cette région. Mais la situation des puissances européenes, toile de fond de la guerre qui va débuter, a fort changé depuis 1848. C'est la France qui se trouve la plus transformée : devant l'Europe stupéfaite, le neveu du grand empereur est porté au pouvoir en France sur la vague des troubles de 1848. Louis-Napoléon Bonaparte est élu en décembre de cette année-là à la présidence de la République qui s'est substituée à la monarchie balayée, puis le prince-président est installé le 2 décembre 1852, un an après un coup d'État surprenant, sur le trône d'un Empire restauré.

Pour la Russie, la confrontation est peu plaisante. Nicolas Ier, successeur du vainqueur du premier Napoléon, s'est affirmé comme le gardien des traités de 1815. Le second Napoléon monte sur le trône pour rétablir l'ordre en France, certes, mais davantage encore pour débarrasser son pays de ces funestes traités. Ainsi se crée en Europe un nouveau face à face que Nicolas Ier n'avait pas imaginé. Il croyait avoir, avec la Prusse et l'Autriche, sauvé l'Europe des monarchies de droit divin et du pouvoir de l'aristocratie, en tout cas l'avoir préservée des vagues montantes du mouvement révolutionnaire issu de France et relayé par les patriotes italiens, polonais, hongrois ou roumains. Face à cette coalition du passé, Napoléon III incarne le rejet de l'ordre européen de 1815, mais aussi les idées qui avaient alors soulevé la France et que les armées napoléoniennes avaient portées dans l'ensemble de l'Europe.

Tout commence en 1850 par une crise des Lieux saints qui mobilise l'énergie de Nicolas Ier et à laquelle le prince-président est au départ étranger. Le conflit oppose catholiques et orthodoxes autour des sanctuaires les plus importants du monde chrétien. Nicolas Ier estime pouvoir s'engager sans risque dans une épreuve de force. Il est convaincu de la supériorité de son armée sur les autres et croit en outre pouvoir compter sur l'aide autrichienne et accessoirement prussienne ; enfin, il est pénétré de la mission de la Russie, puissance orthodoxe, dans cet Orient largement peuplé de fidèles orthodoxes (ils sont près de dix millions dans les limites de l'Empire ottoman). Il sait que, à s'embarquer dans un tel conflit, il va susciter une double réaction anglaise et française, mais il pense que le temps joue en sa faveur, qu'il lui suffira d'agir vite pour gagner de vitesse Londres et Paris.

Dans un premier temps, en 1853, il a tenté d'éviter la guerre en demandant au sultan, par un ultimatum, d'accepter une autorité orthodoxe sur les Lieux saints et de reconnaître à la Russie le droit de parler au nom des orthodoxes. Le sultan a repoussé la seconde exigence de Nicolas Ier, arguant que la souveraineté de l'Empire ottoman ne pouvait être partagée avec la Russie. L'affaire traîna quelques mois en pourparlers. Dans le même temps, une coalition silencieuse se forma contre la Russie, rassemblant l'Angleterre, la France, la Turquie et même l'Autriche, soucieuse de préserver les provinces danubiennes d'une mainmise russe.

Les combats commencèrent en octobre 1853. Une escadre russe mit en déroute la flotte turque dans la baie de Sinope en novembre. Paris et Londres y virent une attaque dirigée contre les puissances maritimes européennes. Un ultimatum anglais poussa la Russie à rompre les relations diplomatiques avec les deux capitales et, le 9 février 1854, un manifeste de l'empereur russe proclama : « L'Angleterre et la France sont alliées à l'ennemi de la chrétienté contre la Russie orthodoxe. »

L'empereur se retrouve alors seul face à l'Europe coalisée contre lui. Mikhaïl Pogodine, historien pénétré de l'esprit national, appelle au « rassemblement des Slaves » autour de la Russie. Mais comment imaginer pareille union alors que les Polonais haïssent la Russie, que les Slaves sont dispersés entre plusieurs États, que l'aide apportée par l'Empire à l'écrasement des mouvements nationaux lui a aliéné les opinions publiques ? Czartoryski lui-même, apôtre d'une fédération slave au temps où il conseillait Alexandre Ier, en soutient encore l'idée, mais c'est dans le but de retourner la force slave contre la Russie.

Les puissances maritimes vont attaquer les positions russes par mer. Elles bombardent Cronstadt, Odessa, Petropavlovsk, et même le Kamtchatka, préférant éviter une guerre terrestre. En 1854, enfin, elles débarquent en Crimée, qui paraît être le meilleur théâtre stratégique. Les alliés sont alors décidés à porter un coup décisif à la Russie : leur cible est Sébastopol, la forteresse russe édifiée par Catherine II en 1783 et réputée imprenable. Depuis sa fondation, la Russie n'a cessé de renforcer ses défenses. Mais cet effort présente une grande faiblesse : il a toujours été déséquilibré. La défense de la forteresse du côté de la mer a été privilégiée aux dépens de la partie tournée vers la terre. Or, c'est par là que les forces franco-anglaises attaquent, conscientes que ce flanc a été négligé.

À l'été 1854, pourtant, le commandement russe est rassuré. Les tempêtes d'équinoxe vont bientôt se déchaîner et les Russes n'imaginent pas que les alliés puissent se risquer à les affronter au lieu d'attendre le printemps suivant. Le prince Menchikov, qui assure la protection de Sébastopol, compte sur ce délai ; il mise aussi sur des troupes aux effectifs importants – plus de cinquante mille hommes pour l'infanterie, dispersés certes dans toute la presqu'île, et plus de vingt mille marins. Mais les Russes sont confrontés à de graves insuffisances : leurs armements sont désuets, souvent inutilisables ; les communications avec l'Empire sont malcommodes, et la flotte de la mer Noire n'a pas été modernisée.

Parce qu'ils le savent, les alliés se concentrent sur Sébastopol. Les combats durent plus de onze mois. En face des Russes, les troupes anglaises, françaises, turques et piémontaises sont à la fois supérieures en nombre et mieux équipées. Des calamités naturelles compliquent encore la situation des Russes : le choléra, qui a décimé l'année précédente les troupes alliées rassemblées à Varna, gagne Sébastopol et, associé au typhus, tue plus de combattants que les obus.

Le 11 septembre 1855, Sébastopol tombe. Les forces russes ont fait sauter les fortifications et sabordé les navires qui leur restaient après en avoir coulé un grand nombre, les mois précédents, pour bloquer la rade. L'horreur de ces combats a été admirablement décrite pat Tolstoï, qui y a pris part et les a relatés dans *Les Récits de Sébastopol*. La défaite russe est complète. La Russie doit se résigner à demander la paix.

Défaite surprenante pour la Russie, mais aussi pour l'Europe, lesquelles avaient durablement cru que l'armée russe était la plus puissante du monde. Cette illusion tenait certes à la politique militaire de Nicolas Ier, mais aussi à sa politique tout court, qui avait conduit à identifier l'armée à la Russie. Nicolas Ier disposait d'une armée permanente de plus d'un million d'hommes. Non content de mobiliser de tels effectifs, il avait pratiquement militarisé l'ensemble du pays. Chacun, de l'écolier à l'étudiant et au fonctionnaire, portait l'uniforme et vivait sous le régime d'une discipline quasi militaire. Cette discipline s'étendait même à la Cour. Sous ce règne, la Russie prit des allures de caserne. L'effondrement de cette armée qui, trois décennies durant, avait dévoré 40 % du budget du pays, était incompréhensible : il signifiait l'effondrement de tout le système de pouvoir mis en place par Nicolas Ier. Celui-ci n'en sut rien, car il était mort le 19 février 1855, victime d'une banale grippe. Mais, en réalité, c'est bien le désastre qui brisa le colosse que l'on pensait invincible et dont son entourage disait : « Il nous survivra à nous, à nos enfants et petits-enfants ! » Dans un dernier sursaut d'énergie, il avait décidé de modifier le commandement de l'armée, écartant Menchikov et le remplaçant par le prince Gortchakov. Mais il était trop tard, et surtout, comme l'a remarqué le maréchal de Saint-Arnaud, commandant des troupes françaises, « la tactique russe retardait d'un demi-siècle ».

Nicolas Ier avait régné trois décennies ; des guerres avaient jalonné son règne, jusqu'à celle de Crimée. Ses armées n'avaient pas connu jusque-là de revers, sauf une fois, devant les Polonais, en 1831. Mais, pour la Russie, c'était une défaite, écrasante, humiliante, qui allait la livrer d'abord aux troupes alliées, puis à leurs gouvernements. Aucun règne ne s'était encore achevé sur un tel désastre. Il va appartenir à l'héritier de Nicolas Ier d'en tirer les leçons.

CHAPITRE XII

Alexandre II
Le tsar immolé

À la mort de Nicolas Ier, ce fut en Russie une explosion de joie. Le pays éprouva un sentiment de soulagement tel que nul ne songeait à le dissimuler, et il accueillit dans la liesse le nouveau souverain.

Alexandre II, qui monte sur le trône, est le fils aîné de l'empereur défunt : la succession est donc conforme aux règles. Le 14 décembre 1825, dans la cour du Palais tout agitée des bruits de coup d'État et de la répression en cours, le nouvel empereur a présenté à la Garde l'enfant de sept ans, héritier du trône. Sa vie a été jalonnée de dates significatives : il est né en 1818, l'année où Alexandre Ier, son oncle, a promis une Constitution à la Russie ; il a été proclamé héritier le jour même où ceux qui criaient « Vive la Constitution ! » sur la place du Sénat ont été massacrés. Entre ces deux dates symboliques, porteuses d'une signification opposée, en quelle direction va s'orienter le destin d'Alexandre II ?

Si son accession au trône est saluée de cris de joie, si la disparition de son prédécesseur l'est tout autant au lieu de provoquer de décentes lamentations, c'est que la Russie est consciente d'être confrontée à un bilan désastreux.

L'humiliante défaite en Crimée a montré que la puissance russe n'était qu'un leurre. En 1828 déjà, Paul Kisselev, à qui Nicolas Ier avait confié la mission de proposer des solutions au problème paysan, avait constaté : « La Russie est un État qui n'a ni argent, ni industrie ; c'est un colosse aux pieds d'argile. » Et, un quart de siècle plus tard, Piotr Valouev, ministre du nouveau souverain, confirmera : « En haut, l'éclat ; en bas, la pourriture. »

Un héritier parfait

L'homme qui monte sur le trône en 1855 paraît, en dépit des circonstances, favorisé par le destin. Aucun drame personnel n'aura marqué son accession au pouvoir. Le 15 février, un manifeste annonce son avènement et désigne son fils aîné, le grand-duc Nicolas, comme héritier. Son frère cadet, le grand-duc Constantin, si brillant qu'il a fait parfois figure de rival, lui prête serment : « Je veux que tout le monde sache que je suis le premier et le plus fidèle de tes sujets. »

Alexandre II avait de quoi séduire son peuple. Par l'allure, d'abord : une belle figure, grand, la taille bien prise, bon cavalier, bon danseur, gai et charmeur, parlant avec facilité. Custine, pourtant peu indulgent, note qu'il fut « charmé par la flatteuse facilité des manières de l'héritier ».

Mais, plus encore que le physique, c'est l'éducation reçue par Alexandre qui impressionne ses contemporains. Custine l'a aussi relevé. Alexandre II est sans aucun doute le souverain russe qui, de toute la dynastie, a été le mieux préparé à régner.

Nicolas Ier avait confié son éducation au poète Joukovski, qui s'était attaché à former le caractère, l'esprit, la capacité de réflexion de son élève tout autant qu'à le doter de connaissances. Jamais le précepte : « Une tête bien faite avant que d'être bien pleine », n'avait été si bien respecté. L'éducation dispensée sous la direction du poète par les meilleurs maîtres en toutes disciplines fut complétée par la préparation de l'héritier aux affaires publiques et, là encore, d'excellents conseillers du souverain furent mobilisés : Speranski, Kankrine, le ministre des Finances de Nicolas Ier, le baron de Brünnow, futur négociateur du traité de Paris, pour la politique étrangère. Enfin, toujours sous l'œil vigilant de Joukovski, l'héritier avait fait connaissance avec son pays, dans ses profondeurs, au cours d'un périple de sept mois où il avait même rencontré – son maître y avait veillé – des décembristes exilés. Le face à face du pouvoir et de ceux qui l'avaient contesté, et le payaient cher, ébranla profondément l'héritier.

Il fit aussi le tour des pays européens. La petite histoire mérite ici un bref détour. À Londres, Alexandre rencontra une très jeune reine de vingt ans, Victoria. Le coup de foudre fut réciproque. Nicolas Ier dut arracher son héritier aux délices anglaises, car il ne pouvait accepter que celui-ci fût réduit au rang de prince consort dans un pays étranger alors que tant de soins avaient été apportés à sa formation de futur empereur de Russie. Sans compter que le despote ne pouvait admettre que la succession revînt à son autre fils, Constantin, charmant, doté de toutes les qualités de cœur et d'esprit, mais trop indépendant et affichant des tendances libérales.

Le futur Alexandre II fut expédié à Darmstadt, où l'attendait la fiancée que son père lui destinait : Marie de Hesse-Darmstadt, qui deviendra Maria Alexandrovna en épousant le grand-duc héritier le 16 avril 1841. Il s'agissait là d'un mariage politique. Alexandre avait déjà été séparé d'autres jeunes femmes et, futur empereur, il s'était soumis. L'amour n'étant pas ici au rendez-vous, comment s'étonner ensuite d'une existence volage, jusqu'au jour où il rencontrera celle qui sera la véritable compagne de sa vie, Katia, et, un jour, son épouse morganatique ?

Il est enfin un trait de caractère d'Alexandre qui doit être souligné : le courage, physique autant que moral. Il le montra notamment au Caucase, où il voulut participer à la guerre contre l'imam Chamil. Sa vie ayant été menacée à plusieurs reprises, son père le fit revenir d'autorité dans la capitale.

Héritier parfait, peut-être trop soumis à la volonté de son père ? Sur son lit de mort, Nicolas Ier lègue à son fils un ultime message en forme de commandement : « Tiens tout », c'est-à-dire : Poursuis dans la voie qui a été la mienne, celle du pouvoir absolu. Dans le même temps, il lui dit dans un dernier souffle : « Je voulais te laisser un pays en paix, organisé et heureux. La Providence en a décidé autrement... » Au lendemain des funérailles de Nicolas Ier, le grand-duc Constantin suggère à son frère d'annoncer sans plus attendre une rupture radicale avec le système et ses pratiques. L'empereur souhaite respecter un délai de décence et décide d'ériger un monument à Nicolas Ier en signe de déférence, avant de rompre avec le passé.

Le monument, installé sur la place Saint-Isaac – tout près de la place du Sénat, lieu de la tragédie de décembre 1825 –, sera inauguré en 1859, alors que la rupture est déjà largement engagée.

La Glasnost d'Alexandre II

Le manifeste du couronnement laissait entrevoir un dégel dans un pays figé par la peur. Il annonçait des exonérations fiscales pour les régions affectées par la guerre de Crimée, l'effacement des arriérés d'impôts en faveur des sujets les plus pauvres, dont les juifs, et l'amnistie pour tous les prisonniers et exilés politiques, notamment les décembristes. Seul Bakounine en fut exclu. Dans les universités, les contraintes étaient allégées, le départ des étudiants pour l'étranger de nouveau permis. La censure sur les écrits fut adoucie, des œuvres interdites reçurent l'autorisation de paraître. Les sectes religieuses, libérées des contrôles pesant sur elles, et l'Église de Pologne bénéficièrent aussi de dispositions libérales. Un air nouveau soufflait sur le pays et une phrase du manifeste suscita l'espoir : « Que chacun puisse, sous la protection de lois également justes pour tous et assurant à tous une égale protection, jouir de son labeur. »

Les mesures de clémence et ce propos inédit – *des lois justes, l'égalité devant la loi* : n'est-ce pas là la rupture qu'attend la Russie ? Mais il fallait, pour aller plus loin, faire la paix et tenter d'effacer quelque peu l'humiliation russe sur la scène internationale – ce qui, compte tenu d'une défaite aussi totale, n'était pas tâche aisée.

Avant même que la guerre de Crimée n'ait pris fin, en novembre 1854, les puissances alliées contre la Russie avaient défini, à Vienne, les quatre points que la Russie devrait accepter pour obtenir la paix :

- Renonciation au protectorat russe sur les principautés danubiennes et son remplacement par une garantie collective des puissances ;

- Liberté de navigation sur le Danube ;
- Neutralisation de la mer Noire ;
- Renonciation à tout protectorat sur les chrétiens d'Orient, dont le sort serait garanti par le sultan devant l'ensemble des puissances.

Les deux derniers points étaient particulièrement inacceptables pour la Russie. Pour les alliés – la reine Victoria ne s'est pas privée de le dire –, la Russie n'est pas un pays européen, et lord Clarendon, qui va la représenter à la conférence de paix, précise : « Il faut rejeter l'État russe une fois pour toutes dans les limites assignées par l'Histoire. » On comprend, dès lors, les hésitations d'Alexandre II à participer à une conférence où la Russie vaincue devrait se soumettre à de telles exigences. Même son ancienne alliée, l'Autriche des Habsbourg, lui est hostile. C'est alors que s'esquisse dans son esprit et dans celui du ministre appelé à remplacer Nesselrode, Alexandre Gortchakov, l'idée de rechercher le soutien de la France. Elle est la principale puissance victorieuse, c'est elle qui va abriter la conférence de la paix, et ce sont les idées de Napoléon III qui sont à l'œuvre. Un conseil réuni par Alexandre II en janvier 1856 entérine le principe de la conférence et y organise la participation de la Russie. C'est un coup d'éclat.

Le représentant de la Russie est le comte Alexis Orlov, un géant, militaire blanchi sous le harnais, qui a campé avec Alexandre Ier à Paris en 1814. Nicolas Ier lui avait un temps confié sa police et il avait réussi à exercer cette fonction sans ternir sa réputation. En quelques jours à peine, le représentant de la puissance vaincue va devenir le roi des fêtes organisées autour du congrès de la Paix. Stéphanie Tascher de La Pagerie dira de lui : « Vue, revue et corrigée, je trouve la Russie encore superbe dans son comte Orlov. » Assisté du baron de Brünnow, diplomate chevronné, ambassadeur à Londres pendant quinze ans, familier de lord Clarendon, le comte Orlov va s'efforcer de déjouer tous les traquenards et de séduire Napoléon III, qui rêve de bâtir un système international inédit.

La conférence s'ouvre le 25 février au quai d'Orsay pour s'achever, le 30 mars, par la signature du traité. Le ministre français des Affaires étrangères, Alexandre Walewski, fils naturel de Napoléon, préside les débats. Malgré les efforts du comte Orlov et les propositions adressées à l'empereur ou à Alexandre Walewski, la Russie doit céder pratiquement sur tout, accepter une réduction de ses positions en Europe du Sud-Est et au Proche-Orient, et une perte d'influence considérable. Le traité de Paris entérine la défaite militaire. Tout est désormais à reconstruire. Le chancelier Gortchakov a résumé les conséquences qu'il en tire dans une formule célèbre : « La Russie se concentre. »

L'abolition du servage

Avec toute l'élite de son pays, Alexandre II estime que la question du servage doit être traitée en priorité pour libérer la Russie de ses pesanteurs. Le grand-duc Constantin, nommé ministre de la Marine, réunit autour de lui des personnalités libérales pour y réfléchir. Et l'on évoque alors un « testament oral » de l'empereur défunt, sans nul doute apocryphe, selon lequel il aurait dit à son héritier : « Je voulais libérer les Slaves du joug turc : j'ai échoué. Et libérer la paysannerie : ce sera à toi d'y réussir. »

Alexandre II est prudent. Il sait que la noblesse n'est pas disposée à renoncer à ses privilèges. Il sait aussi que la paysannerie attend, silencieuse, mais, comme toujours, prête à exploser. Elle attend une réforme de son statut et le *grand partage*[1]. La Russie, si prompte aux désordres, pourra-t-elle supporter le choc d'une réforme devant laquelle Catherine II aussi bien qu'Alexandre Ier ont reculé, même au faîte de leur puissance ? Aux maréchaux de la noblesse réunis en mars 1856, Alexandre II déclare : « On dit que je vais émanciper la paysannerie... Ce bruit est sans fondement. » Propos rassurant, destiné à calmer l'inquiétude suscitée par le pseudo-testament oral de Nicolas Ier.

Où est en fait la vérité ? Quelle est la marge de manœuvre du souverain ? Parmi ses proches, il ne compte que deux soutiens : son frère, Constantin, et la grande-duchesse Hélène Pavlovna, sa tante. L'impératrice est hostile pour des raisons personnelles : l'empereur courtisant alors une de ses demoiselles d'honneur qui affiche des convictions libérales, elle en prend le contre-pied. Alexandre se trouve bien isolé. Mais il a décidé d'agir et d'accomplir cette révolution *par en haut*. Il confie le soin d'élaborer un projet à un *comité secret*, qui lui fait des propositions ; puis, en 1860, il remet la présidence de la commission de rédaction au ministre de la Justice, associé dès l'origine aux divers comités.

Ce dernier, le comte Victor Panine, était réputé pour son opposition à la réforme. Sa présence au sein des instances chargées de la faire aboutir était une brillante idée de l'empereur, qui pensait ainsi désarmer la méfiance de la noblesse. Mais Panine était avant tout un homme loyal, et sa participation à la réforme ne la paralysa pas. Le 19 février 1861, cinq ans à peine après la mort de Nicolas Ier, le manifeste mettant fin au servage est promulgué. L'ensemble des textes organisant cette

---

1. C'est-à-dire le transfert des terres aux paysans.

révolution historique comprend le manifeste « octroyant aux serfs les droits des sujets ruraux libérés », un statut général des paysans libérés du servage, la loi sur le rachat des tenures paysannes, et des textes concernant l'administration des affaires paysannes, ou encore l'application de la nouvelle législation agraire. En tout, trois cent soixante pages imprimées : le passé honteux et barbare de la Russie est effacé.

Le manifeste fut lu aux paysans par le clergé dans les églises ou sur leur parvis. Les paysans étaient émus, perplexes, pas toujours convaincus. Ils comprenaient qu'ils devenaient des hommes libres, dotés de droits civils ; qu'ils recevaient la jouissance perpétuelle de leur maison et de l'enclos attenant. Restait la question cruciale de la terre qu'il fallait racheter à son propriétaire. L'État allait certes les aider par des prêts, mais la procédure de rachat intervenait en trois temps, assurant en principe une transition relativement douce entre les deux systèmes. Ce processus sera mal compris, et pas toujours bien appliqué, malgré la présence d'*arbitres de paix* chargés d'accompagner l'application de la réforme.

Outre le problème du rachat des terres se pose celui de la communauté paysanne, le *mir*, instance que les slavophiles tenaient pour essentielle dans le développement de la Russie. Aux termes de la réforme, le propriétaire des terres n'était pas le paysan individuel, mais le *mir*, dont tous les membres étaient collectivement responsables du règlement de la dette. Pour les paysans, cette notion de débiteur solidaire, de même que le maintien de la commune, étaient aussi difficiles à comprendre qu'à accepter. Le chargé d'affaires français Fournier, voyageant alors en Russie, note dans une dépêche : « Les paysans pensent que le dernier mot de la réforme n'est pas dit. Ils pensent avoir droit à la terre sans conditions, qu'elle leur appartient parce qu'ils l'ont toujours travaillée. »

Sans doute cette réforme ne fut-elle pas parfaite, et l'allocation de terres laissa nombre de paysans sur leur faim. Mais un constat s'impose ici, qui n'est pas dénué d'importance. Lorsque, à la même époque, Abraham Lincoln décida d'abolir l'esclavage – et il ne s'agissait là que de quatre millions d'esclaves noirs, à rapporter à plus de vingt millions de serfs russes –, il le paya d'une longue et sanglante guerre civile, alors que la réforme russe s'accomplit dans un climat de paix civile, certes assombri de révoltes locales, mais limitées, et de manifestations d'hostilité verbale. Au regard de l'immensité de la tâche qu'il avait devant lui, Alexandre II ne se place-t-il pas, de ce fait, au premier rang des réformateurs ?

La Pologne jamais réconciliée

Après l'abolition du servage, révolution politique plutôt que réforme, le zèle libéral de l'empereur n'allait plus connaître de limites. La noblesse, qui se considérait comme la grande victime de la réforme de 1861, pesa alors de toutes ses forces pour qu'Alexandre II renonce aux transformations qu'il entendait imposer à la Russie. On lui objectait les dangers que de nouveaux projets réformateurs feraient courir à la stabilité du pays. On lui remontrait surtout que les désordres s'étendaient, que l'étincelle de 1861 avait embrasé les campagnes, mais aussi la partie la plus vulnérable de l'Empire, la Pologne, où il convenait de restaurer l'ordre.

Les esprits inquiets n'avaient pas totalement tort. Brisée en 1831, dotée l'année suivante d'un nouveau statut, amputée de tous les acquis du début du siècle, la Pologne était, de manière surprenante, restée à l'écart du mouvement révolutionnaire de 1848, sans doute trop proche de l'écrasement de 1831. En s'y rendant, à peine couronné, Alexandre II avait montré qu'il était sensible aux malheurs du pays et cherchait des solutions propres à apaiser les Polonais sans affaiblir l'autorité russe. À entendre les discours prononcés sur place par l'empereur, à examiner ses projets, on constate aisément que, là plus qu'en territoire russe, il était attentif à ne pas perdre le contrôle de la situation par des changements trop hâtifs. Depuis le voyage impérial de 1856, les Polonais espéraient recouvrer une autonomie administrative. Elle ne va leur être accordée que cinq ans plus tard, par l'oukase du 12 mars 1861. Ce long délai les exaspère et atténue, dans la conscience collective, l'effet produit par les concessions russes. L'impatience et l'amertume l'emportent, chez les Polonais, sur la satisfaction.

Alexandre II songeait alors à étendre à la Pologne le statut favorable dont jouissait la Finlande, mais il voulait être sûr que ce statut n'y alimenterait pas des espérances et des actions tendant à le dépasser. L'empereur ne s'était pas trompé : impatients, les Polonais créent alors des organisations politiques, et Varsovie devient le centre d'une intense agitation à laquelle participent à la fois des officiers polonais libéraux et des groupes radicaux. Des étudiants vont dans les campagnes propager leurs idées parmi la paysannerie. Catholiques et juifs, pourtant très séparés en Pologne, se retrouvent dans des cercles semi-clandestins pour débattre de l'avenir du pays.

Pensant répondre aux souhaits polonais, Alexandre II désigna pour le représenter auprès de la population un grand seigneur polonais, le comte Alexandre Wielopolski, qui, à certains égards, rappelait la haute figure de Czartoryski, mais dont le comportement irréfléchi évoquait parfois aussi celui d'un simple adjudant. Si la population polonaise se réjouit d'abord de cette nomination, à Pétersbourg on en vit rapidement les inconvénients. Pour combler les vœux de ses compatriotes, pour n'être pas considéré par eux comme un « collaborateur » de la Russie, Wielopolski exigeait sans relâche des concessions de l'empereur, réticent à les accorder. Du coup, les rapports s'envenimèrent et les Polonais mirent sur pied de petits groupes de combat clandestins. La nomination comme vice-roi du grand-duc Constantin Nicolaievitch, réputé pour ses idées libérales, ne suffit pas à apaiser les esprits, et le couple formé par le vice-roi et le représentant personnel de l'empereur, malgré son évidente volonté de sortir de l'impasse, assista, impuissant, à l'irrépressible montée d'un mouvement de révolte qui gagnait l'ensemble de la société.

Pourtant, les concessions au nationalisme polonais étaient de taille : les universités rouvertes accueillaient les étudiants, et toute restriction y était levée ; les paysans bénéficiaient de facilités fiscales.

À l'été 1862, l'attentat heureusement manqué contre le grand-duc Constantin montra le degré atteint par la fièvre nationale. Convaincu que la révolution était imminente, Wielopolski imagina une parade : jouer de la conscription pour enrôler tous les jeunes gens repérés pour leurs sentiments antirusses. Les efforts d'organisation des nationalistes polonais avaient porté leurs fruits : ils disposaient d'espions dans l'entourage de Wielopolski, lesquels ébruitèrent son projet. Le 14 janvier 1863, jour fixé pour l'appel des recrues, un grand nombre de conscrits potentiels s'étaient égaillés dans la nature. Mais le projet avait mis le feu aux poudres : le soulèvement éclata huit jours plus tard, 22 janvier.

Tout avait été soigneusement préparé par les chefs de file du mouvement pour ne pas rééditer les erreurs de 1831. Ils avaient réussi à acheter des armes et à former des hommes. Certes, la Pologne de 1863, n'ayant plus d'armée, ne pouvait se lancer dans une confrontation militaire avec les troupes impériales. Mais c'est une guerre de harcèlement, une véritable guérilla qui avait été préparée dans la clandestinité. Tandis que le comte Wielopolski envoyait ses troupes à la poursuite des recrues en fuite, des groupes polonais surgissaient en divers points du pays, attaquant les casernes, avant de s'évanouir dans la nature. La Russie se trouva ainsi confrontée à un vrai gouvernement polonais clandestin « doublant » les institutions officielles à tous les niveaux et les neutralisant.

Le chef de ce gouvernement, Roman Traugutt, est un aristocrate polonais, officier de métier, apparenté par son mariage à Kosciuszko. En 1831, la révolte avait manqué d'un chef. En 1863, elle s'est dotée d'un véritable homme d'État qui va acheter des armes en Belgique, demander son aide à Napoléon III, puis au pape. Durant plus d'une année, c'est un défi considérable pour la Russie. Un vrai double pouvoir existe en Pologne : celui de l'empereur, et celui de la résistance qui rassemble autour d'elle l'ensemble du peuple polonais. Hors de Pologne, en Ukraine, en Biélorussie, en Lituanie, des émissaires de la révolte polonaise sillonnent les campagnes pour convaincre les paysans de se joindre à leur mouvement.

Alexandre II réagit sans hésiter, en dépit des supplications du grand-duc Constantin qui prône le retour au système de 1815. L'empereur se montre inflexible et nomme à la tête des troupes russes l'homme le plus propre à effrayer les Polonais : le général Mouraviev, alors gouverneur de Vilnius, lequel, en 1831, a déjà maté la révolte polonaise avec une brutalité qui lui a valu le sobriquet de « Mouraviev la Potence ».

Des troupes fraîches sont envoyées en Pologne. Les lieux de culte, les couvents qui soutiennent et abritent les rebelles sont perquisitionnés, souvent fermés. Pie IX s'en indigne, proteste auprès de l'empereur, provoquant sa fureur, à tel point que celui-ci va dénoncer en 1867 – une fois le calme rétabli – le concordat signé avec le Vatican.

Si Alexandre II ne transige pas sur la souveraineté russe en Pologne, il n'est pas seulement l'homme de la fermeté : il entend sortir du conflit par des concessions politiques propres à réconcilier les Polonais avec la Russie. À cette fin, il fait appel à ceux qui ont œuvré à la réforme du servage, Milioutine en premier lieu, et leur expose sa conception d'une solution à la crise polonaise. Son adversaire étant avant tout la noblesse polonaise, toujours hantée par la volonté d'indépendance, il convient de l'isoler en la coupant de la paysannerie, donc en offrant à cette dernière une réforme radicale. C'est le but de la loi du 19 février 1864 – date du troisième anniversaire du manifeste d'émancipation –, qui accorde *gratuitement* la terre aux paysans polonais, ainsi beaucoup plus favorisés que leurs homologues russes, à charge pour l'État de verser des compensations aux propriétaires polonais.

C'était un coup de maître. Alexandre II reprenait là un projet de Roman Traugutt, lequel n'avait pas eu le temps de l'appliquer. L'empereur russe put s'en attribuer le mérite. Satisfaits, les paysans tendirent à se détacher de la noblesse, et l'unité nationale, si dangereuse pour la Russie, se trouva rompue.

La chance sourit à l'empereur, en ce printemps 1864. Deux mois plus tard, en avril, Roman Traugutt, trahi par l'un des siens, fut arrêté, déféré à la justice avec la plupart des responsables nationaux. Accusés de banditisme, nombre d'entre eux furent condamnés à mort, mais les peines de la plupart furent commuées en travaux forcés ou en déportation en Sibérie. Traugutt et quatre autres condamnés furent pendus à Varsovie. Le rêve national polonais se mourait.

Toutes les institutions qui avaient survécu à la remise en ordre de 1831 furent supprimées, et Alexandre II confia à Milioutine le soin de réorganiser ce qui avait été le royaume de Pologne en *province* russe. Le nom de *Pologne* fut biffé de tous les actes et, pour le souligner encore davantage, Alexandre renonça au titre de roi de Pologne. Le pays fut découpé en provinces, la plus importante étant le *privlinskii krai* ou territoire de la Vistule, qui couvrait toute la région de Varsovie. Le système éducatif fut russifié. La Pologne ne se manifesta plus que par la voix de ceux qui avaient fui à l'étranger ou dans la mémoire des Polonais exilés en Sibérie.

La tragédie polonaise émut l'Europe, mais cette émotion se révéla stérile. Les gouvernements appelés à l'aide adressèrent à Alexandre II deux notes, qui le laissèrent indifférent. Napoléon III plaida que, depuis le congrès de Vienne, les affaires polonaises étaient celles de l'Europe, et suggéra une intervention. Mal lui en prit : Gortchakov lui opposa la souveraineté des États et lui reprocha de donner asile à des « criminels polonais ». On en resta donc au stade des protestations verbales. De surcroît, la Prusse, craignant que le mouvement ne contamine les Polonais vivant sous son autorité, penchait du côté russe ; pour faire avancer son projet d'unité allemande, Bismarck souhaitait en outre bénéficier à l'avenir de la neutralité russe. Son calcul était juste.

Parmi les opinions publiques européennes, le sentiment antirusse était alors très fort, inspirant des manifestations d'hostilité à la Russie. Mais l'aide apportée par ces mouvements d'opinion aux Polonais fut inexistante, voire contre-productive. Confrontés à l'hostilité des Européens, les Russes y opposèrent un puissant élan de solidarité nationale qui les souda autour de leur empereur. Les Russes libéraux, pourtant favorables à la Pologne, n'osèrent se désolidariser de leurs compatriotes. Toute l'élite russe, slavophiles et occidentalistes, libéraux et conservateurs, s'unit pour condamner les « traîtres polonais » que leur extrémisme avait privés d'une vie étatique propre. Samarine écrira que, tournant le dos à leur identité slave, les Polonais avaient choisi une latinité superficielle, forgeant ainsi leur malheur. Seul Herzen prit la défense de la Pologne, mais, depuis Londres où il vivait, sa voix parut bien lointaine à ses compatriotes.

La révolution polonaise, qui pesa si lourdement sur Alexandre II, montra qu'il était le véritable maître du pouvoir en Russie. Il résista à toutes les pressions l'invitant soit à céder, soit à réprimer davantage. Il imposa sa propre conception de l'avenir polonais et des solutions à adopter, et refusa de s'en écarter. Cet homme parfois jugé faible ou hésitant, voire enfermé dans un conservatisme hérité de son père et conforté par son éducation, aura fait, tout au long de cette terrible crise, la preuve de son intelligence politique et de sa détermination.

Ces mêmes qualités vont être à l'œuvre durant toute la période de réformes qui suit l'abolition du servage, réformes décidées sur toile de fond du soulèvement polonais et en dépit de lui.

Réformer encore et toujours…

Dès 1862, Alexandre II avait annoncé son intention de poursuivre les réformes. Cette année 1862, exceptionnelle pour la Russie, était marquée par un double millénaire : celui de la Russie, celui de l'arrivée de Riurik à Novgorod. Pourtant, les fastes ne furent pas à la hauteur de l'événement. L'empereur se rendit avec les siens à Novgorod dans la plus grande discrétion. La Russie traversait alors un temps troublé. Outre la crise en Pologne, l'empereur prenait chaque jour connaissance de nouvelles menaces : soulèvements locaux, incidents divers, notamment des incendies qui éclataient mystérieusement dans les villes situées sur les rives de la Volga, où les agitateurs avaient toujours trouvé des foules crédules pour les écouter et les suivre. L'incendie le plus spectaculaire fut celui qui ravagea alors, à Pétersbourg, le palais Apraxine.

Autre indice de l'inquiétude populaire : les mouvements qui agitent les universités. L'empereur avait nommé un ministre de l'Éducation, l'amiral Poutiatine, un marin cassant, peu au fait de la vie intellectuelle. Ses décisions autoritaires, ses contrôles tatillons exaspéraient professeurs et étudiants, qui se rassemblaient pour protester.

Ces désordres sont loin d'être la seule préoccupation de l'empereur. Il est confronté à la réaction de la noblesse, guère réconciliée avec la réforme paysanne et qui a décidé de s'organiser en dehors de l'État et contre lui pour défendre ses intérêts. Des assemblées de la noblesse qui se tiennent alors à travers tout le pays témoignent de cette fronde au sommet de la société. Seule exception : l'assemblée de la noblesse de Tver vote en 1862 l'abolition de ses privilèges et appelle à la convocation d'une Assemblée constituante afin d'instaurer en Russie un nouvel ordre politique. Il s'agit bel et bien, dans son cas, d'une vraie « nuit du 4 Août », mais nulle autre assemblée ne suit son exemple.

Face aux désordres croissants, à la fronde nobiliaire, à une paysannerie qui attend davantage de concessions, l'empereur se trouve bien isolé. Pourtant, loin de céder au découragement, il entend aller plus loin, réformer en tous domaines.

Fallait-il une réforme du système politique ? Le Conseil des ministres, créé en 1857, suggère un premier pas dans cette direction. Mais son existence se révèle peu remarquable : il ne remplit pas les fonctions d'un vrai gouvernement, ne dispose d'aucune autonomie, ne se réunit qu'à l'initiative du souverain, qui a tôt fait de s'en désintéresser.

En 1862, Valouev, alors ministre de l'Intérieur, propose une réforme du Conseil d'État qui l'aurait divisé en deux chambres, et doté de pouvoirs nouveaux. Le projet fait pousser les hauts cris à Gortchakov, qui avertit le souverain qu'avec une telle réforme la Russie court tout droit à un système représentatif. La mesure est annulée.

Cet abandon ne saurait être imputé à la crainte d'Alexandre II de voir naître, un jour, un système constitutionnel, mais doit être replacé dans le cadre de son projet général de réformes. Tout en voulant continuer à transformer le pays, il est convaincu qu'il lui faut conserver le contrôle de tout le processus et préserver son autorité personnelle, celle de l'autocrate, sous peine d'être emporté par les réactions imprévisibles de la société. L'empereur a une claire vision de l'état de la société russe, de son absence de maturité, et se pose sans cesse la question qui a hanté tous les réformateurs russes, y compris, dans les dernières années du communisme, un Gorbatchev : jusqu'où est-il possible d'aller sans ébranler tout l'édifice ? La réponse d'Alexandre II, comme plus tard celle de Gorbatchev, est que c'est de l'intérieur même du système politique que l'on peut réformer et reconstruire sans courir de risques excessifs.

C'est pourquoi Alexandre II repousse alors la suggestion de son ministre de l'Intérieur de mettre à l'étude un projet constitutionnel pour la Finlande. Mais il opte pour une refonte quasi complète des structures administratives, judiciaires, universitaires et militaires.

Sa première décision notable porte sur le budget, car il lui faut restaurer les finances publiques. Pour la première fois dans l'histoire russe, le budget de l'État est rendu public de manière détaillée, assorti d'analyses et de commentaires. Le ministre des Finances, Mikhaïl Reutern, nommé en 1862, avait beaucoup voyagé et appris comment fonctionnait, en Prusse ou aux États-Unis, un véritable système financier. Il aspirait à rétablir la convertibilité du rouble et à opérer une réforme financière d'envergure. Le soulèvement polonais l'en empêcha.

Le système judiciaire russe, tout comme le servage, avait contribué à donner du pays l'image de la barbarie. Si la peine de mort n'était pas systématiquement appliquée, son statut étant devenu incertain, la sauvagerie des châtiments corporels y suppléait largement. Dégradants, ils étaient si violents que la mort du condamné mettait souvent un terme à leur recours. Au surplus, la justice était inégalitaire, traitant de manière différente les humbles et les puissants, et notoirement corrompue. Tous les voyageurs qui avaient vu la Russie de près en rapportèrent à ce propos des témoignages effroyables.

Dès 1861 fut posée la question des châtiments corporels. L'oukase du 17 avril 1863 les interdit, même si, dans certains cas, on en usa encore dans l'armée, notamment contre les déserteurs, mais hors toute légalité. Ce n'était là, cependant, qu'un chapitre du lourd dossier judiciaire auquel Alexandre II prêta dès le début des années 1860 une attention particulière. Il nomma en 1861 un comité présidé par le comte Bloudov, puis, constatant les pesanteurs et les réticences des élites, il élargit les instances de réflexion ; lorsque l'état des lieux fut parachevé et les grandes lignes de la réforme définies, les textes furent rendus publics et tous les milieux ou personnes intéressés au sujet furent conviés à les commenter et à émettre des propositions. Juristes et professeurs s'empressèrent de répondre à l'appel. Mais ils ne furent pas les seuls à le faire : des profondeurs du pays parvinrent quatre cent quarante-six commentaires parfaitement élaborés, remarquables par leur degré de compétence, et dont la teneur fut intégrée à la réforme.

Celle-ci fut promulguée par l'oukase du 20 novembre 1864, qui consacrait une révolution légale : des textes nouveaux, un code civil et un code de procédure criminelle ; surtout, des principes jusqu'alors inconnus en Russie : indépendance de la justice, même loi pour tous et s'imposant à tous, y compris au souverain. L'égalité de tous devant la loi se substituant à une justice à laquelle échappaient les puissants et les nantis, quel bouleversement !

Des dispositions pratiques garantissaient le respect de ces principes : l'inamovibilité des juges et leur indépendance matérielle – assurée par des traitements convenables –, destinées à les protéger des pressions et à les préserver de la corruption ; les procès publics et contradictoires ; les jurys élus.

Sans doute la réforme se heurta-t-elle d'abord à des difficultés d'application et au défaut de juristes qualifiés – il fallait former d'urgence des juges, des procureurs, des avocats et des jurés. Mais Dimitri Zamiatine, l'un des pères de la réforme, qui allait devenir ministre de la Justice, s'impliqua avec enthousiasme pour aider à sa mise en œuvre. Il mobilisa les énergies, fit appel à toutes les institutions, en particulier à l'université pour y susciter des vocations juridiques et contribuer à ce qui constituait, aux yeux de l'empereur, un des éléments décisifs de la révolution des mentalités. Le monde du droit devint attractif pour tous ceux qui misaient sur le progrès de la Russie. Il n'est pas étonnant que des étudiants en droit, puis des avocats, aient alors confondu leurs choix professionnels et leurs convictions. Deux hommes vont illustrer ce parcours : Alexandre Kerenski et Vladimir Oulianov, lequel sera célèbre un jour sous le nom de Lénine. Il n'est pas étonnant non plus que les tribunaux – lieux de débats publics et libres, en vertu de la loi de 1864 – aient été utilisés comme tribunes pour la propagande politique par ceux qui cherchaient déjà à dépasser les réformes et à engager le pays dans la voie de la révolution.

La réforme de la justice s'accompagna d'une autre transformation radicale du système russe : celle touchant à l'administration. La Russie avait vécu jusqu'alors dans une organisation centralisée que ni la noblesse, ni la bureaucratie ne songeaient à contester. Alexandre II se trouva sur ce plan en opposition avec la haute bureaucratie et, pour définir son projet, il recourut aux mêmes hommes qui l'avaient aidé auparavant : les libéraux Milioutine et Valouev. Il leur demanda de concevoir la réforme en tenant compte de deux impératifs en apparence contradictoires : organiser la représentation sociale au sein des pouvoirs locaux et, dans le même temps, préserver l'autorité de l'État. Le statut du 1er janvier 1864 répondit à ce dilemme en créant une administration locale autonome, le *zemstvo*[1], constitué de deux niveaux, *district* et *gouvernement*, et composé de représentants élus pour trois ans, aux compétences importantes et variées.

---

1. Au pluriel : *zemstva*.

L'autorité du *zemstvo* tenait à la durée du mandat des élus, trois ans, à leurs sessions annuelles ou ponctuelles, et aux moyens matériels et financiers que leur transférait l'État, puisque les impôts locaux leur revenaient. Pourtant, leurs responsabilités exigeant de plus importants moyens, ces assemblées seront souvent en conflit avec l'État, ainsi qu'avec les populations mécontentes de tâches mal assumées. Ces instances n'hésitaient pas à alourdir l'impôt foncier, inépuisable source de revenus, qui pesait plus lourdement sur les paysans émancipés.

Autre difficulté rencontrée par les *zemstva* : le rôle inégal des groupes sociaux en leur sein. La noblesse y avait un poids prépondérant. Les maréchaux de la noblesse en étaient présidents de droit. La paysannerie eut, en outre, bien de la peine à y jouer son rôle. Les paysans étaient dans leur quasi-totalité illettrés, peu armés pour traiter de problèmes administratifs et financiers. Au sein des *zemstva*, ils étaient, en droit, les égaux de leurs anciens maîtres ; en fait, ils éprouvaient un sentiment d'infériorité lié à leur statut récent de serfs et à leur manque d'éducation.

Ces difficultés ne doivent cependant pas effacer l'essentiel : la société paysanne tout juste émancipée trouva sa place dans les organes du pouvoir qui organisaient son existence. Quant au bilan de l'action de ces organes, il est impressionnant : écoles créées là où il n'y en avait pas, dispensaires et hôpitaux installés dans les campagnes qui étaient jusqu'alors autant de déserts médicaux, médecins payés par les *zemstva*, ingénieurs agronomes guidant les paysans incapables jusque-là de faire preuve d'esprit d'initiative...

En dépit de critiques et de déceptions, la réforme de l'administration locale aura modifié la société et les mentalités, mais aussi affaibli le système de pouvoir existant. Les *zemstva* étaient annonciateurs sinon de contre-pouvoirs, du moins d'*autres* pouvoirs. Les germes des ébranlements à venir étaient là.

Il ne suffisait pas de réformer les institutions ; encore fallait-il des hommes neufs pour les faire fonctionner. La réforme de l'enseignement voulue par Alexandre II devait répondre à cette exigence. Dès la fin de 1861, les désordres universitaires provoqués par l'amiral-ministre maladroit et autoritaire imposaient un changement de politique. Alexandre II le démit, nomma à sa place Alexandre Vassilievitch Golovnine, bras droit du grand-duc Constantin, dont il partageait les idées libérales et qui allait rester en fonction durant six ans. D'emblée, le nouveau ministre montra la voie qu'il entendait suivre : les universités furent rouvertes, les étudiants exclus furent réadmis et autorisés à se présenter aux examens. Le calme revint aussitôt.

La réforme voulue par l'empereur devait hisser l'université russe au niveau de ses homologues étrangères parmi les plus réputées, en s'inspirant de leur organisation et de leurs méthodes. L'autonomie des universités constituait une priorité. Elle avait existé en Russie jusqu'en 1835. La réforme imposa l'élection du corps enseignant (élu par ses pairs) et des organes de direction. Pour éviter le recours à la police lors des désordres, on créa une Cour de discipline universitaire, formée des seuls professeurs élus. L'université devint un sanctuaire, seule responsable du maintien de l'ordre dans son enceinte. La réforme s'occupa aussi de la formation des maîtres et accorda beaucoup d'attention à l'envoi des étudiants à l'étranger pour y parfaire leur formation.

La commission de réforme avait fait du rétablissement des liens entre universités russes et européennes une priorité, considérant que seule la formation d'élites européanisées permettrait une transformation générale du pays. Les auteurs de la réforme refusèrent que des corporations – pas encore des syndicats – soient créées dans les universités et décidèrent de ne pas les ouvrir aux jeunes filles, arguant qu'il en allait ainsi dans nombre de pays d'Europe. Mais ces restrictions étaient relativement mineures au regard des progrès inscrits dans la réforme. Les universités s'épanouirent, attirant non seulement les enfants de la noblesse, mais aussi ceux de clercs, de médecins, de cadres des *zemstva*, soit un tiers état en formation. Dès lors, des professeurs remarquables vont se consacrer à former ces étudiants, avec pour but de préparer à une transformation intellectuelle et technique sans précédent un pays décidé à rattraper son retard.

L'effort des réformateurs porta aussi sur l'enseignement secondaire. Des lycées de type nouveau, davantage tournés vers les mathématiques et les sciences, appelés *écoles réales*, vinrent s'ajouter aux lycées traditionnels ou *gimnazia*, complétant un enseignement en rapide essor. L'enseignement primaire, lui, fut laissé aux soins des *zemstva*.

L'armée, enfin, pouvait d'autant moins échapper à la passion réformatrice de l'empereur qu'il avait pu jauger, en 1855, l'abîme séparant sa réputation de la réalité. Milioutine fut chargé de repenser l'ensemble du système et d'en bannir d'abord les aspects les plus odieux à la société. Le service militaire de vingt-cinq ans fut réduit à quinze pour l'armée de terre, à quatre pour la marine. Les colonies militaires d'Araktcheiev furent supprimées. Des régions militaires furent créées, ainsi que des établissements d'enseignement propres à chaque arme. En 1874 fut instauré un service militaire universel, ce qui entraîna une réduction drastique de sa durée : six ans seulement dans le service actif, complété par la réserve. La vie des Russes s'en trouva transformée, surtout celle des campagnes, jusqu'alors désorganisée par l'absence, pendant un quart de siècle, de ceux qui, étant les plus jeunes, étaient aussi les plus aptes au travail physique.

À regarder l'ensemble de ces réformes, on constate qu'aucun domaine de la vie publique ou privée n'y a échappé. Dans les dix années qui ont suivi son accession au trône, Alexandre II aura rompu avec le message légué par son père : « Tiens tout », ainsi qu'avec son éducation et avec la majorité de l'élite dirigeante, pour imposer des changements qui bouleversent l'ordre social, les habitudes et les modes de vie de son pays. En insistant sur l'éducation, la participation sociale aux débats et à la vie publique, il a commencé à faire naître une Russie différente et, au sein de celle-ci, une société civile.

Le libéralisme à l'épreuve des faits

Le 12 avril 1865, alors que l'esprit réformateur du souverain s'est imposé, c'est le destin qui va lui porter un coup terrible. Son fils aîné, le plus chéri de ses enfants, le grand-duc Nicolas Alexandrovitch, meurt à Nice après des semaines d'agonie. Une mauvaise chute de cheval, la tuberculose, une tumeur : maintes causes ont été avancées pour expliquer la disparition précoce de l'héritier. Au désespoir, Alexandre II se retrouva confronté à la question de la succession.

Son deuxième fils, Alexandre, n'avait aucune des qualités de son aîné : plutôt pataud, physiquement emprunté, d'une intelligence moyenne que n'avait pas améliorée une éducation semblable à celle qu'avait reçue Nicolas. N'imaginant pas le drame à venir,

Alexandre II avait négligé de se pencher sur ce fils qui lui ressemblait si peu, de surcroît plutôt conservateur, nullement intéressé par les réformes paternelles. L'empereur comprit d'emblée combien ce changement d'héritier risquait de menacer l'avenir. Il fut confirmé dans ses doutes par la grande-duchesse Hélène Pavlovna, qui avait, pour sa part, soutenu toutes ses réformes. Selon elle, au lieu de cet Alexandre mal venu, il fallait reporter la succession sur le troisième fils, Vladimir, plus doué qu'Alexandre, même s'il n'égalait pas, par les dons et l'éducation, le grand-duc disparu. Alexandre II hésita un bref moment, puis renonça à ce projet : son père lui avait enseigné l'importance des successions régulières, montré les troubles entraînés par des choix personnels qui rompaient avec la règle. Il décida de la respecter et proclama Alexandre grand-duc héritier.

Sans doute cette décision s'explique-t-elle par le souci de préserver l'ordre. Mais il faut aussi faire intervenir ici un facteur personnel : désespéré par la mort de son fils aîné, l'empereur trouvait alors dans sa vie privée une consolation et un élan nouveau qui l'écartaient quelque peu des préoccupations politiques. En 1865, année terrible, il s'est attaché à une toute jeune fille aperçue au couvent de Smolny, où étaient éduquées des jeunes filles de la noblesse. Elle s'appelait Catherine Dolgorouki, du même nom que la fiancée du jeune tsar Pierre II, mort à seize ans à la veille de ses noces. L'empereur de quarante-sept ans, épuisé par les combats menés et le chagrin, en fut métamorphosé. L'homme mûr et vieillissant redevint un fringant cavalier. Sa transformation physique, un air de jeunesse recouvrée, une nouvelle vigueur impressionnèrent son entourage, l'impératrice en premier lieu. Elle comprit que le temps des favorites éphémères était passé, et qu'une nouvelle vie commençait pour le souverain.

Le 4 avril 1866, Alexandre II se promenait en famille, paisible et confiant, dans le jardin d'été du palais que Pierre le Grand avait fait construire et qui fut sa dernière demeure. Toute la famille impériale aimait à jouir de ce lieu enchanteur. Le souverain y rencontrait déjà la jeune Catherine au temps où leurs amours n'avaient pas encore pris un tour officiel. Mais, ce jour-là, il était en compagnie de ses neveux. Puis il alla vers le quai de la Neva, où des badauds se pressaient pour l'admirer sous la surveillance débonnaire de quelques gendarmes. De qui eût-il dû se méfier ? Alexandre II n'était-il pas le « Libérateur », celui qui avait permis à la société de reprendre goût à la vie ?

Pourtant, la mort était là qui le guettait. Un jeune homme bondit alors que le souverain se dirigeait vers sa calèche, tira sur lui et se sauva à toutes jambes. Soudain sortis de leur torpeur, les gendarmes coururent derrière lui, l'attrapèrent ; il n'avait pas eu le temps de lâcher son pistolet. Par bonheur, il visait mal : un passant avait détourné le coup et sauvé l'empereur, qui était indemne. Le tireur, nommé Karakozov, fut jugé. On lui demanda s'il était polonais, ce qui eût été un geste compréhensible. Il répondit que, venu de Kostroma, il était russe et paysan – inacceptable aveu pour Alexandre II, père des Russes et libérateur de la paysannerie. Karakozov fut condamné à mort et pendu. Il implora la grâce d'Alexandre, qui répondit qu'en chrétien il lui pardonnait, mais que l'empereur avait le devoir de le châtier.

Ce coup de feu ébranla profondément Alexandre II. Jamais encore le sang d'un Romanov n'avait coulé du fait d'un paysan. S'entre-tuer pour le pouvoir avait certes été un long usage, mais il croyait ce temps-là révolu. Ses réformes, son respect des règles successorales, tout visait à clore le livre sanglant des Romanov et de leurs prédécesseurs. Qu'un homme du peuple –

en réalité, c'était un étudiant –, un sujet de l'empereur eût tiré sur lui, et rouvert par là les chapitres de cette histoire meurtrière, était pour lui impossible à concevoir.

L'attentat manqué eut des suites inattendues. L'empereur, qui avait failli mourir, décida de vivre désormais la vie qui lui convenait, et plus seulement celle que le trône et l'étiquette lui imposaient. Catherine Dolgorouki entra pleinement dans son existence pour ne plus la quitter.

C'est alors que la crainte d'une déstabilisation de la Russie l'emporta chez lui. Le 13 mai 1866, Alexandre II enjoignit au prince Gagarine, président du Conseil des ministres, de tout mettre en œuvre pour empêcher la diffusion des idées dangereuses au sein de la société. Des dispositions administratives et des changements de personnes éclairent ce tournant. La troisième section fut ranimée et à sa tête, comme à celle de la gendarmerie, fut placé le comte Pierre Chouvalov, qui allait être huit ans durant responsable de l'ordre public ; la société le baptisa « Pierre IV, roi de la Police ».

L'université pâtit de ce tournant. Karakozov étant en réalité un étudiant, on en conclut que celle-ci était un nid de révolutionnaires. Le ministre libéral Golovnine céda sa place au procureur du Saint-Synode, Dimitri Tolstoï, qui décida de la « mettre au pas ». L'ère Tolstoï, qui dura jusqu'en 1880, fut l'une des plus sinistres périodes de l'histoire scolaire et universitaire de Russie. Non content de restreindre toutes les libertés universitaires, Tolstoï considéra que c'était le progrès des connaissances qui avait dévoyé la jeunesse. Il épura donc l'enseignement. L'histoire et la littérature furent placées sous surveillance ; seules la grammaire, les langues mortes et les mathématiques furent jugées peu nocives. Les étudiants suspects furent chassés des universités, interdits d'examen, et les maîtres chargés de repérer les mauvais esprits. Ainsi fut consommée la rupture entre la jeunesse et le pouvoir.

Alexandre II ne voulut cependant pas se livrer entièrement aux mains des conservateurs et, tout en nommant certains d'entre eux au gouvernement, il garda auprès de lui les plus fidèles soutiens des réformes : Milioutine, Reutern et le ministre des Affaires étrangères, Gortchakov.

Ce recul du « moment libéral » devait, dans l'esprit d'Alexandre II, ne durer que le temps de ramener l'ordre. En 1866, il voulait encore croire que Karakozov avait été une exception. Un an plus tard, il aura perdu ses illusions.

En 1867, il est invité à Paris par Napoléon III pour visiter l'Exposition universelle. Des Polonais exilés se rassemblent sur le trajet du carrosse impérial pour crier « Vive la Pologne ! », en dépit des efforts de la police pour les tenir à l'écart. Le 6 juin, revenant en compagnie de Napoléon III d'une parade militaire, Alexandre II essuie à nouveau des tirs. Une fois encore, il est indemne. L'empereur français en fut confus – et Alexandre II soulagé, car, cette fois, le tireur était un Polonais. Les relations franco-russes s'en trouvèrent affectées. La police française avait paru bien négligente à l'empereur, qui s'étonna que les Polonais n'aient pas été éloignés de la capitale en pareille circonstance, et il s'indigna d'apprendre que l'avocat du tireur avait pu déclarer, devant un tribunal impassible, que « le martyre des Polonais expliquait son geste ». Le ton de la presse française, favorable à la Pologne, l'indigna davantage encore. Mais il resta en France un moment encore, non pour répondre aux invites pressantes de Napoléon III, mais pour y filer le parfait amour avec Catherine Dolgorouki.

Ce nouvel attentat l'incita à donner un tour officiel à sa liaison. Rentré dans sa capitale, il installa Catherine à proximité du Palais et la fit nommer dame d'honneur de l'impératrice afin qu'elle fût toujours près de lui. Quelques années encore, et un autre attentat le conduisit à loger Katia et leurs enfants – car il en était né plusieurs – dans le Palais impérial, ses allées et venues entre celui-ci et un appartement, même proche, étant alors considérées comme trop dangereuses. Sans doute cette liaison affichée était-elle peu conforme aux règles de la bienséance, et surtout au rigorisme d'Alexandre II, qui ne tolérait pas que des membres de sa famille cèdent au laxisme dans leur vie privée. Mais le danger croissant autour de sa personne et le caractère exceptionnel de son idylle expliquent cette cohabitation inédite.

Les guerres contre les réformes

Tandis qu'Alexandre II consacrait ses forces à transformer la Russie, l'Europe changeait. Sous la poigne puissante de Bismarck, les principautés allemandes progressaient vers l'unité, et la France s'en inquiétait. Gortchakov s'efforça de convaincre Alexandre II qu'il fallait trouver un nouvel équilibre dans les relations avec Berlin et Paris. Mais l'empereur restait attaché à une relation privilégiée avec la Prusse et son roi, son oncle, alors qu'il gardait rancune à la France pour la rigueur du traité de Paris, voire pour les guerres napoléoniennes. Rien d'étonnant à ce qu'au début de la guerre de 1870 il opte pour une neutralité bienveillante envers la Prusse, puis assiste impavide à la défaite française et refuse d'entendre les appels à l'aide de Paris lorsqu'on lui demande d'intervenir pour modérer les exigences territoriales allemandes. Alexandre II et

Gortchakov vont même en profiter pour liquider unilatéralement le traité de Paris. En octobre 1870, par simple note adressée à toutes les puissances signataires, Gortchakov les informe que son pays est délié de ses clauses et revendique aussi la liberté de navigation sur la mer Noire.

Alexandre II y gagne une popularité nouvelle dans son pays, cependant que les puissances destinataires de la note, incapables de s'y opposer, organisent une conférence à Londres, en mars 1871, pour entériner le coup de force russe tout en rappelant que de telles décisions ne pouvaient en principe être unilatérales. La convention de Londres sauve plus ou moins la face des deux États les plus intéressés à la question, l'Angleterre et la Prusse, la France vaincue étant hors jeu ; elle consacre le triomphe d'Alexandre II, qui a effacé sans tirer un coup de feu la défaite de Crimée et ses conséquences. Le temps du « recueillement russe » est bel et bien révolu.

Le nouveau paysage politique européen est alors caractérisé par le puissant Empire allemand, dont ni Alexandre II ni Napoléon III n'ont su prévenir l'émergence. Sans doute Alexandre II reste-t-il prussophile, mais il comprend qu'il faut un contrepoids à ce nouvel empire. Ce ne peut être la France, dont les tendances révolutionnaires, réveillées en 1871, l'ont effrayé. Il préfère se tourner vers l'Autriche, sans pourtant renoncer à l'alliance allemande, et s'intègre à l'*entente des trois empereurs* – Alexandre II, François-Joseph, Guillaume Ier. Cette alliance est consacrée par une convention assez peu précise et lourde d'arrière-pensées : Pétersbourg et Vienne continuent à s'entre-surveiller dans les Balkans, chacun comptant y neutraliser l'autre. Bismarck entend profiter de la rivalité austro-russe dans la péninsule pour renforcer la position allemande en Europe et empêcher la France de se relever.

La crise balkanique de 1875 va offrir à Alexandre II la possibilité de renouer avec une politique de puissance. Cette crise débute en juillet 1875 par un soulèvement contre l'Empire ottoman, qui embrase tous les Balkans. Un sentiment de solidarité panslave s'empare de la société russe, et des volontaires partent combattre aux côtés des « frères slaves ». Le gouvernement russe peut-il ignorer ce mouvement de fond ? Au printemps 1877, il déclare la guerre à l'Empire ottoman. Combat difficile, mais la Russie l'emporte et ses troupes menacent Constantinople. La Sublime Porte se résout à négocier. Le traité de San Stefano, signé le 3 mars 1878, consacre l'effondrement ottoman : il assure à la Russie le droit de libre circulation dans les Détroits, lui accorde la Bessarabie, des forteresses sur la frontière asiatique, et une considérable indemnité de guerre. Le traité prévoit aussi la création d'un grand État de Bulgarie qui sera protégé pendant deux ans par les troupes russes.

Ce triomphe de la Russie fait se dresser l'Europe contre elle, et Alexandre II doit accepter que le congrès de Berlin, réuni à l'été 1878 sous la présidence de Bismarck, révise les clauses du traité de San Stefano et prive son pays de ses récentes conquêtes.

Après le succès militaire, la Russie subit ainsi une défaite diplomatique. Comment expliquer que, victorieuse, elle se soit ainsi laissé déposséder ?

Alexandre II était confronté aux menaces militaires anglaises – rappel de réservistes, hausse des crédits de l'armée – et autrichiennes. La situation intérieure russe – finances publiques dans un état désastreux, rouble en chute libre – lui interdisait d'envisager un nouvel effort militaire. Ses fidèles, Reutern et le grand-duc Nicolas, l'exhortaient, sous peine de démission, à tenir compte de ces réalités. Il dut céder.

Il va se rattraper ailleurs : au Caucase, dont il lui faut achever la pacification ; en Asie centrale, où la Russie conquiert les trois prestigieux émirats de Boukhara, Kokand et Khiva, et atteint les rives de la Caspienne. En Extrême-Orient, la progression russe n'est pas moins spectaculaire ; elle domine la région de l'Amour, où elle a installé des colons. Les traités d'Aigun (en 1858) et de Pékin (en 1860) lui garantissent la rive gauche de l'Amour et la région de l'Oussouri. Des villes russes y voient le jour. En 1875, enfin, la Russie échange avec le Japon les îles Kouriles contre le sud de Sakhaline. En dépit des difficultés rencontrées en Europe et dans les Balkans, Alexandre II aura ainsi assuré, en Orient, l'extension de l'espace russe de manière continue.

Dans un cas seulement, son règne aura été marqué par un recul territorial : c'est en Amérique du Nord. La Russie était déjà présente en Californie et en Alaska, où elle s'était installée à la fin du XVIIIe siècle. Les États-Unis convoitaient l'Alaska. En 1858, le Trésor vidé par la guerre de Crimée, Alexandre II prit l'idée en considération et engagea une négociation avec Washington. Elle traîna en longueur, l'acheteur – ou tout au moins son opinion publique – n'étant pas tout à fait convaincu de l'utilité d'acquérir ces terres glacées. Un accord fut enfin trouvé et l'Alaska cédé en 1867 pour sept millions de dollars, montant que la Russie aurait souhaité supérieur.

L'abandon de l'Alaska comme, peu après, celui des Kouriles constituent de curieuses exceptions dans la politique d'expansion d'Alexandre II et dans l'histoire russe en général. On peut ainsi s'interroger ici sur le rôle joué par la conception de l'*Empire d'un seul tenant*, dans lequel l'Alaska et les Kouriles (mais aussi bien

Sakhaline) représentaient des anomalies. L'opinion russe fut, en tout cas, indignée par cette cession. Mais l'empereur avait alors d'autres motifs d'inquiétude que les réactions à l'abandon de lointains territoires.

La chasse à l'empereur

Joseph de Maistre avait prédit que la vraie menace pesant sur la Russie n'était pas tant la colère des paysans que les « Pougatchev » formés dans les universités. L'attentat de Karakozov lui avait donné raison : il marquait une rupture dans les idées, les projets et la sociologie politiques. La noblesse, qui avait dominé la Russie et s'était soulevée en 1825, s'effaçait devant l'intelligentsia, devenue l'acteur principal du combat politique.

En 1861, une grève mobilise les étudiants de Saint-Pétersbourg : ils défendent un professeur dont les censeurs réclament le renvoi. La grève se termine sans dégâts, mais l'écho en est considérable. De Londres, Herzen clame à l'adresse des étudiants : « Vous êtes nos martyrs ! », « Vous avez ouvert une nouvelle ère de notre histoire ! » L'intelligentsia que salue Herzen n'est pas toujours très lettrée ni bien formée. Ni Tolstoï ni Dostoïevski n'en font partie : ceux-ci restent des écrivains. L'intelligentsia et la jeunesse se rassemblent alors autour de trois courants d'idées : le nihilisme, le populisme, l'anarchisme. L'époque n'est plus aux débats de fond sur l'avenir et le destin de la Russie, qui avaient divisé occidentalistes et slavophiles ; on entre dans le domaine du concret, de l'action.

Le nihilisme, dont Berdiaev a très justement écrit qu'il était « purement russe, sorti du terreau de l'orthodoxie, orthodoxie déviée et sans grâce », est l'idéal des hommes nouveaux. Le mot, popularisé par Tourgueniev, avait déjà été utilisé en France au XVIIIe siècle par Louis-Sébastien Mercier. Qu'était-ce au juste ? Tout à la fois une conception ascétique de l'existence et le rejet de tout ce qui n'est pas *utile*. La culture condamnée au profit de la science, tel était le maître mot des nihilistes qui, dans l'ensemble, étaient d'ailleurs paradoxalement plus littéraires que scientifiques. Tourgueniev a brossé le portrait du nihiliste[1] dans son roman *Pères et fils*. Les grandes figures du mouvement seront Tchernichevski et Dobrolioubov, que le romancier a qualifiés de « Robespierres des lettres ». L'ascèse était leur modèle de conduite et, pour eux, la révolution devait donner naissance à un monde nouveau.

À côté des nihilistes, les populistes conduits par Piotr Lavrov ont le service du peuple pour vocation et l'amour du peuple pour étendard. Le mouvement n'est pas moins spécifiquement russe que le nihilisme. Pour ses adeptes, les élites éduquées portent le poids d'une faute collective : leurs privilèges ont eu pour contrepartie le malheur éternel de la paysannerie. Ils idéalisent le paysan ainsi que la *commune* paysanne. On retrouve là certains thèmes de la pensée slavophile. Mais les populistes appellent à l'action : l'élite doit aller au peuple, l'éduquer, le conduire vers son destin.

Bakounine assure la liaison entre populisme et anarchisme. Pour lui, le paysan est paré de qualités historiques remarquables. C'est un insurgé spontané, modèle pour toute l'élite. Mais il estime aussi que le mouvement révolutionnaire doit s'organiser. De sa rencontre avec Netchaïev naît le *Catéchisme révolutionnaire*, ouvrage stupéfiant, tout à la fois manuel pratique et guide moral du comportement du révolutionnaire. Celui-ci doit poursuivre un seul but : « la destruction

---

1. Son héros Bazarov se qualifie de nihiliste.

de l'ordre existant ; en poursuivant ce but, il doit être prêt à mourir et à détruire de ses propres mains tous ceux qui se dressent en travers de ses projets ».

En général, de tels propos restaient cantonnés dans la sphère des idées. Netchaïev va les mettre en pratique. Son radicalisme épouvantera ses contemporains et exaspérera Bakounine, qui rejettera celui qu'il avait d'abord appelé le « magnifique fanatique » ; il inspirera aussi Dostoïevski, qui en fera le héros des *Démons*. L'écrivain s'y effraie non de l'idée de révolution, mais de la révolution sans Dieu, du socialisme athée. Un autre de ses héros, Raskolnikov, posera les questions complémentaires qui hantent toute cette jeunesse russe, si généreuse, des années 1860 : comment faire le bonheur de ses semblables ? peut-on tuer au nom de ses convictions ? où se situe la frontière morale ?

L'homme qui va apporter une réponse à toutes ces questions se nomme Tkatchev, un temps proche de Netchaïev. Il est le premier penseur russe à considérer que la transformation de la société passe par la conquête du pouvoir, et à étudier comment, par quels moyens et avec quels instruments le pouvoir peut être pris et conservé.

Les « Pougatchev de l'université » qui ont nourri ces mouvements d'idées vont, pour atteindre leur but, se muer en terroristes. En 1875, les populistes ont retenu l'enseignement de Tkatchev : sans organisation, point de révolution. Ils créent l'organisation Terre et Liberté (Zemlia i Volia), qui essaime dans tout le pays et se manifeste d'abord par des coups spectaculaires, destinés à montrer son existence : l'enterrement public, en 1876, d'un étudiant mort dans la forteresse Saints-Pierre-et-Paul, puis l'évasion du prince anarchiste Kropotkine, organisée à la barbe des gendarmes. Les jeunes adeptes de Zemlia i Volia sillonnent les campagnes, y sèment l'agitation parmi les paysans. Lorsqu'ils sont arrêtés et jugés, ils transforment les prétoires en tribunes politiques où ils mettent en accusation le système politique existant.

Des discours lors des procès, on passe aux attentats. Premier du genre : le coup de feu tiré par une jeune fille de la noblesse, âgée de vingt-sept ans, sur le gouverneur militaire de la capitale, le général Trepov. Celui-ci n'est que blessé. L'héroïne de cet exploit, Vera Zassoulitch, expose tranquillement qu'elle a « puni » le général Trepov, coupable de brutalités à l'égard d'un étudiant arrêté. Elle avait connu Netchaïev, avait agi en professionnelle de l'attentat, et son acte impressionna d'autant plus l'opinion que, par son origine, son éducation, sa beauté, elle n'avait rien d'une criminelle-née. Son procès, qu'Alexandre II voulut public pour servir d'exemple, fut pour l'accusée un triomphe, et pour le pouvoir un désastre : une salle bondée, où figurait Dostoïevski, des avocats qui s'étaient battus pour assurer la défense de l'accusée, un procureur gêné aux entournures, enfin les applaudissements saluant chaque déclaration de Vera Zassoulitch. On vit en elle une émule de Charlotte Corday, l'image de la Justice immanente terrassant le crime. Elle fut acquittée. Le tribunal consacrait ainsi le droit moral de disposer de la vie d'autrui pour une bonne cause, au détriment du droit tout court. Furieux, Alexandre II décida que les procès politiques ne seraient plus jugés désormais par des jurys, mais par des tribunaux militaires.

La répression a beau s'intensifier, le mouvement terroriste la gagne de vitesse. Les attentats se multiplient dans la capitale. Le chef de la troisième section est abattu. Si, dans un premier temps, de hauts fonctionnaires de l'Empire sont visés, les terroristes ont à l'évidence pour cible principale l'empereur. Dès 1879, c'est sur lui que les coups vont être portés.

C'est le moment où Zemlia i Volia va se scinder pour donner naissance à deux organisations : Narodnaia Volia (la Liberté du peuple), purement terroriste, et Tchernyi Peredel (le Partage noir), soutenu par Plekhanov, l'un des fondateurs, quelques années plus tard, du marxisme russe. Celui-ci considérait que le terrorisme était stérile et qu'il fallait en revenir à l'action en milieu paysan.

La raison de la scission réside bien là : où conduit le terrorisme ? quel doit être son but ? D'aucuns estiment que les mesures répressives condamnent à terme le terrorisme, qu'il faut éduquer la société pour la préparer aux luttes futures. D'autres – et ce seront les fondateurs de Narodnaia Volia – considèrent qu'il faut renverser le système et, avant tout, abattre le souverain. Cette dernière thèse est la plus forte, et ainsi commence la chasse à l'empereur, qui aboutira en 1881 à son assassinat.

Au préalable, de 1879 à 1881, Alexandre II, le tsar libérateur, n'est plus qu'un souverain traqué, même s'il entend courageusement continuer à gouverner, et même s'il ne renoncera jamais à réformer.

Le 2 avril 1879, alors qu'il se promène, à son habitude, autour du Palais, il essuie plusieurs coups de feu. Le tueur, Alexandre Soloviev, qui avait abandonné ses études pour *aller au peuple*, n'était pas un tireur adroit : il rata sa cible, fut arrêté, jugé par une instance spéciale du Sénat, condamné à mort et pendu publiquement.

Ce nouvel attentat manqué marqua Alexandre II beaucoup plus profondément que la tentative de Karakozov en 1866. Il comprit que la Russie avait changé, que des mesures de sécurité drastiques devaient entourer son existence et celle des siens. L'état de siège fut proclamé dans les villes agitées, l'état d'exception étendu à une grande partie du pays.

L'empereur décida alors d'aller se reposer à Livadia : la Crimée semblait éloignée de l'agitation terroriste. Pourtant, c'est sur le chemin du retour, après un paisible séjour, qu'il faillit être victime de nouvelles entreprises terroristes.

En ce printemps 1879, le mouvement terroriste était professionnalisé. Les tueurs romantiques agissant à leur gré et manquant leurs coups ont alors disparu. Narodnaia Volia s'est organisée ; elle s'est dotée d'une structure hiérarchisée, le Comité exécutif, composé au départ de onze membres, puis de vingt-cinq, astreints au secret et à une discipline de fer. Ce Comité vote le 26 août 1879 la condamnation à mort d'Alexandre II et ourdit le complot qui doit transformer ce vote en acte.

Le Comité exécutif s'est enrichi de deux personnalités révolutionnaires bien connues, deux femmes qui vont y jouer un grand rôle : Sophie Perovskaia et Vera Figner. Il décide d'utiliser des explosifs – Nobel a découvert la nitroglycérine en 1864 – pour les attentats, en lieu et place des coups de revolver sinon inefficaces, du moins aléatoires. Pour ne laisser aucune chance au souverain d'échapper à un attentat, deux plans sont élaborés, confiés à deux équipes distinctes. Le premier projet, monté par Vera Figner, est annulé parce que l'itinéraire du train impérial a été modifié. Le second échoue parce que les explosifs… n'explosent pas ! Une troisième opération est organisée à Moscou, où le train impérial doit passer le 19 novembre et sauter sur des voies truffées d'explosifs. Encore un échec dû au hasard : le convoi impérial ayant modifié son horaire, c'est un wagon chargé de bagages qui dérailla. L'empereur remercia Dieu de lui avoir sauvé la vie, mais dut aussi constater amèrement que des fuites rendaient vaines toutes les mesures de sécurité.

Le 5 février 1880, un nouvel attentat témoigne d'un changement de méthode. C'est à l'intérieur du Palais, sous la salle à manger où se trouve le souverain, que les explosifs ont été placés. Le nombre de victimes – soldats et domestiques – est élevé, mais l'empereur en réchappe. Le Comité exécutif de la Narodnaia Volia publie un communiqué précisant que, si l'empereur ne remet pas sur-le-champ son pouvoir au peuple, sa mort est assurée, en dépit des tentatives d'assassinat manquées.

L'empereur tire deux conclusions de cette série d'attentats, et surtout du dernier. Il doit reconnaître qu'il n'est plus en sécurité nulle part, son palais même ayant été accessible aux assassins. Mais qu'il faut aussi trouver une réponse au défi terroriste. Un durcissement de la répression signifierait une transformation totale du système politique. Alexandre II n'en veut pas. C'est alors qu'entre en scène le dernier grand acteur du règne, celui que l'empereur va charger de remettre de l'ordre, certes, mais aussi et surtout de faire surgir une Russie nouvelle.

Cet homme est le comte Loris-Melikov, alors gouverneur de Kharkov. Doté des pleins pouvoirs, il décide d'exercer une « dictature de velours » en adoptant d'emblée des dispositions propres à rassurer l'élite libérale : libération de prisonniers, allégement de la censure, liberté d'action rendue aux *zemstva*. Loris-Melikov est en effet convaincu, et il l'a dit à Alexandre II, que « la révolution est sur le point d'éclater ». Pour l'empereur, il convient de prendre des mesures fortes de retour à l'ordre, mais en les équilibrant par la mise en œuvre de la réforme de l'État.

Les terroristes comprennent que la « dictature de velours » ainsi conçue constitue une sérieuse menace pour leurs projets. Qu'elle parvienne à transformer la Russie, et il n'y aura plus place pour des complots dirigés contre l'empereur. Les terroristes prétendent vouloir débarrasser le pays d'un tyran, nullement d'un martyr. Le 20 février, à peine Loris-Melikov a-t-il pris ses fonctions qu'il est à son tour la cible d'un tireur maladroit, certes, mais dont le geste témoigne que l'inquiétude a gagné le camp des terroristes. On peut le comprendre : la société adhère en effet aux projets qui s'esquissent.

Le 11 avril 1880, Loris-Melikov a remis à l'empereur une longue note, véritable projet constitutionnel. De tout le pays affluent des messages d'approbation et des propositions. La situation serait-elle en train de s'inverser en faveur du souverain qui reprend son visage de réformateur ? Et jusqu'où entend aller le tsar libérateur ?

En attendant que cette question soit tranchée, un drame privé se joue au Palais impérial. Celui-ci abrite depuis un moment les deux familles et les deux femmes d'Alexandre II : à un étage l'impératrice, à l'autre Catherine Dolgorouki – Katia – et les trois enfants illégitimes du souverain. En mai 1880 meurt l'impératrice. Alexandre II écrit dans son journal, au soir de ce trépas : « Ma double vie s'achève. Elle ne cache pas sa joie, elle parle déjà de la légalisation de la situation. » Le journal impérial est ici très explicite : Katia, qui n'est pas une femme douce, et se conduit même parfois comme une mégère, le soumet à rude épreuve. Elle exige le mariage dans les plus brefs délais, alors qu'Alexandre II invoque son devoir, la décence, la sensibilité de sa famille légitime et, avant tout, celle de l'héritier. Mais il ne va pas pouvoir résister à l'ambition déchaînée de celle qui a tant attendu ce moment. « Jamais Katia ne m'a tant tourmenté que ces jours-ci ; je lui ai promis de la couronner », écrit-il le 27 mai. Cinq jours seulement se sont écoulés depuis la mort de l'impératrice, et Katia a tout arraché à cet homme pourchassé par les terroristes, hanté par son sens du devoir et la volonté de rester exemplaire. Elle a obtenu le mariage dans un délai qui heurte la décence – quarante jours, le temps de deuil n'est pas respecté – et la promesse d'un couronnement aussitôt après.

Le mariage a lieu le 6 juillet à Tsarskoie Selo. Le souverain décide alors de donner à Katia, par décret, « le nom de princesse Iourievski, avec le titre de Sérénissime. Ce nom est aussi donné à nos enfants, Georges, Olga et Catherine, et à ceux qui pourraient naître ultérieurement, avec tous les droits dont jouissent les enfants légitimes ». Cependant, ce décret est assorti d'une précision : les enfants de Katia, n'étant pas liés, par leur mère, à une famille royale régnante ou ayant régné, ne pourront prétendre au trône. Cet additif est bien sûr destiné à apaiser l'héritier, le grand-duc Alexandre, mais il ne suffit pas à lever ses doutes. Catherine Dolgorouki, elle, connaissait l'histoire russe : elle n'ignorait pas qu'avant Pierre le Grand les épouses des tsars étaient choisies parmi des familles russes qui n'étaient pas de sang royal, et que certains de leurs enfants étaient montés sur le trône. La perspective du couronnement promis à Catherine n'était pas de nature à rassurer le grand-duc, mais il dut s'incliner.

Épuisé, le souverain alla passer quelques semaines à Livadia pour y préparer, avec Loris-Melikov, ce qui était son grand projet : la réforme politique de l'Empire. Il retrouva alors l'élan qu'il avait connu en 1860, quand il travaillait à la réforme du servage. Il note dans son journal : « Loris-Melikov conseille des commissions préparatoires comme celles qui, en 1858, ont travaillé à la question paysanne... en en éloignant le plus possible la noblesse. » Il sait en effet qu'une grande partie de celle-ci, guidée par Pobedonostsev, se rassemble autour de l'héritier et de nombreux membres de la famille impériale pour tenter de faire obstacle à une réforme constitutionnelle. Au nombre des adversaires déclarés de cette réforme, on trouve aussi l'empereur Guillaume Ier, qui adresse à son neveu une mise en garde contre ses « tentations constitutionnelles ».

À son retour dans la capitale, l'empereur a décidé d'en finir. Il presse Loris-Melikov de lui remettre un texte définitif. Il l'obtient le 1er mars 1881, le paraphe et fixe le calendrier : examen par le Conseil des ministres et le Sénat le 4 mars. L'empereur a aussi confié à ses proches comment il envisage son propre avenir. La réforme constitutionnelle adoptée, il fera couronner Katia, puis quittera le pouvoir. Et il écrit dans son journal : « Il y a longtemps que je pense acquérir un domaine à l'étranger, quelque part dans le Midi, et me retirer. » Déjà, en mai 1880, harcelé par Katia, il avait écrit : « Je lui ai promis de la couronner pour nous permettre de nous retirer. »

Ce désir d'abdication s'explique, en mai 1880, par la lassitude : comment résister à une si longue traque des terroristes, aggravée par les exigences incessantes, les « tourments » imposés par la femme aimée ? Mais ce désir de renoncer au pouvoir après avoir donné une constitution à la Russie tient aussi à l'idée que l'empereur a de sa mission. Élevé dans une conception autocratique de la Russie, il a compris que le temps de l'autocratie était révolu et qu'il lui incombait de conduire son pays sur la voie de la modernité politique. Mais il n'entend cependant pas, pour sa part, être le souverain d'une monarchie constitutionnelle.

Tout se présente donc de manière heureuse le 1ᵉʳ mars 1881. Le manifeste ouvrant la voie à la monarchie constitutionnelle est signé, les affaires privées sont réglées, à la satisfaction de la future impératrice. Le souverain et l'homme peuvent éprouver un sentiment de paix.

Mais il ne sera pas dit qu'Alexandre II, libérateur des paysans, souverain constitutionnel en puissance, pourra échapper au destin que les meurtriers en embuscade ont décidé de lui réserver. En dépit de rumeurs annonçant de nouveaux attentats, l'empereur a voulu, ce 1ᵉʳ mars, agir à sa guise et se rendre comme chaque dimanche au Manège. À ceux qui prônent la prudence, il répond qu'une voyante a prédit sa mort au septième attentat ; or il n'en a encore essuyé que cinq. On constate une fois encore que les voyantes comptent dans la vie des tsars : à Boris Godounov, l'une d'elles avait prédit sept ans de règne, et elle avait vu juste ; si une autre a prédit à Alexandre II la mort au septième attentat, aurait-elle vu juste elle aussi ? Oui, car si ce jour-là une bombe éclate sur son passage, faisant des morts mais l'épargnant, il échappe en effet bel et bien à un sixième attentat ; mais ce qu'il n'avait pas prévu, c'est que le septième suivrait aussitôt. Indemne, il se précipite au secours des blessés au lieu de se mettre à l'abri. C'est alors qu'une bombe lancée sur lui – le septième attentat ! – le déchiquette ; il est rapporté au Palais mourant, « son pied droit arraché, le pied gauche fracassé, le visage et la tête couverts de blessures. Un œil était fermé, l'autre ne voyait plus rien ».

À son chevet, une voix s'élève : « Voilà le résultat d'une Constitution. »

Pour la petite histoire, il n'est pas sans intérêt de noter que ce double attentat, préparé par de grands professionnels, vétérans du terrorisme, fut conçu et débattu dans un appartement attenant à celui de

Dostoïevski, séparé par une simple cloison de la pièce où écrivait l'auteur des *Démons*.

L'écrivain-scénariste russe Edouard Radzinski a consacré à Alexandre II un roman documentaire dans lequel il *suggère* que le complot bénéficiait de complicités à la Cour. Volonté de l'entourage impérial de ruiner le projet constitutionnel ? Les documents d'archives ne confirment pas cette thèse, mais elle est séduisante et même plausible.

La mort d'Alexandre II provoqua la stupeur populaire, sans manifestation de désespoir. L'image du tsar libérateur était quelque peu estompée, celle du souverain politiquement révolutionnaire n'avait pas encore pénétré les consciences. S'agissant de l'opinion populaire, comment oublier que, à peine un demi-siècle plus tôt, des soldats croyaient que *Constitution* était le prénom de leur future impératrice ? Quant à la paysannerie, elle s'intéressait moins à la Constitution qu'au partage des terres.

La répression fut impitoyable. Les assassins et leurs complices furent arrêtés, jugés, pendus. Certains terroristes qui n'avaient pas pris une part directe au meurtre furent emprisonnés à vie, moyennant un régime d'extrême rigueur, dans la forteresse Saints-Pierre-et-Paul. La destinée de certains d'entre eux mérite d'être rappelée. Sofia Perovskaia fut pendue. Netchaïev mourut dans la forteresse. La seule survivante de l'aventure terroriste fut Vera Figner, l'indomptable, qui passa vingt ans dans la forteresse de Schlusselbourg où était mort Ivan VI. Elle disparut à l'âge de quatre-vingt-dix ans, en 1942.

Le règne d'Alexandre II, qui aura duré un quart de siècle, fut, avec celui de son petit-fils Nicolas II, le plus tragique de toute l'histoire russe, pourtant riche en horreurs et épisodes sanglants. Mais il aura été aussi l'un des plus remarquables par les transformations intérieures, et même extérieures, qu'il a fait subir au pays. Presque tous les souverains – à commencer par Alexis le Très-Doux – avaient voulu l'engager dans une voie qui lui permettrait de rattraper le retard pris sur l'Europe au cours des siècles mongols, même si chacun l'avait fait à sa manière. Alexandre II fut le premier Romanov à monter sur le trône à l'heure d'un spectaculaire recul de son pays sur la scène internationale ; il comprit que les causes internes du désastre extérieur lui imposaient une véritable révolution. Le choix qu'il fit pour répondre à ce problème du retard lui assigne une place à part dans l'histoire russe : il a voulu devancer la révolution qu'il pressentait en réformant d'*en haut*, mais sans forcer la société. Ce n'est plus là un modèle de modernisation proprement russe, mais déjà un modèle européen.

Avec le meurtre d'Alexandre II et la mort de ceux qui l'avaient si longtemps pourchassé, le terrorisme, enfant dévoyé du populisme, mourut lui aussi, car tuer l'empereur ne suffisait évidemment pas à changer le régime.

CHAPITRE XIII

Alexandre III
Fondateur d'un État policier ?

« Le roi est mort, vive le roi ! », la formule s'applique aussi bien à l'empire de Russie. Au soir du tragique 1er mars 1881, une question ne se pose pas : celle de la succession. Le grand-duc Alexandre Alexandrovitch est bien l'héritier du trône. Certes, il n'est pas le fils aîné d'Alexandre II, mais la mort prématurée de son aîné, Nicolas, a fait de lui le successeur. Au demeurant, Alexandre II avait six fils, ce qui pouvait lui assurer la sérénité en ce domaine.

Si la question de la succession est d'emblée réglée, une autre ne l'est pas : quel avenir le nouvel empereur réserve-t-il à la réforme ultime et combien décisive d'Alexandre II, son projet constitutionnel ? Il en a signé le texte d'une main ferme quelques heures avant d'être assassiné, mais le texte n'a pas été promulgué : son sort dépend donc de la volonté du nouvel empereur.

La semaine qui suit l'attentat s'écoule calmement, les offices religieux occupant l'essentiel du temps de la Cour. Le Conseil des ministres ne doit se réunir que le

8 mars pour étudier le projet Loris-Melikov. Mais, deux jours plus tôt, Pobedonostsev, dont l'influence sur le nouvel empereur est réelle, a pris les devants en lui écrivant : « Si vous vous abandonnez aux mains de Loris-Melikov, il vous conduira, ainsi que la Russie, à la catastrophe. Il sait seulement élaborer des projets libéraux. »

Le 8 mars, le Conseil des ministres est enfin réuni, comme il aurait dû l'être quatre jours auparavant si l'attentat n'avait pas eu lieu. Mais ce n'est pas Alexandre II qui l'ouvre ; son fils préside cette séance à laquelle les assistants endeuillés prennent part, le visage sombre, pleins d'appréhension même si les craintes des uns et des autres obéissent à des motifs opposés.

D'un côté se trouve Loris-Melikov, qui fera vite figure d'accusé. Il est soutenu par l'oncle de l'empereur, le libéral grand-duc Constantin Nicolaievitch, par son frère, Vladimir Alexandrovitch, et par les fidèles ministres de l'empereur défunt, Milioutine, Valouev et Abaza. Ce dernier, peu connu du public, est un réformateur, nommé par Loris-Melikov à la tête des Finances au début de 1880. Mais, face à ceux qui souhaitent voir respectées les volontés de l'empereur assassiné, se dresse un groupe conduit par Pobedonostsev, précepteur d'Alexandre III. Celui-ci mène la charge contre le projet Loris-Melikov avec une violence inouïe, commençant par dire : « De même que, dans les jours qui ont précédé la chute de la Pologne, on a répété *Finis Poloniae*, de même nous sommes aujourd'hui presque conduits à dire *Finis Russiae* ! » Et d'accuser : « On nous propose d'organiser une *govoril'naia* (boutique de la parole), quelque chose comme les États généraux français... »

Milioutine note le soir dans son journal : « Le discours de Pobedonostsev est une critique directe, sans nuances, de tout ce qui a été réalisé sous le règne précédent. Il a osé qualifier de fautes criminelles les grandes réformes d'Alexandre II. »

Entre ces positions contraires, Alexandre III hésite d'abord et temporise, tant et si bien que son oncle, le grand-duc Constantin, croit que le respect filial va l'emporter sur un tempérament conservateur. Las ! Le 29 avril, le premier manifeste du règne est publié. Il a été soigneusement préparé par Pobedonostsev. Il pose d'emblée que l'autocratie est le fondement du système politique et affirme la volonté du souverain de défendre ce principe, qui se confond avec l'intérêt national.

Le projet constitutionnel est mort. Loris-Melikov démissionne, ses collaborateurs sont conviés à prendre leur retraite, et le grand-duc Constantin est privé de toutes ses fonctions. Milioutine résume l'événement : « Réaction dissimulée sous le masque du populisme et de l'orthodoxie. C'est la voie assurée de la ruine de l'État. »

Alexandre a donc choisi d'ignorer la volonté paternelle. De même que son arrière-grand-père Paul Ier avait détruit le testament de Catherine II qui désignait Alexandre Ier comme héritier, de même il rejette la Constitution voulue par son père. La trahison des intentions paternelles est cependant bien plus lourde de conséquences en 1881 que l'acte de Paul Ier qui, de surcroît, pouvait être justifié par le souci de ne pas enfreindre les règles successorales. Alexandre II, assassiné pour avoir voulu gagner la révolution de vitesse par une réforme libérale, est ainsi assassiné une seconde fois par cette destruction de toute son œuvre.

À première vue, on ne peut considérer son héritier qu'avec de grandes réserves, mais, avant de le condamner, ne faut-il pas se pencher sur l'homme pour tenter de déchiffrer ses intentions ?

Un empereur sous influence

Le grand-duc Alexandre Alexandrovitch devient empereur à l'âge de trente-six ans. Nul ne sait encore que son règne sera bref : à peine treize ans. Comment imaginer la disparition rapide de ce géant doté d'une force incroyable, que l'on a d'ailleurs surnommé Hercule ? Il peut aisément, pour distraire son entourage, déchirer un jeu de cartes ou tordre une fourchette en argent massif au cours d'un dîner. En 1888, alors qu'un accident de chemin de fer avait fait s'effondrer le toit du wagon-restaurant où il se trouvait avec les siens, il fut capable de le maintenir avec son échine pour permettre à sa famille de fuir. Mais ce physique puissant, ces larges épaules dissimulent une faiblesse de comportement : timide, souvent emprunté, il a du mal à s'exprimer. Si son frère Nicolas, mort prématurément, avait reçu l'éducation soignée qui convient à un héritier, celle d'Alexandre III l'a été beaucoup moins.

Parmi ses maîtres, dont beaucoup l'ont ennuyé à vouloir lui inculquer des rudiments d'histoire ou d'économie, son préféré a été Pobedonostsev. Celui qui devient par la suite haut procureur du Saint-Synode était alors un juriste de grande réputation, spécialiste du droit constitutionnel, bagage sans doute utile pour un adolescent peut-être promis au trône. Mais Pobedonostsev lui a surtout parlé de l'orthodoxie, de la patrie, de la responsabilité devant Dieu de ceux qui gouvernent. Même s'il n'est pas alors destiné à régner, sa personnalité est façonnée par cette influence conformément aux principes de l'autocratie.

Ce géant peu porté à l'étude n'est cependant pas dénué de qualités ni de séduction. Assez gai, aimant la chasse, la pêche, les sports équestres, il sera toujours plus attiré par les plaisirs de la nature que par la fréquentation du monde. Adolescent paisible, il deviendra un adulte sérieux, doté d'un sens élevé de la famille et de la morale.

Ses débuts en matière familiale furent pourtant pour le moins surprenants. Alexandre avait été étroitement lié à son frère aîné, l'héritier Nicolas, le suivant partout, calquant ses goûts et ses comportements sur les siens. Nicolas était fiancé à la princesse Sofia Frederika Dagmar de Danemark, fille du roi Christian IX, appelé le « beau-père de l'Europe » tant il était soucieux de marier ses propres enfants dans toutes les familles régnantes d'Europe. Devant son frère mort, Alexandre décida de se substituer à lui en tout. Devenu l'héritier, il serait aussi l'époux de Dagmar. Une pieuse légende prétend que ce fut là le vœu exprimé par le mourant, mais rien n'est moins sûr. La princesse Dagmar souscrivit à ce vœu sans hésiter : le fiancé changeait, mais le trône était assuré, et le « beau-père de l'Europe » l'y encouragea. Alexandre II se montra plus réticent. Son chagrin d'avoir perdu un fils s'augmentait de ce qui lui paraissait constituer un véritable effacement de la mémoire du jeune disparu. Il imposa à Alexandre, qui le suppliait d'organiser le mariage sans délai, de respecter un temps de deuil. L'héritier était mort en avril, l'empereur obtint d'Alexandre, impatient, qu'il attendît l'automne. La princesse danoise profita de ce laps de temps pour devenir orthodoxe sous le nom de Maria Feodorovna. Elle était ravissante et sut gagner d'emblée tous les cœurs, hormis celui de l'impératrice, désespérée de voir que son fils préféré était trop vite oublié. La grande-duchesse Maria attira une partie de la Cour dans ses salons, où régnait un air de jeunesse et de bonheur avec lequel l'impératrice vieillissante et en mauvaise santé ne pouvait rivaliser. Ce fut une période de coexistence des deux Cours, dites respectivement la « Jeune Cour » et la « Cour ».

Le mariage, célébré le 28 octobre 1866, fut sans nuages, qualité rare dans le monde agité des monarques. Six enfants – quatre garçons et deux filles – en naquirent entre 1868 et 1882. Sans doute la générale Bogdanovitch, plus « pipelette » que mémorialiste, a-t-elle, dans ses mémoires, accordé une large place aux frasques d'Alexandre III. Vrai ou faux ? Son récit ne peut effacer la conviction, partagée par tous les Russes, que leur empereur était un époux modèle dont la vie était à l'opposé de celle qu'avait menée son père et qui avait fait scandale.

Empereur en 1881, Alexandre III s'entoura de conseillers qui étaient tous partisans de l'autocratie. Outre Pobedonostsev, on trouve parmi ses proches Mikhaïl Katkov, journaliste de grand talent dont le journal, *Moskovskie Vedomosti*, qui défend un État fort, va peser sur l'orientation interne du système et surtout, après 1886, sur la politique étrangère. Alexandre III le nommera au Conseil privé. Y figurent aussi le prince Vladimir Metcherski, qui a dirigé le *Grajdanine*, organe nationaliste slavophile et chauvin, et le comte Dimitri Tolstoï. Tous ces familiers de l'empereur ont condamné d'emblée les idées libérales et prôné le retour à une politique fondée sur l'autorité de l'État. Mais le nouvel empereur s'en remet aussi à certains membres de sa famille. Et d'abord au frère qui le suit, Vladimir, l'un des fils les plus brillants d'Alexandre II. Le 29 mars 1881, Alexandre III, instruit par l'exemple de son père et qui craint un attentat, l'a nommé régent de l'Empire. Il est vrai que l'aîné de ses propres enfants, son héritier Nicolas, n'a alors que treize ans. Toute l'histoire passée et récente lui commande d'épargner au pays une situation incertaine où l'on ne saurait à qui remettre le pouvoir. À son frère Alexis, enfin, il confie, avec le titre d'amiral-général, la mission de réorganiser la marine, domaine dans lequel le joyeux grand-duc se montrera particulièrement incompétent.

Après l'assassinat d'Alexandre II, qui a marqué le triomphe du terrorisme, il importe avant tout de rétablir l'ordre, estime le souverain. C'est pourquoi le ministère de l'Intérieur est d'abord confié à un proche de Pobedonostsev, Ignatiev, lequel sera limogé un an plus tard ; le ministère reviendra alors au comte Dimitri Tolstoï, en qui l'empereur a pleine confiance.

Au lendemain du meurtre du tsar libérateur, de grandes voix – celles de Léon Tolstoï, de Vladimir Soloviev – se sont élevées pour exhorter le nouveau souverain à la clémence et à un comportement chrétien. Mais, sous l'influence du haut procureur du Saint-Synode, Alexandre III place au premier plan la sécurité de l'État.

Quoique censée être temporaire, la loi du 14 août 1881 sera le texte législatif le plus important de l'Empire entre les réformes de 1861 et le manifeste d'octobre 1905. Ce texte constitue une *véritable* Charte constitutionnelle qui transforme le système politique russe, de monarchie autocratique, en *véritable* État policier. D'emblée, il stipule que, les lois ordinaires ne suffisant pas à préserver l'ordre public, il est nécessaire d'adopter des « procédures extraordinaires ». Le système entier, défini par cette loi, est placé sous l'autorité exclusive du ministre de l'Intérieur. À la situation de l'Empire, deux réponses sont ainsi apportées : sécurité *renforcée*, sécurité *extraordinaire*. L'imposition du premier système dépend du Premier ministre ; celle du second, du souverain et du gouvernement. En fait, c'est un état de siège partiel ou total que définissent ces deux systèmes. La loi, qui devait s'appliquer durant trois ans, fut reconduite automatiquement jusqu'en 1905.

Dix provinces furent placées d'emblée dans le cadre de la sécurité renforcée, dont les deux capitales. L'autorité des fonctionnaires de la police politique était considérable et sans recours possible. Un décret du 12 mars 1882 alourdit ce dispositif : tout citoyen pouvait faire l'objet d'une surveillance ouverte, ce qui impliquait la confiscation de ses papiers d'identité, l'impossibilité pour lui de se déplacer sans autorisation de la police, la mise sous surveillance et même la fouille de son domicile à toute heure du jour et de la nuit. Les personnes « sous surveillance » étaient exclues des emplois publics et ne pouvaient exercer leurs activités que sous certaines conditions. Ainsi naquit une catégorie particulière de citoyens que la loi ne protégeait plus et qui dépendaient totalement de la police. Le Code criminel élaboré en 1885 ajouta encore à ce dispositif un ensemble de mesures répressives.

Mais d'autres domaines furent affectés par ce virage vers une rigueur inconnue jusqu'alors. Le pouvoir a eu vite fait de comprendre que le système éducatif devait être mis sous surveillance : n'était-il pas responsable d'avoir formé les « Pougatchev des universités », devenus en quelques années des assassins ? Toute une série de mesures découle de ce constat : les écoles primaires sont placées sous l'autorité morale du Saint-Synode ; l'accès aux gymnases est réduit pour les enfants des classes défavorisées – les études ne transforment-elles pas les enfants issus de ces milieux en citoyens aigris ? Toutes les matières « rationnelles » furent éradiquées des programmes au bénéfice d'enseignements plus traditionnels : langues anciennes, grammaire, religion. Les universités perdirent leur autonomie et l'accès des femmes à l'enseignement se trouva réduit à presque rien.

On comprend cette dernière décision : Alexandre III était impressionné par le nombre de femmes issues de la noblesse militant dans le mouvement terroriste, où elles jouaient un rôle particulièrement actif. Trouvant difficilement accès à l'université, elles se rendaient à Zurich pour y poursuivre leurs études, mais fréquentaient aussi assidûment les milieux politiques socialistes, solidement installés en Suisse. Le pouvoir avait compris que ce qui animait ces militantes allait bien au-delà du projet révolutionnaire partagé avec leurs émules masculins : leur véritable but était l'émancipation des femmes, une place égale à celle des hommes dans la société.

Élève de Pobedonostsev, Alexandre III a retenu de son enseignement que les Russes étaient la composante la plus importante de son empire ; l'extension continue de l'espace russe y a cependant fait entrer de nombreux peuples de cultures et de religions différentes, et l'empereur considérera toujours avec méfiance ses sujets non russes. Les Polonais étaient pour lui fauteurs de désordres, les Baltes trop indépendants, les juifs inquiétants en tous domaines. À l'égard des non-Russes, le règne d'Alexandre III sera avant tout marqué par une volonté russificatrice qui va susciter de vives oppositions aux marches de l'Empire et peser lourdement sur l'avenir.

Dès les débuts du règne, les privilèges et l'autonomie relative accordés aux populations non russes et non orthodoxes ont été abolis. Une politique de russification brutale a été appliquée en Pologne, dans les provinces baltes et jusqu'en Finlande, région qui jouissait pourtant de la sympathie de l'empereur, ainsi qu'au Caucase. Partout, la langue russe a été imposée dans l'enseignement, et la justice subordonnée au pouvoir judiciaire central.

Mais c'est surtout la communauté juive qui concentre sur elle les efforts de mise au pas du gouvernement. Le règne d'Alexandre III a commencé sous le signe de l'antisémitisme. À Kiev a eu lieu un pogrom qui, selon tous les témoignages, bénéficia de la complaisance du gouverneur général. Les juifs sont désignés comme responsables des troubles. Les mesures administratives limitant leurs lieux de vie et leurs activités se multiplient. En mai 1882, leur *zone de résidence* est réduite et leur capacité à se déplacer à l'extérieur de cette zone est strictement limitée. Cet oukase de mai interdit de surcroît aux juifs toute activité qui pourrait « nuire aux paysans » dans certaines localités. Cinq ans plus tard, un *numerus clausus* restreint le nombre d'élèves juifs dans les établissements secondaires. Il en ira bientôt de même à l'université. En 1891, des milliers de juifs autorisés sous le règne précédent à résider à Moscou en sont expulsés. Les juifs n'avaient même plus le droit d'enseigner le russe dans les écoles juives ! Leur droit à posséder la terre est inexistant. Se multiplient les pogroms, qui terrorisent surtout les juifs pauvres. Pobedonostsev aurait déclaré que le problème juif disparaîtrait lorsqu'un tiers d'entre eux se serait converti à l'orthodoxie, un autre tiers aurait quitté la Russie et le troisième tiers… serait mort. Il faut néanmoins rappeler ici que la conception russe du judaïsme était strictement religieuse : un juif converti à l'orthodoxie n'était plus soumis aux lois iniques frappant sa communauté.

Il ne fallait pas seulement être russe, dans l'empire d'Alexandre III ; il fallait être orthodoxe. Des mesures rigoureuses frappèrent les catholiques, principalement leur clergé. Les baptistes furent eux aussi l'objet de persécutions, et le ministre de l'Intérieur décréta qu'un Russe n'avait pas le droit d'adhérer à cette « secte évangélico-luthérienne ».

Le sort des vieux-croyants connaît des différences liées à leurs convictions et à leur organisation. On en comptait treize millions dans la Russie de 1890, et ils étaient considérés comme orthodoxes. Cette définition pouvait s'appliquer à une fraction d'entre eux, celle dotée d'une organisation inspirée de l'Église orthodoxe, avec des lieux de culte et des prêtres. Ces vieux-croyants, dits *popovtsy*, étaient autorisés à exercer librement leur foi. Les autres, appelés *bezpopovotsy* (sans clergé), furent catalogués dans la catégorie des sectes et soumis à une répression rigoureuse.

Toutes les mesures russificatrices ou de contrôle et d'unification religieuse obéissaient à un même impératif : assurer l'unité de l'Empire russe.

Les dispositions restreignant les libertés, dont celles qui viennent d'être évoquées, toutes conçues dans la perspective d'un retour à l'ordre public et à la sécurité, n'eurent cependant pas les effets escomptés. Le terrorisme ne disparut pas d'un coup ; la peur qu'il suscitait au sommet de l'État, encore moins. En témoigne le couronnement tardif d'Alexandre III : monté sur le trône en mars 1881, il ne fut sacré à Moscou, comme le voulait la tradition, qu'en mai 1883. Ce délai s'explique certes par la nécessité de disposer d'un certain délai pour acheminer vers Moscou un nombre considérable de personnes, mais surtout par la crainte des attentats. En 1881, le souverain, enfermé à Gatchina, est « prisonnier de la révolution », dira-t-on.

Ces dispositions ne sont pas vaines : en décembre 1883, des individus vêtus en paysans ont tiré sur le traîneau du tsar qui rentrait d'une partie de chasse, le blessant légèrement, mais tuant le chef de la police secrète. Le 1ᵉʳ mars 1887 – sinistre commémoration de l'attentat qui tua Alexandre II –, des porteurs de bombes sont placés sur l'itinéraire qui conduit Alexandre III de Gatchina au palais d'Hiver. Le complot échoue, mais parmi ses membres figure un brillant étudiant de l'université de Saint-Pétersbourg, Alexandre Oulianov : celui-ci est pendu avec trois autres complices, et son destin aura à jamais marqué son jeune frère, Vladimir Oulianov, que l'on retrouvera à la tête du mouvement révolutionnaire quelques années plus tard sous le nom de Lénine !

La traque aux révolutionnaires qui se déploie en ces années fait suite à la traque au tsar du règne précédent. Elle sera suffisamment efficace pour inciter les conspirateurs en tous genres à fuir à l'étranger. Paris, Londres, Genève seront leurs lieux d'exil et de regroupement, et le gouvernement russe y dépêchera, pour les surveiller, des armées de policiers et de provocateurs.

Des mesures administratives visent aussi à rétablir l'organisation sociale perturbée, estime Pobedonostsev, par les réformes libérales d'Alexandre II. Alexandre III a le souci de rendre à la noblesse une part des avantages et de l'autorité qu'elle a perdus. C'est ainsi qu'est créée en 1885 la Banque de la noblesse. Parallèlement, l'empereur, qui aime à se qualifier de « tsar des moujiks », décide d'accroître la tutelle de l'État sur les paysans, toujours traités comme des mineurs. En 1889, le gouvernement institue les *chefs ruraux* (*zemskie natchalniki*), chargés de la surveillance directe des paysans sous l'autorité du ministre de l'Intérieur. Ces chefs étaient choisis au sein de la noblesse locale, que la mesure renforça. L'année suivante, le système du *zemstvo* fut amendé : la noblesse se vit accorder un collège propre et une participation fortement augmentée dans tout le système d'administration locale qu'Alexandre II avait imaginé pour réduire son rôle et éduquer la paysannerie.

L'ensemble des dispositifs qui viennent d'être exposés suggère qu'Alexandre III n'a été qu'un souverain rétrograde, et que son règne fut pour son pays un temps de gel. C'est ici qu'il convient de prendre en considération l'autre volet de ce règne, qui tend à substituer aux réformes politiques une transformation économique du pays conçue comme la voie privilégiée de sa modernisation. Alexandre III, qui se reposait en politique sur des esprits conservateurs, eut la chance et la sagesse, dès qu'il s'agissait d'économie, de s'entourer d'hommes de grande qualité : Bunge, son premier grand ministre des Finances, suivi dans cette fonction de Vichniegradski et surtout de Witte.

Nicolas Bunge, économiste réputé d'origine allemande, fut nommé à la tête des Finances en 1882 ; il y resta jusqu'en 1887. Aux contre-réformes politiques du ministre de l'Intérieur, il oppose durant cinq ans un programme de réformes économiques. Le sort des paysans écrasés par les impôts l'obsède. Il crée une Banque paysanne pour les aider à étendre leurs exploitations, et prend des dispositions fiscales qui leur permettent de respirer – impôts directs abolis, indemnités de rachat supprimées. Pour protéger l'industrie, il augmente les tarifs douaniers. Surtout, il tourne son attention vers les chemins de fer : l'État devient l'acteur privilégié d'une politique ferroviaire qui a pris alors un retard considérable. Au crédit de Bunge, il faut aussi et peut-être surtout porter qu'il a été à l'origine de la législation du travail : la journée de travail a été par lui limitée à huit heures pour les enfants de douze à quinze ans, le travail de nuit a été interdit pour les femmes et les enfants, les patrons ont été obligés de payer leurs ouvriers normalement et régulièrement. Bunge a créé un corps d'inspecteurs du travail pour veiller à l'application de ces dispositions. Faut-il ajouter qu'il fut accusé de « socialisme par certains critiques du gouvernement » ? Ce fut en partie l'origine de sa disgrâce.

Bunge savait que sa politique ne pouvait aller de pair avec les dépenses militaires, qui dévoraient un bon tiers du budget, à quoi s'ajoutait le remboursement de la dette publique, pour une large part une dette extérieure. En 1886, le budget n'y résiste pas, le rouble est au plus bas : le souverain se sépare de Bunge et nomme à sa place Vichniegradski, mathématicien de formation, qui va s'employer à son tour à corriger la situation en soutenant l'industrie et en augmentant les tarifs douaniers. Les exportations de blé russe redressent la balance commerciale et accroissent les réserves d'or. Mais la récolte catastrophique de 1891 portera un coup très rude à ce système. Pourtant, ayant exaspéré l'Allemagne par sa politique tarifaire, le ministre réussit aussi à se tourner vers la France et à séduire, après les souscripteurs allemands, nombre de souscripteurs français aux fameux « emprunts russes ».

Witte, qui lui succède, adaptera la politique budgétaire à ses propres conceptions – il prône une politique de soutien au développement économique. Surtout, il est chargé par Alexandre III d'achever la construction du Transsibérien et d'instaurer un monopole des boissons, c'est-à-dire de confier aux mains de l'État tout le commerce de la vodka. Witte n'aura été le ministre d'Alexandre III que durant une courte période, mais il servira son successeur pendant neuf ans et pourra ainsi poursuivre son projet : « créer notre propre industrie ».

Si l'on tente de dresser un modeste bilan de l'activité de ces trois ministres, les points positifs en sont le redressement du budget – toujours déficitaire jusqu'en 1887, en excédent de 1888 à 1894 – et l'appel aux capitaux étrangers pour consolider la dette publique. Points noirs : le sort toujours difficile des paysans accablés d'impôts ; les dépenses croissantes de l'armée et de la marine, qui pèsent lourdement sur l'effort déployé pour assainir les finances. Enfin, l'extension du réseau ferroviaire aura été la grande affaire de ce règne : passé de 24 000 à 33 000 kilomètres à la mort d'Alexandre III, son progrès aura été notable, même si la Russie ne se situe pas à l'avant-garde du développement ferroviaire et surtout si ce réseau n'est pas encore en état de couvrir l'immense espace russe.

Les incontestables progrès économiques de ces années auront été freinés par deux catastrophes naturelles d'une ampleur presque sans précédent.

Les récoltes des années 1887-1889 avaient été exceptionnelles ; elles avaient contribué à financer l'activité industrielle et suscité en Russie une certaine euphorie. La récolte de 1891 fut au contraire catastrophique ; elle engendra la famine jusque dans les régions de Terre noire, les plus fertiles au monde ! Dix-sept gouvernements et trente millions de paysans furent touchés ; on mourait de faim et le pouvoir était dépassé. Au début, il voulut nier l'ampleur du désastre humain et Alexandre III usa du terme « disette ». Mais, forcé de constater qu'il s'agissait bien d'un fléau encore jamais connu, il finit par créer, le 17 novembre 1891, un Comité spécial destiné à centraliser les secours et dont le tsarévitch Nicolas assura la présidence. Ce Comité collecta treize millions de roubles, ce qui était notoirement insuffisant pour nourrir les affamés. Ce n'est que le 26 août 1892 que l'exportation de céréales fut interdite.

Les grands écrivains russes de l'époque – Tolstoï, qui se dévoue personnellement pour les affamés, Tchékhov, Korolenko – auront laissé des témoignages saisissants sur ce qui fut une calamité naturelle aggravée par une incurie certaine des pouvoirs publics. On ne peut cependant ignorer combien le souverain se sera impliqué dans les efforts déployés pour secourir les affamés. L'impératrice ouvrit largement sa cassette personnelle pour les aider, et le tsarévitch fut « sur le front ». Jamais autant qu'en ces mois terribles Alexandre III ne manifesta sa générosité et son attachement à son peuple. Il se disait et se voulait le « père de tous ».

La société russe n'était pas encore remise de cette effroyable famine qu'un second fléau la frappa : le choléra, qui fit son apparition à la fin de l'année 1891 et s'étendit aux populations que la faim avait déjà affaiblies. Six cent mille personnes en furent atteintes, plus de deux cent mille en moururent. Les ravages causés par l'épidémie étaient dus aux déplorables conditions de l'hygiène publique dans les campagnes, mais aussi à un phénomène social grandissant : celui des paysans ou des ouvriers se déplaçant à travers la Russie pour y chercher du travail et qui, devenus de véritables vagabonds, répandaient le fléau. Le choléra terrorisa plus encore que la famine et provoqua naturellement des troubles tout le long de la Volga, mais aussi dans les mines et usines du Donetz. La propagande révolutionnaire trouva dans les « désordres du choléra » un terreau favorable à sa résurgence.

En dépit de ces catastrophes, la population russe ne cessait de croître, passant pour la Russie d'Europe de quatre-vingt-un millions en 1885 à quatre-vingt-treize millions en 1897, date d'un recensement général. La population totale de l'Empire était alors de cent vingt-cinq millions d'habitants.

En définitive, le règne d'Alexandre III aura été caractérisé par un développement économique réel, quoique très inégal, une centralisation accrue et un contrôle policier presque total imposé à la société. L'État autocratique est alors restauré. Du moins ceux qui le dirigent s'en flattent-ils.

Mais Alexandre III ne se contenta pas d'être un autocrate : il était russe et entendait avant tout conforter la grandeur de son pays. Sa politique étrangère suivit deux lignes directrices : le rétablissement du prestige russe écorné par le congrès de Berlin, et la défense de l'Empire. Pour atteindre ces objectifs, il misa sur la diplomatie, étant lui-même opposé à ce que la Russie s'engage dans de nouvelles aventures militaires. La paix, comme moyen de préserver son pays et de le développer, était à ses yeux essentielle. Il aura dû résister à l'esprit aventuriste de ses chefs militaires, aux velléités interventionnistes d'une grande partie de son entourage, et il y mit une grande fermeté. En définitive, c'est sa propre conception de la politique étrangère qui l'emporta, car il était obstiné.

Cette politique est conduite par le successeur de Gortchakov, Nicolas de Giers, avec qui Alexandre III s'est entendu d'emblée. Comme son ministre, il a compris que la situation de la Russie n'était guère enviable. Il connaissait la faiblesse de l'alliance des trois empereurs, même si celle-ci avait été renouvelée le 18 juin 1881. Ce renouvellement, qui avait pour seule finalité de confirmer le partage de la Pologne entre les trois empires, ne pouvait dissimuler que l'amitié qui avait si longtemps uni la Russie à l'Allemagne et à l'Autriche touchait à son terme.

Les signes de rupture ne manquaient pas. L'accord austro-prussien s'était étendu à l'Italie, un mois plus tôt, pour former la *Triplice*, et cette nouvelle formation n'était pas sans inquiéter Giers. L'Autriche était figée, comme elle l'avait toujours été, dans son hostilité à la Russie, et la rivalité des deux pays dans les Balkans était lourde de menaces. L'alliance avec l'Allemagne reposait tout entière, Alexandre III en était convaincu, sur les liens affectifs qui l'unissaient à un souverain allemand déjà âgé. Qu'adviendrait-il quand celui-ci disparaîtrait ? L'Angleterre, enfin, surveillait avec une vigilance constante les progrès russes en Asie centrale, soucieuse de ne pas lui voir emprunter le chemin de l'Afghanistan, donc de l'Inde.

Alexandre III chercha à négocier avec Gladstone, qu'il pensait moins intransigeant que Disraeli sur cette question, mais quand, en 1884, les troupes russes s'emparèrent de Merv – qui était, pour les Anglais, l'avant-poste de Herat –, l'Angleterre déclara que Herat représentait la ligne rouge que la Russie ne devrait jamais franchir. Encore une avancée russe aux confins irano-afghano-russes, et le conflit fut tout près d'éclater. Le roi Christian IX de Danemark s'entremit. La paix fut sauvée, consacrée par le traité russo-afghan de Saint-Pétersbourg du 3 août 1887, mais Alexandre III savait combien cette trêve était fragile.

Si les généraux russes rêvaient de poursuivre leur progression vers l'Afghanistan, Alexandre III ne pouvait prendre le risque d'un conflit avec l'Angleterre si loin du centre du pays, alors qu'il était menacé sur un autre front, en Bulgarie : son cousin germain, Alexandre de Battenberg, y avait fomenté un coup d'État et avait proclamé l'annexion de la Roumélie, mettant en péril l'influence russe en Bulgarie et la paix dans les Balkans. L'affaire se compliqua encore quand le prince Milan Obrenovitch introduisit la Serbie dans le conflit en déclarant la guerre à la Bulgarie. L'Angleterre s'en mêla, prit fait et cause pour Battenberg. Ce fut alors le tour de Bismarck de jouer les médiateurs et de refroidir la crise qui menaçait de tourner à la guerre, affirmant qu'il « ne retirerait pas du feu russe les marrons pour l'Angleterre ». Son intervention pacifique était la bienvenue, car l'Autriche s'apprêtait elle aussi à faire son entrée dans cette partie où chacun rivaliserait d'agressivité.

Alexandre III ne cessait de répéter qu'il entendait mener une politique de paix : il la voulait, et savait que ses finances ne pourraient supporter le poids d'une guerre. Cette crise l'oblige à constater que l'alliance des trois empereurs a fait son temps, que l'Autriche n'est pas une alliée sûre et se réjouit ouvertement du prix que la crise va coûter à la Russie. L'affaire bulgare a en effet mal tourné pour celle-ci : marquée par la rupture entre l'empereur et son cousin, elle a fait perdre à la Russie son meilleur point d'appui dans les Balkans, et mis fin au rêve caressé par son souverain de défendre la solidarité des peuples slaves.

La chance d'Alexandre III fut qu'il trouva des compensations à l'ouest de l'Europe grâce à une révision dramatique de ses alliances. La Russie s'était longtemps tenue à distance de la France en raison de l'antagonisme des régimes politiques des deux pays. En 1884, Giers confiait encore à Bismarck qu'« une entente avec une bande de gens comme Grévy, Clemenceau et autres canailles serait un suicide. » De son côté, Grévy allait répétant qu'« une alliance avec le pays des tsars serait une erreur fatale ». Mais Guillaume II n'était pas Guillaume Ier, le nouveau cours de la politique allemande ne convenait pas à la Russie, et celle-ci constate en 1891 que des intérêts communs existent en revanche entre elle et la France. Sans doute l'expulsion de France des princes d'Orléans a-t-elle irrité Alexandre III. Mais, en 1890, le gouvernement français ordonne l'arrestation à Paris de Russes suspects et les inculpe de fabrication d'explosifs. Le tsar s'écrie : « La France a enfin un gouvernement ! » Les emprunts russes connaissent en outre un vif succès sur le marché français en 1888-1889, et le président du Conseil français envoie des émissaires à Alexandre III pour suggérer que, de ces relations améliorées, on passe à une alliance en bonne et due forme. Ce réchauffement se traduit d'abord par la visite à Cronstadt et à Saint-Pétersbourg, en juillet-août 1891, d'une escadre française. On vit alors le souverain russe, entouré des siens et du gouvernement, chanter à pleine voix *La Marseillaise*, pourtant interdite en Russie !

Le 17 août 1892 est signée une convention militaire franco-russe qui définit avec précision les conditions dans lesquelles les deux pays assureront leur sécurité commune. En 1893, c'est l'escadre russe qui est accueillie à Toulon dans un enthousiasme indescriptible. Les deux pays ratifient la convention militaire. L'équilibre européen en est, dès lors, bouleversé. L'Europe est divisée en deux blocs antagonistes : Paris et Saint-Pétersbourg s'opposent à la Triple Alliance sous l'œil vigilant de l'Angleterre. Toujours aussi pieux, Alexandre III a déclaré : « J'ai demandé à Dieu d'arrêter ma main si, contre toutes mes prévisions, contre l'évidence, l'alliance avec la France devait être funeste à la Russie. » Conséquence immédiate de ce revirement : depuis 1812, les églises russes incluaient dans chaque office de Noël une prière anathème contre la France ; le métropolite de la capitale annonce sa suppression et appelle tous les diocèses à suivre son exemple.

Oubliées les querelles du passé, l'alliance franco-russe est accueillie avec joie en France, avec quelques réticences en Russie. Tolstoï s'en émeut : n'est-ce pas une alliance qui risque de conduire à la guerre ? Qu'elle ait été consacrée par des visites croisées d'escadres lui paraît de bien mauvais augure...

Quand, en 1891, la santé d'Alexandre III s'altère, il continue à suivre les affaires du pays, mais se concentre sur la politique étrangère et la modernisation de l'armée, abandonnant à Witte les dossiers financiers. Son état se dégrade assez rapidement, passant de grippes à répétition à des alertes cardiaques. Toujours superstitieux et fort inquiets des changements physiques qu'ils constatent chez leur souverain, les Russes sont alertés par un épisode auquel ils accordent la valeur d'un avertissement surnaturel. Witte le relate dans son journal : « Le dimanche de Pâques 1894 advint dans le palais d'Hiver un incident que les gens superstitieux considérèrent comme un funeste présage. Toutes les lumières électriques du palais s'éteignirent subitement, et on dut continuer la cérémonie à la lueur des bougies. »

Déconcertés par son état et par ses réticences à accepter leurs prescriptions, ses médecins prescrivent à l'empereur un séjour à Livadia. Le soleil, l'air pur de la Crimée, ses paysages enchanteurs, avaient toujours eu d'heureux effets sur les Romanov qui allaient y oublier pour un temps les soucis du pouvoir. Mais, pour Alexandre III, les beautés de Livadia sont de peu de secours. Il est chaque jour plus épuisé ; les jambes enflées, il a du mal à marcher ; il dort peu et son cœur se manifeste de manière alarmante. Il a en outre un grave sujet d'inquiétude qui contribue à la dégradation de son état : son fils Georges, alors qu'il servait dans la marine, avait fait trois ans plus tôt une chute dont il ne s'était jamais pleinement remis. Les nouvelles de Georges qui lui parviennent à Livadia sont des plus préoccupantes ; il s'en émeut, s'agite, se sent de plus en plus mal. Il a fait venir son confesseur, le père Jean de Cronstadt, et reçoit la communion le 10 octobre, puis de nouveau le 20, signe de son angoisse et du désir de ce fervent croyant de se mettre en paix avec Dieu. Son état inquiète ses sujets, qui prient pour lui. Des prières sont dites aussi à son intention à Notre-Dame de Paris

– l'alliance franco-russe a produit ses effets – et jusqu'au Vatican par Léon XIII qui a rétabli les relations, si longtemps rompues, de la papauté avec la Russie.

Le 20 octobre, enfin, Alexandre III meurt, entouré des siens, en paix avec l'Église. Il est enterré à la forteresse Saints-Pierre-et-Paul, dans la capitale fondée par Pierre le Grand, le 7 novembre 1894. Pour y parvenir, un grandiose cortège, salué par des millions de Russes massés sur son passage, l'a conduit des bords de la mer Noire à Saint-Pétersbourg. La Russie a tenu à rendre hommage à celui qui l'a gouvernée avec une fermeté souvent excessive.

C'est en France que l'accueil réservé à l'annonce de sa mort est le plus impressionnant. Les drapeaux des édifices publics sont en berne, les Chambres lèvent leur séance et de grandes voix – Pasteur, Anatole France – saluent l'ami de la France. Ce qui est évoqué est moins la politique intérieure et ses excès policiers que l'amour de la paix d'Alexandre III, sa contribution personnelle au maintien de la paix en Europe durant son règne. La seule note discordante dans un concert de propos plutôt élogieux vient de Russie, et c'est celle de la malveillante générale Bogdanovitch qui écrit dans son journal : « Alexandre III n'inspirait que la crainte et, à sa mort, tout le monde poussa un soupir de soulagement... Sa disparition ne laisse aucune trace. »

Réfléchissant à l'histoire russe et à ce règne contradictoire, Richard Pipes, qui qualifie sans hésiter d'État policier la Russie d'Alexandre III, tempère néanmoins ce jugement par le constat qu'il existait de « grandes lacunes » dans un système de contrôle apparemment parfait. D'abord, le maintien de la propriété privée et des droits y afférents, qui furent toujours respectés, y compris pour les ennemis de l'Empire. Herzen, réfugié à Londres, qui y publiait de violentes diatribes contre l'empereur et sa politique, se vit toujours transférer de l'argent de Russie ; jamais aucun obstacle ne fut mis à ce qu'il pût bénéficier de ses biens. Mais l'exemple le plus saisissant est celui de la mère d'Alexandre Oulianov, exécuté pour avoir attenté à la vie de l'empereur, dont deux fils avaient été emprisonnés pour activités révolutionnaires : elle ne fut jamais privée de sa pension de veuve d'un haut fonctionnaire de l'Empire. De riches Russes menaient au vu et au su de tous des activités séditieuses et entretenaient de petits journaux ou libelles sans être le moins du monde inquiétés.

Autre faiblesse de l'État policier : le droit de voyager à l'étranger ne fut jamais aboli. Certes, le pouvoir pouvait considérer que les « Pougatchev de l'université » seraient moins nocifs hors des frontières qu'à l'intérieur, mais il n'ignorait pas que ces Russes rencontraient à l'étranger d'autres individus ou mouvements révolutionnaires, qu'ils y conspiraient ou y préparaient des explosifs à destination de leur pays.

Enfin l'élite russe, y compris celle qui dirigeait, était de longue date imprégnée de culture occidentale. Elle était attentive à ne pas être jugée par l'Occident comme l'élite d'un pays barbare, ce qui tempérait ses comportements et ses décisions. C'est ce qui explique le fossé constaté dès la fin du siècle entre l'ampleur des moyens de contrôle et de répression mis en œuvre par un État qui se voulait policier, et les résultats obtenus. La conséquence première de la politique répressive appliquée dès 1881 et maintenue jusqu'à la mort du souverain fut, en définitive, de radicaliser la société. Même si ce fut de manière souterraine, relativement peu visible jusqu'en 1894, la riposte sociale à l'État policier sautera aux yeux dès le début du règne suivant. Inefficacement muselée, la Russie est d'humeur révolutionnaire. Telles sont les limites de l'État policier qui, en ce sens, ne méritait peut-être pas tout à fait ce nom. Ce sont aussi les limites qu'entendait lui imposer Alexandre III, qui se voulait certes autocrate, conformément à ce qu'il croyait être la vocation de la Russie, mais qui ne souhaitait pas exercer une dictature, son caractère généreux et l'amour sincère qu'il vouait à son peuple s'y opposant.

Peut-on conclure l'histoire de ce règne sans reconnaître à la politique conservatrice d'Alexandre III un incontestable mérite, en dépit de la régression qu'elle représente par rapport à l'action réformatrice d'Alexandre II ? Durant ce règne assez court, la Russie a eu la possibilité d'assimiler les changements qui lui ont été imposés sans heurts excessifs. Les réformes d'Alexandre II avaient remis en cause des siècles de rapports sociaux fondés sur le servage, sur l'exclusion de presque toute la société du processus politique, sur l'autocratie. De si profondes réformes ne pouvaient être aisément admises par ceux qui en payaient le prix. Elles risquaient en outre de provoquer une montée rapide et incontrôlable des exigences sociales. Les réformateurs sont souvent confrontés à de tels dilemmes. C'est là que la « main de fer » d'Alexandre III, sa volonté intransigeante de maintenir l'autocratie, ont pu jouer un rôle positif. Elles apaisèrent ceux qui n'acceptaient pas les réformes, freinèrent le développement des passions populaires et permirent au tsar d'engager l'œuvre de transformation économique qui devait, à terme, intégrant les rancœurs des uns et les espérances des autres, faire sortir de cette difficile mutation une société évoluée. Il n'est pas dit qu'Alexandre III, souverain souvent vilipendé, toujours contesté, n'ait pas entrevu que l'usage extrême de l'autocratie ait pu jouer paradoxalement, en dernier ressort, un rôle modernisateur.

CHAPITRE XIV

Nicolas II
Le tsar « qui n'avait pas de chance »

Nicolas II monta sur le trône sous d'heureux auspices, ce qui n'était pas si fréquent en Russie. Son père était décédé de mort naturelle, la maladie seule en était cause. La Russie ne retentissait plus du bruit des bombes, les terroristes s'étaient éclipsés ou se terraient. Enfin, exception faite des pénuries et du choléra, le pays n'avait pas connu de drame majeur durant ce règne, et sa situation internationale se trouvait renforcée. De surcroît, l'industrialisation largement engagée et les finances restaurées suggéraient que les conditions d'un nouvel élan réformateur étaient réunies. La Russie de 1894 n'est pas immobile, paralysée, mais un pays en transition vers une autre définition de son identité et de son avenir.

Le nouvel empereur pouvait-il rêver meilleurs débuts ? Le pays pouvait-il rêver souverain mieux préparé à sa tâche ?

Nicolas II est né le 26 mai 1868. Il grandit dans un cadre familial heureux. Son père était de goûts austères, attentif à préserver sa vie privée et à ne pas la mêler à la vie publique. Brillante, joyeuse, sa mère aimait les fêtes. Son enfance fut assombrie par la mort prématurée de son frère Georges, compagnon de tous ses jeux. Elle fut surtout bouleversée, alors qu'il n'avait pas treize ans, par le spectacle de son grand-père, Alexandre II, rapporté agonisant au Palais. Nicolas n'oubliera jamais que le souverain immolé à la fureur révolutionnaire avait libéré le peuple du servage et s'apprêtait à accomplir l'immense réforme du système politique. Son père en avait conclu que seule la plus extrême rigueur pouvait avoir raison de la haine qui s'était acharnée sur le tsar libérateur. Nicolas n'était pas loin de partager cette conviction.

Malheureusement, le tsarévitch n'avait pas eu d'aussi bons maîtres que certains de ses prédécesseurs, La Harpe pour Alexandre Ier, le poète Joukovski pour Alexandre II. Il avait été confié à Pobedonostev, éminent juriste mais esprit borné, dévot jusqu'à la bigoterie. Peut-être aurait-il pu être marqué par Klioutchevski, chargé de lui enseigner l'histoire, mais cette matière l'intéressait peu. Il fut un élève consciencieux, discipliné, mais peu curieux. Son père le tint longtemps à l'écart des affaires publiques, exception faite du Comité chargé de soulager les affamés, en 1891, où il s'investit, attentif et compatissant envers les malheureux. Inquiet de son inexpérience politique, Witte tenta bien d'alerter le souverain, en vain. On peut penser qu'Alexandre III, bâti en athlète, parvenu au pouvoir à trente-six ans, n'imaginait pas que son héritier y accéderait si vite. Le grand-duc Nicolas était fort heureux dans son régiment de la Garde ; il aimait la vie militaire, ses symboles, la chaude camaraderie de l'armée, mais aussi la chasse, le patinage et la compagnie féminine.

Durant plusieurs mois de l'année 1890, son père l'envoya visiter l'Orient, d'abord celui de la Russie – à Vladivostok, il posa la première pierre du Transsibérien –, puis l'Orient lointain, de l'Inde au Japon. Dans ce dernier pays, il reçut un coup de sabre sur la tête, geste d'un excité ; il en garda une vive rancune aux Japonais, qu'il qualifiera de *singes*, et peu de sympathie en général pour l'Asie.

Séduisant, le jeune grand-duc était fort sentimental. Après quelques aventures – dont une danseuse qui inquiéta ses parents –, il rencontra celle qui allait être l'amour de sa vie, Alix de Hesse-Darmstadt, petite-fille préférée de la reine Victoria. Sa sœur aînée, Élisabeth, avait épousé le grand-duc Serge, oncle du jeune prince héritier. Mais Alexandre III, pour sa part, n'était pas favorable à une telle alliance : les Hesse-Darmstadt n'étaient pas une assez grande famille ; l'empereur, lui, souhaitait un mariage royal. Ils étaient de surcroît allemands ; or, la monarchie russe est devenue fort antiallemande, en ces années où elle se tourne vers la France. Enfin et surtout, les Hesse-Darmstadt posent d'inquiétants problèmes de santé : on sait peu de chose de l'hémophilie, mais il se chuchote qu'elle affecte leur lignée. Sans compter que les femmes de cette famille étaient réputées verser dans un mysticisme quelque peu morbide.

Si la grande-duchesse Élisabeth a conquis la Cour, Alexandre III ne veut donc pas de la cadette pour épouse du futur tsar. Elle a d'ailleurs produit une fâcheuse impression lors de ses séjours en Russie. Elle est belle, mais d'une timidité maladive qui la fait paraître grincheuse, et son visage et son décolleté, qui se couvrent de taches rougeâtres à la moindre contrariété, son extrême nervosité suscitent la critique plus que la sympathie. L'empereur résista d'abord aux demandes pressantes de l'héritier d'accepter cette idylle. S'il céda – en 1894 –, c'est qu'il se savait très malade : mieux valait donc que son successeur fût marié. Mais il était trop tard : l'enterrement impérial précéda le mariage. Entre-temps, Alix de Hesse, convertie à l'orthodoxie, était devenue Alexandra Feodorovna. Elle suivit le cortège funèbre enveloppée de voiles noirs, inspirant à la foule cette remarque : « Elle nous arrive derrière un cercueil. » Mauvais présage, pensèrent les Russes.

Ils n'avaient pas tort. Si le mariage se déroula sans accroc, les festivités populaires prévues à Moscou en plein champ – la Khodynka – tournèrent à la catastrophe. Trop de monde, une organisation insuffisante : des masses humaines furent précipitées dans les fossés, écrasant et étouffant les premières victimes. Au soir du désastre, il y avait tant de morts et de blessés qu'on ne pouvait en faire le compte. Catastrophe additionnelle : le jeune empereur, pourtant bouleversé, qui eût souhaité rester au chevet des mourants, n'osa se décommander au bal offert par l'ambassadeur de France. L'alliance française le lui dictait, croyait-il, de même que l'ambassadeur, le comte de Montebello, n'osa décommander le bal, craignant de froisser les nouveaux alliés. Ce fut un tragique malentendu que la société, indignée, ne pardonna jamais. Mais Nicolas II en fut exempté, et cette rancune s'exerça contre la jeune impératrice. La vindicte publique s'acharna sur celle qui portait malheur, était allemande, parlait mal le russe, lui préférait l'anglais (anglais ou allemand, pour le peuple, cela revenait au même). « La mort l'accompagne », répétaient les bonnes âmes.

Un conservateur sur le trône

Si les premiers pas de la tsarine en Russie ont été désastreux, les premiers jours du tsar sur le trône ne le furent pas moins. Saluant son accession au trône, le *zemstvo* de Tver l'invita « à entendre la voix du peuple et l'expression de ses vœux ». L'occasion était offerte à Nicolas II de montrer le visage du réformateur qu'attendait la société. S'adressant le même jour à des délégations de la noblesse et des villes, il dit : « J'ai appris que dans certaines réunions des *zemstva* se sont élevées des voix exprimant des rêves insensés... Tout le monde doit savoir que je maintiendrai le principe de l'autocratie comme le fit mon inoubliable père. » Si les « rêveurs » furent déçus, les irréductibles conservateurs de la famille impériale et l'empereur Guillaume II, cousin et mauvais génie de Nicolas II, applaudirent. Il n'y aurait pas de rupture.

Mais les premières années de ce règne furent ensuite assez réussies. Nicolas II a gardé auprès de lui le grand ministre de son père, Witte. Il poursuit avec lui la politique de développement économique engagée par Alexandre III. Le Trésor se porte plutôt bien, grossi par les revenus de la vodka dont l'État s'est définitivement assuré le monopole. Nul ne s'inquiète du fait que ces rentrées fiscales reposent sur l'ivrognerie de la population. En 1897, la Russie adopte l'étalon-or, ce qui pour l'opinion est signe de bonne santé monétaire. Les tarifs douaniers négociés avec une série de pays à des conditions avantageuses pour le commerce extérieur russe sont une autre source d'amélioration des finances publiques. Ces signaux positifs, ainsi que la politique très active de Witte pour attirer le capital étranger, portent leurs fruits. En 1900, près de trois cents sociétés étrangères sont installées en Russie, dont une large part est française. Fidèle à son père, Nicolas II pousse à l'extension du réseau ferroviaire nécessaire pour unifier cet immense espace, accéder à des marchés et contribuer au développement intérieur. La région de Moscou devient un grand centre de l'industrie textile, de la métallurgie et des industries mécaniques. Mais cet essor caractérise aussi les provinces occidentales : l'Ukraine va devenir un des premiers centres économiques de l'Empire, avec le Caucase dont le pétrole et le manganèse attirent les capitaux et entrepreneurs étrangers.

À l'aube du XXe siècle, la Russie paraît avoir gagné le pari de l'entrée dans une économie moderne. Sans doute un problème continue-t-il à peser sur le pays : celui de la paysannerie. Le gigantesque effort économique entrepris la met à contribution plus que toute autre catégorie sociale. La Russie doit exporter ses céréales, les paysans doivent les lui fournir. Or leurs terres sont trop réduites pour la contribution qui leur est demandée. Ils gagnent peu, travaillent énormément, ne participent guère au progrès du pays. L'éternelle question paysanne demeure ouverte : comment survivre ? Par la fuite, le vagabondage, comme hier, ou encore en allant désormais vers les industries en développement, ce qui signifie une prolétarisation tragique, car les conditions de travail et d'accueil, dans les villes, de cette classe ouvrière naissante sont misérables et la poussent à la révolte.

Attentif aux conseils de Witte pour le développement industriel et les finances de la Russie, Nicolas II s'en tient à ses propres idées lorsqu'il s'agit de la paysannerie. Il est convaincu que le paysan est l'incarnation de la véritable Russie, qu'il lui est intimement lié et naturellement fidèle. Du coup, il refuse à Witte la convocation d'une Conférence paysanne et se tourne vers la noblesse terrienne, lésée par la réforme de 1861, à qui il entend apporter des compensations.

Au cours de cette période, Nicolas II consolide l'alliance russo-française – il effectue un voyage triomphal en France en 1896 – et cherche à se camper en arbitre de la paix. Il propose aux gouvernements une conférence destinée à adopter un plan de réduction des armements, mais ne rencontre guère d'échos. Les initiatives russes en Extrême-Orient – la Russie s'est installée à Port-Arthur et proclame que la Mandchourie et le Turkestan chinois appartiennent à sa zone d'influence – contrarient l'Angleterre, à un degré moindre l'allié français, et inquiètent la Chine – ce qui explique le peu de succès des propositions russes.

En dépit de ce relatif échec international, Nicolas II aurait pu se sentir rassuré par ses premières années de règne, s'il n'avait cédé à son tempérament conservateur. À l'influence de Witte s'oppose celle des conseillers hostiles à toute réforme : non seulement Pobedonostev, mais aussi les successifs ministres de l'Intérieur, Sipiaguine et Plehve, qui maintiennent des dispositions autoritaires sur la presse et limitent l'autonomie des *zemstva*.

À la fin du siècle, des troubles surgissent dans le monde universitaire et en milieu ouvrier. La Russie compte en 1899 près de trente-cinq mille étudiants, répartis dans dix grandes universités ; c'est cet ensemble qui s'enflamme : des grèves, suivies de sanctions, éclatent à Pétersbourg, Moscou, Kharkov, Varsovie, Kiev. En 1901, un étudiant tue le ministre de l'Éducation, Bogolepov. C'est le début d'une série d'attentats. La grève étudiante ne cesse de s'étendre et l'on en verra les conséquences lors de la guerre russo-japonaise.

À la périphérie de l'Empire, la russification militaire et politique de la Finlande, inscrite dans le manifeste de 1899, conduit les Finlandais à refuser d'appliquer la loi russe et provoque, en retour, la décision de Nicolas II d'y imposer le pouvoir quasi dictatorial du gouverneur général Bobrikov, lequel sera vite assassiné. Une même volonté russificatrice frappe les Arméniens ; du coup, la violence s'installe en Arménie, le parti Dachnak en prend la tête, des fonctionnaires russes y sont tués.

Alarmé par cette montée des oppositions qui a succédé au calme des années 1894-1899, Nicolas II va céder à la tentation de chercher à l'extérieur, en Extrême-Orient, un répit et des succès propres, pense-t-il, à ressouder une société fragilisée. Il y est encouragé par son cousin l'empereur d'Allemagne, par le ministre de l'Intérieur Plehve – victime d'un attentat en 1904 – et par de hauts dignitaires de la marine, l'amiral Abaza et l'amiral Alexeiev, pour qui l'Extrême-Orient est le nouveau champ d'expansion de la Russie. Le ministre des Affaires étrangères, Lamsdorff, et surtout Witte plaident en vain pour la prudence. Nicolas II refuse de les entendre. Il va d'ailleurs limoger Witte, ce qui renforce le camp des partisans d'une « bonne petite guerre » destinée à calmer les « agités de toutes sortes ». Son cousin Guillaume II l'appelle l'« amiral du Pacifique » et lui écrit : « La Corée doit être et sera russe ! » Et Nicolas II, qui a disposé des troupes en Mandchourie, veut ignorer que le Japon, qu'il méprise, s'apprête justement à lui barrer la route de la Corée.

Mépris coûteux puisque, le 9 février 1904, les Japonais attaquent la flotte russe à Port-Arthur et la coulent en partie. Nicolas II s'effare : « Pas de déclaration de guerre ! Que Dieu nous vienne en aide ! » Mais Dieu ne répond pas, et les coups de boutoir et les succès nippons s'enchaînent : Port-Arthur et Moukden sont pris. Le 15 mai, la flotte de la Baltique, envoyée en renfort, est détruite à Tsoushima. Pour Nicolas II, le désastre est d'autant plus considérable que, loin d'apaiser les troubles, la « bonne petite guerre » va s'accompagner, on le verra, d'une révolution à l'intérieur.

Grâce à la médiation du président Theodore Roosevelt, la paix est négociée à Portsmouth. Le Japon y est disposé, car la guerre lui a été coûteuse, mais il sait surtout que les espoirs des Russes de conquérir la Corée sont anéantis, et que la Mandchourie même est près de leur échapper. Witte est rappelé par Nicolas II pour négocier. Il réussit le tour de force d'obtenir pour la Russie des conditions de paix acceptables. Elle va devoir faire des concessions territoriales, notamment la moitié de Sakhaline, mais ne paiera pas d'indemnités – ce qui, pour Nicolas II, constituait un impératif. Il en est si satisfait qu'il décerne le titre de comte à Witte.

Le bilan de la guerre est néanmoins terrible : il révèle la faiblesse militaire et navale de la Russie, même si, au départ, elle disposait de moyens bien supérieurs à ceux du Japon. Mais elle était très éloignée de ses bases le transport des troupes montra l'erreur commise dans l'orientation du réseau ferroviaire, dirigé en priorité vers l'Ouest, ce qui interdisait toute aventure asiatique. La faiblesse de l'armée était liée aussi aux désordres universitaires de 1901. Des étudiants grévistes qui avaient été exilés dans l'Oural s'y firent propagandistes de la révolution auprès des cheminots, convaincus par eux de saboter le passage des renforts en 1904. Par ailleurs, sur le plan naval, recourir à la flotte de la Baltique revenait à lui imposer un interminable parcours, d'où une arrivée trop tardive sur le théâtre d'opération.

Dans cette guerre, Nicolas II avait voulu assumer toutes les décisions. Il avait même été tenté d'aller prendre la tête des troupes d'Extrême-Orient. La rapidité du désastre l'en empêcha. Il eut néanmoins la sagesse de confier la négociation de paix à Witte.

Même si l'on tenta en Russie de minimiser la défaite et d'en faire porter la responsabilité à de mauvais conseillers, voire à un complot, elle entraîna pour le souverain une sérieuse perte de prestige – et de légitimité – à un moment où le système politique vacillait sous les coups d'une révolution. L'agitation et les attentats des premières années du siècle auraient dû alarmer Nicolas II. S'il fut pris au dépourvu, c'est qu'il vivait dans la certitude d'un lien quasi mystique avec son peuple, et d'abord avec la paysannerie.

Préludes à la révolution de 1905

Quelqu'un, l'empereur lui-même ou des ministres sages, aurait-il pu empêcher l'explosion de 1905 ? Une tentative a eu lieu : c'est le *printemps politique* de 1903. Ce printemps a montré que Nicolas II n'était pas un conservateur borné, qu'il cherchait une alternative à la voie politique « dure » suivie au début de son règne. L'assassinat de Plehve lui en offrit l'occasion : il remplaça son ministre de l'Intérieur, haï par la société, par un modéré, ouvert aux idées libérales, le prince Sviatopolk Mirski. Une fois nommé, celui-ci exposa à l'empereur son projet politique, en rupture totale avec la ligne empruntée jusqu'alors. Nicolas II accepta. La censure fut allégée, les *zemstva* pris en considération, les mesures russificatrices rapportées.

Le *printemps politique* produisit des effets immédiats : tenant congrès le 6 novembre 1904, les *zemstva* présentèrent au gouvernement un programme global de réformes d'où se dégageait, sans être explicitement formulée, la proposition d'une instance législative. Ce thème – on n'emploie pas le mot *constitution* ni même celui de *parlement* – nourrit alors une « campagne des banquets » qui mobilise l'intelligentsia libérale de Russie au cours de l'année 1904 et inspire diverses réunions. Sous l'influence de Sviatopolk Mirski, et en dépit des pressions de son entourage – Pobedonostsev, et surtout son oncle le grand-duc Serge –, Nicolas II est sur le point de se rallier aux thèses des libéraux et d'accepter quelques réformes susceptibles de rendre vie à l'œuvre d'Alexandre II, telle l'adjonction au Conseil d'État de représentants élus des *zemstva*. Ce projet limité aurait ajouté aux institutions de l'Empire une part de représentation sociale.

L'empereur, qui a accepté de parapher le texte portant cette proposition, se rétracte au tout dernier moment, craignant qu'il n'ouvre la voie au système représentatif, et se contente de signer, le 12 décembre 1904, un ukase sur l'« amélioration du gouvernement » promettant quelques améliorations aux paysans, au statut des *zemstva* et à celui des sectes. Ces mesures, prises au début du règne, auraient apaisé les revendications. Mais, en 1904, la société vit à l'heure du *printemps politique* et des espoirs qu'il suscite, et elle ne voit pas, dans l'oukase du 12 décembre, de référence à la participation sociale par l'instauration d'un système électif.

L'empereur a déçu. La colère sociale ne va pas tarder à se manifester. Il n'en a pas conscience. Pénétré de son devoir de souverain de maintenir intacte l'autocratie, il reste convaincu que son autorité l'emportera.

Le Dimanche rouge

À la fin de l'année 1904, le climat politique en Russie est désastreux. Les étudiants s'agitent. Le feu couve aux usines Poutilov et dans les faubourgs ouvriers de la capitale. Le licenciement de quatre ouvriers a provoqué une grève et des mouvements de solidarité. C'est là qu'intervient le prêtre Gapone : il a pris la relève du syndicalisme ouvrier, inventé peu d'années auparavant par Plehve pour contrôler et manipuler l'agitation ouvrière. Mais 1905 n'est plus 1903 : en deux ans, les ouvriers ont développé d'importantes frustrations, et Gapone n'est pas Zoubatov. Si ce dernier, agent de Plehve, était un provocateur et un agent de la Sûreté, Gapone est un idéaliste, convaincu d'avoir reçu mission de réconcilier le tsar et le peuple par le dialogue.

En 1905, Gapone devient, de fait, le chef du mouvement syndical de la capitale, et ses qualités d'orateur, sa force de conviction rassemblent les ouvriers autour de lui. Il rédige au nom du peuple une supplique au tsar où, à la mode russe, il mêle Dieu, le sort des hommes, et déclare au souverain : « Laisse ton peuple gouverner avec toi le pays ! » Avec le peuple, il va porter ce texte au tsar, le dimanche 9 janvier – *dimanche*, en russe, signifie « résurrection ». Quel meilleur symbole des intentions de Gapone ! Mais le tsar n'y est guère sensible. Certes, il sait que les ouvriers de la capitale manifestent, mais il se repose tranquillement à Tsarskoie Selo, à l'écart de cette agitation qu'il n'essaie pas de comprendre. Et c'est une des causes de la tragédie de ce jour conçu par Gapone comme celui de la grande réconciliation, la Pâque de la Russie. La foule qu'il guide vers le tsar est pacifique, elle chante des hymnes religieux et crie : « Vive le tsar ! » Mais ce sont des troupes armées qui avancent à sa rencontre et tirent sur elle. Le bilan de ce dimanche est terrible : morts par balles, morts écrasés dans les mouvements de panique, piétinés par les chevaux. Le compte est difficile à établir, mais ils sont assurément des centaines, voire des milliers.

Cette fois, l'image du tsar, déjà abîmée par ses hésitations politiques, ses promesses non tenues, la défaite subie devant le Japon, se fracasse irrévocablement. Le père du peuple a fait tirer sur son peuple. Jusqu'alors, le peuple pensait que le tsar pouvait être faible, à l'écoute de mauvais conseillers ; mais, après le 9 janvier, il est celui qui a fait tirer.

En fait, aveugle à la réalité, Nicolas II a laissé faire. Après ce drame, toujours inconscient, il croit ceux qui l'assurent que tout a résulté d'un manque d'autorité. Et il nomme pour restaurer l'ordre le général Trepov, homme dur, obstiné, proche du grand-duc Serge, porteur de l'idée simpliste que la force jugulera le désordre. Trepov est le fils du général du même nom sur qui Vera Zassoulitch avait tiré en 1878 : comment imaginer qu'il puisse être ouvert aux exigences sociales et les comprenne ? Bon sang ne saurait mentir, pensent les Russes en le voyant chargé de restaurer l'ordre.

La répression répond à l'agitation et provoque une encore plus grande agitation. Les grèves s'étendent à tous les centres industriels de province, et à son tour la paysannerie, la grande oubliée de la politique de développement, est gagnée au mouvement auquel les étudiants se sont naturellement déjà joints. Le pays tout entier est soulevé. Signe du divorce avec le pouvoir : le 4 février, le grand-duc Serge tombe sous les balles d'un socialiste-révolutionnaire, Ivan Kaliaev.

Devant la dépouille de son oncle, l'empereur est renvoyé au souvenir du corps déchiqueté de son grand-père Alexandre II. Il est bouleversé, mais jette sur les drames que traverse le pays le regard de l'autocrate – père du peuple, certes, mais autocrate. Il annonce qu'il est prêt à pardonner, à accorder des secours aux victimes, à condition que le peuple rentre dans le droit chemin et cesse de manifester. Quel malentendu que ce pardon proposé à un peuple aux yeux de qui le tsar est devenu son assassin !

C'est le tsar qui va devoir céder. L'incendie qui ravage la Russie, ses usines, ses campagnes, ses villes, ne peut plus être ignoré. Pressé de prendre l'initiative pour enrayer la révolution, Nicolas II capitule, et le manifeste du 18 février 1905 dit sa volonté de réconciliation avec le peuple, à condition que celui-ci y contribue par le retour à l'ordre. Le manifeste est complété par un rescrit qui annonce des réformes – en termes assez vagues – et un oukase adressé au Sénat qui invite toutes les bonnes volontés à participer à l'effort de changement. Même si ces textes sont évasifs, ils mobilisent les *zemstva*, diverses associations et les paysans, qui remplissent des cahiers de doléances. Les *zemstva* entreprennent d'ailleurs de doter la paysannerie d'organisations. La Russie devient ainsi un immense terrain de débats et de propositions tournant toutes autour de la transformation réelle du système politique.

Un élément nouveau va alors contribuer à radicaliser le discours et les actes : l'irruption des sociaux-démocrates – sa fraction menchevique – sur la scène sociale russe. À Ivanovo-Voznessensk, les ouvriers en grève élisent un *soviet*, première instance de ce type. Ce soviet connaîtra une vie brève – deux mois –, mais le modèle d'organisation politique séduit et, de-ci, de-là, se reproduit, encourageant grèves et échauffourées. À Odessa, la mutinerie du cuirassé *Potemkine* témoigne que la révolution est partout présente, mais aussi – c'est la leçon que comprend et retient la société – qu'il faut passer des discours et des groupes informels à une véritable organisation et à une plate-forme structurée pour que les désordres ne tournent pas à l'échec. Dans les campagnes, les socialistes-révolutionnaires s'emploient au même travail d'organisation. Partout, un mot d'ordre mobilise les manifestants : nous ne voulons plus de l'autocratie !

Le tsar comprend enfin qu'il est presque trop tard. Un deuxième manifeste, le 6 août, tient compte des revendications sociales. En janvier, il eût satisfait le peuple ; en août, il est dépassé. Ce manifeste institue une Douma élue au scrutin censitaire et par ordres, alors que la société réclame le suffrage universel. Cette Douma resterait placée sous l'autorité de l'autocratie : concession certes majeure pour le tsar, insuffisante au regard des exigences populaires.

L'assemblée a au moins un mérite : celui d'exister. Le pays est insatisfait, mais se prépare dans la fièvre à la campagne électorale. Les manifestations se multiplient, les grèves aussi ; surtout, un soviet naît à Pétersbourg, suivi d'un autre à Moscou. À Pétersbourg, il va être présidé par un certain Bronstein, qui deviendra Trotski.

Witte finit par faire admettre à Nicolas II que ces concessions partielles ne suffiront pas à sauver la monarchie : il faut une vraie Douma élue. À son corps défendant, le tsar signe le 17 octobre un troisième manifeste qui fait entrer la Russie dans l'âge constitutionnel. Si le mot *constitution* n'y figure pas, celui d'*autocratie* en a disparu.

Witte constitue le ministère ; il bénéficie de la confiance populaire, à défaut de celle du tsar qui lui a cédé, mais à regret. Et il réussit un coup de maître, car les désordres ont mis à mal les finances russes : il obtient un emprunt de la France de deux milliards deux cent cinquante millions de francs. De quoi présenter à la Douma qui va se réunir un budget convenable.

Élue au printemps 1906, celle-ci tient sa première réunion le 27 avril. Elle a été élue selon un mode de scrutin indirect que Nicolas II a passionnément défendu, à base de *curies*, pour favoriser les paysans qu'il croit encore fidèles à la monarchie et à sa personne. La Douma, de quatre cent quatre-vingt-six députés, est dominée par le Parti constitutionnel démocrate (KD ou cadets). La paysannerie a envoyé quatre-vingt-quatorze représentants regroupés sous l'étiquette de travaillistes ; le Parti social-démocrate a boycotté l'élection, Lénine condamnant le « crétinisme parlementaire », mais dix-huit mencheviks ont été élus. Quatre-vingts sièges sont allés aux nationalités.

Telle quelle, cette nouvelle Douma, installée le 27 avril 1906, a fière allure et la cérémonie doit permettre à Nicolas II de se réconcilier avec son peuple. Il manque encore cette chance, même si, dans son discours, il prononce le mot *constitution*. Mais le face à face est un fiasco. Conviés au palais d'Hiver et non dans leur propre palais de Tauride, les députés sont écrasés par un faste excessif et par le comportement hautain de la famille impériale.

Le renvoi de Witte est d'autant plus inopportun qu'il était le seul à jouir de la confiance de l'Assemblée. N'avait-il pas été l'artisan du manifeste d'octobre ? Son successeur, Goremykine, homme terne et sans caractère, n'inspire au contraire que méfiance et mépris aux élus.

De la brève existence de cette première Douma – elle est dissoute dès le 9 juillet –, le tsar porte la responsabilité. Après son installation manquée, elle a adressé au tsar une réponse, votée à l'unanimité, comportant des exigences qu'il ne pouvait accepter. Mais cette adresse a encore été une chance laissée à l'empereur, qui eût pu, en dialoguant avec ses membres, tenter de développer sa conception constitutionnelle. Il a préféré dissoudre une assemblée qui ne se contentait pas d'exister, mais prétendait définir la forme du pouvoir, ou du moins y participer. Pourtant, une fois la Douma dissoute, tout retour en arrière est impossible. Nicolas II mesure trop tard les occasions qu'il a manquées et va de nouveau s'efforcer de renouer une relation avec le peuple, moyennant un système politique déjà transformé : l'autocratie a vécu !

Mais, avant d'en venir à cette prise de conscience et à un réel revirement du tsar, il convient de faire droit aux facteurs personnels qui ont pesé sur ses comportements politiques. Animé d'un incontestable désir d'accomplir sa tâche de souverain de manière responsable, Nicolas II a été desservi par sa vie privée. Il avait fait un mariage d'amour, et le bonheur ne l'a jamais quitté. Quatre enfants lui sont nés. Mais une ombre a aussi plané sur chacune de ces naissances qui tout à la fois comblaient les parents et les désespéraient : celle de l'éternel problème russe – la succession. Durant dix ans, ce sont des filles qui voient le jour. Année après année, le problème devient lancinant, moins pour l'empereur que pour l'impératrice Alexandra, obsédée par l'idée de donner un successeur à Nicolas II. Cette femme timide, qui hait la vie de Cour, est étrangement convaincue que la succession ne doit pas échapper à sa lignée. L'empereur a un frère, Michel ; l'impératrice craint que la famille impériale ne profite de son incapacité à engendrer un héritier mâle pour pousser le grand-duc Michel, l'écarter, elle, de l'empereur, ou bien les écarter tous deux, voire l'enfermer dans un couvent conformément à la tradition russe. En se convertissant à l'orthodoxie, cédant au penchant familial, elle a aussi versé dans un mysticisme exagéré. Elle croit que son devoir vis-à-vis de Dieu est d'assurer cette succession. Au long des années où elle n'y parvient pas, crédule, confondant religion et charlatanisme, elle fait appel à toutes sortes de voyants, guérisseurs et gourous pour l'aider à vaincre l'obstacle. Le défilé à la Cour de tant de faux prophètes fait un effet déplorable et contribue à alimenter les rumeurs sur son déséquilibre mental.

Finalement, l'enfant mâle naît en 1904. L'impératrice est convaincue qu'elle le doit à l'intercession de saint Séraphin de Sarov, un ermite du XVIIe siècle que les souverains ont fait canoniser en 1903. C'est devenu leur saint protecteur. Mais, peu de mois après, le couple impérial découvre avec épouvante que l'enfant est hémophile, c'est-à-dire incurable et incapable de régner. Ils décident de cacher cette tare au peuple, mais aussi à leur entourage. Et ce secret d'État les conduit à s'isoler davantage encore qu'auparavant dans leur sphère privée, alors que la coupure entre celle-ci et la vie sociale a pour effet politique de laisser le souverain sans défense aucune.

L'hémophilie d'Alexis, découverte à la fin de 1904 alors même que Nicolas II vit une double tragédie politique – la défaite militaire et la confrontation avec le peuple –, aura contribué à accroître son désarroi face aux événements. Il n'a pour proche interlocuteur que sa femme, excessive, mélangeant une foi mal assimilée et l'idée d'autocratie, pesant sur lui pour qu'il ne dévie jamais de ce principe. Dans le face à face manqué avec la Douma, l'impératrice, mère crucifiée, certes, mais déséquilibrée, aura joué un rôle fatal, faisant pression sur Nicolas II pour qu'il agisse en autocrate, écrase les représentants du peuple par une attitude qui les blessera profondément.

Cette tragédie personnelle, celle de l'enfant malade et de l'épouse qu'il faut aider à supporter l'épreuve, à laquelle il faut donc toujours céder, doit être prise en compte quand on tente de comprendre comment un souverain foncièrement bon, aimant son peuple, pénétré du devoir d'exercer sa fonction pour le bien de tous, a pu se révéler aussi inadapté aux événements et prendre autant de décisions erronées.

Stolypine : une deuxième chance pour Nicolas II

Stolypine avait attiré l'attention de Nicolas II alors qu'il était gouverneur de Saratov, région rurale agitée où il était parvenu à rétablir le calme. L'empereur lui confia le ministère de l'Intérieur sous l'éphémère Goremykine, et le nomma ensuite chef du gouvernement.

À première vue, Stolypine lui convenait mieux que Witte. Né en 1863, il était de la même génération que lui, avait des idées de réforme sans être catalogué comme libéral, et surtout connaissait bien la paysannerie. Il y avait même consacré sa thèse lorsqu'il était à l'université de Pétersbourg. Mais il arrive aux affaires dans les pires conditions. Désordres et attentats n'ont pas cessé. Un attentat vise sa maison, le 12 avril 1906 ; il en réchappe, mais trente victimes en paient le prix, dont deux de ses enfants grièvement blessés.

Le gouvernement Stolypine, dont le but premier est de restaurer l'ordre, sera identifié à un pouvoir de violence, et l'on ironisera sur les « cravates Stolypine » – les cordes servant à la pendaison des criminels – ou sur les « wagons Stolypine » conduisant les condamnés vers l'exil. Il se reposa, il est vrai, sur les cours martiales pour juger les actes révolutionnaires et le terrorisme, mettant en place une justice expéditive qui fonctionnera sept mois durant. Mais, sitôt le calme rétabli, en avril 1907, Stolypine mit fin au régime d'exception pour s'engager dans une politique de réformes.

Il fait alors élire une deuxième Douma, plutôt de gauche, alors que les constitutionnels démocrates (ou cadets) y perdent près de cent sièges et manquent de personnalités fortes. C'est une Douma ingouvernable qui commence par voter la condamnation du « terrorisme d'État » et désigne un coupable : le Premier ministre ! Son existence est brève : elle est dissoute le 3 juin 1907.

La troisième Douma est élue selon une loi électorale modifiée : le suffrage universel y est réduit en vue de favoriser les gros propriétaires terriens au détriment des ouvriers et des simples paysans, et il exclut pratiquement les nationalités. Cette Douma de quatre cent vingt-deux députés est constituée de cent cinquante-quatre octobristes – parti qui soutient le gouvernement – et soixante-dix députés rattachés à des groupes de droite ; les constitutionnels démocrates connaissent une descente aux enfers d'une Douma à l'autre : ils n'y comptent plus que cinquante-quatre sièges ; les socialistes ne sont que trente-deux, divisés en sociaux-démocrates et travaillistes. C'est donc une assemblée de centre droit qui va avoir le grand mérite d'accomplir une mandature complète et, du coup, d'être en mesure d'exercer sa fonction. Ses membres font l'apprentissage de la vie parlementaire et accomplissent un réel travail législatif. Le progrès politique de la Russie, celui de la conscience civique, devra beaucoup à cette troisième Douma si mal élue.

L'ordre public et l'ordre politique rétablis, Stolypine peut s'attaquer au problème qu'il estime décisif pour l'avenir de la Russie : celui de la paysannerie. Il part du constat que la révolution est quasi inéluctable et que, pour l'éviter, il faut agir immédiatement et simultanément dans ce domaine, le plus menacé et menaçant. Le sentiment de l'*urgence*, du très court délai où l'action est encore possible, a hanté Stolypine. D'une certaine manière, on peut dire que le seul autre Russe à avoir partagé avec lui cette hantise aura été Lénine.

Convaincu que le temps lui est compté, Stolypine agit aussitôt. La loi du 5 octobre 1906 reconnaît aux paysans l'égalité civile complète : libres de leurs déplacements, de quitter la *commune*, ils ne sont plus soumis aux pouvoirs répressifs des chefs ruraux. Plus rien ne subsiste du servage, aboli quarante-cinq ans auparavant, moyennant quelques restrictions. La loi du 9 novembre 1906 définit les modes de propriété rurale. L'organisation communale, confortée par la réforme de 1861, a fait son temps ; elle bride le paysan, son sens des responsabilités et son activité. Stolypine entend abolir la commune et doter les paysans de terre afin de créer une classe de paysans propriétaires.

La propriété privée est, pour lui, l'arme absolue contre les tentations révolutionnaires. Pour cela, il faut exproprier de grands propriétaires et les indemniser : autant de casse-tête. De là les réformes de 1906-1907. Stolypine ne veut pas entendre parler de l'expropriation générale réclamée par les socialistes. Comment doter alors les paysans de surfaces suffisantes pour les faire vivre ? Les terres d'État et des communes seront mises en vente, et les paysans également invités à aller coloniser la Sibérie, où la terre disponible ne manque pas. Mais de nombreux paysans hésitent à quitter la commune, rassurante et fraternelle.

En 1914, le bilan de cette réforme est à la fois remarquable et trop modeste. Deux millions et demi de foyers paysans – en gros, le quart des ménages ruraux – sont devenus propriétaires. Si l'on y ajoute les foyers des régions où il n'y avait pas de communes, on constate que la paysannerie propriétaire ne représente pas un groupe négligeable. C'est néanmoins un résultat mesuré. La Russie est encore mal équipée ; ses paysans, intellectuellement démunis, sont effrayés par l'aventure solitaire. Le retard russe est certes économique, mais c'est avant tout celui des mentalités et des connaissances. Et Stolypine, qui sait combien il est important de disposer de temps pour réformer, n'aura eu que quatre ans pour le faire.

Pourtant, la Douma aura coopéré avec lui sur la question agraire et sur le problème crucial de l'éducation, qu'elle tient à juste titre pour une priorité. C'est l'enseignement primaire qui progresse alors le plus, porté par les *zemstva* et les assemblées municipales. En 1914, les conseils de révision donneront la mesure du progrès accompli : si, en 1900, la moitié seulement des conscrits savaient lire et écrire, leur part grimpe à 75 % à la veille de la guerre. L'enseignement supérieur bénéficie lui aussi de cet effort : de nouvelles universités s'ouvrent. Mais les dispositions restrictives qui en écartent les juifs – mesure que l'on n'appliquait plus guère depuis 1905 – vont être remises en vigueur en 1908, entraînant un vif débat politique au sein de la Douma.

Pas plus que l'empereur, Stolypine n'était un fanatique du parlementarisme. Mais il pensait que le temps des réformes dictées « d'en haut » était révolu, qu'il y fallait une participation sociale, donc un parlement. Pour la réforme agraire, la Douma lui fut une interlocutrice non pas docile, mais modérée, telle qu'il l'avait espérée. Tout changea dès lors que lui furent soumises les questions de défense et celle des *zemstva*.

Les deux premières Doumas, très orientées à gauche, n'entendaient pas débattre des problèmes militaires, considérant que l'armée était un simple instrument de soutien à l'autocratie. Tout au contraire, la troisième Douma s'intéressa à la modernisation de l'armée. Elle se souvenait de la faiblesse militaire russe en Crimée, et plus récemment en Extrême-Orient. Quand Stolypine demanda à l'assemblée d'approuver l'octroi de crédits destinés à l'armée de terre et à la marine, il fut soutenu par le chef des octobristes, Goutchkov, mais entra en violent conflit avec le ministre de la Guerre, le général Soukhomlinov, nommé à ce poste en 1909. Le ministre lui objecta qu'il empiétait sur le « domaine réservé du souverain » et que les questions de défense ne regardaient pas la Douma. Le député d'extrême droite Pourichkevitch appuya ce point de vue, arguant que la défense était « la prérogative du chef autocrate des armées russes ». Un premier conflit éclata en 1909 quand la Douma vota des crédits destinés à la flotte. Le Conseil d'État intervint, accusant l'assemblée de sortir de son domaine de compétences, plaçant du coup Stolypine en porte à faux. La Douma attendait du ministre qu'il soutînt sa position. Or celui-ci soupçonnait Nicolas II de manœuvrer dans l'ombre, de faire soulever ce problème par des affidés dans le double but de réduire le champ de compétences de la Douma et, surtout, d'entamer les liens de confiance qui l'unissaient, lui, au parlement.

La question des *zemstva* fut, de même, l'occasion, entre gouvernement et parlement, d'un conflit derrière lequel Stolypine soupçonna d'obscures menées impériales visant à l'affaiblir. Lors de la réforme de 1874, les *zemstva* n'avaient pas été introduits en Pologne. Le système administratif polonais ayant été ensuite aligné sur celui de la Russie, Stolypine voulut alors les étendre à ce qui était devenu à cette époque une province occidentale de l'Empire. Il présenta son projet à la Douma en mai 1910, comptant sur l'appui des octobristes qui en avaient depuis longtemps avancé l'idée. La loi prévoyait que toutes les catégories sociales voteraient ensemble, mais que les nationalités – russe et polonaise – voteraient par *curies*. Le système accordait un avantage aux Russes, notamment la présidence des *zemstva*. Ces dispositifs auraient dû rassurer l'empereur, attentif à défendre le caractère russe des institutions de l'Empire. Le texte fut adopté à la Douma, puis soumis au Conseil d'État, dont les membres le rejetèrent au motif, pour les uns qu'il favorisait trop les Russes, pour les autres qu'il nourrissait le nationalisme polonais.

Or le Conseil d'État était sous l'influence réelle du souverain. De surcroît, les deux hommes qui s'y opposaient le plus au projet, Dimitri Trepov et Pierre Dournovo, étant très proches de Nicolas II, Stolypine en conclut qu'il avait été « torpillé » par le Conseil sur la recommandation de Nicolas II.

Il n'avait pas tort, car l'empereur avait fait savoir aux membres de cette instance qu'il leur reconnaissait pleine liberté de vote. Stolypine en déduisit que le souverain ne le supportait plus, tout comme il n'avait plus supporté Witte par le passé. Il présenta donc sa démission, que refusa Nicolas II, en dépit de la méfiance croissante qu'il nourrissait à son endroit.

Un subterfuge imaginé par Stolypine – Douma et Conseil d'État furent suspendus pendant trois jours – permit néanmoins d'adopter et promulguer la loi. Mais la Douma s'estima trahie par Stolypine autant que par le souverain : le temps d'une saine coopération entre gouvernement et parlement était révolu.

Quant à Stolypine, il sortit de cette crise profondément blessé et affaibli. Son image de libéral était écornée, la Douma ne lui faisait plus confiance et Nicolas II ne lui pardonnait pas d'avoir sauvé malgré tout sa loi. Le Premier ministre savait devoir au plus tôt remettre à nouveau sa démission à l'empereur, cette fois sans la reprendre. Il n'en eut pas le temps : le 1er septembre 1911, il assistait à une représentation à l'Opéra de Kiev quand il fut abattu sous les yeux de la famille impériale. Mortellement blessé, il s'éteignit cinq jours plus tard.

Son assassin, Dimitri Bogrov, était un personnage suspect, habitué des milieux S-R et anarchistes, travaillant aussi pour la police. Ce meurtre si aisément perpétré engendra l'idée que la police s'était chargée de débarrasser Nicolas II, avec ou sans son accord, d'un Premier ministre devenu indésirable. Pourtant, les enquêtes n'ont pas conforté cette accusation voilée, et l'on doit convenir qu'un tel projet aurait été en opposition avec le caractère de Nicolas II. Autoritaire comme le sont souvent les faibles, hanté par la volonté de sauvegarder l'autocratie, il se lassait vite de ceux qui travaillaient à ses côtés, surtout lorsqu'ils avaient une personnalité forte et lui imposaient leurs conceptions. Witte, puis Stolypine l'ont éprouvé à leurs dépens. Mais Nicolas II était foncièrement bon et, de surcroît, chrétien attaché à sa foi. Tuer ou faire tuer n'entrait certainement pas dans sa conception des rapports à autrui, fût-ce en politique. En revanche, il pouvait faire preuve d'une grande indifférence.

Les descendants de Stolypine, qui se sont bien gardés de propos excessifs, ont cependant insisté sur l'insensibilité du souverain face à la disparition d'un homme qu'il avait accueilli avec tant de faveur quatre ans plus tôt. L'impératrice mère, qui connaissait bien son fils, avait déjà noté, durant la crise de la Douma : « Le tsar va s'enfoncer dans son hostilité à Stolypine... Il sera bientôt renvoyé, ce qui sera un grand malheur pour le tsar et pour la Russie » – et elle avait ajouté : « Mon pauvre fils n'a guère de chance avec les gens. »

Si la responsabilité du tsar dans le meurtre est douteuse, celle des socialistes-révolutionnaires ne l'est guère. À la fin du XIXe siècle, ces rejetons du populisme avaient beaucoup débattu des moyens de garder sous leur influence la paysannerie, redoutant que la politique de Stolypine ne vînt à la stabiliser. En 1902, le principe du retour à la terreur avait été adopté par l'organisation, mais une question subsistait : contre qui la diriger ? Fallait-il encourager le spontanéisme (*stikhiinost'*) paysan – propriétés incendiées, propriétaires assassinés –, fomenter la guerre civile à la campagne, ou bien porter les coups directement sur le pouvoir ? Nombre de S-R, dont la « grand-mère de la révolution », Catherine Brechko-Brechkovskaia, craignaient que, manipulé, l'anarchisme paysan ne se retournât un jour contre le manipulateur. Mieux valait donc frapper le système au sommet.

De 1901 à 1911 – date du meurtre de Stolypine –, les actions violentes des S-R avaient coûté la vie à près de cent cinquante personnes. Au nombre des plus importants attentats de cette époque, on citera ceux qui visèrent Pobedonostsev en 1901 (mais il en réchappa), Sipiaguine, ministre de l'Intérieur, tué en 1902, ainsi que son successeur Plehve en 1904, le grand-duc Serge en 1905. Stolypine avait échappé à un attentat en 1906, avant de succomber à un autre en 1911. Au cours de cette période, le caractère calculé du terrorisme est remarquable : ce n'est plus le souverain qui est visé, par crainte de susciter autour de lui un élan de loyauté populaire : en revanche, en frappant les représentants de l'ordre public et de l'autorité étatique, on pousse le pouvoir à la répression, donc à l'impopularité. Enfin, en visant des ministres de l'Intérieur et des gouverneurs, on montre à la société que le pouvoir est précaire, qu'il suffit de peu pour lui porter un coup décisif.

Le meurtre de Stolypine est à cet égard particulièrement révélateur des intentions des socialistes-révolutionnaires : s'il est l'homme à abattre, c'est qu'en transformant le monde rural il coupe l'herbe sous le pied à tout le mouvement socialiste-révolutionnaire et, au-delà, annihile tout espoir révolutionnaire. En dotant le paysan de la propriété personnelle, Stolypine pensait stabiliser la société et restaurer enfin des rapports de confiance entre elle et le système politique. En 1912, dans un texte intitulé *La Nouvelle Démocratie*, ce que Lénine décrit, c'est bien le projet de Stolypine : gagner la révolution de vitesse. S'il s'effraie de ses résultats, le leader bolchevique lui a, à sa manière, conféré une légitimité.

Le meurtre de Stolypine met fin à une période cruciale de l'histoire russe : celle où l'on a encore tenté de fonder un Empire libéral. Certes, ce libéralisme reste marqué par des conditions propres à la Russie : le terrorisme rampant et les désordres jamais interrompus qui ont imposé à Stolypine de garder à portée de main les instruments de la répression après les avoir utilisés à plein dans un premier temps. La violence d'État avait alors été terrible, mais elle répondait à une violence terroriste non moins terrible. Comment, dans ces conditions, éviter de recourir à des moyens d'exception pour assurer le retour à l'ordre ?

En tentant, dans un second temps, cette ultime expérience de modernisation mêlant autoritarisme et libéralisme, Stolypine s'est heurté à une société incontrôlable et immature, mais aussi au souverain. À observer leurs relations au fil de ces quatre années si lourdes d'événements, on voit le choc de deux personnalités. Nicolas II a toujours considéré qu'il était détenteur de l'autorité suprême. Comment eût-il pu tolérer de voir son ministre poursuivre imperturbablement un projet auquel lui-même n'adhérait pas pleinement, même s'il en avait au départ accepté le principe ? Quant à Stolypine, dès lors qu'il rencontre des oppositions dans la sphère du pouvoir, il ne peut que soupçonner Nicolas II d'en être l'instigateur. Un propos de l'empereur, repoussant la démission de son Premier ministre, éclaire leur opposition de vues et le malentendu qui finit par les séparer : « Le problème, dit Nicolas II, n'est pas dans la confiance. Il réside dans le fait que nous sommes en Russie et non pas ailleurs. C'est pour cela que je ne peux accepter qu'on démissionne. » Toute la conception du pouvoir de Nicolas II est inscrite ici : l'autorité du chef du gouvernement n'a qu'une source, la volonté du tsar. Peu importe ce qu'en pensent la Douma ou le Conseil d'État. Et il en est ainsi parce que l'histoire se déroule en Russie. Cette référence à la Russie, dans la bouche de l'empereur, n'est pas une reconnaissance du retard russe, mais bien l'affirmation de ce qui pour Nicolas II est essentiel : la tradition politique *nationale*.

C'est certainement autour de la réforme du monde paysan que le conflit entre Nicolas II et son ministre aura été le plus aigu, même s'il ne fut jamais explicite. Nicolas II n'était pas hostile aux réformes, mais il n'acceptait pas que fût altérée la nature particulière des relations existant entre la société – paysanne en premier lieu – et lui, c'est-à-dire la *nature du système politique russe*. Pour l'empereur, le système reposait sur le lien quasi mystique de fidélité qui l'unissait à chacun de ses sujets. Pour Stolypine, chaque Russe devait devenir un citoyen, et la société russe, une société civile, ce qui revenait à ruiner la conception impériale. Pour avoir estimé qu'il pouvait implanter le parlementarisme en Russie et non créer un « parlementarisme à la russe », Stolypine aura été rejeté par Nicolas II. L'impératrice mère avait raison de constater que son « fils n'avait guère de chance avec les gens ».

Ce jugement sévère, inspiré par le regret d'avoir vu Nicolas II rompre avec Stolypine, tenait à l'estime que l'impératrice mère, esprit réfléchi, lui portait. Ce ne fut pas le cas de l'impératrice Alexandra ni des oncles de l'empereur, qui l'entretenaient tout au contraire dans sa certitude autocratique. Pour eux, le Premier ministre avait pour devoir de restaurer et assurer le calme et d'exercer sa fonction dans les limites de l'ordre existant.

Peu importera à ces irréductibles adversaires du changement que Stolypine ait laissé un bilan, certes discutable à certains égards, mais remarquable à bien d'autres. La répression des débuts n'a duré qu'un temps assez bref. Le retour à l'ordre a permis d'assurer au pays un progrès économique réel. Le rouble légué aux successeurs est une des monnaies les plus solides de l'époque. Le budget est excédentaire et le restera jusqu'en 1913. Les rendements agricoles augmentent. La production de charbon et de fer progresse visiblement. Le système éducatif s'est étendu et produit des effets spectaculaires. L'éducation améliorée, combinée avec ce que l'on a appelé alors un « progrès de la conscience parlementaire dans la société », contribue au développement de la conscience civique, donc à celui de la société civile.

Vers la catastrophe inéluctable ?

Après la disparition de Stolypine, la Russie va entrer dans une étrange période, tout à la fois agitée et apathique, dominée par les difficultés personnelles de Nicolas II, par une politique intérieure fluctuante, qui mécontente toutes les composantes de la société, et par une politique étrangère laissant présager une guerre européenne.

Trois années (1911-1914), soit un temps très court, et pourtant que de drames personnels pour Nicolas II ! Peu avant la disgrâce de Stolypine, l'empereur lui a confié : « Je ne réussis dans rien de ce que j'entreprends. Je n'ai pas de chance... D'ailleurs, la volonté humaine est si impuissante… » C'est le moment où Nicolas II évoque celui qu'il tient presque pour son saint patron, Job sur son tas de fumier, et il conclut, s'adressant toujours à Stolypine : « Combien de fois me suis-je appliqué cette phrase de Job : "À peine conçois-je une crainte qu'elle se réalise et que tous les malheurs que je redoute fondent sur moi !" »

Premier de ces malheurs : le mal transmis par l'impératrice à l'héritier, l'hémophilie. Pour les souverains, c'est une souffrance et une appréhension de tous les instants. Ils assistent impuissants au martyre que vit leur enfant chaque fois qu'une hémorragie se produit, et ils s'interrogent : survivra-t-il ? Nicolas II est deux fois victime de cette tragédie : celle du père, mais aussi de l'époux qui doit tenter de consoler l'impératrice, dont la douleur se trouve renforcée d'un sentiment de culpabilité. N'est-ce pas elle qui a transmis le mal ? Tout contribue à nourrir chez elle une religiosité maladive et un déséquilibre naturel. Au XXIe siècle, on la dirait sans hésiter maniaco-dépressive.

Les conséquences politiques de ce drame sont considérables. Après les cohortes de charlatans qui promettaient un héritier mâle, c'est le temps des guérisseurs, puisque la médecine est impuissante à soigner l'hémophilie. À partir de 1907, celui qui promet la guérison scandalise le pays tout en exerçant une influence inquiétante. Prétendu moine, l'air peu soigné, précédé d'une réputation de débauché, comment Raspoutine a-t-il pu capter la confiance de l'impératrice ? Il a sans nul doute un regard qui fascine, tous les témoins l'ont souligné. Surtout, il a l'allure d'un moujik et, pour l'impératrice, il incarne le vrai peuple, celui que la Cour et ses artifices n'ont pu corrompre. Au chevet de l'enfant malade, ses pouvoirs semblent se vérifier : la souffrance s'éloigne. Une explication rationnelle existe :

Raspoutine faisait jeter au feu les remèdes prescrits par des médecins désarmés, et le plus propre à apaiser les souffrances intolérables du tsarévitch n'était-il pas l'aspirine, découverte en 1899 ? Or, si l'aspirine calme la douleur, elle aggrave les saignements, donc les épanchements qui pèsent sur les organes de l'enfant. L'initiative de Raspoutine supprimant l'aspirine a donc eu des effets bénéfiques, et l'on ne peut non plus nier qu'il ait exercé sur le tsarévitch une influence apaisante. Le prince Félix Ioussoupov, qui tuera Raspoutine, a raconté précisément comment le *staretz*, par le regard et l'imposition des mains, pouvait en effet soulager.

Mais la société, à qui l'on cache le mal dont est atteint le tsarévitch, ne peut que s'effarer de cette présence scandaleuse à la Cour. La rumeur prétend que Raspoutine le débauché entre librement à toute heure chez l'impératrice et chez ses filles. Pis encore : on assure que Raspoutine impose ses vues politiques à l'impératrice, et qu'elle transmet ensuite aux ministres les ordres du *staretz*. L'image de Nicolas II en pâtit. Il est perçu comme un pantin aux mains du couple infernal. Vivant, Stolypine s'opposait à l'influence de Raspoutine. Après sa mort, l'affaire s'emballe et la presse jase. À la Douma, la question est soulevée ; les députés accusent le Saint-Synode d'aveuglement ou de complicité avec Raspoutine, ils exigent la réunion d'un concile pour réformer l'Église. Nicolas II ne réagit pas. Est-il conscient que le Saint-Synode est éclaboussé par le scandale, que l'autorité de l'Église et de ses hiérarques n'a plus cours, que leur caution apportée au trône a elle aussi disparu dans le naufrage ?

La passivité du souverain tient à diverses causes. L'influence de l'impératrice, d'abord. Elle le pousse à se soumettre aux étranges prescriptions des charlatans qu'elle protège. Nous disposons à ce sujet du témoignage de

Maurice Paléologue. Il date certes de 1916, mais les faits qu'il rapporte ont dû se manifester tout au long de ces années fatales. Paléologue raconte que, Nicolas II étant nerveux, l'impératrice a recouru, pour l'apaiser, à un thaumaturge, disciple des sorciers mongols, qui lui a fait absorber un composé d'herbes tibétaines, et Paléologue de préciser : « À en juger par les effets, l'élixir doit être un mélange de jusquiame et de haschich dont l'empereur ferait bien de ne pas abuser... » Autant dire que, pour Paléologue, Nicolas II est drogué à son insu, ce qui pourrait expliquer son absence de réactions à nombre d'événements de cette période.

Par qui remplacer Stolypine ? En cette fin d'année 1911, le mandat de la Douma s'achève, des décisions s'imposent sur la manière de préparer l'élection de la suivante. Mais quelle politique adopter ? Poursuivre dans la voie des réformes ? ou bien en revenir à la conception traditionnelle de l'autocratie, comme le répète sans cesse l'impératrice ?

Le successeur de Stolypine est le comte Kokovtsev, homme digne et intègre, mais réputé pour sa faiblesse de caractère et son esprit conservateur. N'a-t-il pas dit, un jour de 1908, devant la Douma : « Heureusement, nous n'avons pas de parlement ! » Kokovtsev sitôt nommé, l'impératrice le chapitre : « Ne donnez pas trop d'importance à votre prédécesseur... Ne cherchez pas l'appui des partis politiques, qui ne comptent pas. Cherchez l'appui du tsar, et Dieu vous viendra en aide ! »

D'emblée, le nouveau chef du gouvernement est confronté au problème Raspoutine. Nicolas II exige qu'il fasse taire toutes les rumeurs, qu'il impose silence à la presse, alors que la loi a supprimé la censure préalable. N'est-ce pas l'indication d'une réorientation vers un conservatisme rigoureux ? L'opinion s'en émeut. Les élections à la Douma qui ont lieu en novembre 1912 ne contribuent pas à donner à Kokovtsev des interlocuteurs qui lui auraient permis de résister aux injonctions de l'impératrice. La droite centriste et le centre gauche, octobristes et KD, recueillent à peine plus de deux cents sièges, mais on assiste à la montée d'une droite extrémiste qui obtient cent quarante-cinq sièges. Les sociaux-démocrates en reçoivent treize, et les travaillistes, dix. La Douma fait peu de place aux défenseurs du système constitutionnel, et tout aussi peu aux partisans de la révolution. L'agitation va néanmoins croissant ; les syndicats, devenus légaux, jouent un rôle considérable. La grande avancée sociale a été l'adoption de l'assurance maladie obligatoire, votée par la troisième Douma avant qu'elle ne se sépare. Mais, depuis lors, la grève prend le pas sur le débat et les propositions. En avril 1912, des arrêts de travail paralysent les mines d'or de la Lena ; les manifestations, les bagarres, la répression se soldent par de nombreux morts. Ce « deuxième Dimanche rouge » fait figure de détonateur.

En 1913, la Russie compte un million et demi de grévistes. Comme toujours, les universités suivent le mouvement. Ce n'est pas encore la révolution, mais la rue est agitée. L'année suivante, un scandale politique vient s'ajouter au désordre permanent. Une sombre affaire de financement des partis politiques éclabousse Kokovtsev, accusé tout à la fois de corruption et de philosémitisme. L'extrême droite triomphe. Nicolas II se débarrasse de son Premier ministre, auquel il reproche de n'avoir pas su défendre la réputation de la famille impériale et, accessoirement, de n'avoir pas su juguler les désordres. Pourtant, Kokovtsev vient de rendre un fier service à Nicolas II : il a obtenu de la France un prêt de cinq cents millions de francs par an, étalé sur cinq ans, pour la construction d'une voie ferrée stratégique censée protéger la frontière occidentale de l'Empire. L'année 1913 touche à sa fin, la paix en Europe est menacée, ce prêt se révèle décisif pour l'avenir. Mais Nicolas II n'en a cure : Kokovtsev est limogé au lendemain de cet exploit, tout comme l'avait été Witte dans des conditions semblables.

Décidément, l'impératrice mère juge bien son fils, et s'inquiète fort, à cette époque, de l'influence déplorable qu'il subit. Elle désigne sans ambages la responsable : l'impératrice.

Le successeur de Kokovtsev est Goremykine, réactionnaire ministre de l'Intérieur en 1899, qui a déjà succédé à Witte en 1906. Sa nomination est imputée – à juste titre – à la volonté de l'impératrice, inspirée par Raspoutine qu'elle appelle « Notre ami ».

Pourtant, le couple impérial aura eu l'occasion, en 1913, de renouer avec la société : les cérémonies du tricentenaire de la dynastie, qui durèrent trois mois, de mars à juin, le conduisirent de la capitale, où les manifestations débutèrent, jusque dans les profondeurs du pays. Partout des foules, surtout des paysans, se pressèrent pour saluer les souverains, et l'impératrice en tira une conclusion : « Les ministres sont poltrons. Ils passent leur temps à effrayer le tsar en parlant de révolution. Alors qu'il nous suffit d'apparaître pour que tous les cœurs se donnent à nous ! » Mais l'impératrice ignore que les regards sont aussi fixés sur l'héritier, livide, incapable de marcher, qu'un matelot porte dans ses bras. La pitié qu'inspire ce tragique spectacle s'accompagne d'un doute croissant : quel avenir pour une dynastie dont l'héritier est si frêle ? Dans la capitale, l'opinion retient que Raspoutine s'est mis en avant, s'attribuant une place officielle dans la cathédrale de Kazan, dont on a dû le chasser. Son impudente présence a fait scandale, éclaboussant les souverains.

Le tricentenaire est aussi l'occasion de dresser un bilan de la Russie, inscrit dans un monumental ouvrage rassemblant toutes les données disponibles : politiques, sociales, économiques et culturelles. Cet ouvrage donne la mesure de l'effort de modernisation accompli depuis les années 1880. Il montre une société transformée. Sont apparus des entrepreneurs, des hommes d'affaires, des paysans enrichis, une intelligentsia qui a accédé à la sphère du pouvoir. La bourgeoisie, celle que Richard Pipes a qualifiée de *bourgeoisie manquante*, caractéristique pour lui de la Russie du début du siècle, commence à exister.

La Russie connaît aussi une agitation d'un type nouveau, caractérisée par son extension à tout l'espace impérial : la revendication des nationalités. Aux Polonais, jamais réconciliés avec la perte de leur État, s'ajoutent désormais les Ukrainiens, qui comparent l'absence de droits culturels dont ils souffrent en Russie à l'épanouissement de leur culture et de leur langue dans l'Empire austro-hongrois ; des Ukrainiens élus à la deuxième Douma y ont réclamé – en vain – une autonomie nationale. En Finlande, la russification politique – Diète dissoute, puis russification totale engagée par le gouverneur général Bobrikov – fait basculer toute la population dans la dissidence et la désobéissance civile. Enfin, dans la partie de l'Empire peuplée de musulmans – Asie centrale et partiellement Caucase –, l'exemple des Jeunes Turcs et le développement d'un mouvement pan-musulman nourrissent un nationalisme fondé sur l'islam et le désir de revanche de peuples dominés. Le gouvernement s'inquiète de ce qu'il tient encore pour des désordres locaux, mais un esprit lucide, Lénine, commence à en tirer les leçons : la révolution ne pourrait-elle prendre appui sur les aspirations nationales montantes ?

Si Nicolas II est indifférent aux bruits sourds qui se font entendre à la périphérie de l'Empire, c'est que la situation en Europe est loin d'être rassurante. Les Balkans, comme toujours, sont une poudrière où, depuis 1910, les passions s'exacerbent. Deux guerres ont ravagé cette région. La première, en 1912, a vu s'unir la Bulgarie, la Serbie, la Grèce et le Monténégro contre l'Empire ottoman, qui a alors été défait. Mais les querelles entre vainqueurs ont conduit en 1913 à une seconde guerre balkanique, et la Turquie a pris alors sa revanche. La paix de Bucarest d'août 1913 a mis fin aux combats, mais laissé intactes des haines, terreau du premier conflit mondial.

La politique étrangère russe – à sa tête, Sazonov a succédé à Izvolski en 1913 – avait soutenu la coalition anti-ottomane durant la première guerre, puis s'est retrouvée en position fausse entre ses amis bulgares et serbes en guerre les uns contre les autres dans la seconde. Or la Russie devait préserver ses relations avec la Serbie, mais aussi avec la Bulgarie, et elle ne pouvait ignorer que l'Autriche-Hongrie accusait la Serbie d'être une « annexe russe ».

Après 1913, Sazonov comprend que la Russie doit consolider ses alliances pour se préparer à la guerre. Nicolas II ne veut pas entendre parler d'un rapprochement avec Berlin. Il tient à l'alliance française et fait défiler devant le président Poincaré, en visite en Russie en juillet 1914, soixante mille soldats parfaitement équipés. Le chef de l'État français est impressionné ; quant à Nicolas II, il est convaincu que, à la différence de 1904, la Russie est fin prête pour une guerre.

Perdre la guerre pour détruire l'Empire

Le 28 juin 1914, à Sarajevo, un étudiant serbe de Bosnie, Gavrilo Princip, tue à coups de revolver l'héritier de la couronne austro-hongroise, l'archiduc François-Ferdinand, et son épouse. La paix en Europe est morte ce jour-là.

Nicolas II recouvre soudain son énergie et son sens des responsabilités. Il tente d'abord d'arrêter la course à la guerre en demandant à Guillaume II de dissuader Vienne de prendre une décision fatale. Mais il décide aussi une mobilisation partielle, que son cousin souhaite empêcher : « C'est toi qui portes la responsabilité de la guerre ou de la paix… La paix peut être sauvée si tu consens à arrêter les préparatifs militaires menaçant l'Allemagne et l'Autriche », lit-on dans un de ses télégrammes du 18 juillet.

Nicolas II ne cède pas. Il entend rester fidèle aux engagements pris et repousse tout compromis.

Si, dans son ensemble, le pays le suit, deux voix s'élèvent pour l'exhorter à la prudence. Celle de Witte, d'abord, qui souligne les dangers d'une guerre au terme de laquelle il entrevoit la « fin du tsarisme ». À ce propos prophétique fait écho Raspoutine qui, en 1908, disait déjà : « Les Balkans ne valent pas une guerre », et qui, en juillet 1914, télégraphie de Sibérie, où il se remet de blessures causées par un attentat : « Que Papa ne fasse pas la guerre ! La guerre signifie la fin de la Russie et de vous-mêmes. Vous périrez tous ! » Au tsar, il peint cette image de la Russie en guerre : « Elle est toute noyée de sang. » Mais, pour une fois, la voix du *staretz* est ignorée même de l'impératrice qui, née allemande, n'en déteste pas moins tout ce qui est allemand.

Lénine, lui, a compris l'intérêt de cette guerre pour sa propre cause. En 1913, il écrit à Maxime Gorki : « Une guerre entre la Russie et l'Autriche serait bénéfique pour la révolution. » Quand le conflit éclate, il défend auprès de son parti l'idée que la défaite de l'Empire ouvrira la porte à la révolution. Tout faire, donc, pour concourir à la défaite ! Son discours est entendu à Berlin, où chemine l'idée de prendre appui sur ces bolcheviks – en qui la social-démocratie ne voit encore que des agités, de simples extrémistes – pour affaiblir l'Empire de l'intérieur. On y mettra des moyens financiers. On attribue généralement à Parvus, membre du soviet de Pétersbourg en 1905, le mérite d'avoir obtenu une aide allemande au bénéfice du mouvement révolutionnaire. S'il en fut le premier instigateur, la demandant en 1914 à l'ambassadeur d'Allemagne à Constantinople, c'est en réalité un bolchevik estonien, actif dès 1905, Keskula, qui servit, dans cette tractation, de véritable agent à Lénine. C'est lui que Lénine chargea de remettre aux autorités allemandes un *programme d'action en sept points*, les deux principaux étant la transformation de la Russie en république et la signature immédiate d'une paix séparée.

Ce document date de 1915. Les troupes russes sont alors dans une situation tragique. Elles ont été engagées contre l'armée allemande pour soulager la France menacée par l'ennemi qui fond sur Paris. Mais les troupes russes sont défaites à Tannenberg, dans les lacs Mazures. Le général Samsonov se suicide sur le champ de bataille. En 1915, la Russie a perdu un million deux cent mille hommes, tués, blessés, prisonniers ou disparus. Mais, pour l'Allemagne aussi, la guerre à l'Est est terrible. C'est pourquoi l'idée d'une paix séparée à la faveur de désordres internes à la Russie fait son chemin, et celle d'utiliser Lénine à cette fin séduit.

La Russie est dans un état précaire : l'avancée des troupes allemandes en des territoires où vivaient vingt-trois millions de Russes provoque un exode massif ; les habitants fuient vers l'intérieur, dans des villes où rien n'est préparé pour les accueillir. Les hôpitaux militaires sont surpeuplés, mal équipés. Les réfugiés ne trouvent ni à se loger, ni à se nourrir. Les désordres et la panique s'installent.

Nicolas II songe alors à répondre à l'inquiétude populaire par des dispositions politiques ; il se tourne vers la Douma, mais l'impératrice gronde : « Ne la convoque pas ! La Russie n'est pas un État constitutionnel. Ces individus [les députés] se mêlent d'affaires dans lesquelles ils ne devraient pas oser intervenir. » Pour une fois, l'empereur tient bon. Il remanie le gouvernement, en élimine les membres les plus conservateurs et les plus impopulaires. La Douma trouve là des interlocuteurs acceptables, même si Goremykine est toujours en place. Un bloc « progressiste » se forme à l'assemblée, porteur d'un programme de réformes modérées. Le Conseil d'Empire adhère à ce programme. Mais l'impératrice s'indigne : « Je m'effraie des nominations faites par Nicolacha ! » Et elle l'encourage à céder à la tentation qu'il éprouve depuis longtemps : prendre le commandement de l'armée, jusqu'alors confié à son oncle, le grand-duc Nicolas, que l'impératrice tient pour un ennemi personnel.

Le 25 août 1915, Nicolas II enlève le commandement au grand-duc, si populaire, et annonce qu'il va assumer lui-même cette responsabilité. L'impératrice lui écrit : « Tu as prouvé que tu es l'autocrate sans qui la Russie ne peut exister... Pardonne-moi de t'avoir tant harcelé, d'avoir tant insisté, mais je connais trop ta nature bonne et douce, et cette fois il fallait la vaincre ! » Un an durant, le souverain avait résisté aux pressions de l'impératrice ; soudain, *vaincu* – le terme figure dans la lettre citée –, il s'en va à Moghilev, au grand quartier général, où il fera venir deux mois plus tard le tsarévitch. Il abandonne la scène politique à l'impératrice, qui devient une quasi-régente. Le 23 août, elle écrit imprudemment à l'empereur : « J'ai hâte de montrer à tous ces poltrons ma culotte immortelle ! » Les ministres valsent au gré des humeurs d'Alexandra, toujours poussée – elle l'avoue sans précautions – par « Notre ami ». En 1916, elle nomme Premier ministre Boris Stürmer, homme trop autoritaire, corrompu et surtout doté d'un nom allemand, ce qui, en pleine guerre, produit un effet désastreux. Pour la population, elle est *l'Allemande*, suspectée de pencher du côté de ses origines – accusation injuste, mais que ses maladresses entretiennent. L'impératrice ne se borne pas à faire et défaire les ministres, elle dispense aussi à Nicolas II des conseils militaires : « Notre ami te prie de faire aller nos troupes vers Riga », « Notre ami espère que les troupes n'iront pas vers les Carpates... »

De la décomposition de son pouvoir, de son image abîmée, le souverain réfugié au front ne se soucie plus guère. Pas plus qu'il ne se soucie apparemment des difficultés croissantes de la vie en Russie. Le combustible manque dans les villes ; les paysans, tablant sur une hausse des prix, ne livrent plus leur production ; les magasins d'alimentation sont vides ; les queues se forment et on y gronde. Les ouvriers des usines désertent leur établi pour aller s'approvisionner, et se mettent en grève. Les rapports de police sont alarmistes. Mais Nicolas II n'en sait rien ; il reçoit de l'impératrice des descriptions idylliques de la situation. Et elle insiste : « Disperse la Douma... Moi, j'aurais envoyé Lvov et Milioukov en Sibérie ! »

Si le couple impérial est inconscient du désastre qui le guette, son entourage ne l'est pas. Certains de ses membres multiplient les démarches auprès du souverain, le suppliant d'écarter Raspoutine, de se prémunir contre l'influence de l'impératrice. Le grand-duc Nicolas Mihailovitch, son cousin, historien réputé, le lui écrit. Nicolas II a la faiblesse de faire lire la lettre à l'impératrice qui, vindicative, répond : « S'il se permet de toucher encore une fois à ce sujet, tu l'envoies en Sibérie ! » Le grand-duc Paul, son oncle, lui tient le même discours. La veuve du grand-duc Serge, qui sort de son couvent pour tenter de convaincre l'impératrice, sa sœur, de se libérer de l'influence de Raspoutine, est chassée ; Alexandra refusera par la suite de la recevoir.

Une correspondance échangée entre les membres de la famille impériale évoque des solutions pour sauver ce qui peut encore l'être. Pour tous – et l'impératrice mère le dira à son fils –, il faut écarter l'impératrice, la répudier, l'envoyer dans un couvent, ou bien, solution ultime, que le souverain parte avec elle. Toutes les possibilités sont agitées. L'obstination de l'empereur, l'absence d'une alternative raisonnable – le pousser à abdiquer en temps de guerre, mais au profit de qui ? – vont aboutir à la solution ultime : l'assassinat de Raspoutine.

Le complot réunit autour du prince Ioussoupov, mari d'une nièce de l'empereur, le grand-duc Dimitri, fils du grand-duc Paul, le député Pourichkevitch, et un médecin, Lazovert, qui prépare le poison destiné à mettre fin à l'existence du *staretz*. L'histoire est bien connue : ce dernier est attiré dans le palais Ioussoupov, gavé de gâteaux empoisonnés ; il y résiste et Ioussoupov doit l'achever. Transporté hors du palais, il est jeté dans la Neva. Lesté de pierres, son corps est retrouvé trois jours plus tard. On constate à l'autopsie que ni le poison ni les projectiles ne l'avaient tué, mais qu'il a péri noyé.

Pour l'impératrice, à moitié folle de douleur et avide de vengeance, il faut sévir. Nicolas II, lui, est plus mesuré. La disparition du terrible moujik le libère. Mais le chrétien en lui est horrifié par le meurtre et il s'indigne qu'un homme de la terre ait été tué par des membres de la famille impériale, ce qui rompt le pacte mystique unissant la dynastie et les paysans. Ioussoupov est exilé hors de la capitale, le grand-duc Dimitri expédié à l'armée en Perse – punition qui lui sauvera la vie à l'heure où les bolcheviks s'emploieront à exterminer la famille impériale. Dans les villes, la société se réjouit, brûle des cierges. À la campagne, en revanche, on gronde : c'est un moujik qui vient d'être assassiné par des nobles. La guerre des classes domine les réactions.

Mais il n'est pas que la famille impériale pour débattre du sort des souverains. À la Douma, les propositions affluent, les complots s'ébauchent. Il est vrai que, dans les régiments, on parle déjà de « changer de tsar ». Les libéraux de la Douma imaginent, l'impératrice une fois écartée au moins jusqu'à la fin de la guerre, que l'empereur confie le gouvernement au président de l'assemblée, Rodzianko. D'autres députés préféreraient l'abdication du souverain et le transfert du pouvoir à son légitime successeur, le tsarévitch Alexis, sous la régence du grand-duc Michel.

Rentré dans la capitale depuis l'assassinat du *staretz*, Nicolas II écoute les rumeurs, refuse de sacrifier l'impératrice et, dans un dernier sursaut de lucidité politique, après avoir voulu dissoudre la Douma, déclare à ses ministres qu'avant de retourner à l'état-major il va annoncer à l'assemblée un changement politique majeur : l'instauration d'un gouvernement responsable. Mais ce n'est là, comme toujours, qu'une velléité, symptôme du trouble profond qui habite le souverain. Il renonce aussitôt à ce projet et part se réfugier au grand quartier général.

La capitale est à l'abandon ; la société, surtout celle de la campagne, livrée à ses peurs et à ses superstitions. Maurice Paléologue rapporte que, en ce mois de février, on évoque partout la prophétie de Raspoutine : « Si je meurs [de la main de l'un des vôtres], si vous m'abandonnez, vous perdrez votre fils et la couronne. » Et partout on va répétant : « Mauvais présage. » L'empereur ayant fui, la vacance du pouvoir laisse le champ libre à la révolution.

La victoire de Lénine

Quand il quitte Petrograd[1] le 22 février, le souverain n'est pas vraiment inquiet. Les rapports de police lui assurent que les désordres sont inorganisés et donc qu'il n'en sortira rien. De plus, depuis 1905, un dispositif militaire et un plan de répression des troubles dans la capitale ont été mis en place. Des forces considérables sont mobilisées. Face à ces troupes, les ouvriers mécontents sont dispersés et en nombre insuffisant pour constituer une véritable menace.

Le 23 février, pourtant, la situation se tend. C'est la journée des Femmes : des défilés se forment, réclamant tout à la fois du pain et l'égalité des sexes. Des ouvriers en grève viennent grossir les cortèges. Le gouvernement semble paralysé. Sukhanov, l'ami de Kerenski et de

---

1. Saint-Pétersbourg a été rebaptisée Petrograd (la ville de Pierre) au début de la guerre, en raison de sa consonance germanique.

Gorki, bon observateur de ces journées, tout comme Paléologue, note l'apathie gouvernementale : « On a laissé faire », écrivent-ils tous deux. Le lendemain et les jours suivants, la foule grossit, on chante *La Marseillaise* ; la troupe est appelée en renfort, on tire. Mais, le 26, la troupe fraternise avec la foule, les régiments se mutinent, on ouvre les prisons. La révolution s'installe.

Alerté, Nicolas II décide de rentrer et suspend la Douma, qui refuse sa dissolution et élit un Comité provisoire. Dans le même temps se forme un Soviet, vers lequel affluent des comités de travailleurs spontanément élus. Du Comité provisoire émane un gouvernement présidé par le prince Lvov ; Kerenski est nommé ministre de la Justice. De son côté, le Soviet adopte l'*ordre du jour n° 1*, qui place tout le système militaire sous l'autorité du Soviet, et supprime l'autorité des officiers. Le Soviet ne réclame aucun pouvoir, mais affaiblit d'emblée la légitimité du gouvernement provisoire.

Et le souverain, que devient-il dans ce chaos ? Il a pris le train pour regagner la capitale. Son convoi est arrêté en cours de route ; il est conduit à Pskov près du général Alexeiev, bientôt rejoint par les envoyés de la Douma, Goutchkov et Choulguine, qui lui présentent un acte d'abdication au profit de son fils. La monarchie existe encore. Nicolas II signe l'acte, puis se reprend : son fils est malade, il refuse d'en être séparé, et il abdique à nouveau, cette fois au nom d'Alexis, ce qui n'est pas conforme aux lois fondamentales de l'Empire. L'héritier qu'il désigne alors est son frère Michel, lequel va refuser, arguant qu'en l'état des choses seule une Assemblée constituante peut lui conférer la couronne. La Russie n'a plus de souverain, la monarchie est morte.

Mais la guerre continue – du moins Nicolas II le veut-il. Pour sa part, devenu simple sujet de Russie, il demande à partir avec les siens en Crimée. Le gouvernement provisoire ne l'entend pas ainsi. L'empereur est arrêté avec tous les siens. Ils sont placés sous surveillance à Tsarskoie Selo, où ils vont rester cinq mois.

En l'espace de quelques semaines, tout le paysage politique russe a été bouleversé. Le gouvernement provisoire doit compter avec le Soviet. Le premier souhaiterait se débarrasser décemment de la famille Romanov, et il demande à l'Angleterre de l'accueillir. Malgré les liens qui unissent les familles royales anglaise et russe, à Londres on est réticent. On a compris que le Soviet, violemment hostile aux Romanov, monte en puissance, et que les accueillir risque de compromettre l'avenir. Les portes de l'Angleterre se ferment. Comme celles du Danemark, patrie de l'impératrice mère.

Ce qui compte, pour les Anglais comme pour le gouvernement provisoire, c'est la poursuite de la guerre. La révolution a convaincu le peuple que la paix allait advenir. Le gouvernement provisoire est soumis à la pression populaire et à celle du Soviet, qui veut la paix.

Le retour de Lénine, le 3 avril 1917, fait basculer la situation. Il rentre de Suisse avec trente et un compagnons de voyage, ayant traversé l'Allemagne sans encombre, et sans rencontrer quiconque – de là le mythe du *wagon plombé*. Ce que recouvre ce mythe, c'est la complicité allemande, négociée trois années auparavant par Parvus et Keskula. Lénine dispose, à son retour, de la protection et de l'argent allemands. Il est assez largement pourvu pour pouvoir alimenter la propagande et le mouvement révolutionnaire radical qu'il incarne. Pour Berlin, il doit conclure la paix, sitôt le pouvoir pris, pour dégager l'Allemagne du front russe et lui permettre de concentrer ses forces contre la France.

Ce contrat implicite sera respecté par Lénine. Il n'est pas un agent au service de l'Allemagne, mais un révolutionnaire convaincu que son retour et les moyens financiers dont l'Allemagne l'a doté lui permettront de faire triompher la révolution en Russie et dans le monde, emportant aussi l'Empire allemand. Arrivé en Russie, il défend des thèses radicales qui outrepassent les projets des socialistes à l'œuvre depuis la révolution de février. *Tout le pouvoir aux soviets ! La paix immédiate !* Fort de ces mots d'ordre, il va manipuler la révolution, jouer sur la lassitude de l'armée, tenter de faire tomber le gouvernement en place. Il y échoue. C'est Kerenski qui prend la tête du gouvernement, et Lénine, prudent, se réfugie alors en Finlande. Mais la période qui précède le triomphe des bolcheviks touche à sa fin. Le gouvernement Kerenski n'a plus aucune prise sur les événements. Trotski, sorti de prison, est porté à la tête du soviet de Petrograd. Le double pouvoir né en février n'est plus qu'un mythe. Étape après étape, le pouvoir des soviets n'a cessé de prendre le pas sur celui du gouvernement. Lénine rentre à Petrograd pour assister au Congrès des soviets. Les bolcheviks, qui ont formé un Comité militaire révolutionnaire, prennent le pouvoir, occupent le palais d'Hiver, arrêtent les ministres. Cette fois, c'est Kerenski qui s'enfuit, tandis que triomphe Lénine.

Le 26 octobre, Lénine présente trois décrets. Le principal, le *décret sur la paix*, appelle à une paix immédiate, « sans indemnités ni annexions », et s'adresse aux peuples, et non aux gouvernements. Il proclame la fin des empires. Un monde nouveau est né, selon lui : celui de la révolution mondiale. Mais les négociations de Brest-Litovsk, puis la paix signée en 1918 obligent Lénine à traiter avec un gouvernement, et non pas avec des peuples. Faire la révolution mondiale est moins simple que de la faire en Russie. La deuxième mesure, le *décret sur la terre*, donne la terre à qui la cultive. La *déclaration des droits des peuples de Russie*, datée du 2 novembre, ouvre aux peuples de l'Empire le droit à l'autodétermination. Le programme de Lénine est réalisé. La révolution russe est l'enfant de la défaite ; l'Empire n'existe plus. Certes, le décret sur la terre reconnaît un droit de propriété aux paysans, et ce n'est pas là exactement le programme socialiste : l'avenir tranchera entre ces deux conceptions. Mais l'essentiel est que la monarchie russe n'existe plus ; le pouvoir des soviets s'y est substitué. Il lui revient à présent de régler le sort des survivants du système disparu.

Le meurtre ultime. La dynastie exterminée

Que faire des Romanov ? Kerenski les avait d'abord confinés à Tsarskoie Selo qui, de palais, se transforma vite en prison. Après le coup d'État manqué de juillet, le Soviet devenant plus agressif, il transféra la famille impériale à Tobolsk, en Sibérie, officiellement pour la protéger des bolcheviks, en vérité pour se protéger lui-même d'une tentative de putsch monarchiste auquel les prisonniers de Tsarskoie Selo auraient pu servir d'étendard. Mais, à Tobolsk, la famille impériale subit les conséquences de l'arrivée au pouvoir des bolcheviks : ses nouveaux geôliers n'ont pour eux aucun respect, ils l'humilient, contraignent le tsar à ôter ses épaulettes, le traitent en suspect, sinon déjà en condamné. Dans le même temps, des partisans de la monarchie échafaudent des projets destinés à libérer les prisonniers. Les bolcheviks en sont informés, et s'interrogent : comment prévenir un coup de force ? comment empêcher à jamais un Romanov de resurgir et de prétendre au pouvoir ?

En d'autres termes, que faire de ces encombrants survivants d'un monde disparu ? Question annexe : faut-il juger Nicolas II pour discréditer à jamais le système monarchique ?

Deux réponses sont possibles. La référence des bolcheviks est encore la Révolution française et le procès de Louis XVI. Mais Lénine en a d'emblée rejeté le principe. Pour lui, le mieux serait d'exterminer tous les Romanov, à tout le moins « une bonne centaine ». Pourquoi donc se lancer dans un procès qui ferait inutilement traîner les choses ? En Sibérie, la famille impériale va être réclamée par deux soviets locaux : ceux d'Ekaterinbourg et d'Omsk, qui se considèrent comme plus aptes que celui de Tobolsk à garder ces précieux otages. Car, pour les bolcheviks de Sibérie, c'est bien d'otages qu'il s'agit : chaque soviet souhaite les avoir sous sa coupe, et de fantastiques projets de kidnapping de la famille impériale s'ébauchent. De son côté, le pouvoir central entend aussi « récupérer les ci-devant Romanov » et dépêche à Tobolsk une mission dirigée par un fanatique, Iakovlev, pour les lui ramener.

L'état du tsarévitch interdisant une telle expédition – une crise d'hémophilie a provoqué un hématome qui lui paralyse les deux jambes –, Iakovlev décide d'emmener le tsar. Craignant qu'il ne s'effondre, l'impératrice va l'accompagner avec la grande-duchesse Marie. Pour la première fois depuis l'abdication et sa réunion à Tsarskoïe Selo, la famille impériale est ainsi séparée en deux groupes.

Nicolas II et sa suite sont contraints de partir pour Moscou, où a été transférée la capitale. Mais, lorsque le convoi traverse Ekaterinbourg, les bolcheviks locaux l'arrêtent, s'emparent des prisonniers, les incarcèrent dans la maison Ipatiev, qui sera – ils ne s'en doutent pas encore – leur dernière demeure.

On voit ici combien, en mai 1918, la situation de la Russie révolutionnaire est troublée. Le soviet d'Ekaterinbourg impose sa volonté de détenir la famille impériale, et Iakov Sverdlov, président du Comité exécutif central des soviets, envoyé de Moscou pour lui faire reprendre le chemin de la capitale, ne peut que s'incliner. Le pouvoir bolchevique est déjà aux prises avec la guerre civile. Et, de leur côté, les nations non russes de l'Empire, devenues indépendantes, sont elles aussi bien décidées à se défendre contre les nouveaux maîtres de la Russie.

Nicolas II a compris d'emblée l'horreur de la situation en s'écriant : « Je veux bien aller n'importe où, mais surtout pas dans l'Oural ! » Il sait que c'est là le cœur du monde *rouge*, que le pouvoir y est détenu par des bolcheviks et des anarchistes qui hurlent à la mort, réclamant qu'on leur livre le « tyran ». Sa famille le rejoint. Si le bonheur de se trouver à nouveau réunis apaise l'empereur, il doit constater que les conditions de leur détention dépassent ses pires craintes. Une palissade élevée autour de la maison isole les Romanov de tout contact extérieur. Mais, à l'intérieur, rien ne les sépare de gardiens brutaux, qui vont et viennent dans toutes les pièces, les fouillent à tout moment, les rudoient, couvrent les murs d'inscriptions obscènes.

La situation en Russie et dans l'Oural se tend. À Moscou, les S-R de gauche, jusqu'alors alliés aux bolcheviks, ont rompu avec eux et déclenchent une vague d'attentats. L'ambassadeur d'Allemagne, Mirbach, est assassiné ; une crise diplomatique s'ouvre. Des troupes alliées ont débarqué à Mourmansk ; les Japonais ont pris Vladivostok ; la Légion tchèque, forte de trente mille hommes, s'est associée avec les S-R pour former à Samara, sur la Volga, un gouvernement et une armée antibolcheviques. À Omsk naît un gouvernement provisoire de Sibérie, composé de KD, de S-R et de monarchistes. Si Ekaterinbourg vient à tomber, c'en est fait de l'Oural rouge, et la famille impériale pourrait servir à fédérer ces divers mouvements. Lénine juge la situation intenable : il faut supprimer ceux qui incarnent un espoir pour cette opposition en voie d'organisation. Toute la garde de la maison Ipatiev est brutalement changée et placée sous les ordres d'un tchékiste de haut rang, membre du Comité exécutif du soviet de l'Oural, Iakov Iourovski : il est chargé de régler le problème Romanov.

Le massacre est perpétré dans la nuit du 16 au 17 juillet 1918. Toute la famille est réunie dans une même pièce de la maison Ipatiev ; Nicolas II porte dans ses bras le tsarévitch incapable de marcher. Le tir est déclenché sans préavis. Tous sont abattus et sauvagement achevés. Les corps sont ensuite transportés hors de la ville, incinérés et recouverts d'acide. Effacer toute trace : tel est le mot d'ordre. Puis les bolcheviks s'emploient à supprimer tous les Romanov encore à leur portée, à Perm, à Alapaïevsk. Le grand-duc Michel, le grand-duc Serge Mihailovitch, le fils du grand-duc Constantin, le prince Vladimir Paley, la grande-duchesse Élisabeth, sœur de l'impératrice, sont tous liquidés. Lénine peut être satisfait.

Mais le pouvoir bolchevique hésite sur la vérité censée être rendue publique. Assassiner un souverain peut heurter l'opinion internationale. Assassiner sa famille, des jeunes filles, un adolescent malade, risque d'horrifier la population russe. L'information est donc marquée de contradictions. Le soviet de l'Oural avait préparé un communiqué destiné à être diffusé dans toute la Russie, annonçant que Nicolas II et tous les siens avaient été fusillés. Sverdlov – l'œil de Moscou – fait barrer la mention concernant la famille. Le communiqué final, rédigé sous son autorité, déclare : « Un complot contre-révolutionnaire ayant pour but d'arracher au pouvoir soviétique le bourreau couronné, le Comité régional de l'Oural a décidé de fusiller Nicolas Romanov... La femme et le fils de Nicolas Romanov sont en lieu sûr. » C'est en 1919 seulement, après avoir multiplié les versions contradictoires, que le pouvoir bolchevique a reconnu qu'aucun membre de la famille impériale n'avait survécu.

L'embarras des bolcheviks est aisé à comprendre. Les souverains exécutés par ceux qui s'emparent du pouvoir sont nombreux dans l'histoire, mais en général la révolution ne tue pas les enfants innocents. Déjà, le meurtre, sans jugement, du tsar n'était pas du meilleur effet. Sverdlov, interrogé par Trotski sur les conditions dans lesquelles avait été prise la décision de tuer, avait répondu sans hésiter : « Nous l'avons décidé ici. Ilitch [Lénine] était convaincu que nous ne pouvions laisser aux Blancs un symbole auquel se rallier. » Mais, par pragmatisme, Lénine préféra s'innocenter de la décision, et laissa le soviet de l'Oural se réclamer de la gloire douteuse d'avoir décidé d'exterminer les Romanov.

Une question subsiste ici : pourquoi le juriste Lénine, féru d'histoire, n'a-t-il pas voulu d'un procès qui aurait renvoyé à la Révolution française ? Peut-être n'a-t-il pas souhaité que, à l'instar de Louis XVI, Nicolas II, dont la dignité et le courage ne pouvaient être mis en doute, offre à la postérité une image qui ternisse celle de ses bourreaux ? Mais on ne peut non plus sous-estimer la prétention de Lénine à fonder un monde nouveau. Offrir à l'opinion un procès à l'image de ceux de Charles Ier d'Angleterre ou de Louis XVI impliquait le rattachement à une tradition dans laquelle la révolution avait été suivie d'une restauration. Les meurtres d'Ekaterinbourg signaient l'*irréversibilité* de la révolution russe. Le système instauré par Lénine, ce monde nouveau, n'en aura pas moins pris fin, à son tour, en décembre 1991. Les corps de la famille impériale ont été patiemment recherchés, soumis à examens génétiques, identifiés et inhumés en 1998 aux côtés de ceux de leurs ancêtres, dans la cathédrale de la forteresse Saints-Pierre-et-Paul, au cours d'une bouleversante cérémonie à laquelle assista le premier président de la Fédération de Russie, Boris Eltsine. Il y fit, au nom de l'État, amende honorable. Sa présence était particulièrement opportune, puisque c'est lui qui, alors que le système fondé par Lénine n'en finissait pas d'agoniser, avait décidé de faire raser la maison Ipatiev, acte dont il reconnut en 1998 le caractère irréfléchi, désastreux et sacrilège.

En 1998, deux corps manquaient à l'appel : ceux du tsarévitch et de la grande-duchesse Marie. Retrouvés et identifiés, ils attendaient encore, au début de l'année 2013, dans le bâtiment des Archives de l'État russe, à Moscou, de rejoindre les dépouilles de leur famille dans la sépulture impériale.

On ne saurait s'étonner que de soi-disant survivants aient surgi au fil du temps. La plus tenace des prétendantes aura été la pseudo-grande-duchesse Anastasia, qui connut plusieurs avatars. Le plus comique fut un pseudo-arrière-petit-fils de Nicolas II, Alexis, qui se para de titres ronflants, dont celui de duc d'Anjou et de Durazzo – de quoi être pris au sérieux, pensait-il. Rien là que de prévisible. Les faux Louis XVII auraient ouvert la voie, s'il avait été nécessaire. Mais l'histoire russe n'avait nul besoin de précédents, elle a été assez riche en imposteurs. Le *samozvanets* a longtemps occupé la Russie, et il était tentant d'imaginer que la tradition ne s'en serait pas perdue. Mais de l'enquête conduite sur place avec rigueur par le juge Sokolov, au lendemain de l'effondrement provisoire du pouvoir soviétique en Sibérie, de celle que dirigea après 1992 Anatoli Sobtchak, éminent juriste et maire de Saint-Pétersbourg, enfin des examens génétiques, la même vérité ressort : la maison Ipatiev fut fatale à tous ses prisonniers.

On ne peut conclure ce rappel du martyre – c'est le mot le plus approprié – enduré par la famille impériale sans jeter un dernier regard sur les malheureux souverains et leur comportement face à l'épreuve. Si Nicolas II n'a pas laissé – à l'instar de Louis XVI – une bouleversante lettre d'adieux permettant à la postérité d'admirer son courage face à la mort, c'est qu'il n'en a pas eu la possibilité. Il fut exécuté au terme d'une journée apparemment semblable aux autres, sans avoir été averti du sort qui l'attendait. Son ultime consolation aura été de rester avec les siens, de mourir en tenant son fils dans ses bras. S'il n'y eut donc pas d'adieux, comme ceux que Louis XVI put faire aux siens au Temple, ni une nuit pour se préparer à la mort, cette commune entrée dans l'éternité a bien été à l'image de la famille impériale et d'un couple uni par un immense amour.

Tout autre fut l'évolution de l'impératrice. L'épreuve fit surgir une Alexandra Feodorovna dépouillée de la hauteur, des préjugés, de la religiosité morbide, du repli sur soi, de tout ce qui avait éloigné d'elle son entourage et l'avait rendue impopulaire. Par chance pour la postérité, elle aimait écrire, et l'on dispose des petits carnets qu'elle continua à remplir durant sa captivité. Ils sont révélateurs d'une personnalité – la vraie, probablement, car on ne triche pas quand la mort rôde – dissimulée par les pesanteurs du pouvoir. En elle aussi, c'est la foi – mais une foi simple, celle de saint Séraphin, qu'elle révérait –, la volonté divine acceptée avec son lot de souffrances, qui l'emportent. La femme hautaine a laissé la place à une femme apaisée, accueillant avec sérénité les grossièretés, les brutalités, un sort effroyable, et qui songe à souhaiter la Pâque, la résurrection et la réconciliation à tous, y compris à ses gardiens. Ses carnets témoignent du chemin parcouru ; elle a dépouillé la défroque impériale pour n'être plus que cette femme qui fait face à la mort – car elle ne se fait aucune illusion. Si, dans un passé récent, elle invoquait encore la volonté divine pour maintenir l'autocratie et justifier ses choix politiques, dans ses écrits ultimes elle ne l'évoque plus que pour s'y soumettre. Dans l'épreuve, l'impératrice Alexandra, dont l'influence sur Nicolas II ne lui fut pas toujours bienfaisante, s'élève au-dessus d'elle-même, révélant une personnalité profonde qu'on avait peine, jusqu'alors, à discerner. Cette Alexandra Feodorovna a sa place dans l'Histoire, tout autant et même plus que la protectrice de Raspoutine, nombre de ses errements ayant découlé de ses tourments maternels.

La postérité retiendra aussi que ce couple, exceptionnel dans l'histoire des familles royales par la profondeur de son attachement, aura, par-delà la cruauté des épreuves subies, eu la chance ultime de les traverser côte à côte et d'entrer ensemble dans l'éternité. À cet égard, Nicolas II le malchanceux aura été servi par le destin.

Conclusion

Les Romanov : une histoire longue de trois siècles scandés par douze règnes, une série de monarques « intermittents », de faux tsars, des coups d'État, des complots, des meurtres : ne dirait-on pas là un extraordinaire roman policier ? Plus encore, c'est le roman du pouvoir, toujours accompagné de sang, ce qui confère à cette dynastie une dimension continûment tragique que l'on ne rencontre chez aucune autre en Europe. Rarement le propos de Shakespeare – « une histoire de bruit et de fureur racontée par un idiot » – aura trouvé une aussi pertinente illustration.

Tous les héros de cette histoire, y compris les « intermittents », méritent de retenir l'attention. Mais, parmi eux, trois immenses personnages se détachent – Pierre le Grand, Catherine II, Alexandre II – qui ont, chacun à sa manière, répondu avec éclat au défi lancé par l'histoire à la Russie : comment rattraper le retard dû à la rupture des années mongoles ? comment réinscrire la Russie dans l'histoire de l'Europe en fondant un *État* russe de type européen ?

Lorsque s'ouvre le livre de la Russie des Romanov, la Russie existe, mais il n'y a plus d'*État* russe, alors que l'Europe est, au XVIIe siècle, un monde d'États. Qu'est alors cette étrange Russie ? Un espace, immense déjà, et qui ne va cesser de s'étendre. Quel autre pays d'Europe peut se prévaloir d'une telle expansion territoriale sur une durée de trois siècles ?

Sur cet espace vont régner des monarques tout-puissants. Le *gosudar* est maître de la terre et des hommes, mais il n'a pas d'État pour les administrer. C'est Pierre le Grand, le troisième souverain de la dynastie, qui va jeter les fondements politiques et moraux de l'État russe. Il l'aura inventé. De Pierre, on a surtout retenu la volonté de puissance militaire. Mais l'armée et la flotte, pour lesquelles il aura mobilisé tous les moyens humains et économiques du pays, ont été les outils privilégiés de la construction de l'État, les garants de sa souveraineté. E la bureaucratie, avec la *Table des rangs*, qui introduit la méritocratie dans le système, donne une assise stable à cet État. Pierre le Grand l'autocrate, l'empereur, a été le premier Romanov à avoir fait la distinction entre le *gosudar* et l'État, soulignant l'importance et l'autonomie du second, voire sa primauté. Pour Pierre, le *gosudar* tire sa légitimité de son aptitude à être le garant du *bien public* que l'État met en œuvre. Le décembriste Nicolaï Tourgueniev écrivit : « Qui n'était pas dans le *Tchin* était en dehors de la Russie officielle ou légale. »

Après Pierre le Grand, Catherine II, fille des Lumières et son héritière, a poursuivi son œuvre en l'élargissant à de nouveaux horizons. Tout d'abord, la monocratie de Pierre le Grand se transforme, avec les réformes de Catherine II, en dyarchie : à la souveraine, la politique étrangère ; à l'État, la politique intérieure. Les chartes de l'administration, des provinces, de la noblesse, vont développer une civilisation urbaine, reconnaître à l'administration et à la noblesse un pouvoir autonome que vont se partager les élites locales. La politique culturelle de Catherine II donne naissance à une pensée indépendante qui va s'épanouir et occuper tout l'espace intellectuel russe. En promouvant l'éducation, les publications, l'édition, le journalisme, Catherine aura ouvert la porte à une élite toujours plus large et d'origine diversifiée. Le meilleur témoignage de son action révolutionnaire dans le domaine de l'esprit aura été son long dialogue – hostile, mais tolérant – avec Nicolaï Novikov. Celui-ci, qui fut membre de la Grande Commission législative, franc-maçon, pétri du sentimentalisme anglo-germanique, éditeur de journaux satiriques, publiciste, fut l'un des premiers *intelligents* russes. Il aura combattu sans répit l'impératrice, qui l'aura toléré et aura subventionné ses entreprises. Leur rupture aura eu lieu en 1791, quand Catherine, effrayée des conséquences de la Révolution française, tournera le dos à l'idéal de toute son existence. Mais la phrase de Novikov : « Que puis-je faire pour la Russie ? », l'aura toujours obsédée. Après Pierre le Grand, fondateur de l'État, elle aura transformé l'État en l'ouvrant à l'intelligentsia et à une société civile naissante dont sa curiosité d'esprit aura favorisé l'émergence.

Alexandre II, enfin, par quatre grandes réformes – abolition du servage, création du *zemstvo*, instauration du service militaire universel et réforme de la justice –, aura révolutionné l'État russe. Il aura intégré la paysannerie émancipée à la société par sa participation au *zemstvo* et à la conscription. La réforme de 1864, qui met en place en Russie un système judiciaire plus libéral et progressiste que celui existant alors en Europe, aura jeté les bases d'un État de droit. À sa mort, la Russie est arrivée aux frontières de la modernité politique rêvée par tous les Romanov.

Pourquoi, après un tel progrès, et alors que la transformation économique voulue par Alexandre III paraît accompagner la modernisation politique, celle-ci a-t-elle été freinée, voire pour partie oubliée ?

C'est d'abord dans la culture russe qu'il convient de chercher la réponse. Pourtant riche et remarquable, l'histoire du pays n'a pas permis la formation d'une culture nationale aussi cohérente et unie que celle de grands pays européens comme la France ou l'Angleterre. La culture russe a longtemps manqué de continuité. D'un côté, il y avait une culture populaire, pétrie par l'orthodoxie, la tradition byzantine et slave : c'est la culture paysanne, marquée par l'esprit de solidarité, l'aspiration à la justice, à la fraternité et à l'abnégation. Un observateur superficiel en déduira que le Russe reste toujours soumis devant le pouvoir, mais Bakounine a opposé à cette définition l'anarchisme latent et l'esprit insurrectionnel du moujik. Cette culture-là était étrangère à la tradition européenne, à la culture *verticale* que, d'en haut, Pierre le Grand voulut imposer à son pays, celle d'élites allant en s'élargissant.

Ces deux cultures ont coexisté au long des siècles Romanov, reflétant deux Russies juxtaposées : celle des *humbles*, soumis au pouvoir de droit divin, mais qui, lorsqu'ils s'insurgent, emboîtent le pas à Pougatchev ou à n'importe quel faux tsar en qui ils reconnaissent l'élu de Dieu ; et la Russie des élites et des villes, qui s'est intégrée à l'Europe et s'est nourrie de la culture européenne. Herzen l'a résumé en une phrase saisissante : « Pierre a jeté un défi à la Russie, et la Russie l'a relevé en faisant paraître Pouchkine. »

Les souverains Romanov se sont appuyés tantôt sur l'une, tantôt sur l'autre Russie. C'est leur conception des sources du pouvoir, de l'autocratie, qui justifie et renforce leur choix.

À l'aube du XVIe siècle, Joseph de Volotsk avait posé en principe l'origine divine du pouvoir du souverain. Lorsque Michel Romanov est fort démocratiquement porté sur le trône par le *Sobor*, c'est cette conception du pouvoir qui est encore à l'œuvre, le pouvoir spirituel étant garant du pouvoir temporel et indissociable de lui. Le tsar Michel cogouverna d'ailleurs avec le patriarche son père. Il sera revenu à Pierre le Grand de briser ce modèle. D'abord par une politique d'hostilité à l'orthodoxie, pour lui fondement de la culture populaire qu'il voulait éradiquer. En 1722, en abolissant le patriarcat, il supprima tout à la fois l'identification de l'Église à l'État, et celle de l'Église à la Russie et à la nation. Mais, par là même, il désacralisa la personne du souverain et son pouvoir, puisque la volonté divine et l'Église n'étaient plus garantes de son autorité. Comme au siècle précédent, cette évolution s'accompagna d'une réflexion théorique sur les sources du pouvoir. L'archiprêtre Prokopovitch a développé une conception *sécularisée* du pouvoir dominé par l'intérêt de l'État, du bien public, et faisant de l'Église – mais de manière implicite – un instrument du pouvoir d'État.

Un renversement s'est à nouveau produit avec le règne d'Alexandre III. Peut-être fut-ce dû au meurtre d'Alexandre II et à l'essor du terrorisme. La désacralisation du souverain n'en avait-elle pas fait un homme ordinaire que chacun de ses sujets pouvait abattre ? Jusqu'alors, le régicide apparaissait comme le défi à une loi non écrite, celle du respect du caractère sacré du souverain. Voilà soudain que son meurtre dépendait du jugement des hommes. La trilogie orthodoxie-autocratie-

narodnost, développée par Ouvarov, avait déjà renoué avec le principe d'un pouvoir de droit divin. Pobedonostsev, qui éduqua Nicolas II, renforça chez lui la conviction que l'autocratie, le pouvoir du souverain, d'origine divine, était partie intégrante de l'identité de la Russie. C'est ainsi que Nicolas II conçut toujours sa mission, même s'il ressentit souvent la nécessité de composer avec l'héritage des souverains modernisateurs.

Il n'est pas étonnant que, après la fin du communisme, l'Église ait canonisé le dernier Romanov et tous les siens. Cette décision saluait certes une attitude chrétienne face à la mort, mais surtout une ultime tentative pour fonder le pouvoir russe sur l'héritage de la sainte Russie. L'icône des souverains, répandue aujourd'hui en Russie, renvoie aux origines, à la tradition des princes martyrs. Pour autant, elle n'est plus qu'une nostalgie, celle de la culture horizontale du monde paysan que le monde urbain a effacée au profit de la culture commune du XXIe siècle, forgée par l'éducation, les nouveaux modes de communication, particulièrement développés en Russie – culture qui impose à ceux qui la gouvernent aujourd'hui de se conformer à une conception universelle, sécularisée, du pouvoir, privé de son caractère sacré. C'est Pierre le Grand qui l'a en définitive emporté.

Orientation bibliographique

Ouvrages généraux

BERDIAEV (N.), *Rousskaia ideia*, Paris, 1946
BILLINGTON (J.), *The Icon and the Axe : An Interpretative History of Russia*, New York, 1966
CARRÈRE D'ENCAUSSE (H.), *Le Malheur russe*, Paris, 1988
CARS (J. des), *La Saga des Romanov*, Plon, Paris, 2008.
FEDOTOV (G.P.), *The Russian Religious Mind*, Cambridge (Mass.), 1966
GRÜNWALD (C. de), *Trois siècles de diplomatie russe*, Paris, 1945
KARAMZIN (N.M.), *Istoriia Gosoudarstva Rossiiskogo*, Saint-Pétersbourg, 1816-1824, trad. française : *Histoire de Russie*, Paris, 1819-1826
KLIOUTCHEVSKI (V.O.), *Histoire de Russie*, Paris, 1956, trad. française
LE DONNE (J.), *The Russian Empire and the World. 1700-1917. The Geopolitics of Expansion and Containment*, New York, 1997
LEROY-BEAULIEU (A.), *L'Empire des tsars et les Russes*, Paris, 1881-1898, 3 vol.
PASCAL (P.), *Histoire de la Russie des origines à nos jours*, Paris, 1972
PIPES (R.), *Russia under the Old Regime*, New York, 1974

RAEFF (M.), *Imperial Russia 1682-1825. The Coming of Age of Modern Russia*, New York, 1971
RAMBAUD (A.), *Histoire de la Russie*, Paris, 1918
RIAZANOVSKY (N.), *A History of Russia*, Oxford, 1963-1984, trad. française, 1987
SOLOVIEV (S.), *L'Idée russe*, Paris, 1888
SZAMUELY (T.), *La Tradition russe*, Paris, 1971
TCHERNIAVSKY (M.), *Tsar and People. Studies in Russian Myths*, New Haven (Conn.), 1961
VERNADSKY (G.), KARPOVITCH (M.), *A History of Russia*, Oxford, 1943-1969, 5 vol.

Les premiers Romanov

BERH (V.), *Tsarstvovanie tsaria Fedora Alekseevitcha i istoriia pervogo streletskogo bounta*, Saint-Pétersbourg, 1834
BRIEN (O.), BICKFORD (C.), *Russia under Two Tsars 1662-1689. The Regency of Sofia*, Berkeley, 1952
KAPTEREV (N.), *Patriarh Nikon i Aleksei Mihailovitch*, Serguiev Posad, 1909
KOSTOMAROV (N.I.), *Rousskaia Istoriia v jizneopisaniiah glavneichih deiatelei*, Saint-Pétersbourg, t. II, XVIIe siècle
KOTOSHIKHIN (G.), *O Rossii v tsarstvovanie Alexeia Mihailovitcha*, Saint-Pétersbourg, 1884
PASCAL (P.), *Avvakum et les débuts du Raskol*, Paris, 1962
–, *La Vie de l'archiprêtre Avvakum écrite par lui-même*, trad. et notes de Pierre Pascal, Paris, 1960

Pierre le Grand

ANISIMOV (E.), *Rossia bez Petra 1725-1740*, Saint-Pétersbourg, 1994
–, *Jentchiny na rousskom prestole*, Saint-Pétersbourg, 1998
–, *Anna Iovanovna*, Moscou, 2002
GRÜNWALD (C. de), *La Russie de Pierre le Grand*, Paris, 1953

KLIOUTCHEVSKI (V.), *Pierre le Grand et son œuvre*, Paris, 1853
MASSIE (R.K.), *Pierre le Grand*, Paris, 1980
RAEFF (M.), *Peter the Great. Reformer or Revolutionary?*, Boston, 1966
VOLTAIRE, *Histoire de l'Empire de Russie sous Pierre Ier*, in *Œuvres complètes*, éd. 1784 en 70 vol., t. XXIV
WALICZEWSKI (K.), *Peter the Great*, New York, 1897
ZIEGLER (C.), *La Première Catherine*, Paris, 1956

Élisabeth Ire

LIECHTENHAN (F.-D.), *Élisabeth Ire de Russie*, Paris, 2007
LONGWORTH (P.), *The Three Empresses : Catherine I, Anne and Elizabeth of Russia*, Londres, 1973
OLIVIER (D.), *Élisabeth de Russie*, Paris, 1962
SOLOV'EV, *Istoriia rossii v tsarstvovanie Elizavety Petrovny*, Moscou, 1874
TCHERKASSOV (P.), *Elizaveta Petrovna I Lioudovik XV*, Moscou, 2010
WALISZEWSKI (K.), *La Dernière des Romanov. Élisabeth Ire, impératrice de Russie 1741-1762*, Paris, 1902

Pierre III

BAIN (R.N.), *Peter III : Emperor of Russia*, Londres, 1902
GOUDAR (A. de), *Mémoire pour servir à l'histoire de Pierre III, empereur de Russie*, Francfort-sur-le-Main, 1763
LA MARCHE (M.C.F.S. de), *Histoires et anecdotes de la vie, du règne, du détrônement et de la mort de Pierre III, dernier empereur de toutes les Russies*, Londres, 1766
SALDERN (K. von), *Histoire de la vie de Pierre III, empereur de toutes les Russies, présentant sous un aspect important les causes de la révolution arrivée en 1762*, Francfort-sur-le-Main, 1802

Catherine II

ALEXANDER (J.T.), *Catherine the Great, Life and Legend*, Oxford, 1989
BRIKNER (A.G.), *Istoriia Ekateriny II v piati tchastiah*, Saint-Pétersbourg, 1885
CARRÈRE D'ENCAUSSE (H.), *Catherine II. Un âge d'or pour la Russie*, Paris, 2002
MADARIAGA (I. de), *Russia in the Age of Catherine the Great*, Londres, 1981
MONTEFIORI (S.S.), *Prince of Princes : The Life of Potemkine*, Londres, 2000
OMELTCHENKO (O.A.), *Zakonnaia monarhiia Ekateriny II*, Moscou, 1993
PASCAL (P.), *La Révolte de Pougatchev*, Paris, 1971
STEGNII (P.V.), *Ekaterina II*, Moscou, 2002
TROYAT (H.), *Catherine la Grande*, Paris, 1977

Paul Ier

CHILDER (N.K.), *Imperator Pavel I*, Saint-Pétersbourg, 1901
GRÜNWALD (C. de), *L'Assassinat de Paul Ier*, Paris, 1960
KOBEKO (D.), *Tsarevitch Pavel Petrovitch 1754-1796*, Saint-Pétersbourg, 1883
RAGSDALE (H.), *Paul I. A Reassessment of his Life and Reign*, Pittsburgh, 1979

Alexandre Ier

LIEVEN (D.), *La Russie contre Napoléon. La bataille pour l'Europe 1807-1814*, Paris, 2012, trad. française
MIRONENKO (S.V.), *Stranitsy tainoi istorii samoderjaviia*, Moscou, 1990

NICOLAI MIKHAILOVITCH (grand-duc), *Imperator Aleksandr Pervyi*, Saint-Pétersbourg, 1907, 2 vol.
NIKOLAEV (V.V.), *Aleksandr I. Starets Fedor Kuzmich*, San Francisco, 1984
PALÉOLOGUE (M.), *Alexandre I*er*, un tsar énigmatique*, Paris, 1937
REY (M.-P.), *Alexandre I*er, Paris, 2009
SCHILDER (N.K.), *Imperator Aleksandr Pervyi*, Saint-Pétersbourg, 1898
TROUBETSKOI (N.S.), *Imperial Legend. The Mysterious Disappearance of Tsar Alexander I*, New York, 2002
TROYAT (H.), *Alexandre I*er, Paris, 1981

Nicolas I*er*

BOURMEISTER (A.), *L'Idée russe entre lumière et spiritualité sous le règne de Nicolas I*er, Grenoble, 2001
BRUCE LINCOLN (W.), *Mikolaj I*, Varsovie, 1988
GRÜNWALD (C. de), *La Vie de Nicolas I*er, Paris, 1946
MIRONENKO (S.V.), *Nikola I. Samoderdzy*, Moscou, 1994
RAEFF (M.), *The Decembrist Movement*, Englewood Cliffs (New Jersey), 1966
THOUVENEL (L.), *Nicolas I*er *et Napoléon III*, Paris, 1891
TODLEBEN (lieutenant général de), *Défense de Sébastopol*, Saint-Pétersbourg, 1863, 3 vol.

Alexandre II

CARRÈRE D'ENCAUSSE (H.), *Alexandre II. Le printemps de la Russie*, Paris, 2008
HINGLEY (R.), *The Russian Secret Police*, New York, 1970
MOSSE (R.), *Alexander II and the Modernization of Russia*, New York, 1958, éd. complétée 1992
PALÉOLOGUE (M.), *Le Roman tragique de l'empereur Alexandre II*, Paris, 1963

PHILIPPOT (R.), *Société civile et Etat bureaucratique dans la Russie tsariste. Les zemstvos*, Paris, 1991
RADZINSKI (E.), *Aleksandr II, jizn'I smert' dokumental'nyi roman*, Moscou, 2006
TATICHTCHEV (S.S.), *Imperator Aleksandr II. ego jizn' I tsartvovanie*, Saint-Pétersbourg 1902, 2 vol.
TROYAT (H.), *Alexandre II*, Paris, 1990

Alexandre III

BENSIDOUN (S.), *Alexandre III*, Paris, 1990
NAZAREVSKI (V.), *Tsarstvovanie imperatora Aleksandra III*, Moscou, 1910
NEUBERGER (I.), *Russland unter Kaiser Alexander III*, Berlin, 1894

Nicolas II

CARRÈRE D'ENCAUSSE (H.), *Nicolas II. La transition interrompue*, Paris, 1998
ELTCHANINOV (A.), *Tsarstvovanie gosudaria Imperatora Nikolaia Aleksandrovitcha*, Moscou, 1913 (publié avec l'accord de Nicolas II)
FERRO (M.), *Nicolas II*, Paris, 1990
FIRSOV (S.), *Nikolaj II plennik somoderjaviia*, Moscou, 2010
GRÜNWALD (C. de), *Le Tsar Nicolas*, Paris, 1965
LIECHTENHAN (F.-D.), *Le Crépuscule des empereurs*, Paris, 2012
LIEVEN (D.), *Nicolas II, Emperor of all Russias*, Londres, 1993
LYKOVA (L.), *Sledstvie po delu ob ubiistve rossii skoi imperatorskoi sem'ii*, Moscou, 2007
MASSIE (R.), *Nicholas and Alexandra*, New York, 1971
MIRONENKO (S.), *A Lifelong Passion. Nicholas II and Alexandra*, Londres, 1996

OLDENBURG (S.), *Tsarstvovanie imperatora Nikolaia v torogo*, Saint-Pétersbourg, 1991
PALÉOLOGUE (M.), *Le Crépuscule des tsars. Journal 1914-1917*, Paris, 2007
PIPES (R.), *The Russian Revolution*, New York, 1991
RADZINSKI (E.), *The Last Tsar : The Life and Death of Nicholas II*, New York, 1992
ZENKOVSKI (A.), *Stolypin : Russia's Last Great Reformer*, Princeton, 1986

Index des noms

Abaza, Alexandre : 328, 358.
Adachev, Alexis (conseiller d'Ivan le Terrible) : 116.
Adolphe-Frédéric (roi de Suède) : 164.
Adrien (métropolite de Kazan, puis patriarche) : 69, 86.
Alembert, Jean le Rond d' : 181, 185, 190.
Alexandra, fille de Paul Ier : 186.
Alexandra Feodorovna (Alix de Hesse Darmstadt, dernière impératrice de Russie) : 353-354, 367-368, 378, 380-381, 384, 389-392, 398, 401-404.
Alexandre Alexandrovitch, futur Alexandre III (grand-duc).
Alexandre Ier (tsar) : 180-181, 186-187, 189, 201-202, 204, 209-221, 224-248, 250-252, 256-257, 261-263, 265, 269-271, 278, 281, 286, 288, 329, 352.
Alexandre II (tsar) : 11, 217, 249-250, 264, 281-288, 290-291, 293-296, 298-299, 301, 303, 305-313, 317-321, 324-333, 338, 350, 352, 361, 363, 405, 407, 409.
Alexandre le Grand : 209.
Alexandre III (tsar) : 250, 305-306, 322, 327-330, 332-333, 335-348, 350, 352-353, 355, 408-409.
Alexeiev, Eugene (amiral) : 358.
Alexeiev, Michel (général) : 394.
Alexis Ier dit le Très-Doux (tsar) : 38-42-45, 47-53, 55-56, 70, 87, 103-104, 124, 161-162, 254, 326.
Alexis Nicolaievitch, fils de Nicolas II (tsarévitch) : 9, 381, 390, 392, 394, 398, 400-403.
Alexis Petrovitch, fils de Pierre le Grand (tsarévitch) : 86, 90-102, 107-108, 110, 212.
Ali, Mehmet : 272.
Alix de Hesse Darmstadt, voir Alexandra Feodorovna.

Ambroise (archevêque) : 173.
Anastasia (grande-duchesse) : 402.
André de Bogolioubovo : 16.
Anhalt Zerbst, Johanna d' : 137.
Anhalt Zerbst, Sophie d', voir Catherine II.
Anna, fille de Pierre le Grand : 107, 124.
Anna Ivanovna, fille d'Ivan V (impératrice) : 110-117, 121, 133, 157.
Anna Leopoldovna de Brunswick, petite-fille d'Ivan V (régente) : 117-119, 121-124, 131.
Anne (grande-duchesse) : 231.
Apraxine (feld-maréchal) : 150.
Araktcheiev (général) : 232, 242-243, 245.
Askold (prince de Kiev) : 14.
Auguste II le Fort (roi de Pologne) : 115.
Auguste III (roi de Pologne) : 164-166.
Avvakoum (archiprêtre) : 45-46.

Bacon, Francis : 88.
Bagration (prince) : 233-234.
Bakounine : 285, 315-316, 408.
Barclay de Tolly (prince) : 233-235.
Battenberg, Alexandre de : 344.
Batu (petit-fils de Gengis Khan) : 14.
Bayle, Pierre : 148.
Behring, Vitus (navigateur danois) : 116.
Benckendorf, Alexandre (général) : 260.
Bennigsen (général) : 203, 212-213.
Berdiaev, Nicolas : 314.
Bérenger, Monsieur de (diplomate français) : 143, 155.
Bernadotte, voir Charles XIV.
Bernardin de Saint-Pierre, Jacques Henri : 181, 244.
Bernoulli, frères : 89.
Bestoujev-Rioumine, Alexis (vice-chancelier puis chancelier) : 118, 127-132, 149-152, 158, 164.
Biron, Ernst-Johann Büren dit (favori de l'impératrice Anna) : 112-114, 118, 123.
Bismarck, Otto : 295, 310, 345.
Bloudov, comte : 263, 299.
Bobrikov (gouverneur général) : 358, 385.
Bobrinski, Alexis, fils de Catherine II : 152-153, 179.
Bogdanovitch (générale) : 332, 348.
Bogolepov, Nicolas Pavlovitch (ministre) : 357.
Bogomolov, Théodore : 173.
Bogrov, Dimitri : 375.
Bolotnikov, Ivan : 26-27.
Boris (prince de Rostov) : 207.
Boris Godounov (tsar) : 21-25, 30, 34-35, 324.
Boudberg (baron) : 226.
Boulavine (cosaque) : 73.
Brechko-Brechkovskaia, Catherine : 376.
Breteuil, marquis de (diplomate français) : 143.

INDEX DES NOMS

Bronstein, voir Trotski.
Brünnow, baron, von : 283, 287.
Brunswick-Wolfenbüttel, Antoine Ulrich, duc de : 117.
Bunge, Nicolas : 339-340.

Capo d'Istria, comte : 238, 270.
Castlereagh Robert Stewart, vicomte : 237.
Catherine Alexeievna Dolgorouki, fiancée du tsar Pierre II : 108-109, 306, 322.
Catherine Dolgorouki, Katia, épouse morganatique d'Alexandre II : 284, 307, 310, 321-323.
Catherine duchesse de Mecklembourg-Schwerin, fille d'Ivan V : 110, 112, 117.
Catherine Ire (seconde épouse de Pierre le Grand) : 91, 95-96, 99-102, 105-107, 109, 116, 124, 147.
Catherine II (princesse allemande puis impératrice de Russie) : 59, 137-138, 142-161, 163-173, 175-187, 189-197, 202-205, 209-210, 213, 221, 248, 257, 261-262, 269-270, 273, 278, 288, 329, 405-407.
Catherine Pavlovna, fille de Paul Ier : 230-231.
César, Jules : 86.
Chafirov Piotr Pavlovitch (vice-chancelier) : 96.
Chakhovskoï (prince) : 26-27.
Chamil (imam) : 284.

Chappe d'Auteroche, Jean (abbé) : 182.
Charles (archiduc d'Autriche) : 91.
Charles Ier d'Angleterre : 52, 401.
Charles VI (empereur d'Autriche) : 94-95, 117.
Charles XII (roi de Suède) : 48, 71-74, 135, 234.
Charles XIV, Charles Jean-Baptiste Bernadotte (roi de Suède) : 225, 233.
Chateaubriand, François-René de : 244.
Chétardie, Jacques-Joachim Trotti de La (ambassadeur de France) : 122, 126, 128.
Chevyrev, Stefan (slavophile) : 258.
Choiseul, Étienne François, comte puis duc de : 163-164, 168.
Chouiski, Vassili (prince) : 19, 25-29, 34-35.
Choulguine, Dimitri Ivanovitch : 394.
Chouvalov, Ivan (favori d'Élisabeth Ire) : 124, 126-127, 132, 149.
Chouvalov, Pierre : 126, 308.
Christian VII (roi de Danemark) : 201.
Christian IX (roi de Danemark) : 344.
Clarendon, lord George : 286-287.
Clemenceau, Georges : 345.
Colbert, Jean-Baptiste : 50.
Constant, Benjamin : 244.
Constantin IX (empereur) : 17.

Constantin Nicolaievitch, fils de Nicolas Ier (grand-duc) : 282-284, 287-288, 292-293, 328, 400.
Constantin Pavlovitch, grand-duc (fils de Paul Ier, frère d'Alexandre Ier) : 180, 186, 189, 223, 251-253, 273.
Corday, Charlotte : 317.
Courlande (duc de) : 110.
Custine, Astolphe, marquis de : 282.
Cyprien (évêque) : 38.
Czartoryski, Adam (prince) : 211, 215, 218, 221-224, 226-228, 241-243, 278, 291.

Dachkov, Catherine (princesse) : 143, 146, 154.
Dagmar, Sofia Frederika (princesse de Danemark), voir Marie Feodorovna (impératrice).
De Breteuil, baron : 164.
Delisle, Guillaume (géographe) : 89.
Derjavine (poète) : 182.
Descartes, René : 88.
Diderot, Denis (philosophe) : 181-182, 187.
Dimitri (« tsar de Touchino ») : 27-28.
Dimitri (fils d'Ivan le Terrible « enfant d'Ouglitch ») : 21, 23-29, 35, 207.
Dimitri Pavlovitch (grand-duc) : 391-392.
Dimitri, voir Otrepiev Gregori.
Dir (prince de Kiev) : 14.
Disraeli, Benjamin : 344.

Dobrolioubov, Nikolaï : 315.
Donskoï, Dimitri : 29.
Dostoïevski, Fedor : 314, 316-317, 324.
Dournovo, Pierre : 374.

Élisabeth Feodorovna (grande-duchesse, princesse de Hesse) : 353, 400.
Élisabeth Ire (impératrice) : 59, 107, 109, 117, 121-140, 142-143, 147, 149-151, 153-154, 156, 180, 254.
Eltsine, Boris (président de la Fédération de Russie) : 402.
Érasme : 88.
Euler, Leonhard (mathématicien) : 89.
Euphrosine (maîtresse d'Alexis) : 92, 94-95, 97, 99.

Ferdinand Ier : 239.
Ferdinand VII : 239.
Figner, Vera : 319, 325.
Fontenelle Bernard Le Bovier de : 89.
France, Anatole : 348.
Fournier : 289.
François Ier d'Autriche : 238.
François-Ferdinand de Habsbourg (archiduc) : 387.
François-Joseph Ier (empereur d'Autriche) : 311.
Frédéric Auguste (électeur de Saxe puis roi de Pologne sous le nom d'Auguste III) : 115.
Frédéric II (roi de Prusse) : 130, 132, 137, 139-140, 143, 150, 164, 166, 181-182, 190.

Frédéric Guillaume II (roi de Prusse) : 190.
Frédéric Guillaume III : 257.
Frédéric Guillaume IV : 257.
Frédéric VI (régent puis roi de Danemark) : 201.

Gagarine (prince) : 308.
Gapone (prêtre) : 362.
George III : 201.
Georges (saint) : 17, 22.
Georges Alexandrovitch, fils d'Alexandre II et de Katia : 322.
Georges Alexandrovitch, fils d'Alexandre III et de Dagmar : 347.
Giers, Nicolas de, comte : 345.
Gladstone, William Ewart : 344.
Gleb (prince de Mourom) : 207.
Glinska, Hélène (régente, mère d'Ivan le Terrible) : 59, 116.
Gogol, Nicolas Vassilievitch : 266-267.
Golitsyne, Alexandre (prince) : 243, 245.
Golitsyne, Dimitri (prince) : 109-110.
Golitsyne, Mikhaïl (prince) : 112.
Golitsyne, Vassili (prince) : 58.
Golovnine, Alexandre (ministre) : 303, 308.
Goremykine, Ivan : 366, 369, 389.
Gorki, Alexis Maximovitch Pechkov, dit Maxime : 388, 393.
Gortchakov, prince Alexandre (chancelier) : 286-287, 295, 298, 309-311, 343.
Gortchakov, prince Michel, (général) : 280.
Goutchkov (chef des octobristes) : 373, 394.
Granovski, Timofeï (historien) : 265.
Grévy, Jules (président de la République française) : 345.
Griboïedov, Alexandre Sergueievitch : 267.
Grimm (écrivain, philosophe) : 182, 185.
Guillaume Ier (roi de Prusse) : 311, 323, 345.
Guillaume II (empereur) : 345, 355, 358, 387.
Guizot, François : 272.
Gustave III (roi de Suède) : 171.
Gustave IV Adolphe (roi de Suède) : 28.

Hanbury Williams, sir Charles : 149, 151.
Hardenberg Karl August, prince von : 237.
Hegel, Georg Wilhelm Friedrich : 268.
Hélène (régente) : 18.
Hélène Pavlovna, tante d'Alexandre II : 288, 306.
Hermogène (patriarche) : 27, 29.
Herzen, Alexandre Ivanovitch : 268, 296, 314, 348, 408.
Hobbes, Thomas : 88.
Holstein-Gottorp, Pierre de, voir Pierre III.
Hortense (reine) : 244.

Iachvili (prince) : 204.
Iakovlev : 398.
Iaroslav le Sage : 15.
Iavorski, Stéphane (métropolite de Riazan) : 86-87.
Ignatiev : 333.
Igor (fils de Riurik) : 14.
Iouri (prince de Moscou) : 16-17.
Iourovski, Iakov : 400.
Ioussoupov, Félix (prince) : 381, 391-392.
Ivan III (tsar) : 17-18.
Ivan IV le Terrible (tsar) : 13, 18-22, 26, 29, 31-32, 35, 51, 55-57, 60, 84, 93, 99, 116.
Ivan V (tsar) : 110.
Ivan VI (tsar) : 118, 125, 129, 142, 154-157, 254, 325.
Izvolski, Alexandre Petrovitch : 386.

Jean de Cronstadt, père : 347.
Joachim (patriarche) : 60.
Job (prophète) : 380.
Johann (prince), voir Ivan VI.
Joseph II (empereur d'Autriche) : 179, 206.
Joséphine (impératrice) : 230.
Joukovski (poète) : 267, 283, 352.
Julien, dit Julien l'Apostat : 160

Kaliaev, Ivan : 363.
Kalita, Ivan (dit l'Escarcelle) : 17.
Kankrine, Egor (ministre) : 283.
Karakozov, Dimitri : 307-309.
Karamzine, Nicolas (historien) : 123, 172.

Karl Peter de Holstein, voir Pierre III.
Katia, voir Catherine Dolgorouki.
Katkov, Mikhaïl (journaliste) : 332.
Kerenski, Alexandre (ministre de la Justice) : 301, 393-394, 396-397.
Kesküla, Alexandre (bolchevik estonien) : 388, 395.
Khmelnitski, Bogdan (hetman cosaque) : 48-49.
Kisselev, Paul, comte : 264, 282.
Kizevetter, Alexandre (historien) : 163.
Klioutchevski, Vassili (historien) : 38, 75, 103, 146, 172, 254-255, 352.
Kobyla, Andreï Ivanovitch : 32.
Kokovtsev, comte : 382-384.
Korolenko, Vladimir : 341.
Kosciuszko, Tadeusz : 167, 193, 293.
Kostomarov, Nicolas (historien) : 13, 33, 112.
Kotchoubey, Paul, comte : 211, 215, 217.
Koutouzov, Michel, plus tard prince de Smolensk : 170, 226, 229, 234, 236.
Kouzmitch, Feodor : 249-250.
Kropotkine (prince) : 316.
Krüdener, Julie de (baronne) : 238, 244-245.
Krylov (fabuliste) : 267.

L'Hôpital, marquis de : 150.
La Harpe, Frédéric César de : 243, 352.

Ladislas (prince, fils du roi de Pologne Sigismond III) : 28.
Lamsdorff, Vladimir Nicolaïevitch (ministre) : 358.
Lanskoï, Alexandre Dimitrievitch (favori de Catherine II) : 185.
Lavrov, Piotr : 315.
Lazovert, Stanislas de (médecin) : 391.
Lénine, Vladimir Ilitch Oulianov, dit : 163, 301, 338, 370, 385, 388, 393, 395-396, 398, 400-402.
Léon XIII : 348.
Lermontov, Mikhaïl Iourievitch : 267.
Lestocq, Johann Hermann : 122, 126.
Lincoln, Abraham : 290.
Locke, John (écrivain) : 88, 178.
Lopoukhine, Eudoxie (première épouse de Pierre le Grand) : 62, 67-68, 86, 90-91, 95-96, 107-108.
Loris-Melikov, comte : 320-323, 328-329.
Louis XI (roi de France) : 18.
Louis XIV (roi de France) : 50, 89, 128, 164, 225.
Louis XV (roi de France) : 121, 128, 132, 164-166, 182.
Louis XVI (roi de France) : 169, 398, 401, 403.
Louis XVII (fils de Louis XVI) : 402.
Louis XVIII (roi de France) : 199.
Louise Augusta de Bade (princesse puis Élisabeth Alexeievna, épouse d'Alexandre Ier) : 186, 245-248.
Louis-Philippe (roi de France) : 273-274.
Luther, Martin : 88.
Lvov (prince) : 390, 394.
Lynar, comte : 118.

Machiavel, Nicolas : 88.
Magnitsky, Mikhaïl : 243.
Maistre, comte Joseph de : 221, 232, 314.
Makine, Andreï (romancier) : 185.
Malia, Martin (historien) : 141.
Marcel (métropolite de Pskov) : 61.
Maria Alexandrovna, Marie de Hesse Darmstadt (impératrice, épouse d'Alexandre II) : 284, 288, 306, 310.
Marie (grande-duchesse) : 398, 402.
Marie (impératrice) née Sophie Dorothée de Wurtemberg, 2e épouse de Paul Ier : 179, 261.
Marie Feodorovna : 261, 331, 384, 395.
Marie-Louise d'Autriche : 231, 233.
Marie-Thérèse (impératrice d'Autriche) : 150, 164, 179.
Marmontel, Jean-François : 183.
Matseievitch, Arsène (métropolite de Rostov) : 160.
Mazeppa (hetman cosaque) : 73.
Mecklembourg-Schwerin, Léopold (duc de) : 110, 112.

Menchikov Alexandre Danilovitch, (prince, favori de Catherine Ire) : 81, 106-108, 116.
Menchikov, Alexandre Sergueievitch (général) : 279-280.
Menchikov, Marie : 107-108.
Mercier, Louis-Sébastien : 315.
Metcherski, Vladimir (prince) : 332.
Metternich (prince de) : 237-238, 269.
Michel Alexandrovitch (grand-duc) : 11, 367, 392, 394, 400.
Michel Ier (tsar) : 9-11, 31, 34-38, 40, 48, 55, 409.
Michel II, voir Michel Alexandrovitch.
Mihailov, Pierre, voir Pierre le Grand.
Milioukov, Paul : 390.
Milioutine, Dimitri (ministre) : 294-295, 301, 309, 328-329.
Miloradovitch, comte (gouverneur de Pétersbourg) : 252-253.
Miloslavski : 40.
Mirbach, Wilhelm von (ambassadeur d'Allemagne) : 399.
Mirovitch, Vassili (lieutenant) : 155, 254.
Mniczek, Maria : 27.
Monomaque, Vladimir : 15-16.
Montaigne, Michel de (écrivain) : 177.
Mordvinov, Nicolaï (amiral) : 218.
Morozov, Boris (boiar) : 41.
Mouraviev, Nikita (général) : 256, 293.
Mozart, Wolfgang Amadeus : 206.
Münnich (feld-maréchal) : 113-115.

Nagoï, Maria : 25, 27, 35.
Napoléon Ier, Napoléon Bonaparte (empereur) : 29, 198-201, 203, 219, 221, 223-231, 233-236, 241-242, 247, 254, 269.
Napoléon III, Charles Louis Napoléon Bonaparte (empereur) : 276-277, 286-287, 293, 295, 309, 311.
Narychkine, Léon (chef du *prikaz* des Ambassadeurs) : 60, 66.
Narychkine, Marie : 244-245.
Narychkine, Nathalie : 56, 60, 62.
Narychkine, Sophie (fille d'Alexandre Ier) : 245.
Nathalie, Wilhelmine (princesse de Hesse Darmstadt, première épouse du futur Paul Ier) : 179.
Nesselrode (comte de) : 270-271, 286.
Netchaïev : 315-317, 325.
Nevski, Alexandre : 209.
Nicolas Alexandrovitch (fils d'Alexandre II) : 282, 305-306, 327, 330-331.
Nicolas de Giers : 343.
Nicolas Ier (tsar) : 189, 251-284, 286, 288.

Nicolas II (tsar) : 10-11, 325, 341-342, 351-352, 354-361, 363-369, 373-375, 377-384, 386-387, 389-392, 394, 397-401, 403-404, 410.
Nicolas Mihailovitch (grand-duc, cousin de Nicolas II) : 391.
Nicolas Nicolaievitch (grand-duc, oncle de Nicolas II) : 312, 389, 391.
Nikon (patriarche) : 44-45.
Nobel, Alfred : 319.
Novikov, Nicolaï : 193, 407.
Novosiltsev, Nicolas : 211, 215, 224, 228, 242.

Obolenski (prince Nikita) : 51.
Obrenovitch (prince Milan) : 344.
Odoievski (prince Vladimir) : 268.
Oldenbourg (duc d') : 231.
Oleg le Sage (prince de Kiev) : 14.
Olga : 59.
Olga Alexandrovna, fille d'Alexandre II et de Katia : 322.
Orlov, Alexis (comte) : 144, 169, 192, 286-287.
Orlov, Grégoire (favori de Catherine II) : 144, 151-152, 154, 158, 169, 173, 183-184.
Ostermann (vice-chancelier) : 107, 113-115, 123, 130.
Otrepiev, Gregori (faux Dimitri) : 25.
Ouchakov (amiral) : 197-198.
Oulianov, Alexandre : 338.
Oulianov, Vladimir, voir Lénine.
Ouvarov (comte) : 257-258, 268, 410.
Özbek (khan) : 16.

Pahlen, Pierre (comte) : 203, 212-213.
Paléologue, Maurice : 382-393.
Paléologue, Sophie : 17.
Paley, Vladimir Pavlovitch (prince, fils du grand-duc Paul et de la princesse Paley) : 400.
Panine, Nikita Ivanovitch (comte) : 142, 144, 154, 157-159, 161, 164-165, 178, 184, 190.
Panine, Nikita Petrovitch : 201, 203-205, 213.
Panine, Pierre (général) : 154, 175, 205.
Panine, Victor (comte) : 288.
Parvus, Alexandre Helphand dit : 395.
Paskievitch (général) : 271, 273.
Pasteur, Louis : 348.
Paul Alexandrovitch (grand-duc) : 391.
Paul Ier (tsar) : 138-139, 142, 150, 152-154, 178-181, 186-187, 189-207, 210-214, 220, 224, 229, 232, 257, 262, 266, 329.
Pavlovna, Hélène (grande-duchesse) : 288, 306.
Perovskaia, Sophie : 319, 325.
Pestel, Paul (officier) : 256, 260.
Petrovitch, Pierre (fils de Pierre le Grand) : 91-93, 96, 100.

Philippe (métropolite) : 20.
Philippe (prince) : 28.
Photius (moine) : 245.
Pie IX (pape) : 293-294.
Pierre (tsarévitch) : 27.
Pierre Alexeievitch (tsarévitch, fils d'Alexis Petrovitch, plus tard Pierre II) : 100, 106-107.
Pierre de Holstein-Gottorp, voir Pierre III.
Pierre Ier de Russie, voir Pierre le Grand.
Pierre Ier le Grand (tsar) : 9, 36, 55-61, 63-110, 113-114, 116-118, 121-126, 128, 130-131, 135, 140-141, 143-144, 147, 154, 160-161, 163, 165, 169, 171-172, 176-177, 181-182, 189, 192, 204, 212, 214, 254, 265-266, 268, 307, 322, 405-410.
Pierre II (tsar) : 86, 91, 102, 106-109, 121-122.
Pierre III (tsar) : 124-126, 134-150, 152-160, 173-174, 176-177, 186, 190-192, 248, 255, 261.
Pipes, Richard (historien) : 103, 348, 385.
Pitt : 224.
Platonov, Serge (historien) : 33.
Plehve, Viatcheslav Konstantinovitch von (ministre) : 357-358, 362, 376.
Plekhanov, Georges : 318.
Pobedonostsev, Constantin : 323, 328-330, 332-333, 335-336, 338, 352, 361, 410.
Pogodine, Mikhaïl (historien) : 258, 265, 278.
Poincaré, Raymond (homme d'État) : 386.
Pojarski (prince) : 29, 31.
Poltoratski, Constantin : 212.
Potemkine, Grigori : 170, 184-185.
Pouchkine, Alexandre Sergueievitch : 259-260, 266-267, 408.
Pougatchev, Emelian : 174-177, 179, 184, 254, 263, 408.
Pourichkevitch, Vladimir (député) : 373, 391.
Poutiatine, Ievfimy (amiral) : 297.
Princip, Gavrilo : 387.
Prokopovitch, Théophane (moine ukrainien puis archevêque de Pskov et de Narva) : 86-88, 111, 409.

Radichtchev, Alexandre Nikolaievitch : 193, 214, 262, 267.
Radzinski, Edouard (écrivain-scénariste) : 325.
Raeff, Marc (historien) : 75, 266, 268.
Raskolnikov : 316.
Raspoutine, Grigori : 380-382, 384, 387, 391, 393, 404.
Razine, Stenka : 42-43.
Razoumovski, Alexis Grigorievitch : 122, 124, 126, 179.

Razoumovski, Kiril : 144.
Reutern, Mikhaïl (ministre) : 299, 309, 312.
Richelieu, Armand Jean du Plessis (cardinal-duc de) : 89.
Riurik (prince de Novgorod) : 13-16, 23, 26.
Robespierre, Maximilien de : 315.
Rodzianko (président de l'assemblée) : 392.
Romanov, Anastasia, première épouse d'Ivan le Terrible : 19-20, 31-32.
Romanov, Feodor, voir Romanov, Philarète.
Romanov, Michel (tsar) : 9, 32-33, 44, 63, 87, 400, 409.
Romanov, Nikita : 32.
Romanov, Philarète (métropolite) : 27, 31-34, 36, 40, 45, 55-56.
Roosevelt, Theodore : 359.
Rostopchine Feodor, comte : 254.
Rousseau, Jean-Jacques : 178, 273.

Saint-Arnaud (maréchal de) : 280.
Saltykov, Serge : 152.
Samarine, Iouri : 296.
Samsonov, Alexandre (général) : 388.
Sazonov, Serge : 386.
Schelling, Friedrich : 268.
Schumacher Johann Daniel (bibliothécaire de Pierre le Grand) : 89.

Selivanov (faux Pierre III) : 173.
Séraphin de Sarov (saint) : 368, 403.
Serge Alexandrovitch (grand-duc, oncle de Nicolas II) : 353, 361, 363, 376, 391, 400.
Shakespeare, William : 206, 405.
Sigismond III (roi de Pologne) : 28.
Sipiaguine (ministre) : 357, 376.
Sobtchak, Anatole : 402.
Sokolov, Nicolas (juge) : 402.
Soljénitsyne, Alexandre Isaievitch : 75, 103.
Soloviev, Alexandre : 318.
Soloviev, Vladimir : 333.
Sophie Alexeievna, fille du tsar Alexis (régente) : 55, 57-60, 67, 110, 116.
Sorel, Albert : 220.
Soukhomlinov, Vladimir (général) : 373.
Souvorov, Alexandre (chef de l'armée russe) : 167, 170, 194, 198-199.
Speranski, Alexandre : 217-219, 232, 263, 283.
Staël-Holstein, Germaine Necker, baronne de, dite Mme de Staël : 244.
Stanislas Ier Leszczynski (roi de Pologne) : 115.
Stanislas II Auguste, Poniatowski (comte puis roi de Pologne) : 151-152, 166-167.

Stolypine, Piotr Arkadievitch : 369-382.
Stroganov, Paul, comte : 211, 215.
Stürmer, Boris (Premier ministre) : 390.
Sukhanov, Nicolas : 393.
Sverdlov, Iakov (président du Comité exécutif central des Soviets) : 398, 400-401.
Sviatopolk le Maudit : 207.
Sviatopolk-Mirski, Piotr : 360-361

Talleyrand, Charles Maurice de Talleyrand-Périgord : 224, 230, 232, 237.
Tascher de La Pagerie, Stéphanie : 286.
Tchékhov, Anton Pavlovitch : 341.
Tchernichevski, Nicolas : 315.
Théodore (fils d'Anastasia) : 21, 23-24.
Timofeev, Ivan : 34-35.
Tioutchev, Fedor Ivanovitch (poète) : 268.
Tkatchev, Pierre : 316.
Tolstoï, Dimitri, comte : 308, 332-333.
Tolstoï, Léon, Lev Nikolaïevitch, comte : 279, 314, 333, 341, 346.
Tourgueniev, Ivan Sergueievitch : 314-315.
Tourgueniev, Nicolas (décembriste) : 256, 406.
Traugutt, Roman : 293-295.
Trepov, Dimitri (général) : 317, 363, 374.
Trezzini, Domenico : 82.
Trotski, Lev Davidovitch Bronstein dit Léon : 365, 396, 401.
Troubetskoï, Dimitri (prince) : 31, 128.

Valouev, Piotr (ministre) : 282, 298, 301, 328.
Vassili III (tsar) : 125.
Vassiltchikov, Alexandre (favori de Catherine II) : 183-184.
Vichniegradski, Ivan : 339-340.
Victoria (reine) : 283, 286, 353.
Vladimir le grand, prince de Kiev (saint) : 15-17, 207.
Vladimir Alexandrovitch, fils d'Alexandre II : 306, 328, 332.
Volotsk, Joseph de : 35, 409.
Voltaire François-Marie Arouet, dit : 128, 145, 153, 181-183, 211.
Vorontsov, Alexandre, comte : 142, 221.
Vorontsov, Élisabeth : 142, 152, 164.
Vorontsov, Michel (vice-chancelier puis chancelier) : 132, 142, 149.
Vorontsov, Semion : 221.

Walewski, Alexandre, comte : 287.
Waliszewski, Kazimierz (historien) : 50.
Wielopolski, Alexandre (comte) : 291-293.

Wilson, Thomas Woodrow : 224.

Witte, Sergueï Ioulévitch, comte : 339-340, 347, 352, 355-359, 365-366, 369, 374-375, 384, 387.

Wolfenbüttel, Charlotte de (princesse) : 91.

Zaiontchek, Joseph (général) : 242.

Zamiatine, Dimitri : 300.

Zassoulitch, Vera : 317, 363.

Zoubatov, Sergueï : 362.

Zoubov, Nicolas : 203-204.

Zoubov, Platon : 185, 203-204, 212.

Crédits photographiques

1. Médaille du Tricentenaire des Romanov, collection particulière, H. Carrère d'Encausse.
2. *Nicolas II entouré de sa famille*. © Photothèque Hachette.
3. *Michel Ier*, peinture de Johan Heinrich Wedekind, Moscou, galerie Tretiakov, © FineArtImages/Leemage.
4. *Alexis Ier*, école russe XVIIIe siècle, peinture d'un maître russe, National Art Gallery de la République des Komis, Syktyvkar, © FineArtImages/Leemage.
5. *Pierre 1er le Grand*, peinture de Jean-Marc Nattier, Versailles, musée du château, © Photo Josse/Leemage.
6. *Pierre 1er et le tsarévitch*, peinture de Nikolai Nikolaievitch Ge, Moscou, galerie Tretiakov, © Aisa/Leemage.
7. *Catherine Ire*, peinture d'un maître russe de l'école de Andrei Ovssov, aquarelle sur parchemin, début XVIIIe siècle, musée d'État, Ekaterinbourg, © FineArtImages/Leemage.
8. *Pierre II*, peinture de Johann Paul Luedden, fin 1720, State Open Air Museum Pavlovsk Palace, Saint-Pétersbourg, © FineArtImages/Leemage.
9. *Élisabeth Ire, patronne des arts*, peinture de Louis Jean-François Lagrenée, 1761, musée d'État, Saint-Pétersbourg, © FineArtImages/Leemage.
10. *Pierre III*, peinture anonyme, XVIIIe siècle, State Open Air Museum Palace Gatchina, Saint-Pétersbourg, © FineArtImages/Leemage.
11. *Catherine II*, peinture de Stepanovitch Rokotov, musée national d'Histoire, Moscou, © Electa/Leemage.

12. *Emelian Ivanovitch Pougatchev*, gravure du XVIIIe siècle, collection particulière, © Photo Josse/Leemage.

13. *Paul Ier en tenue de chevalier de l'ordre de Malte*, peinture de Salvatore Tonci, art italien du XIXe siècle, State Open Air Museum Palace Gatchina, Saint-Pétersbourg, © FineArtImages/Leemage.

14. *Alexandre Ier portant différentes distinctions honorifiques*, œuvre de Peter Ernst Rockstuhl, aquarelle sur papier, 1810, musée d'État Pouchkine, Moscou, © FineArtImages/Leemage.

15. *Feodor Kouzmitch*, gravure du XIXe siècle, © Fototeca/Leemage.

16. *Nicolas Ier*, peinture de Wilhelm August Golicke, musée d'État, Saint-Pétersbourg, © FineArtImages/Leemage.

17. *Alexandre II*, collection particulière, ambassade de Russie, Paris.

18. *Alexandre III*, peinture de Valentin Alexandrovitch Serov, 1900, musée d'État, Saint-Pétersbourg, © FineArtImages/Leemage.

19. *Nicolas II*, peinture de Valentin Alexandrovitch Serov, 1900, galerie Tretiakov, Moscou, © FineArtImages/Leemage.

20. *Cérémonie d'ouverture de la première Douma*, © Photothèque Hachette.

21. *Caricature de Raspoutine*, début XXe siècle, © Costa/Leemage.

22. *Alexandre Pouchkine*, peinture d'après V. Tropinin par Avdotya Petrovna Yelagina, 1827, musée Goethe, Dusseldorf, © FineArtImages/Leemage.

23. *Nicolas Gogol*, peinture anonyme, XIXe siècle, © Aisa/Leemage

Table des matières

Chapitre premier – Aux origines de la Russie. Le pouvoir par le sang 13

Les deux visages d'Ivan IV, dit le Terrible 18
Après les Riurikides, la ronde des vrais et faux tsars 23
Russie perdue, Russie sauvée 28

Chapitre II – Naissance d'une dynastie. Michel Ier 31

Un règne de paix 34

Chapitre III – Le grand règne troublé d'Alexis le Très-Doux 39

La tradition russe contre la réforme : le Raskol 44
La Russie s'avance en Europe 47

Chapitre IV – Pierre le Grand 55

Deux héritiers pour un trône 55
Les « universités » de Pierre, souverain sans trône 60
Retour du tsar, retour à l'ordre 66
Le tsar victorieux devient empereur 70
Un État moderne ? 76
L'Église après l'État. Fin de l'égalité 83

    Le fils immolé 90
    Désorganisation du droit successoral 100

Chapitre V – Au hasard des successions 105

    Catherine Ire : une servante devenue impératrice 105
    Pierre II, souverain éphémère 107
    L'impératrice Anne : un « règne allemand » 110
    Une brève régence : Anna Leopoldovna 117

Chapitre VI – Élisabeth Ire. Retour à la lignée de Pierre le Grand 121

Chapitre VII – Pierre III. « Hôte fortuit du trône russe » 135

    La Russie à l'heure allemande 139

Chapitre VIII – L'héritière de Pierre le Grand 147

    Des premiers pas prudents 157
    La Grande Instruction 161
    La puissance russe au programme 163
    La steppe révoltée et le retour des imposteurs 172
    Réformer l'État et la société 176
    Catherine le Grand 181

Chapitre IX – Paul Ier. Hamlet sur le trône ? 189

Chapitre X – Alexandre Ier. Le Sphinx 209

    Les mystères d'une succession 210
    L'inspiration libérale 214
    La politique étrangère, l'obsession napoléonienne 219
    Le temps des coalitions changeantes 225
    Vainqueur de Napoléon 233

Après les victoires, un règne inégal 241
Les mystères d'une mort ? 246

Chapitre XI – Nicolas Ier. L'apogée de l'autocratie ? 251

La révolution décembriste 251
Un État policier ? 256
Le triomphe de l'esprit 266
Le gendarme de l'Europe 269
Le crépuscule de Nicolas Ier : la guerre de Crimée 276

Chapitre XII – Alexandre II. Le tsar immolé 281

Un héritier parfait 282
La Glasnost d'Alexandre II 285
L'abolition du servage 287
La Pologne jamais réconciliée 290
Réformer encore et toujours… 296
Le libéralisme à l'épreuve des faits 305
Les guerres contre les réformes 310
La chasse à l'empereur 314

Chapitre XIII – Alexandre III. Fondateur d'un État policier ? 327

Un empereur sous influence 330

Chapitre XIV – Nicolas II. Le tsar « qui n'avait pas de chance » 351

Un conservateur sur le trône 355
Préludes à la révolution de 1905 360
Le Dimanche rouge 361
Stolypine : une deuxième chance pour Nicolas II 369
Vers la catastrophe inéluctable ? 379
Perdre la guerre pour détruire l'Empire 387

La victoire de Lénine 393
Le meurtre ultime. La dynastie exterminée 397

Conclusion 405

Orientation bibliographique 411
Index des noms 421
Crédits photographiques 437

Composé par Nord Compo Multimédia
7, rue de Fives, 59650 Villeneuve-d'Ascq

Impression réalisée par
CPI BRODARD ET TAUPIN
La Flèche

pour le compte des Éditions Fayard
en mai 2013

Fayard s'engage pour l'environnement en réduisant l'empreinte carbone de ses livres. Celle de cet exemplaire est de :
1,700 kg éq. CO_2
Rendez-vous sur
www.fayard-durable.fr

PAPIER À BASE DE
FIBRES CERTIFIÉES

Dépôt légal : mai 2013
N° d'impression : 73514
36-65-4362-4/02
Imprimé en France